20
23

행정사
사무관리론

박문각 행정사연구소 편_ 이상기

합격기준
박문각 행정사

2차

행정사
베스트셀러
1위
* 2022 교보문고 판매량 기준

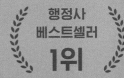

PMG 박문각

행정안전부 주관, 공인행정사 자격시험도 시행 11회를 앞두고 있습니다.
명실상부한 국가공인 행정사 제도가 정착되어가고 있으며, 응시자들의 숫자도 점점 늘고 역량 있는 합격자들이 배출되고 있어 자격증의 위상이 높아지고 있습니다.

사무관리론은 행정사 자격증 수험준비를 하고 있는 많은 수험자들이 학습하기가 가장 부담스러운 과목일 것입니다. 이는 평소 접하지 못했던 생소한 과목으로 그 내용을 학습한 적이 없었던 이유입니다. 이러한 이유로 본 과목의 내용을 이해하기까지는 어느 정도의 시간과 노력이 필요한 과목이라고 할 수 있습니다. 그러나 실제 시험에서의 난이도는 그리 높지 않으며 법조문 위주로 학습한다면 답안 구성이 그리 어렵지 않은 과목이기도 합니다.

본 과목은「행정효율과 협업촉진에 관한 규정」인 대통령령과「민원처리에 관한 법률」로 구성된 과목으로 법 과목입니다. 일정 부분의 이론과 실무적인 내용이 있고 법 규정으로 구성된 과목으로서, 이론의 이해와 법 규정의 암기가 필요한 과목이라 할 수 있습니다.

본서는 최근 개정법령을 충실하고 정확하게 반영하였습니다. 특히「민원처리에 관한 법령」에서 상당 부분 신설·개정된 내용이 있어 이 부분을 세심하게 정리하여 수록하였습니다. 또한 각 단원별 예상문제 지문을 실어 학습자 스스로 해당 지문에 대한 답안을 구성할 수 있게 하였고, 그 내용은 목차잡기 시간에 집중적으로 다루어지게 됩니다. 부록으로 관련 법령을 실어 필요 시 법조문을 확인하며 학습할 수 있도록 하였습니다. 기출문제가 반복 출제되는 경향이 있어 제1회 시험부터 제10회 시험까지의 기출 지문에 대한 모범답안을 수록하여 기출문제를 학습할 수 있게 하였습니다.

주관식 시험 대비는 객관식 시험 대비보다 더 많은 노력과 학습이 필요하다 할 것입니다.

주관식 시험을 대비하기 위한 정도(正道)는
첫째, 기본교재의 충분한 정독 및 다독으로 내용의 이해
둘째, 답안 작성을 위한 단원별 내용을 지문화하여 목차의 정리와 중요 용어의 암기
셋째, 예상문제를 통한 많은 양의 쓰기 연습일 것입니다.

이를 위하여, 기본 이론의 충분한 학습을 위해, 정확한 내용의 숙지와 목차의 구성을 위해, 기본교재의 중요성은 그 설명이 불가할 것입니다. 모든 시험 준비는 기본교재에서 출발하고 끝을 맺기 때문입니다.

박문각 인터넷 동영상 강의를 수강하는 수험자들이나 종로박문각 행정사 학원에서 수강하는 수강생들은 본 교재를 통하여 충분한 시간을 가지고 이론적인 부분의 완벽한 숙지와, 추후 단문정리 및 전 범위 모의고사를 통한 쓰기 연습을 반복해 나간다면 행정사 자격증은 수험자 여러분들의 것이 될 것입니다.

모쪼록 본 교재가 제11회 행정사 자격시험 제2차 과목인 사무관리론의 고득점을 얻는 데 든든한 버팀목이 되고 합격으로 가는 길의 이정표가 되기를 바랍니다.
본서가 나오기까지 도움을 주신 박문각 출판사 관계자 모든 분들께 감사를 전하며 언제나 곁에서 힘이 되어주는 사랑하는 가족들에게 끝없는 사랑과 고마움을 전합니다.

2022년 10월 정왕동 행정사 사무실에서
편저자 **이상기**

1. 시험 일정: 매년 1회 실시

원서 접수	시험 일정	합격자 발표
2023년 8월경	2023년 10월경	2023년 11월경

2. 시험 과목 및 시간

▶ **2차 시험**

교시	입실	시험 시간	시험 과목	문항 수	시험 방법
1교시	09:00	09:30~11:10 (100분)	**[공통]** ① 민법(계약) ② 행정절차론(행정절차법 포함)	과목당 4문항 (논술 1, 약술 3) ※ 논술 40점, 약술 20점	논술형 및 약술형 혼합
2교시	11:30	• 일반/기술 행정사 11:40~13:20 (100분) • 외국어번역 행정사 11:40~12:30 (50분)	**[공통]** ③ 사무관리론 　(민원처리에 관한 법률 및 행정효율과 협업 촉진에 관한 규정 포함) **[일반행정사]** ④ 행정사실무법(행정심판사례, 비송사건절차법) **[기술행정사]** ④ 해사실무법(선박안전법, 해운법, 해사안전법, 해양사고의 조사 및 심판에 관한 법률) **[외국어번역행정사]** 해당 외국어(외국어능력시험으로 대체 가능한 영어, 중국어, 일본어, 프랑스어, 독일어, 스페인어, 러시아어 등 7개 언어에 한함)		

외국어능력검정시험 성적표 제출

2차 시험 원서 접수 마감일 전 2년 이내에 실시된 것으로 기준 점수 이상이어야 함

● 영어

시험명	TOEIC	TEPS	TOEFL	G-TELP	FLEX	IELTS
기준 점수	쓰기시험 150점 이상	쓰기시험 71점 이상	쓰기시험 25점 이상	GWT 작문시험에서 3등급 이상(1, 2, 3등급)	쓰기시험 200점 이상	쓰기시험 6.5점 이상

● 중국어, 일어, 프랑스어, 독어, 스페인어, 러시아어는 FLEX 쓰기시험 200점 이상

시험의 면제

1. 면제 대상: 공무원으로 재직한 사람과 외국어 번역 업무에 종사한 경력이 있는 사람 등은 행정사 자격시험의 전부 또는 일부가 면제된다(제2차 시험 일부 과목 면제).

2. 2차 시험 면제 과목

일반/기술행정사	행정절차론, 사무관리론
외국어번역행정사	민법(계약), 해당 외국어

합격자 결정 방법

1. 합격기준: 1차 시험 및 2차 시험 합격자는 과목당 100점을 만점으로 하여 모든 과목의 점수가 40점 이상이고, 전 과목의 평균 점수가 60점 이상인 사람으로 한다(단, 2차 시험에서 외국어시험을 외국어능력검정시험으로 대체하는 경우에는 해당 외국어시험은 제외).

2. 최소합격인원: 2차 시험 합격자가 최소선발인원보다 적은 경우에는 최소선발인원이 될 때까지 모든 과목의 점수가 40점 이상인 사람 중에서 전 과목 평균점수가 높은 순으로 합격자를 추가로 결정한다. 이 경우 동점자가 있어 최소선발인원을 초과하는 경우에는 그 동점자 모두를 합격자로 한다.

사무관리론

제10회 행정사 자격증 시험 사무관리론 문제의 난이도는 약간 높았으나 예상했던 내용들이 출제되어 꾸준히 학습한 수험자들은 큰 어려움 없이 답안을 작성할 수 있었을 것이다. 특히 민원처리에 관한 법령이 시험을 약 2개월 앞두고 개정되어 개정내용들이 출제될 것으로 예상되었는데, 실제로 논술형 문제가 개정법령 내용에서 출제되었다. 이번 시험에서는 기존에 출제되지 않았던 내용들에서 문제가 출제되었으며, 특히 민원법령의 개정내용이 논술형 40점 문제로 출제돼 법령개정 내용의 숙지가 얼마나 중요한지 깨닫게 되는 시험이었다. 논술문제는 앞서 언급했듯 민원법령의 개정내용이 출제가 되었는데, 민원처리에 관한 법률과 시행령의 개정내용은 그 양이 상당히 많아 숙지하기에 어려움이 컸을 것으로 생각된다. 예년과 달리 20점, 10점, 10점의 배점으로 출제되었는데, 이는 가급적 많은 양의 개정내용을 출제하여 수험자들의 내용 숙지 여부를 확인하고자 하는 출제자의 의도가 반영된 것이라 판단된다. 약술형 2번은 출제가능성이 매우 높았던 문제로 무난히 답안을 작성할 수 있었을 것이고, 약술형 3번은 이번 시험의 불의타 문제로, 지엽적인 부분에서 전혀 예상하지 못했던 내용을 출제하여 수험자들을 당황케 하였을 것이다. 약술형 4번은 용어의 정의 문제였는데, 용어 정의 문제는 제7회 시험에서 출제한 바 있다. 이번 시험에서는 당시 출제되지 않았던 용어를 출제하였고 답안작성에는 큰 어려움이 없었으리라 판단된다.

구분	행정협업 촉진 규정	민원 처리에 관한 법령
제1회	• 검토와 결재(40점) • 관인종류와 폐기(20점) • 협업시스템·통합전자민원창구(20점)	• 복합민원 처리방식(20점)
제2회	• 서식의 승인신청(20점) • 문서의 성립시기와 효력발생(20점) • 정책실명제(20점)	• 거부처분 이의신청(40점)
제3회	• 업무협조, 융합행정의 개념 등(20점) • 업무관리시스템(20점) • 관인의 등록·재등록(20점)	• 민원신청과 접수절차(40점)
제4회	• 업무·운영의 개념과 요소(20점) • 행정협업의 과제등록(20점)	• 사전심사청구(40점) • 민원처리원칙과 정보보호(20점)
제5회	• 서식의 개념, 설계의 일반원칙(20점) • 행정협업시스템 및 협업조직(20점)	• 일반민원의 종류 및 처리기간, 민원처리기간의 계산(40점)
제6회	• 공문서 관리(결재받은 문서의 수정)(20점) • 정책연구과제 선정(20점) • 영상회의실의 운영(20점)	• 반복·중복 민원의 처리, 민원처리의 예외(40점)
제7회	• 용어의 개념(20점) • 문서작성 시 용어 표기의 기준(20점) • 정책실명제 개념 및 중점관리 대상사업선정 및 주요정책관련기록·관리해야 할 종합적인 사항(20점)	• 민원신청 시 '신청서 및 구비서류'의 원칙과 행정기관의 불필요한 서류요구 금지사항(20점) • 민원문서의 이송절차 및 방법(20점)
제8회	• 문서의 효력발생 입법주의(20점), 문서의 효력발생시기(20점) • 지식행정개념 및 추진배경과 온—나라 지식시스템(20점) • 업무편람의 개념과 종류 등(20점)	• 고충민원처리 절차(20점)
제9회	• 문서 시행 시 관인 또는 서명의 표시 및 생략방법(20점) • 영상회의실을 설치·운영할 수 있는 회의의 유형, 정부청사 관리소장의 조치 사항과 해당 시설의 사용 신청(20점) • 행정업무 인계·인수의 절차 및 인계·인수서의 작성 내용(20점)	• 법정민원, 민원 1회방문 처리제, 민원후견인, 민원조정위원회(20점) • 민원심사관의 목적과 업무, 민원실무심의회의 목적과 운영방식(20점)
제10회	• 업무의 분장, 업무개선 및 행정효율성 진단(20점) • 공문서, 전자문자서명, 전자문서시스템, 정책실명제의 개념(20점)	• 다수인관련민원의 개념 및 처리(20점) • 민원처리결과의 통지 및 통지방법(20점) • 무인민원발급창구를 이용한 민원문서의 발급(10점) • 전자증명서의 발급과 전자문서출력사용(10점)

※ 사무관리론 과목에 속했던 '국민제안 규정'은 2022년부터 「행정절차법」으로 이관되어, 행정절차론 과목에 포함된다. 사무관리론 제5회 시험에서 '국민제안 규정'에 속하는 '국민제안의 개념제출 및 접수절차(20점)'가 출제된 바 있다.

민법(계약)

제1문의 ⑴은 임대차보증금의 반환에 관한 문제였고, 제1문의 ⑵는 해제와 제3자 보호 문제였다. 임대차보증금은 특A급 예상문제였고 해제와 제3자 보호는 해제의 중요쟁점이어서 작년과 올해 연속 출제되었다. 제2문 조합원의 탈퇴는 작년과 비슷한 사안으로 올해 다시 나왔고, 제3문 전부 타인권리의 매매와 제4문 교차청약도 제4회 기출주제였다. 제10회 시험에서 새 문제는 제1문의 ⑴ 하나였고 나머지는 기출된 쟁점이 다시 출제되었다. 시험이 거듭됨에 따라 이제 기출문제라도 중요부분은 반복하여 출제될 수 있다는 점을 주의하여야 한다. 다만 아직 출제되지 않은 중요쟁점과 최신판례도 많이 있으므로, 계약법 전반에 걸쳐 핵심위주로 간략하게 암기하고 이를 답안에 빨리 쓸 수 있도록 반복 연습하는 것이 중요하다고 본다.

행정절차론

2022년 제10회 행정절차론 문제 1번은 40점 배점으로 3개의 논점을 포함하고 있다. 시정명령처분(사전통지 결여), 시정명령처분(구두고지), 폐쇄명령처분(청문절차 하자치유)을 묻는 문제로 출제예상 범위에 있었기에 답안을 작성하는 데 큰 문제는 없었을 것으로 보인다. 문제 2번은 정보공개법 문제로, 사립학교가 공공기관인지에 대해서는 당황할 수 있지만 부분공개의 경우 답안을 작성하는 데 어려움이 없었을 것으로 보인다. 문제 3번은 행정조사법 문제로, 행정조사의 수시조사와 중복조사 제한은 강조했던 부분에서 출제되었다. 문제 4번은 행정규제기본법 문제로 행정규제 원칙(2022년 모의고사) 및 규제개혁위원회(7회 기출)로 처음 보는 문제는 아니나 기출문제로 스킵하였다면 불의타로 시험장에서 당황하였을 수도 있다. 하지만 전체적으로는 작년 제9회 시험보다는 이번 제10회 시험이 무난하게 출제되었다. 다시 한 번 기본강의가 중요함을 강조하는 바이다.

행정사실무법

제10회 행정사 자격시험의 행정사실무법 문제는 행정심판제도에서 논술형 문제, 행정사법과 비송사건절차법 총칙에서 약술형 문제가 출제되었다. 문제 1은 행정심판제도 행정심판법에서 출제되었으며, [물음 1]은 행정심판의 대상인 거부처분 및 집행정지에 관한 문제로, [물음 2]는 재결의 기속력에 관한 문제로 출제되어 어렵지 않게 답안을 작성할 수 있는 문제였고, 행정심판의 대상과 집행정지 그리고 재결의 기속력은 출제가 예상되었던 중요한 내용으로 강의를 하면서 여러 차례 강조한바 있다. 문제 2는 행정사법에서 출제되었으며, 행정사법인의 업무신고 및 업무수행방법에 관한 문제로 출제가 예상되었던 평이한 문제였다. 문제 3은 비송사건절차법 총칙에서 출제되었으며, 기일에 관한 문제로 기본서에는 수록하였으나 요약집에는 정리하지 않았고, 출제를 예상하지 못한 문제였다. 문제 4는 비송사건절차법 총칙에서 출제되었으며, 우선관할 및 사건의 이송에 관한 문제로 분량이 적어 모의고사 문제로는 출제하지 않았고, 문제가 사건의 이송이 아닌 재량이송으로 출제되어 다소 혼란이 있었을 것이나, 비송사건의 재량이송은 사건의 이송을 의미하므로 사건의 이송을 생각하였다면 무난하게 답안작성을 하였을 것이다. 1번 논술형 문제 및 2번 약술형 문제는 모의고사 과정에서 답안작성을 해보아서 손쉽게 답안작성을 하였을 것이나, 3번 및 4번 약술형 문제는 모의고사 문제로 출제하지 않아서 답안작성에 다소 어려움이 있었을 것이라 생각된다. 제11회 시험 대비를 위한 행정사실무법 시험공부는 행정사법, 행정심판법, 비송사건절차법 총칙 부분은 반복하여 출제되고 있으므로 더욱 철저히 숙지하고, 특별행정심판, 비송사건절차법 각칙 부분도 출제가 가능하므로 중요한 내용은 반드시 숙지해야 할 것이다.

1

체계적 교재 구성

- 한눈에 내용을 파악할 수 있는 본문 구성을 통해 행정사 2차 시험에 완벽하게 대비할 수 있도록 하였다.
- 각 Chapter별로 핵심 내용을 알차게 수록하였으며 깔끔한 배치를 통해 가독성을 높였다.
- 이론과 관련된 구체적인 설명을 Box에 삽입하여 폭넓은 학습을 도왔고 이론을 공부한 후에는 관련된 논술형·약술형 문제를 풀면서 실력을 향상시킬 수 있도록 하였다.
- 출제영역에 기출 표시를 하여 출제경향을 파악할 수 있도록 하였다.

Chapter 01 행정업무운영의 개요

제1절 행정업무의 효율적 운영의 의의

01 업무의 개념 : 사무를 포함한 모든 일

종래에는 '업무'의 본질을 종이를 사용한 기록·활용 및 보존으로 인식하였고, 이에 따라 '사무'의 개념도 사무실에서 이루어지는 서류의 생산·유통·보존 등 서류에 관한 작업(paper work, desk work)으로 한정하여 파악하였다.
현대에는 고도 정보화 사회가 되어감에 따라 정보의 가치가 중요해지면서 '업무'의 개념에 '행정목적을 달성하기 위한 정보의 수집·가공·저장·활용' 등 일련의 정보처리과정을 포함시켰다. 또한 행정업무가 국민에 대한 성과를 강조함에 따라 사무실에서 이루어지는 일뿐만 아니라 국민과의 접점에서 이루어지는 일련의 행정과정까지 포괄하는 것으로 업무의 개념이 확대되었다.

02 운영의 개념 : 정책의 품질관리 및 성과관리를 포함하는 총제적인 관리

고전적 의미의 운영은 인간, 기계, 설비, 자금 등을 잘 활용·조정하여 설정된 목표를 능률적으로 달성할 수 있도록 계획(Plan)하고 실행(Do)하고 통제(See)하는 관리를 말한다. 즉, 행정의 목적 달성을 위한 하나의 수단이다.
현대적 의미의 운영은 조직의 자원을 활용하여 조직 내부의 생산목표(Output)를 관리하는 고전적 개념에 더하여 국민의 만족도를 증가시키는 정책의 품질관리 및 성과관리를 포함하는 총제적인 관리활동을 의미한다.
운영의 요소*를 보다 구체적으로 살펴보면 아래와 같다.

1. 다른 사람들을 통한 업무수행

운영은 임무 성취를 위해 다른 사람 및 조직을 동원하여 이끌어 간다. 즉 다른 사람들과 더불어 일하고 다른 사람들을 통해서 일한다.

* 오석홍, 『행정학』, 박영사, 2006

1A   제1편 01 행정효율과 협업촉진에 관한 규정

2

학습에 도움이 되는
관련 법률 및 규정

- 본문 내용과 관련된 조문, 법률, 규정, 시행규칙 등을 함께 수록해 따로 관련 조문, 법률 등을 찾아보지 않고 한 권으로 학습이 가능하게 구성하였다.
- 다양한 관련 법률, 실제 서식 자료 등과 이론의 연계 학습을 통해 핵심을 정확하게 파악하고 효율적인 학습을 진행하는 데 도움이 되도록 하였다.

정부 / 사무관리론

제11절 검토 및 협조

01 검토 및 협조의 개념

검토는 보조기관 또는 보좌기관이 그 소속 공무원이 기안한 내용을 분석하고 점검하여 동의 여부를 결정하는 것을 말하고, 협조는 기안내용과 관련이 있는 다른 부서나 기관의 합의를 얻는 것을 말한다. 즉, 검토는 직제상 수직적 합의를, 협조는 수평적 합의를 의미한다.
정부조직법 제2조의 규정에 따라, 중앙행정기관에는 차관, 차장, 실장, 국장 등의 보조기관을 두고 기관의 장, 차관, 차장, 실장, 국장 밑에 정책의 기획, 계획의 입안, 연구 조사, 심사 평가 및 홍보 등을 통하여 그를 보좌하는 보좌기관을 둘 수 있다.

> **행정기관의 조직과 정원에 관한 통칙(대통령령)**
> **제2조** 이 영에서 사용되는 용어의 정의는 다음과 같다.
> 1. "보조기관"이라 함은 행정기관의 의사 또는 판단의 결정이나 표시를 보조함으로써 행정기관의 목적달성에 공헌하는 기관을 말한다. 행정기관의 결정·집행에 직접 참여하는 기관이다.
>   - 개선조직과 유사한 개념으로 조직의 장을 정점으로 하여 실·국·과·일반직렬의 이론은 직무상의 명령과 복종의 직선적 개선체계를 말함, 차장, 부지사, 실장, 국장, 과장, 반장, 팀장 등의 명칭 사용
> 2. "보좌기관"이라 함은 행정기관이 그 기능을 원활하게 수행할 수 있도록, 그 기관장이나 보조기관을 보좌함으로써 기획, 계획 입안, 연구·조사, 심사·평가 및 홍보 등 통하여 보조기관의 목적달성에 공헌하는 기관을 말한다. 의사결정·집행을 간접 지원한다.
>   - 막료조직(참모조직)과 유사한 개념으로 전문적 지식과 기술로써 개선조직의 업무진행에 대한 조언·권고·건의 등을 하는 조직을 말함으로써, 담당관, 심의관, 단장, 부장, 반장 등의 명칭 사용)
> * 보조기관은 중앙행정기관의 소관 업무를 업무의 성질이나 양에 따라 수개로 분담하여 수행할 필요성 및 업무의 한계가 분명하고 업무의 독자성을 계속적 필요성이 있으며, 보조기관은 전문적 지식을 활용하여 정책의 기획, 계획의 입안, 연구·조사, 심사·평가 등 중요한 행정 개선 등에 관하여 행정기관의 장이나 그 보조기관을 보좌하는 기능이 필요할 때 설치가 가능하다.
> ⊙ 실제 행정상으로는 보조기관도 보좌기관과 유사한 기능을 수행하는 경우가 많으므로 양자가 엄격히 구분되는 것은 아니다.

02 검토 및 협조의 절차

1. 검토절차

기안자는 기안문의 형식·내용을 최종적으로 확인 후 기안자란에 서명하고, 결재권자의 결재를 받기 전에 하위 보조(보좌)기관에서 상위 보조(보좌)기관의 순으로 검토를 받는다(영 제9조 제1항, 규칙 제6조 제4항).

3

실전 대비를 위한
논술형·약술형 문제

- 2차 시험이 주관식 문제로 치러지기 때문에 실전 시험 대비를 위해 출제경향에 맞춘 논술형·약술형 예상 문제를 각 Chapter별로 수록하였다.
- 각 문제에 대해 답안을 기술해 보면서 시험에 대한 실전 감각을 키울 수 있으며, 스스로 모범답안을 작성하도록 함으로써 완벽한 사전 학습이 이뤄지도록 구성하였다.

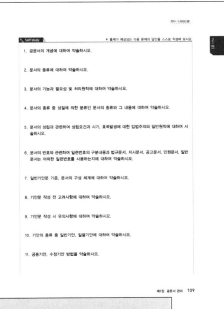

4

2013~2022년 기출문제,
각종 서식 자료 수록

- 2013~2022년 기출문제와 답안 예시를 함께 수록하여 보다 완벽하게 시험에 대비할 수 있도록 하였다.
- 본문에 각종 서식 자료를 함께 수록하여 이론을 공부하면서 실제 사용되는 서식 자료를 확인할 수 있도록 구성하였다.

Part 01   행정효율과 협업촉진에 관한 규정

행정사
사무관리론

Part_

01

행정효율과
협업촉진에
관한 규정

01 행정업무운영의 개요

제1절 행정업무의 효율적 운영의 의의

① 업무의 개념 : 사무를 포함한 모든 일 ^{2016 기출}

종래에는 '업무'의 본질을 종이를 사용한 기록·활용 및 보존으로 인식하였고, 이에 따라 '사무'의 개념도 사무실에서 이루어지는 서류의 생산·유통·보존 등 서류에 관한 작업(paper work, desk work)으로 한정하여 파악하였다.

현대에는 고도 정보화 사회가 되어감에 따라 정보의 가치가 중요해지면서 '업무'의 개념에 '행정목적을 달성하기 위한 정보의 수집·가공·저장·활용' 등 일련의 정보처리과정을 포함시켰다. 또한 행정업무의 국민에 대한 성과를 강조함에 따라 사무실에서 이루어지는 일뿐만 아니라 국민과의 접점에서 이루어지는 일련의 행정과정까지 포괄하는 것으로 업무의 개념이 확대되었다.

② 운영의 개념 : 정책의 품질관리 및 성과관리를 포함하는 총제적인 관리 ^{2016 기출}

고전적 의미의 운영은 인간, 기계, 설비, 자금 등을 잘 활용·조정하여 설정된 목표를 능률적으로 달성할 수 있도록 계획(Plan)하고 실행(Do)하고 통제(See)하는 관리를 말한다. 즉, 행정의 목적 달성을 위한 하나의 수단이다.

현대적 의미의 운영은 조직의 자원을 활용하여 조직 내부의 생산목표(Output)를 관리하는 고전적 개념에 더하여 국민의 만족도를 증가시키는 정책의 품질관리 및 성과관리를 포함하는 총체적인 관리활동을 의미한다.

운영의 요소*를 보다 구체적으로 살펴보면 아래와 같다.

1. 다른 사람들을 통한 업무수행

운영은 임무 성취를 위해 다른 사람 및 조직을 동원하고 이끌어 간다. 즉 다른 사람들과 더불어 일하고 다른 사람들을 통해서 일한다.

---

* 오석홍, 『행정학』, 박영사, 2006

2. 조직목표의 설정과 성취

운영의 주된 임무는 조직목표를 설정하고 이를 성취하는 것이다. 운영은 현재의 목표성취뿐만 아니라 장래의 성취능력 확보에도 책임을 진다.

3. 대상영역 · 활동국면

운영의 대상영역은 조직 전반에 걸친다. 조직의 성립 · 생존 · 발전에 관련된 여러 국면들이 모두 운영의 대상이 된다. 이러한 운영의 활동과정은 목표설정과 계획수립, 자원의 동원, 조직화, 집행, 환류, 통제 등으로 구분해 볼 수 있다. 이러한 활동 국면들의 구성 양태와 상호관계는 개별적인 상황과 운영모형에 따라 달라질 수 있다.

4. 복합적 과정

운영은 여러 가지 과정들을 내포하는 복합적인 과정이다. 이는 의사전달, 의사결정, 통제, 계획, 조정 등 다양한 과정들을 통해서 이루어진다.

5. 개방체제적 교호작용

운영은 조직 내외의 제 관계와 역동적 교호작용을 한다. 즉 행정환경과 조직 내의 하위체제들이 엮어내는 상황에서 작동하는 과정이다.

(03) 행정업무의 효율적 운영의 개념

행정업무의 효율적 운영은 조직의 목적 달성에 필요한 행정업무의 과정이 효율적으로 이루어질 수 있도록 행하는 제반 활동이라고 말할 수 있다. 이를 달리 표현하면, 조직의 최종 목적을 달성하기 위하여 업무 전반을 효율적으로 개선하고 비용을 최소화하기 위한 각종 관리활동이라 할 수 있다.

1. 업무의 간소화

불필요한 업무를 없애고, 최소한의 노력으로 최대한의 업무성과를 낼 수 있도록 하며 작업과정의 속도를 높일 수 있도록 보고 · 결재 단계의 축소, 전자결재의 활성화, 불필요한 보고서의 생산 지양 등을 추구한다.

2. 업무의 표준화

업무 담당자가 바뀌어도 원활하게 업무를 처리하고, 일상 업무의 대응 속도를 높일 수 있게끔 업무의 인수인계를 철저히 하며, 전자결재의 활성화, 업무의 자동화를 지향한다.

3. 업무의 과학화

정보통신기술의 발달에 맞춰 행정업무를 보다 정확하고 빠르게 처리할 수 있도록 전자결재 시스템, 지식행정 시스템, 협업 시스템 등을 활용하여 행정지식을 공유하고 활용하여 정부 내 의사소통을 증진한다.

4. 업무의 정보화

전산화, 정보화를 통하여 행정업무의 처리방식을 혁신함으로써 행정기관 내부적으로 행정의 효율화, 간소화를 추진하면서 대외적으로는 고도화되는 국민의 행정서비스 욕구를 충족시켜 줄 수 있는 첨단정보통신기술의 도입활용을 추구한다.

제2절 | 사무관리제도의 발전과정

01 개관

우리나라의 사무관리는 문서를 중심으로 표준화와 능률화에 중점을 두고 발전해 왔다. 정부 수립 후 초기에는 일제시대와 미군정의 사무관리제도를 그대로 활용하여 오다가 1960년대 초반 군(軍)에서 사용하던 문서관리제도를 대폭 도입하여 현행 사무관리제도의 근간을 이루었다. 2002년 이후 전자정부의 구현을 촉진하기 위하여 정부의 사무관리제도를 전면적으로 개편하였다. 사무관리의 발전과정을 살펴보면 다음과 같다.

02 사무관리의 발전과정

1. 일제시대 및 미군정의 사무관리제도 활용 : 1948. ~ 1961. 9.

일제 총독부와 미군정의 사무관리제도를 활용하던 시기로「정부처무규정」(1949. 7. 15. 대통령훈령 제1호)과「공문서규정」(1950. 3. 6. 대통령훈령 제3호)이 근거 법령이었다. 주로 문서의 종서, 한자혼용, 기관별 및 월·일별 문서분류방법, 문서보관, 보존관리 및 장표 서식관리 등이었는데, 이와 달리 군(軍)에서는 미군정의 영향으로 가로쓰기, 문서통제, 십진분류 등이 쓰이기도 했다.

2. 「정부공문서규정」 제정 · 시행 : 1961. 10. ~ 1984. 11.

1961년에「정부공문서규정」(1961. 9. 13. 각령 제137호)을 제정하여 공문서의 횡서, 한글전용, 문서통제제도 등을 채택하였고, 1962년에는 서식제정절차규정 및 보고통제규정 개정, 문서의 십진식 분류방법 채택, 홀더(Holder)를 사용한 문서편철방식 사용, 파일링시스템(Filing System)을 채택하여 문서의 보관·검색이 용이하도록 하였고, 1978년에는 문서분류체계를 업무기능별 십진분류방법에 따라 전면 개편하였다.

3. 사무의 기계화 · 자동화 모색 : 1984. 11. ~ 1991. 9.

사회가 점차 발달하면서 사무영역이 확대되고 사무기기의 기능 개선이 촉진됨에 따라 이를 반영하여 1984년 말에「정부공문서규정」(1984. 11. 23. 대통령령 제11547호)을 개정, 마이크로필름을 이용한 문서보존관리가 되도록 하고, 모사전송(Fax)에 의한 문서수발제도 등을 채택하여 사무의 기계화·자동화를 모색하게 되었다.

4. 「사무관리규정」제정 및 전산화 체제 도입 : 1991. 10. ~ 1996. 4.

종전 개별 법령에 분산되어 있던 정부공문서관리, 보고사무, 협조사무, 관인관리 및 서식에 대한 사항과 자료관리, 업무편람, 사무자동화, 사무환경에 관한 사항을 추가하여 「사무관리규정」 (1991. 6. 19. 대통령령 제13390호) 및 「사무관리규정 시행규칙」(1991. 9. 30. 총리령 제395호) 으로 통합·제정하였다.

「사무관리규정」을 제정하면서 수작업 위주였던 사무관리제도를 전산화·자동화 체제로 개편 하고, 사무처리의 간소화·표준화·과학화를 위한 기틀을 다졌다.

5. 전자정부 구현을 위한 기반 구축 : 1996. 5. ~ 2003. 12.

전자결재제도 도입 및 전자문서유통 근거 마련, 전자문서의 보안 및 전자서명(2001. 2. '전자 관인'으로 명칭 변경) 인증제 도입, '정부전자관인인증센터' 설치 근거 마련(현 행정안전부 정 부전산정보관리소에 설치) 등 전자정부 구현을 위한 기반을 구축하였다.

> • '전자서명'(1999. 8. 7.) ⇒ '전자관인'(2001. 2. 14.) ⇒ '행정전자서명'(2002. 12. 26.)
> • **행정전자서명** : 기안자·검토자·협조자·결재권자 또는 발신명의인의 신원과 전자문서의 변경 여부를 확 인할 수 있도록 당해 전자문서에 첨부되거나 논리적으로 결합된 전자적 형태의 정보로서 인증을 받은 것

이외에도 정책실명제 실현을 위해 공문서상에 발의자·보고자 표시, 후열제 폐지·사후보고 제로 변경, 공문서 보존 및 폐기절차 정비, 전결권 대폭 하향 조정, 행정간행물 발간 및 제출 제도 개선, 관인모양의 다양화, 행정혁신사무 근거 마련 및 목표관리제 도입 등을 실시하였다.

○ 1999년에 「공공기관의 기록물관리에 관한 법령」이 제정되면서(2000년부터 시행), 사무관리규정 중 문서의 등록·분류·편철·보존·폐기 등 기록물 보존과 행정간행물 등 자료관리에 관한 조항이 삭제되고, 「공문서 분류 및 보존에 관한 규칙」이 폐지됨

6. 공문서 및 전자문서시스템 등 관리체제 대폭 개선 : 2004. 1. 1.[「사무관리규정」 (2002. 12. 26.) 및 「사무관리규정 시행규칙」(2003. 7. 14.) 개정]

(1) 문서처리 전 과정을 전자화에 맞도록 재설계

전자문서의 원활한 유통을 위해 기안문과 시행문을 편지형식으로 설계·통합, 전자문서에 사 용하는 서명 추가(전자문자서명), '전자관인'을 '행정전자서명'으로 명칭 변경, 결재단계 축소를 위해 검토자 수를 2인 이내로 제한하는 노력 의무 부과, 불필요한 문서심사 절차 폐지 등을 시행하였다.

(2) 전결(대결) 및 서명표시 방법 변경

종전까지 전결(대결)표시를 전결(대결)권자의 서명란에, 서명표시를 기관장란에 했던 것을 정책결정 관련자가 누구인지 곧바로 알 수 있도록 전결(대결)표시와 서명표시를 전결(대결)권자의 서명란에 표시하는 것으로 변경하였다.

(3) 공문서 수신처 표시방법 변경

공문서를 발송할 경우 수신기관명을 쓰도록 한 것을 수신자의 직위를 쓰도록 일원화하고, '수신처기호'를 '수신자기호'로 변경하였다.

(4) 국민편의를 위한 문서처리절차 개선

정책결정참여자의 실명 공개 확대(기안자, 검토자, 협조자 및 결재자 모두 문서상에 서명표시), 기관의 상세한 주소·홈페이지 및 전자우편주소 표시, 민원 회신문서에 민원인 성명 외에 우편번호·주소 기재를 의무화였다.

(5) 전자문서시스템·행정정보시스템 등 관련 근거 마련

전자문서관리를 위한 전자문서시스템 도입 및 인증제 실시 근거 마련, 지식관리시스템 등 행정정보시스템 도입 근거 마련, 전자문서시스템과 행정정보시스템 간 연계 조치 규정 등을 실시하였다.

(6) 관인등록기관 변경 및 전자이미지관인 관보공고 의무화

관인등록기관을 직근 상급기관에서 자체 행정기관으로 변경하고(단, 3차 소속기관은 직근 상급기관에 등록 가능), 전자이미지관인의 관보공고를 의무화하였다.

(7) 행정진단 실시 및 행정진단 전문인력 양성 근거 마련

업무수행방법 등을 재설계하는 능률진단 등 행정진단 실시, 인사·조직·행태·문화 등 행정업무 전반에 걸친 혁신진단기법의 개발·보급 및 행정진단 전문인력 양성 등 근거를 마련하였다.

7. 업무처리의 효율적 관리를 위한 업무관리시스템 도입 등 : 2006. 3. 29.

(1) 업무관리시스템 도입·운영 근거 마련

업무관리시스템의 도입, 과제관리카드·문서관리카드 등 업무관리시스템의 구성·운영, 행정정보시스템 등과의 연계, 규격표준 및 유통표준의 제정·고시 등에 관한 규정을 마련하였다.

(2) 정부전자문서유통지원센터의 지원범위 확대

전자문서의 유통범위를 행정기관 간의 유통에서 행정기관과 행정기관 외의 기관 및 단체 등 간의 유통으로까지 확대하였다.

8. 행정내부규제 폐지를 위한 보고사무 및 협조사무 개선 등 : 2008. 9. 2.

(1) 보고사무 · 협조사무 심사승인제 폐지

불필요한 행정규제인 보고 · 협조사무의 사전 심사승인제를 폐지(심사대상, 심사관, 보고 · 협조의 지정 및 심사 등 심사제 규정 삭제)하였다.

(2) 보고사무 · 협조사무의 일반적인 근거규정 보완

기관 간 원활한 보고 · 협조사무 추진을 위한 보고 · 협조사무의 원칙, 처리기간 보고 · 협조의 촉구 등의 근거를 보완 · 개정하였다.

(3) 업무관리시스템 기능 개선에 따른 개정사항

업무관리시스템의 기본 구성요소인 과제관리카드 및 문서관리카드의 개념을 보완하고, 업무관리시스템을 통한 문서발송, 문서접수 · 처리 등의 근거를 마련하였다.

(4) 전자문서시스템 인증제 폐지

행정기관 내에 표준화된 전자문서시스템의 보급 · 활용이 정착됨에 따라 시스템에 대한 인증제가 불필요하게 되어 인증제 관련 규정을 삭제하고 표준에 적합한 전자문서시스템을 지속적으로 사용할 수 있도록 개정하였다.

> ● 인증제 : 전자문서시스템의 규격, 유통표준 등에 부합하는지 시험하여 인증해 주는 제도로 다른 기종 간 호환성 확보를 위해 실시

9. 사무관리의 효율성과 능률성을 높이기 위하여 이미 발송한 문서의 수신자를 변경하거나 추가할 때의 발송 절차 간소화 등 : 2010. 3. 23.

(1) 시행완료 문서의 수신자 추가 또는 변경 발송 방법 개선(사무관리규정 제22조의 2 신설)

① 현재는 이미 발송한 문서의 수신자를 추가하거나 변경하는 경우 동일한 내용의 기안문을 재작성하여 결재를 받아 발송하도록 되어 있어 업무 처리가 지연되는 문제가 있음

② 실수로 수신자가 누락되는 등 수신자를 추가하거나 변경할 필요가 있을 때에는 처리과의 장의 승인만으로 생산된 문서를 재발송할 수 있도록 문서처리절차를 간소화함

(2) 전자이미지관인의 제출 요청(영 제39조의 2 신설)

① 정부민원포털 등 둘 이상의 행정기관이 공동으로 사용하는 행정정보시스템을 구축 · 운용하기 위하여 각 행정기관의 전자이미지관인을 행정정보시스템을 구축 · 운용하는 행정기관이 통합하여 관리할 필요성

② 둘 이상의 행정기관이 공동으로 사용하는 행정정보시스템을 구축·운용하는 행정기관의 장은 전자이미지관인을 해당 행정정보시스템에 전산입력하기 위하여 필요한 경우에는 해당 행정정보시스템을 사용하는 다른 행정기관의 장에게 전자이미지관인의 제출을 요구할 수 있도록 함

⑶ **법령서식의 제정·개정 절차의 개선(영 제74조 제1항, 제75조 제3항 신설)**

① 법령으로 서식을 제정·개정하는 경우의 승인권자를 국무총리에서 사무관리제도 소관 중앙행정기관인 안전행정부(현 행정안전부) 장관으로 변경

② 중앙행정기관이 법령서식을 제정·개정하는 경우 입법예고와 동시에 서식의 승인을 신청하도록 함

⑷ **지방자치단체 등의 서식 제정·개정 시 승인제도의 폐지(영 제74조 제2항, 제75조의 2 신설)**

① 지방자치단체 등의 자치법규로 정하는 서식에 대하여 중앙행정기관이 사전에 승인권을 갖는 것은 지방자치제도의 취지에 비추어 볼 때 불합리한 측면이 있었음

② 지방자치단체 또는 지방교육행정기관의 서식은 지방자치단체의 장 또는 지방교육행정기관의 장이 정하도록 함

10. 「전자정부법」 전면 개정[법률 제10012호(2010. 2. 4.) 공포 : 2010. 5. 5.]

2008년 2월 정부조직의 개편에 따라 분산되었던 전자정부 관련 기능을 통합하여, 「전자정부법」이 전부개정됨에 따라 개정 법률에 맞추어 체계를 전면 재구성 및 유비쿼터스 기반의 전자정부서비스의 도입·활용, 전자정부 포털의 구축·관리, 행정정보의 공동이용 대상정보의 종류 등 법률에서 위임된 사항과 그 시행에 필요한 사항을 정하였다.

⑴ **민원의 신청·처리에 전자화 문서 활용(영 제5조 및 제6조)**

전자문서로 민원을 신청하거나 그 처리결과를 통지할 때 첨부하는 설계도면, 인허가증, 계약서 등의 각종 종이서류를 전자화 문서로 변환하여 신청하게 하거나 통지할 수 있도록 하여 모든 민원을 온라인으로 처리할 수 있도록 하였다.

⑵ **전자민원창구의 운영(영 제9조 및 제10조)**

각 행정기관 등의 장은 소관 민원을 전자적으로 처리할 수 있도록 전자민원창구를 설치·운영하되, 행정안전부장관이 설치·운영하는 통합 전자민원창구와 효율적으로 연계되도록 하고, 전자민원창구의 효율적 운영을 위하여 소속 공무원을 전자민원담당관 등으로 임명하도록 하였다.

⑶ 전자정부서비스의 통폐합 등 효율적 관리(영 제18조 및 제19조)

행정안전부장관은 각 행정기관 등의 전자정부서비스의 제공 및 이용실태를 조사·분석하여 서비스의 중복·유사성, 접근 편의성, 이용률 등을 고려해 통합 또는 폐기 등의 개선 방안을 권고할 수 있도록 하였다.

⑷ 행정정보 공동이용 대상기관의 확대(영 제39조)

행정정보를 공동이용할 수 있는 기관으로 금융감독원의 검사대상기관과「민원사무처리에 관한 법률」제3조 제2항에 따른 법인·단체 또는 기관 중에서 행정안전부장관이 지정하는 기관으로 확대하되, 행정안전부장관이 사전 및 사후에 개인정보 보호조치 등을 확인하도록 하여 개인 정보의 유출 및 오용·남용을 예방하도록 하였다.

⑸ 행정정보 공동이용의 방법 및 절차(영 제44조, 제45조 및 제47조)

행정정보를 공동이용하려는 기관은 이용 목적과 공동이용을 통하여 처리하려는 업무 등을 특정하여 행정안전부장관에게 신청서를 제출하고, 행정안전부장관은 해당 행정정보의 내용 및 열람자의 범위 제한 등을 조건으로 공동이용을 승인할 수 있도록 하고, 승인받지 않은 목적 으로 행정정보를 이용한 경우 등을 공동이용 승인의 철회 사유로 추가함으로써 행정정보의 안전성·신뢰성을 확보할 수 있도록 하였다.

⑹ 정보주체의 사전동의 및 열람신청(영 제49조)

정보주체에게 이익이 되는 것이 명백한 경우 등 행정기관 등이 정보주체의 사전동의를 받지 않고 행정정보를 공동이용할 수 있는 경우를 규정하고, 행정안전부장관은 정보주체의 사전동의 없이 공동이용할 수 있는 소관 업무와 행정정보의 목록을 인터넷 홈페이지에 게시하는 방법 으로 공개하도록 하였다.

⑺ 정보기술아키텍처 및 정보시스템 감리(영 제53조~제56조, 제71조~제77조 및 부칙 제2조)

법률의 개정으로「정보시스템의 효율적 도입 및 운영 등에 관한 법률」이 폐지됨에 따라 같은 법 시행령을 폐지하고, 같은 법 시행령에 규정되어 있는 행정기관 등의 정보기술아키텍처(정 보화설계도)의 도입·운영 및 정보시스템에 대한 감리제도의 운영 등에 관한 주요 내용을 통 합적으로 규정하였다.

⑻ 각종 정보자원의 효율적 관리(영 제60조, 제61조 및 제66조)

법률에서 여러 행정기관 등이 사용할 수 있는 시스템 및 소프트웨어 등의 정보자원을 공유서 비스로 지정·변경하거나 취소할 수 있도록 함에 따라 공유서비스 지정·변경 신청서에 포 함되어야 할 사항과 지정취소 기준 등을 정하고, 정보자원을 통합 관리하기 위한 기준에 포함 되어야 할 사항으로 정보시스템의 규모, 용량 및 활용도 등을 정하였다.

(9) 전자정부사업의 중복 방지 및 성과 제고(영 제82조 및 제84조)

중복투자를 방지하기 위하여 중앙행정기관과 지방자치단체가 다른 행정기관 등과 상호 연계하여 추진하는 사업은 「국가재정법」에 따른 예비타당성 조사를 실시한 사업 등을 제외하고는 행정안전부장관과 사전협의를 하도록 하고, 사업 성과의 분석 및 진단을 실시하여야 하는 사업으로 전자정부지원사업 및 국가가 지원하는 지역정보화사업 등을 정함으로써 사업 추진에 따른 성과를 제고하도록 하였다.

11. 디자인 개념 도입, 외국어 병기 근거 마련 : 2010. 8. 4.

(1) 디자인 개념 도입, 이해 쉽고 작성은 편리하게 서식설계기준 개선

국민들이 민원서식을 작성할 때 어려운 용어, 좁은 기재공간 등으로 겪어야 했던 불편 해소를 위해 디자인 개념을 도입하여 '쓰기 쉽고 보기 좋게' 민원서식을 만들 수 있도록 서식설계기준을 개선하였다.

(2) 외국어 병기 또는 번역 사용 근거 마련

재외공관에서 사용하는 서식에는 그 국가의 언어를 병기하여 사용하게 하거나 그 국가의 언어로 번역한 서식을 사용할 수 있도록 하는 근거 규정을 신설하였다.

12. 관인의 글꼴 개선 : 2011. 3. 22.

획을 임의로 늘이거나 꼬불꼬불하게 구부려서 무슨 글자인지 한눈에 알아보기 어려웠던 관인의 '한글 전서체' 글꼴을 폐지하고, 국민이 쉽고 간명하게 알아볼 수 있는 다양한 글꼴의 한글로 조각하여 사용할 수 있도록 개선하였다.

13. 해당 국가의 언어 병기(倂記) 및 서식의 세부설계기준을 명확히 규정 : 2010. 8. 4.

재외공관의 장은 서식에 해당 국가의 언어를 병기하여 사용하게 하거나 해당 국가의 언어로 번역한 서식을 사용할 수 있게 하는 한편, 현재 행정안전부령에서 정하고 있는 서식의 세부설계기준에 관한 위임 근거를 명확히 규정하였다.

14. 「행정효율과 협업촉진에 관한 규정」으로 전부개정 : 2011. 12. 21.

(1) 협업시스템 규정 신설

출장 없이 사이버 공간에서 원거리 기관 간 협업을 원활하게 수행할 수 있도록 지원하는 협업시스템을 구축·운영하도록 하고, 협업시스템 활용 실태 평가·분석 및 지원 등에 관한 근거 규정을 신설하였다.

(2) 융합행정의 촉진 규정 신설

업무 효율성을 높이고 행정서비스에 대한 국민만족도를 높이기 위해 다른 기관과 공동의 목표를 설정하고 상호 기능을 연계하거나 시설·장비·정보 등을 공동 활용하는 융합행정 촉진계획을 수립·시행하도록 하고, 융합행정 과제의 점검·관리 및 지원 등에 관한 규정을 신설하였다.

(3) 지식행정의 활성화 규정 신설

지식관리시스템에 행정지식을 등록하고 이를 정책결정에 활용할 수 있도록 지식행정 활성화계획을 수립·시행하도록 하고 우수사례 발굴 및 포상, 활용 실태 점검 등에 관한 근거를 마련하였다.

(4) 정책연구의 관리규정 신설

정책연구 관리의 투명성 제고를 위한 심의위원회 구성·운영 및 정책연구관리시스템 구축·운영, 연구결과 공개·활용 촉진을 위한 성과점검 등에 관한 국무총리훈령의 해당 규정을 상향입법하였다.

(5) 영상회의의 운영 규정 신설

영상회의 운영의 실효성 확보를 위해 다른 행정기관 등의 영상회의시스템과 연계·운영할수 있도록 기술규격 제정, 영상회의 운영현황 점검·평가 및 지원 등에 관한 국무총리훈령의해당 규정을 상향 입법하였다.

(6) 전자문서 중심으로 정비

문서 접수일과 접수등록번호를 전자적으로 표시하는 등 문서 작성 관련 규정을 전자문서를원칙으로 하고 보완적으로 종이문서에 관하여 규정하였다.

15. 정부3.0의 전략과 추진과제 이행 지원 및 정책실명제 보완 : 2014. 2. 18.

(1) 전자적 협업지원시스템 구축·운영

안전행정부장관은 행정기관 간 업무 협조가 원활하게 수행되도록 실시간 의사소통이 가능하고공동작업 및 실적관리가 필요한 업무를 등록·관리할 수 있는 전자적 협업지원시스템을 구축·운영하도록 하였다.

(2) 행정지식의 공동 활용·관리

행정기관의 장은 전자문서시스템, 업무관리시스템, 행정지식관리시스템 등 각종 행정정보시스템과 행정안전부장관이 구축·운영하는 정부 통합지식행정시스템을 연계하도록 하였다.

(3) 정책연구 공개 대상 기관의 확대

중앙행정기관뿐만 아니라 지방자치단체가 수행한 정책연구의 결과에 대해서도 공유하여 활용할 필요가 있으므로, 지방자치단체가 수행한 정책연구결과를 정책연구관리시스템을 통하여 공개하도록 하였다.

(4) 영상회의 이용 활성화

행정기관의 장은 각종 회의를 개최하기 위하여 영상회의실을 설치·운영할 수 있도록 하고, 원격지(遠隔地)에 위치한 기관 간 회의를 개최하는 경우에는 영상회의를 우선적으로 활용하도록 하였다.

(5) 정책실명제 운영

행정기관의 장은 주요 국정 현안에 관련되거나 대규모 예산이 투입되는 사업 등을 정책실명제 중점관리 대상사업으로 선정·관리하도록 하고, 그 추진실적을 해당 기관의 인터넷 홈페이지 등을 통하여 공개하도록 하는 등 정책실명제 운영에 필요한 사항을 정하였다.

16. 개정서식 승인권 부처 이관 및 협업조직 설치 근거 신설 : 2015. 8. 3.

(1) 개정서식 승인권 부처 이관

서식 승인에 관한 업무를 효율적으로 처리하기 위하여, 종전에는 서식을 제정 또는 변경하려는 경우 행정안전부장관의 승인을 받던 것을, 서식을 변경하려는 경우에는 해당 중앙행정기관의 장이 서식 설계기준에 따라 자체심사를 하도록 하였다.

(2) 협업조직 설치 근거 신설

행정기관 간 협업과 소통을 활성화함으로써 행정의 효율성을 높이고 국민의 편의를 증진하기 위하여, 다수의 행정기관이 수행하는 사무의 목적, 대상 또는 관할구역 등이 유사하거나 연관성이 높은 경우에는 관련 기능, 업무처리절차 등을 연계·통합하거나 시설·인력 등을 공동으로 활용하는 협업조직을 설치·운영할 수 있도록 하였다.

17. 「행정효율과 협업촉진에 관한 규정」으로 일부개정 : 2016. 4. 26.

(1) 융합행정을 행정협업으로 용어 정비

행정기관 상호 간의 기능을 연계하거나 시설·장비 및 정보 등을 공동으로 활용하는 방식의 행정을 '융합행정'에서 '행정협업'으로 변경하는 등 관련 용어를 정비하였다.

(2) 행정협업과제의 등록 및 추가발굴

행정기관의 장은 관련 행정기관의 장과 사전협의를 거쳐 발굴한 행정협업과제를 행정협업시스템에 등록하도록 하고, 사전협의를 요청받은 관련 행정기관의 장은 협조하도록 하였다. 또한 행정안전부장관은 행정기관의 장이 발굴한 행정협업과제 외에 행정협업과제를 추가로 발굴할 수 있도록 하고, 이를 위하여 관련된 행정협업의 수요, 현황, 애로사항 등을 조사할 수 있도록 하며, 조사의 전문성 및 효율성을 위하여 필요한 경우에는 관련 학회 등에 조사를 의뢰할 수 있도록 하였다.

(3) 행정기관 간 이견에 대한 협의 지원

행정안전부장관은 행정협업과제의 발굴 및 수행 과정에서 관련 행정기관 간 이견이 발생하는 경우 관련 행정기관의 협업책임관 간의 회의 등을 통하여 원활한 협의가 이루어지도록 필요한 지원을 할 수 있도록 하였다.

(4) 협업책임관 신설

행정기관의 장은 소속 기획조정실장 또는 이에 준하는 직위의 공무원을 해당 행정기관의 행정협업에 관한 업무를 총괄하는 협업책임관으로 임명하고, 그 사실을 행정협업시스템에 등록하도록 하였다.

(5) 행정협업우수기관 포상 등

행정안전부장관은 행정협업성과가 우수한 행정기관을 선정하여 포상 또는 홍보할 수 있고, 행정기관의 장은 행정협업에 이바지한 공로가 뚜렷한 공무원 등을 포상하고 인사상 우대할 수 있도록 하였다.

18. 「민관협업 총괄부서 지정·운영, 공간혁신 근거규정 마련 등」(2017. 10. 17.)

(1) 협업총괄 부서 지정·운영과 협업 활성화를 위한 조직문화 조성사업 추진

행정기관이 공공기관, 기업, 단체 등과의 협업을 원활하게 수행할 수 있도록 협업책임관이 공공기관, 기업, 단체 등과의 협업을 총괄하는 부서를 지정·운영하도록 하였다.

(2) 공간 혁신 근거규정 마련

행정협업 활성화를 위하여 행정안전부장관이 사무공간 혁신 등 조직문화 조성사업을 추진할 수 있도록 하고, 행정기관의 장은 행정협업이 원활하게 수행되도록 조직 내 활발한 소통을 유도하는 사무공간 마련에 노력하도록 하였다.

⑶ **정책연구의 집단지성 활용 및 지자체의 정책연구결과 공개의 조례 위임근거 신설**

정책연구의 품질을 높이기 위하여 정책연구과제 심의 신청 시 국민의 의견을 수렴하고 신청
서에 의견 수렴여부를 표기하도록 하였다. 또한 지방자치단체의 정책연구결과를 정책연구관
리시스템을 통하여 공개할 때 해당 지방자치단체의 조례로 정하는 바에 따라 공개하도록 하
였다.

⑷ **지식행정활성화계획 수립 · 시행시기 명시**

정부 지식행정 활정화제도의 체계적 운영과 예측가능성 향상을 위하여 행정기관 장은 기관
의 지식행정활성화계획을, 행정안전부장관은 정부 지식행정활성화계획을 매년 수립 · 시행하
도록 명시하였다.

19. 정책실명제 국민참여 강화(2018. 11. 27.)

국민의 정부정책에 대한 참여 요구가 증가함에 따라 정책추진의 투명성 및 책임성을 강화하
기 위하여 국민이 중점관리가 필요하다고 신청하는 사업을 정책실명제 중점관리 대상사업으
로 선정하여 관리할 수 있도록 '국민신청정책실명제'의 근거 규정을 마련하였다.

20. 큰 글자 서식 적용근거 및 설계기준 마련(2020. 11. 26.)

기존 작은 글자크기, 좁은 작성란 등으로 인한 불편을 해소하기 위해 디지털 약자와의 관련
성, 오프라인 방문민원 건수 등을 고려하여 큰 글자 서식을 적용할 수 있도록 「행정효율과
협업촉진에 관한 규정 시행규칙」에 근거규정이 마련되었다. 또한 기존 서식 설계기준과는 별
개로, 큰 글자 서식에 적용할 수 있는 설계기준을 마련하였으며, 글자크기 확대(13pt) 및 글자
체 변경(맑은고딕), 작성란 확대 등을 통해 민원서식 작성편의성을 제고하였다. 또한, 작성방
법 및 유의사항(부수부분)이 별도 용지에 구성되어 작성란과 분리가 가능한 경우, 이를 보관
하지 않을 수 있도록 하여, 큰 글자 서식에 따른 행정부담을 최소화 하였다.

제3절 | 행정효율과 협업촉진에 관한 규정

⑪ 제정 목적

이 영은 행정기관의 행정업무 운영에 관한 사항을 규정함으로써 행정업무의 간소화·표준화·과학화 및 정보화를 도모하고 행정기관 간 협업을 촉진하여 행정의 효율을 높이는 것을 목적으로 한다(행정효율과 협업촉진에 관한 규정 제1조).

⑫ 행정효율과 협업촉진에 관한 규정의 적용 범위

중앙행정기관(대통령 직속기관과 국무총리 직속기관을 포함한다. 이하 같다)과 그 소속기관(소속기관: 특별지방행정기관＋부속기관(지원기관), 하부조직: 보조기관＋보좌기관), 지방자치단체의 기관과 군(軍)의 기관[이하 "행정기관"이라 하며, 지방교육행정기관을 포함(제21조, 제29조, 제47조 등)한다.]의 행정업무 운영에 관하여 다른 법령에 특별한 규정이 있는 경우를 제외하고는 이 영에서 정하는 바에 따른다(영 제2조).

⑬ 용어의 정의 2019·2022 기출

이 규정에서 사용하는 용어의 뜻은 다음과 같다(영 제3조).

1. 공문서 2022 기출

"공문서"란 행정기관에서 공무상 작성하거나 시행하는 문서(도면·사진·디스크·테이프·필름·슬라이드·전자문서 등의 특수매체기록을 포함한다. 이하 같다)와 행정기관이 접수한 모든 문서를 말한다.

2. 전자문서

"전자문서"란 컴퓨터 등 정보처리능력을 가진 장치에 의하여 전자적인 형태로 작성되거나 송신·수신 또는 저장된 문서를 말한다.

3. 문서과 2019 기출

"문서과"란 행정기관 내의 공문서를 분류·배부·보존하는 업무를 수행하거나 수신·발신하는 업무를 지원하는 등 문서에 관한 업무를 주관하는 과(課)·담당관 등을 말한다.

4. 처리과

"처리과"란 업무 처리를 주관하는 과·담당관 등을 말한다.

5. 서명 ^{2019 기출}

"서명"이란 기안자·검토자·협조자·결재권자(제10조에 따라 결재, 위임전결 또는 대결(代決)하는 자를 말한다. 이하 같다) 또는 발신명의인이 공문서(전자문서는 제외)에 자필로 자기의 성명을 다른 사람이 알아볼 수 있도록 한글로 표시하는 것을 말한다.

6. 전자이미지서명

"전자이미지서명"이란 기안자·검토자·협조자·결재권자 또는 발신명의인이 전자문서상에 전자적인 이미지 형태로 된 자기의 성명을 표시하는 것을 말한다.

7. 전자문자서명 ^{2022 기출}

"전자문자서명"이란 기안자·검토자·협조자·결재권자 또는 발신명의인이 전자문서상에 자동 생성된 자기의 성명을 전자적인 문자 형태로 표시하는 것을 말한다.

8. 행정전자서명

"행정전자서명"이란 기안자·검토자·협조자·결재권자 또는 발신명의인의 신원과 전자문서의 변경 여부를 확인할 수 있도록 그 전자문서에 첨부되거나 결합된 전자적 형태의 정보로서 「전자정부법 시행령」 제29조에 따른 인증기관으로부터 인증을 받은 것을 말한다.

9. 전자이미지관인 ^{2019 기출}

"전자이미지관인"이란 관인의 인영(印影 : 도장을 찍은 모양)을 컴퓨터 등 정보처리능력을 가진 장치에 전자적인 이미지 형태로 입력하여 사용하는 관인을 말한다.

10. 전자문서시스템 ^{2022 기출}

"전자문서시스템"이란 문서의 기안·검토·협조·결재·등록·시행·분류·편철·보관·보존·이관·접수·배부·공람·검색·활용 등 모든 처리절차가 전자적으로 처리되는 시스템을 말한다.

11. 업무관리시스템

"업무관리시스템"이란 행정기관이 업무처리의 모든 과정을 제22조 제1항에 따른 과제관리카드 및 문서관리카드 등을 이용하여 전자적으로 관리하는 시스템을 말한다.

12. 행정정보시스템 2019 기출

"행정정보시스템"이란 행정기관이 행정정보를 생산·수집·가공·저장·검색·제공·송신· 수신하고 활용할 수 있도록 하드웨어·소프트웨어·데이터베이스 등을 통합한 시스템을 말한다.

13. 정보통신망

"정보통신망"이란 「전기통신사업법」 제2조 제2호에 따른 전기통신설비를 활용하거나 전기통신설비와 컴퓨터 및 컴퓨터의 이용기술을 활용하여 정보를 수집·가공·저장·검색·송신 또는 수신하는 정보통신체제를 말한다.

14. 정책실명제 2022 기출

"정책실명제"란 정책의 투명성과 책임성을 높이기 위하여 행정기관에서 소관 업무와 관련하여 수립·시행하는 주요 정책의 결정 및 집행 과정에 참여하는 관련자의 실명과 의견을 기록· 관리하는 제도를 말한다.

※ 출제가 예상되는 다음 문제의 답안을 스스로 작성해 보시오.

1. 「행정효율과 협업촉진에 관한 규정」상 업무와 운영의 개념 및 운영의 요소에 대하여 약술하시오.

2. 행정업무의 효율적 운영의 의의와 관리활동에 대하여 약술하시오.

3. 영 제2조 용어의 정의 중 '공문서, 전자문서, 전자이미지서명, 전자문자서명, 행정전자서명, 전자문서시스템, 업무관리시스템, 정책실명제'의 정의에 대하여 약술하시오.

02 공문서 관리

제1절 공문서의 작성 및 처리

⑴ 문서의 개념

문서란 공공기관이나 기업체에서 정보를 수집·가공·저장·활용하는 데 필요한 매개체로서 일반적으로 사람의 의사나 사물의 형태·관계 등을 문자·기호·숫자 등을 활용하여 종이 등 매체에 기록·표기한 것을 말하며 법률적, 행정적인 의미이다.

⑵ 공문서의 개념

1. 행정상 공문서

행정상 공문서라 함은 행정기관 또는 공무원이 직무상 작성하고 처리한 문서 및 행정기관이 접수한 문서를 말한다.

(1) 「행정효율과 협업촉진에 관한 규정」 제3조에 따른 공문서

① "공문서"란 행정기관에서 공무상 작성하거나 시행하는 문서(도면·사진·디스크·테이프·필름·슬라이드·전자문서 등의 특수매체기록을 포함)와 행정기관이 접수한 모든 문서를 말한다(제1호).

② "전자문서"란 컴퓨터 등 정보처리능력을 가진 장치에 의하여 전자적인 형태로 작성되거나 송신·수신 또는 저장된 문서를 말한다(제2호).

(2) 「민원처리에 관한 법률 시행령」 제30조 제1항에 따른 공문서

① 위·변조방지조치

② 출력한 문서의 진위확인조치

③ 그 밖에 출력한 문서의 위조·변조를 방지하기 위하여 행정안전부장관이 고시한 조치 등을 취하여 민원인에게 통지한 전자문서를 민원인이 출력한 경우 이를 「행정효율과 협업촉진에 관한 규정」 제3조 제1호에 따른 공문서로 인정하고 있다.

> **● 출력한 민원문서를 공문서로 보는 경우**
> 토지(임야)대장등본, 주민등록표등본(초본), 병적증명서, 출입국 사실증명, 국민기초생활수급자 증명서, 장애인증명서, 지방세세목별 과세(납세)증명서 등

2. 법률상 공문서

(1) **「형법」상의 공문서** : 「형법」에서 "공문서"라 함은 공무소 또는 공무원이 그 명의로써 권한 내에서 소정의 형식에 따라 작성한 문서를 말하며, 공문서 위조·변조, 허위공문서 등의 작성 및 행사 등 공문서에 관한 죄(제225조 내지 제230조, 제235조 및 제237조)를 규정하여 공문서의 진정성(眞正性)을 보호하고 있다. 일반적으로 공문서에 관한 죄는 사문서에 관한 죄보다 무겁게 처벌되고 있다.

(2) **「민사소송법」상의 공문서** : 「민사소송법」은 '문서의 작성 방식과 취지에 의하여 공무원이 직무상 작성한 것으로 인정한 때에는 이를 진정한 공문서로 추정한다.'(제356조)라고 규정하여 증거능력을 부여하고 있다.

제2절 │ 문서의 필요성과 기능

① 문서의 필요성

'모든 행정업무는 문서로 시작해서 문서로 끝난다.'라고 할 정도로 행정활동은 대부분 문서로 이루어진다. 문서는 행정업무를 수행하는 과정에서 필수적인 요소로서 다음과 같은 경우에 문서가 필요하게 된다.

(1) 내용이 복잡하여 문서 없이는 사무처리가 곤란한 때

(2) 업무처리에 대한 의사소통이 대화로는 불충분하여 문서가 필요한 때

(3) 행정기관의 의사표시 내용을 증거로 남겨야 할 때

(4) 업무처리의 형식상 또는 절차상 문서가 필요한 때

(5) 업무처리 결과를 보존할 필요가 있을 때

② 문서의 기능

1. 의사의 기록·구체화

문서는 사람의 의사를 구체적으로 표현하는 기능을 갖는다. 사람이 가지고 있는 주관적인 의사는 문자·숫자·기호 등을 활용하여 종이나 다른 매체에 표시하여 문서화함으로써 그 내용이 구체화된다. 이 기능은 문서의 기안에서부터 결재까지 문서가 성립하는 과정에서 나타나는 것이다.

2. 의사의 전달

문서는 자기의 의사를 타인에게 전달하는 기능을 갖는다. 문서에 의한 의사전달은 전화나 구두로 전달하는 것보다 좀 더 정확하고 변함없는 내용을 전달할 수 있다. 이것은 의사를 공간적으로 확산하는 기능으로서 문서의 발송·도달 등 유통과정에서 나타난다.

3. 의사의 보존

문서는 의사를 오랫동안 보존하는 기능을 갖는다. 문서로써 전달된 의사는 지속적으로 보존할 수 있고 역사자료로서 가치를 갖기도 한다. 이는 의사표시를 시간적으로 확산시키는 역할을 한다.

4. 자료 제공

보관·보존된 문서는 필요한 경우 언제든 참고자료 내지 증거자료로 제공되어 행정활동을 지원·촉진시킨다.

5. 업무의 연결·조정

문서의 기안·결재 및 협조과정 등을 통해 조직 내외의 업무처리 및 정보순환이 이루어져 업무의 연결·조정 기능을 수행하게 된다.

03 문서처리의 원칙

1. 신속처리 : 효율적 업무수행을 위하여 사안 발생 시 신속하게 처리

2. 책임처리 : 직무 범위 내에서 권한 있는 자가 책임을 가지고 처리

3. 적법처리 : 법령의 규정에 따라 일정한 형식·요건을 갖추어 처리

4. 전자처리 : 업무관리시스템·전자문서시스템에서 전자적으로 처리

제3절 문서의 종류

01 작성 주체에 의한 구분

1. 공문서

행정기관 또는 공무원이 그 직무상 작성 또는 시행되는 문서(도면, 사진, 디스크, 테이프, 전자문서 등 특수매체기록 포함) 및 행정기관이 접수한 모든 문서를 말한다.

2. 사문서

사문서는 개인이 사적(私的)인 목적을 위하여 작성한 문서를 말한다. 그러나 사문서도 각종 신청서·증명서·진정서 등과 같이 행정기관에 제출하여 접수가 된 것은 사문서가 아니고 공문서로 취급되며 그 문서를 제출한 사람도 접수된 문서를 임의로 회수할 수는 없다.

02 유통대상 여부에 의한 구분

1. 유통되지 않는 문서 : 내부결재문서

행정기관이 내부적으로 계획수립, 처리방침 결정, 업무보고, 소관사항 검토 등을 하기 위하여 결재를 받는 문서를 말한다. 내부적으로 결재를 받는 문서이므로 발신하지 않는다.

2. 유통대상 문서

(1) 대내문서

해당 기관 내부에서 보조기관 또는 보좌기관 상호 간 협조를 하거나 보고 또는 통지를 위하여 수발하는 문서를 말한다.

(2) 대외문서

자체 기관 이외에 다른 행정기관(소속기관 포함), 국민이나 단체 등에 수발하는 문서를 말한다.

(3) 발신자와 수신자 명의가 같은 문서

행정기관의 장 또는 합의제 행정기관이 자신의 명의로 발송하고 자신의 명의로 수신하는 문서를 말한다.

⑩ 문서의 성질에 의한 구분

「행정효율과 협업촉진에 관한 규정」은 공문서를 그 성질에 따라 법규문서·지시문서·공고
문서·비치문서·민원문서 및 일반문서로 구분하고 있다(영 제4조).

1. 법규문서

주로 법규사항을 규정하는 문서로서 헌법·법률·대통령령·총리령·부령·조례 및 규칙
(이하 "법령") 등을 말한다.

2. 지시문서

행정기관이 그 하급기관 또는 소속 공무원에 대하여 일정한 사항을 지시하는 문서로, 훈령·
지시·예규 및 일일명령 등을 말한다. 행정법에서는 지시문서를 행정규칙 또는 행정명령이라는
용어로 사용하고 있다.

훈령	상급기관이 하급기관에 대하여 장기간에 걸쳐 그 권한의 행사를 일반적으로 지시하기 위하여 발하는 명령
지시	상급기관이 직권 또는 하급기관의 문의에 의하여 하급기관에 개별적·구체적으로 발하는 명령
예규	행정사무의 통일을 기하기 위하여 반복적인 행정사무의 처리기준을 제시하는 문서로서 법규문서를 제외한 문서
일일명령	당직·출장·시간 외 근무·휴가 등 일일업무에 관한 명령

3. 공고문서

행정기관이 일정한 사항을 일반에게 알리기 위한 문서로, 고시·공고 등을 말한다.

고시	법령이 정하는 바에 따라 일정한 사항을 일반에게 알리는 문서로, 일단 고시된 사항은 개정이나 폐지가 없는 한 효력 지속
공고	일정한 사항을 일반에게 알리는 문서로, 단기적이거나 일시적으로 효력 유지

4. 비치문서

행정기관이 일정한 사항을 기록하여 행정기관 내부에 비치하면서 업무에 활용하는 문서로서
비치대장·비치카드 등을 말한다.

5. 민원문서

민원인이 행정기관에 허가·인가·기타 처분 등 특정한 행위를 요구하는 문서 및 그에 대한 처리문서를 말한다.

6. 일반문서

위 각 문서에 속하지 아니하는 모든 문서를 말한다. 다만, 일반문서 중 특수한 것으로서 회보 및 보고서가 있다.

회보	행정기관의 장이 소속 공무원 또는 하급기관에 업무연락·통보 등 일정한 사항을 알리기 위한 경우에 사용하는 문서
보고서	특정한 사안에 관한 현황 또는 연구·검토결과 등을 보고하거나 건의하고자 할 때 작성하는 문서

제4절 문서의 작성 형식

종류		작성 형식 및 문서 번호
법규문서		조문 형식, 누년 일련번호 사용(예 법률 제1234호)
지시문서	훈령·예규	조문 또는 시행문 형식, 누년 일련번호 사용(예 훈령 제5호, 예규 제5호)
	지시	시행문 형식, 연도표시 일련번호 사용(예 지시 제2020-5호)
	일일명령	시행문 또는 회보 형식, 연도별 일련번호 사용(예 일일명령 제5호)
공고문서	고시·공고	연도표시 일련번호 사용(예 고시 제2020-5호)
민원문서		시행문 또는 서식 형식, 생산등록번호 또는 접수등록번호 사용 (예 정보공개정책과-123)
일반문서	일반문서	
	회보	회보 형식, 연도별 일련번호 사용(예 회보 제5호)
	보고서	기안문 형식, 생산등록번호 사용(예 정보공개정책과-123)

○ 일련번호 구분
- 누년 일련번호 : 연도구분과 관계없이 누년 연속되는 일련번호
- 연도별 일련번호 : 연도별로 구분하여 매년 새로 시작되는 일련번호로서 연도표시가 없는 번호
- 연도표시 일련번호 : 연도표시와 연도별 일련번호를 붙임표(-)로 이은 번호

제5절 | 문서의 성립과 효력발생 2014 · 2019 · 2020 기출

① 문서의 성립

1. 성립요건

(1) 행정기관의 적법한 권한 범위 내에서 작성되어야 한다.

(2) 행정기관의 의사표시가 명확하게 표현되어야 한다.

(3) 위법·부당하거나 시행 불가능한 내용이 아니어야 한다.

(4) 법령에 규정된 절차 및 형식을 갖추어야 한다.

2. 성립시기

문서는 결재권자가 해당 문서에 대한 서명(전자문자서명, 전자이미지서명 및 행정전자서명 포함)의 방식으로 결재가 있음으로써 성립한다(영 제6조 제1항). 이때 결재를 할 수 있는 결재권자라 함은 행정기관의 장, 행정기관의 장으로부터 결재권을 위임받은 자 및 대결하는 자를 말한다(영 제10조 제2항, 제3항).

> 1. **서명**
>   기안자·검토자·협조자·결재권자(제10조에 따라 결재, 위임 전결 또는 대결하는 자 포함) 또는 발신명의인이 공문서(전자문서 제외)상에 자필로 자기의 성명을 다른 사람이 알아볼 수 있도록 한글로 표시하는 것
> 2. **전자문자서명**
>   기안자·검토자·협조자·결재권자 또는 발신명의인이 전자문서상에 전자적 결합으로 자동 생성된 자기의 성명을 전자적인 문자 형태로 표시하는 것
> 3. **전자이미지서명**
>   전자문서를 기안자·검토자·협조자·결재권자 또는 발신명의인이 전자문서상에 전자적인 이미지 형태로 된 자기의 성명을 표시하는 것
> 4. **행정전자서명**
>   기안자·검토자·협조자·결재권자 또는 발신명의인의 신원과 전자문서의 변경 여부를 확인할 수 있도록 당해 전자문서에 첨부되거나 논리적으로 결합된 전자적 형태의 정보로서 「전자정부법 시행령」 제29조의 규정에 의한 인증기관으로부터 인증을 받은 것. 인증을 받은 행정전자서명이 있는 경우에는 「행정업무의 효율적 운영에 관한 규정」 제3조 제5호의 규정에 의한 서명이 있는 것으로 보며, 당해 전자문서는 행정전자서명이 된 후에 그 내용이 변경되지 아니하였다고 추정된다.

02 문서의 효력발생 2020 기출

1. 문서의 효력발생에 대한 입법주의

(1) 표백주의(表白主義)

문서가 성립한 때, 즉 결재로써 문서의 작성이 끝난 때에 효력이 발생한다는 견해이다. 이는 내부결재문서와 같이 상대방이 없는 문서의 경우에는 합당하나, 상대방이 있는 경우에는 해당 문서의 작성에 관해 전혀 알지도 못하는데도 효력이 생기게 되어 문서발송 지연 등 발신자의 귀책사유로 인한 불이익도 감수해야 하는 부당함이 발생한다.

(2) 발신주의(發信主義)

성립한 문서가 상대방에게 발신된 때 효력이 발생한다는 견해이다. 이는 신속한 거래에 적합하며, 특히 다수의 자에게 동일한 통지를 해야 할 경우에 획일적으로 효력을 발생하게 할 수 있다는 장점이 있지만, 문서의 효력발생 시기가 발신자의 의사에 좌우되고, 상대방이 아직 알지 못하는 상황에서 효력이 발생한다는 단점이 있다. 발신주의를 채택한 예로는 「민법」 제455조[승낙 여부의 최고(催告)], 제531조(격지자 간의 계약성립시기) 등을 들 수 있다.

> **민법**
> **제531조【격지자 간의 계약성립시기】** 격지자 간의 계약은 승낙의 통지를 발송한 때에 성립한다.

(3) 도달주의(到達主義)

문서가 상대방에게 도달해야 효력이 생긴다는 견해이며 수신주의(受信主義)라고도 한다. 여기서 도달이라 함은 문서가 상대방의 지배범위 내에 들어가 사회통념상 그 문서의 내용을 알 수 있는 상태가 되었다고 인정되는 것을 의미한다. 이는 쌍방의 이익을 가장 잘 조화시키는 견해라고 볼 수 있다. 「민법」상의 의사표시와 「행정효율과 협업촉진에 관한 규정」상의 문서의 효력발생시기는 도달주의를 원칙으로 하고 있다.

> **민법**
> **제111조【의사표시의 효력발생시기】** ① 상대방 있는 의사표시는 그 통지가 상대방에 도달한 때로부터 그 효력이 생긴다.

(4) 요지주의(了知主義)

상대방이 문서의 내용을 안 때에 효력이 발생한다는 견해이다. 이는 상대방의 부주의나 고의 등으로 인한 부지(不知)의 경우 발신자가 불이익을 감수해야 하는 폐단이 발생하고, 지나치게 상대방의 입장에 치우친 것으로 타당한 견해라고 보기 어렵다.

2. 문서의 효력발생시기 ^{2020 기출}

(1) 일반 원칙

「행정효율과 협업촉진에 관한 규정」은 문서가 수신자에게 도달(전자문서*의 경우에는 수신자가 관리하거나 지정한 전자적 시스템 등에 입력되는 것)됨으로써 그 효력이 발생된다고 하고 있어 도달주의를 원칙으로 하고 있다(영 제6조 제2항).

＊ 전자문서: 컴퓨터 등 정보처리능력을 가진 장치에 의하여 전자적인 형태로 작성, 송·수신 또는 저장된 문서

(2) 공고문서의 효력발생

① 고시, 공고 등 공고문서의 경우에는 그 문서에서 효력발생시기를 구체적으로 밝히고 있지 않으면 그 고시 또는 공고 등이 있은 날부터 5일이 경과한 때에 효력이 발생한다(영 제6조 제3항).

② 여기서 5일의 경과기간은 일반에게 그 내용을 알리는 데 필요한 최소한의 주지기간으로 볼 수 있기 때문에 공고문서에 효력발생시기를 명시하는 때에는 최소한 5일 이상의 주지기간을 주어야 할 것이다.

③ 「행정절차법」 제15조 제13항에서 '제14조 제4항의 경우 다른 법령 등에 특별한 규정이 없으면 공고일부터 14일이 경과한 때에 그 효력이 발생한다.'라고 규정하고 있는데, 여기서 14일의 경과기간은 처분, 신고, 행정상 입법예고, 행정예고 및 행정지도의 절차에 관하여 송달받을 자에게 공고를 통하여 송달하는 경우에 한하여 우선적으로 적용된다고 할 것이다.

행정절차법
제14조【송달】 ④ 다음 각 호의 1에 해당하는 경우에는 송달받을 자가 알기 쉽도록 관보·공보·게시판·일간신문 중 하나 이상에 공고하고 인터넷에도 공고하여야 한다.
1. 송달받을 자의 주소 등을 통상의 방법으로 확인할 수 없는 경우
2. 송달이 불가능한 경우
제15조【송달의 효력발생】 ③ 제14조 제4항의 경우에는 다른 법령 등에 특별한 규정이 있는 경우를 제외하고는 공고일부터 14일이 경과한 때에 그 효력이 발생한다. 다만, 긴급히 시행하여야 할 특별한 사유가 있어 효력발생시기를 달리 정하여 공고한 경우에는 그에 의한다.

제6절 │ 문서 작성의 일반사항 ^{2019 기출}

⑴ 문서의 전자적 처리

행정기관의 장은 문서의 기안·검토·협조·결재·등록·시행·분류·편철·보관·보존·이관·접수·배부·공람·검색·활용 등 문서의 모든 처리절차가 전자문서시스템 또는 업무관리시스템상에서 전자적으로 처리되도록 하여야 한다(영 제5조).

⑵ 이해하기 쉽게 작성

문서는 어문규범을 준수하여 한글로 작성하되 특별한 사유가 없으면 이해하기 쉬운 용어를 사용하여야 한다.

1. 어문규범의 준수

문서는 「국어기본법」 제3조 제3호에 따른 어문규범에 맞게 한글로 작성하되, 뜻을 정확하게 전달하기 위하여 필요한 경우에는 괄호 안에 한자나 그 밖의 외국어를 함께 적을 수 있으며, 가로로 쓴다(영 제7조 제1항).

> ○ **어문규범**: 한글 맞춤법, 표준어 규정, 표준 발음법, 외래어 표기법, 국어의 로마자 표기법 등 올바른 국어 사용법에 대해 문화체육관광부장관이 정하는 규범

2. 국민이 이해하기 쉬운 용어 사용

문서의 내용은 간결하고 명확하게 표현하고 일반화되지 않은 약어와 전문용어 등의 사용을 피하여 이해하기 쉽게 작성하여야 한다(영 제7조 제2항). 특히 국립국어원 등에서 선정한 행정용어 순화어를 활용하여 쉬운 우리말을 사용할 수 있도록 노력하여야 한다.

3. 공공언어 바로 쓰기 참고사항 ○ 국립국어원 인터넷 누리집 참고

(1) 한글 맞춤법 및 어법

① **고/라고**: "~가 중요하다."고 말했다. → "~가 중요하다."라고 말했다.

> 해설 앞말이 직접 인용되는 말임을 나타내는 조사는 '라고'이다. '고'는 앞말이 간접 인용되는 말임을 나타내는 격 조사(예 아이들이 소풍을 가자고 떼를 쓴다.)이므로 직접 인용되는 말 뒤에는 쓰기 어렵다.

② **로써/로서**: 그것은 교사로써 할 일은 아니다. → 그것은 교사로서 할 일은 아니다.

> 해설 지위나 신분 또는 자격을 나타내는 조사는 '로서'이다. '로써'는 어떤 일의 수단이나 도구를 나타내는 격 조사이다. 예 대화로써 갈등을 풀 수 있을까?

③ **율/률**: 백분률 → 백분율

해설 받침이 있는 말 뒤에서는 '렬, 률'로, 받침이 없는 말이나 'ㄴ' 받침으로 끝나는 말 뒤에서는 '열, 율'로 적는다. 예 비율, 실패율, 매칭률

④ **년도/연도**: 시설년도 → 시설 연도

해설 한자음 '녀, 뇨, 뉴, 니'가 단어 첫머리에 올 때에는 두음법칙에 따라 '여, 요, 유, 이'로 적는다. '시설년도'는 한 단어가 아니므로 '시설 년도'로 띄어 써야하고, '연도'는 독립된 단어이므로 '년도'가 아니고 '연도'로 적어야 한다.

⑤ **연월일의 표기**: '06. 1 → '06. 1. / 2013. 6. 27(목) → 2013. 6. 27.(목)

해설 아라비아 숫자만으로 연월일을 표시할 경우에 마침표는 연월일 다음에 모두 사용해야 한다.

⑥ **가운뎃점의 사용**: 융복합 → 융·복합

해설 열거된 단위, 용어가 대등하거나 밀접한 경우 '가운뎃점'을 사용한다. (단, 한 단어로 사전에 등재된 말은 가운뎃점을 찍지 않음. 예 시도, 내외, 대내외, 장차관)

(2) 띄어쓰기

① **달러, 원, 명, 톤 등 단위를 나타내는 명사**: 10만톤 → 10만 톤 / 오십명 → 오십 명 / 296억달러 → 296억 달러

해설 단위를 나타내는 명사는 앞말과 띄어 쓴다.

② **'제-'와 같은 접두사**: 제 1섹션 → 제1 부문/제1부문

해설 '제-'는 '그 숫자에 해당되는 차례'의 뜻을 더하는 접두사이므로 뒷말과 붙여 쓴다 [예 제1 과(원칙) / 제1과(허용)]. 또한 외래어(섹션)보다는 순우리말을 사용하는 것이 바람직하다.

③ **'-여/-쯤/-가량'과 같은 접미사**: 내일 쯤 → 내일쯤 / 일주일 가량 → 일주일가량 / 50여명의 → 50여 명의

해설 '-여', '-쯤', '-가량'은 접미사이므로 앞말과 붙여 쓴다.

④ **호칭이나 관직명**: 홍길동씨 → 홍길동 씨 / 행정안전부장관 → 행정안전부 장관

해설 성과 이름은 붙여 쓰고 이에 덧붙는 호칭어, 관직명 등은 띄어 쓴다.

⑤ **'본, 총'과 같은 관형사**

㉠ 2010년부터 본제도 시행. → 2010년부터 본 제도 시행.

해설 '본'은 관형사로 뒷말과 띄어 써야 한다. (한자어 '본'보다는 고유어 '이'를 권장함.)

㉡ 총300대 → 총 300대

해설 '총'은 모두 합하여 몇임을 나타내는 관형사로 뒷말과 띄어 써야 한다. 단, 접두사로 쓰일 때는 뒷말과 붙여 쓴다. 예 총감독, 총결산, 총인원

⑥ **문장부호**

　㉠ 원장 : 김갑동 → 원장: 김갑동

　　해설 쌍점(:)은 앞말에 붙여 쓰고 뒷말과는 띄어 쓴다.

　㉡ 4. 23. ~ 6. 15. → 4. 23~6. 15

　　해설 물결표(~)는 앞말과 뒷말에 붙여 쓴다.

⑦ **그 밖의 띄어쓰기**

　㉠ 가야할지 모르겠다. → 가야 할지 모르겠다.

　　해설 단어 단위로 띄어 쓰는 것이 원칙이므로 각각 다른 단어인 '가야'와 '할지'를 띄어 쓴다.

　㉡ 기관간 칸막이 → 기관 간 칸막이

　　해설 의존 명사는 앞말과 띄어 쓴다. '간'은 의존 명사이므로 띄어 쓴다. 단, 기간을 나타 내는 말 뒤에 붙는 '간'은 접미사이므로 붙여 쓴다. 예 이틀간, 한달간

　㉢ 자전거열차운행 → 자전거 열차 운행 / 일제점검 → 일제 점검

　　해설 각기 독립된 뜻을 가진 명사는 띄어 쓴다.

　㉣ 지방공무원 뿐만 아니라 → 지방공무원뿐만 아니라

　　해설 조사는 앞말에 붙여 쓴다. '뿐'과 '만'은 조사이다.

　㉤ 그 동안 → 그동안

　　해설 '그동안'은 한 단어이므로 붙여 쓴다. 예 이후, 그중, 지난해, 더욱더

(3) **우리말 다운 표현**

① 과도한 명사화 구성을 피한다.

　적극 뒷받침하기 위해 → 적극적으로 뒷받침하기 위해

　해설 과도한 명사화 구성은 문장 의미 파악을 어렵게 하므로 조사나 어미를 써서 의미를 명확히 표현한다.

② 번역 투 표현을 지양한다.

　선정된 점포에 대해서는 → 선정된 점포에는

　해설 '~에 대해서'는 번역 투 표현이므로 피한다.

(4) **쉽고 친숙한 표현 사용**

① MOU → 업무협정(MOU) / IT → 정보기술(IT)

　해설 외국 문자를 표기해야 할 경우 괄호 안에 병기한다(국어기본법).

② 힐링 → 치유 / 인프라 → 기반 시설 / 매뉴얼 → 지침

　해설 외래어나 외국어 대신 이해하기 쉬운 우리말을 쓴다.

③ 지자체 → 지방자치단체(이하 지자체)

해설 준말(줄임말)을 사용할 때에는 원래의 온전한 용어를 기재한 뒤 괄호 안에 '이하 지자체' 형태로 준말을 기재해 사용한다.

④ 21,345천원 → 2,134만 5천 원

해설 '천 원' 단위는 일반인이 이해하기 어려우므로 일반적인 숫자 표현(만 단위)으로 쓴다.

⑤ 제고하기 → 높이기 / 내수진작과 → 국내 수요를 높이고

해설 어려운 한자어 대신 이해하기 쉬운 표현을 사용한다.

⑸ **공공성 있는 표현 사용**

① 품격 있는 표현을 사용한다.

해설 신조어 사용을 지양하며 표준어를 사용한다. 예 R&D → 연구개발 / 모니터링 → 점검, 실태조사 등

② 고압적·권위적인 표현을 사용하지 않는다.

해설 시혜적인 표현을 사용하지 않는다. 예 장관은 ~라며 치하했다. → 장관은 ~라고 말했다. / 작성할 것 → 작성해 주십시오. 제출바람 → 제출해 주십시오.

③ 차별적 표현을 사용하지 않는다.

해설 성별, 지역, 인종, 장애에 대한 차별적 표현을 사용하지 않는다. 예 소외계층, 결손가정 등

제7절 │ 문서의 작성기준 2019 기출

01 숫자 등의 표시

1. 숫자

특별한 사유가 없으면 아라비아 숫자로 쓴다(영 제7조 제4항).

2. 날짜

숫자로 표기하되, 연·월·일의 글자는 생략하고 그 자리에 마침표를 찍어 표시한다(영 제7조 제5항).

예 2020. 12. 12.

3. 시간

시·분은 24시각제에 따라 숫자로 표기하되, 시·분의 글자는 생략하고 그 사이에 쌍점(:)을 찍어 구분한다(영 제7조 제5항).

예 오후 3시 20분(×) → 15:20(○)

4. 금액

금액을 표시할 때에는 아라비아 숫자로 쓰되, 숫자 다음에 괄호를 하고 한글로 기재한다(규칙 제2조 제2항).

예 금113,560원(금일십일만삼천오백육십원)

02 바코드 등 표시

문서에는 시각장애인 등의 편의 도모를 위해 음성정보 또는 영상정보 등이 수록되거나 연계한 바코드 등을 표기할 수 있다(영 제7조 제3항). 이 경우 바코드는 문서 상단의 '행정기관명' 표시줄의 오른쪽 끝에 2cm×2cm 범위 내에서 표기한다.

⑬ 문서의 쪽 번호 등 표시

1. 쪽 번호 등의 개념

2장 이상으로 이루어진 중요 문서의 앞장과 뒷장의 순서를 명백히 하기 위하여 매기는 번호를 말한다.

2. 쪽 번호 등의 표시 대상문서(영 제19조)

(1) 문서의 순서 또는 연결관계를 명백히 할 필요가 있는 문서

(2) 사실관계나 법률관계의 증명에 관계되는 문서

(3) 허가, 인가 및 등록 등에 관계되는 문서

3. 표시 방법

(1) 전자문서

쪽 번호 표시 또는 발급번호 기재(영 제19조 및 규칙 제18조)

① **쪽 번호**: 각종 증명 발급 문서 외의 문서에 표시

  ㉠ 중앙 하단에 일련번호를 표시하되, 문서의 순서 또는 연결관계를 명백히 할 필요가 있는 중요 문서에는 해당 문서의 전체 쪽수와 그 쪽의 일련번호를 붙임표(-)로 이어 표시한다.

  📗 1, 2, 3, 4 또는 4-1, 4-2, 4-3, 4-4로 표시

  ㉡ 양면을 사용한 경우에는 양면 모두 순서대로 쪽수를 부여한다.

② **발급번호**: 각종 증명 발급 문서의 왼쪽 하단에 표시

  📗 단말번호 - 출력년월일 / 시·분·초 - 발급일련번호 - 쪽 번호

(2) 종이문서

관인으로 간인 또는 천공(穿孔)(영 제19조)

① **간인**: 관인 관리자가 관인으로 간인하되, 시행문은 간인하기 전의 기안문을 복사하여 간인한다.

② **천공**: 민원서류나 그 밖에 필요하다고 인정하는 문서에는 간인을 갈음하여 천공한다.

● 문서철의 쪽 번호 표시

1. 해당 문서철의 우측 하단에 첫 쪽부터 시작하여 일련번호로 쪽수 부여 및 표기
2. 표지와 색인목록은 쪽수 부여 및 표기 대상에서 제외
3. 동일한 문서철을 2권 이상으로 나누어 편철한 경우, 2권 이하의 문서철별 쪽수는 전 권 마지막 쪽수 다음의 일련번호로 시작
4. 연필로 먼저 표시한 후 기록물 정리가 끝나면 잉크 등으로 표시

---

04 항목의 구분

1. 항목의 표시

문서의 내용을 둘 이상의 항목으로 구분할 필요가 있으면 다음 구분에 따라 그 항목을 순서대로 표시하되, 필요한 경우에는 □, ○, -, • 등과 같은 특수한 기호로 표시할 수 있다(규칙 제2조 제1항).

구분	항목기호
첫째 항목	1., 2., 3., 4., …
둘째 항목	가., 나., 다., 라., …
셋째 항목	1), 2), 3), 4), …
넷째 항목	가), 나), 다), 라), …
다섯째 항목	(1), (2), (3), (4), …
여섯째 항목	(가), (나), (다), (라), …
일곱째 항목	①, ②, ③, ④, …
여덟째 항목	㉮, ㉯, ㉰, ㉱, …

● 비고

둘째, 넷째, 여섯째, 여덟째 항목의 경우, 하., 하), (하), ㉻ 이상 계속되는 때에는 거., 거), (거), ㉦, 너., 너), (너), ㉧… 로 표시

○ 가→나→다 … 파→하→거→ 너→더→ … 퍼→허→고→ 노→도→ …

○ 특수한 기호를 활용하여 항목을 표시할 경우, 전자적으로 입력하기 어렵거나 전자화 과정에서 오류가 많이 발생할 수 있는 특수기호는 사용하지 않는다.

2. 표시 위치 및 띄우기

```
수신∨∨○○○장관(○○○과장)
(경유)
제목∨∨○○○○○_____
      1.∨○○○○○○○○○○
      ∨∨가.∨○○○○○○○○○○
      ∨∨∨∨1)∨○○○○○○○○○○
      ∨∨∨∨∨∨가)∨○○○○○○○○○○
      ∨∨∨∨∨∨∨∨(1)∨○○○○○○○○○
      ∨∨∨∨∨∨∨∨∨∨(가)∨○○○○○○○○
      2.∨○○○○○○○○○○○○○○○○○○○○
         ○○○○○
```

○ 2타(∨∨ 표시)는 한글 1자, 영문·숫자 2자에 해당

(1) 첫째 항목기호는 왼쪽 기본선에서 시작한다.

(2) 둘째 항목부터는 바로 위 항목 위치에서 오른쪽으로 2타씩 옮겨 시작한다.

(3) 항목이 두 줄 이상인 경우에 둘째 줄부터는 항목내용의 첫 글자에 맞추어 정렬함이 원칙이나, 왼쪽 기본선에서 시작하여도 무방하다. 단, 하나의 문서에서는 동일한 형식(첫 글자 또는 왼쪽 기본선)으로 정렬한다.

(4) 항목기호와 그 항목의 내용 사이에는 1타를 띄운다.

(5) 하나의 항목만 있는 경우에는 항목기호를 부여하지 아니한다.

〈예시 1〉 항목내용의 첫 글자에 맞춘 경우

```
수신ＶＶ○○○장관(○○○과장)
(경유)
제목ＶＶ○○○○○ _____
1.Ｖ○○○○○○○○○○○○○○○○○○○○○○○○○○○○○○○
　ＶＶＶ○○○○○
2.Ｖ○○○○○○○○○○○○○○○○○○○○○○○○○○○○○○○
　ＶＶＶ○○○○○
```

〈예시 2〉 왼쪽 기본선에서 시작하는 경우

```
수신ＶＶ○○○장관(○○○과장)
(경유)
제목ＶＶ○○○○○ _____
1.Ｖ○○○○○○○○○○○○○○○○○○○○○○○○○○○
○○○○○
2.Ｖ○○○○○○○○○○○○○○○○○○○○○○○○○○○
○○○○○
```

(6) 하나의 본문에 이어서 항목이 나오는 경우에 항목의 순서 및 띄어쓰기는 다음 요령에 따른다.
　① 첫째 항목은 1., 2., 3., … 등부터 시작한다. (둘째 항목 : 가., 나....)
　② 첫째 항목은 왼쪽 기본선부터 시작한다.

```
수신ＶＶ○○○장관(○○○과장)
제목ＶＶ○○○○○ _____
문서관리교육을 다음과 같이 실시하오니 각 부서의 문서관리 담당자께서는 반드시 참석하여 주시기 바랍니다.
1.Ｖ일시 : Ｖ○○○○○
2.Ｖ장소 : Ｖ○○○○○○○○○○
3.Ｖ참석대상 : Ｖ○○○○○○○○○○.ＶＶ끝.
```

　○ 가독성을 위하여 본문 항목 사이 위와 아래 여백을 자유롭게 조정할 수 있다(한 줄 띄우기 가능, 줄 간격 및 아래 여백을 자유롭게 설정 가능).

05 규격 용지의 사용

1. 규격 표준화의 필요성

용지의 규격 표준화는 문서, 서식 등에 사용되는 용지의 크기를 통일하는 것을 말한다. 규격을 표준화함으로써 문서의 작성·처리·편철·보관·보존 등만 아니라 프린터, 복사기, 팩스 등 각종 사무자동화기기의 활용을 용이하게 할 수 있다.

2. 용지의 기본 규격

문서의 작성에 사용하는 용지는 가로 210mm, 세로 297mm(A4용지)의 직사각형으로 한다(영 제7조 제6항). A4용지는 국제적으로 널리 통용되고 있을 뿐만 아니라 국내의 대다수 조직체에서 문서의 기본 규격으로 하고 있다.

도면 작성 등 기본 규격을 사용하기 어려운 특별한 경우에는 A열 또는 B열 용지를 사용할 수 있고, 증표류 또는 컴퓨터에 의한 기록서식 등은 그에 적합한 규격용지를 사용할 수 있다.

A열 (단위 : mm)			B열 (단위 : mm)		
A0	841	× 1,189	B0	1,030	× 1,456
A1	594	× 841	B1	728	× 1,030
A2	420	× 594	B2	515	× 728
A3	297	× 420	B3	364	× 515
A4	210	× 297	B4	257	× 364
A5	148	× 210	B5	182	× 257
A6	105	× 148	B6	128	× 182
A7	74	× 105	B7	91	× 128
A8	52	× 74	B8	64	× 91
A9	37	× 52	B9	45	× 64
A10	26	× 37	B10	32	× 45

- A열은 국제표준규격(ISO규격)을, B열은 일본공업규격(JIS)을 한국산업표준(KS)으로 채택
- A0의 면적은 1m², B0의 면적은 1.5m²인데 각각 긴 변을 절반으로 절단하여 1~10까지 규격 설정

06 문서의 수정

결재를 받은 문서의 일부분을 삭제하거나 수정할 때에는 재작성하여 결재를 받아야 한다. 다만, 종이문서의 경우로서 삭제하거나 수정하려는 사항이 명백한 오류의 정정 등 경미한 사항인 경우에는 행정안전부령으로 정하는 바에 따라 삭제하거나 수정할 수 있다(영 제17조).

제8절 | 문서의 구성 체제

01 문서의 구성

1. 일반기안문(규칙 제3조 제1항, 별지 제1호 서식)

일반적으로 사용되는 기안문·시행문은 두문·본문·결문으로 구성한다(규칙 제4조 제1항 및 제9조 제1항).

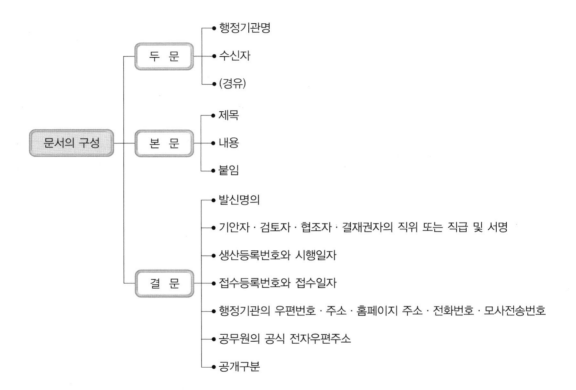

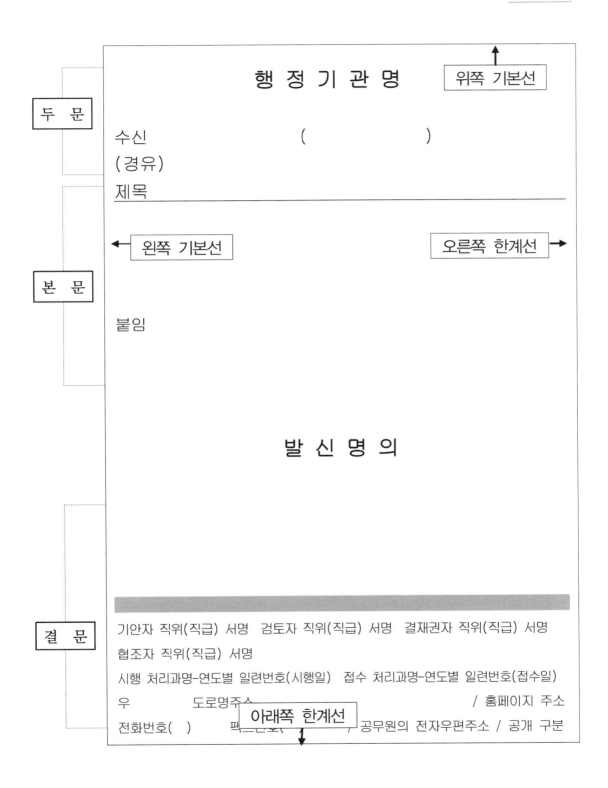

2. 간이기안문(규칙 제3조 제1항, 별지 제2호 서식)

왼쪽 상단에 문서등록 표시(생산등록번호, 등록일, 결재일 및 공개 구분), 오른쪽 상단에 결재란
(기안자, 검토자, 협조자, 결재권자)을 표시하고 그 아래에 제목·작성일·작성기관을 표시한다.
요약설명문이 필요한 경우에는 제목과 작성일 사이에 적는다.

생산등록번호	
등 록 일	
결 재 일	
공 개 구 분	

협조자			

(제 목)

※ 필요한 경우 보고 근거 및 보고 내용을 요약하여
적을 수 있음

○○○○부(처·청 또는 위원회 등)　　　　또는　　　　○○○○부(처·청 또는 위원회 등)
○○○○국　　　　　　　　　　　　　　　　　　　　　　○○○○과

210mm×297mm(백상지 80g/m²)

※ 이 서식은 보고서, 계획서, 검토서 등 발신할 필요가 없는 내부결재문서에만 사용하며 시행문으로 변환하여 사용할
수 없다(규칙 제3조 제3항).

(02) 두문

1. 행정기관명의 표시

그 문서를 기안한 부서가 속한 행정기관 명칭을 표시하되, 다른 행정기관과 명칭이 동일한 경우에는 바로 위 상급기관 명칭을 함께 표시할 수 있다.

예 중구 : 서울특별시 중구, 부산광역시 중구

예 남면 : 인제군 남면, 연기군 남면 등

2. 수신자의 표시

(1) 수신자가 없는 내부결재문서의 수신란에는 '내부결재'로 표시한다.

예 수신　내부결재

(2) 독임제기관의 장 또는 합의제기관의 장의 권한에 관한 사항인 경우에는 수신란에 해당 기관의 장의 직위(수신명)를 쓰고, 그 다음에 이어서 ( ) 안에 그 업무를 처리할 보조기관이나 보좌기관의 직위를 쓴다. 다만 보조기관이나 보좌기관의 직위가 분명하지 아니한 경우에는 ○○업무담당과장 등으로 표시할 수 있다.

예 수신　행정안전부장관(정보공객정책과)

예 수신　방송통신위원회위원장(정보공개업무담당과장)

(3) 합의제기관의 권한에 관한 사항인 경우에는 수신란에 해당 기관의 명칭을 표시한다.

예 수신　방송통신위원회(○○과장)

예 수신　금융감독위원회(○○업무담당과장)

(4) 민원 회신문서에는 수신란에 민원인의 성명을 먼저 쓰고 이어서 ( ) 안에 우편번호와 도로명 주소를 쓴다.

예 수신　○○○ (우03171 서울시 종로구 세종대로 209)

(5) 수신자가 많아 본문의 내용을 기재할 난이 줄어들어 본문의 내용을 첫 장에서 파악하기 곤란한 경우에는 두문의 수신란에 '수신자 참조'라고 쓰고, 결문 발신명의 다음 줄 왼쪽 한계선에 맞추어 수신자란을 따로 설치하여 수신자명을 표시한다.

예 (두문) 수신　수신자 참조(문서관리업무담당과장)

　　　(결문) 수신자　기획재정부장관, 교육부장관, ……

3. 경유의 표시

(1) 경유기관이 없는 경우

아무것도 적지 않고 빈칸으로 둠

(2) 경유기관이 하나인 경우

(경유)란에 '이 문서의 경유기관의 장은 ○○○이고 최종 수신기관의 장은 ○○○입니다.'로 표시한다.

(3) 경유기관이 둘 이상인 경우

(경유)란에 '이 문서의 제1차 경유기관의 장은 ○○○이고, 제2차 경유기관의 장은 ○○○, ……, 최종 수신기관의 장은 ○○○입니다.'로 표시한다.

4. 로고 · 상징 등 표시

(1) 기안문 및 시행문에는 가능하면 행정기관의 로고 · 상징 · 마크 · 홍보문구 등을 표시하여 행정기관의 이미지를 높일 수 있도록 하여야 한다(영 제28조 제5항 및 규칙 제4조 제2항).

(2) 로고(상징)는 문서 상단의 '행정기관명' 표시줄의 왼쪽 끝에 2cm×2cm 범위 내에서 표시하고, 홍보문구는 행정기관명 바로 위에 표시한다.

⑬ 본문

1. 제목

그 문서의 내용을 쉽게 알 수 있도록 간단하고 명확하게 기재한다.

2. 첨부물의 표시(규칙 제4조 제4항)

문서에 서식 · 유가증권 · 참고서류, 그 밖의 문서나 물품이 첨부되는 때에는 본문이 끝난 줄 다음에 '붙임'의 표시를 하고 첨부물의 명칭과 수량을 쓰되, 첨부물이 두 가지 이상인 때에는 항목을 구분하여 표시한다.

```
(본문) …………………………… 주시기 바랍니다.
붙임∨∨1.∨○○○계획서 1부.
        2.∨○○○서류 1부.∨∨끝.
```

○ 기안문에 첨부되는 계산서 · 통계표 · 도표 등 작성상의 책임을 밝힐 필요가 있다고 인정되는 첨부물에는 그 여백에 작성자를 표시하여야 함(규칙 제6조 제2항)

3. 문서의 '끝' 표시(규칙 제4조 제5항)

(1) 본문 내용의 마지막 글자에서 한 글자(2타) 띄우고 '끝' 표시를 한다.

> 예 …… 주시기 바랍니다.∨∨끝.

(2) 첨부물이 있으면 붙임 표시문 다음에 한 글자(2타) 띄우고 표시한다.

> 예 붙임 1. 서식승인 목록 1부.
>   2. 승인서식 2부.∨∨끝.

(3) 본문의 내용이나 붙임에 적은 사항이 오른쪽 한계선에 닿은 경우에는 다음 줄의 왼쪽 기본선에서 한 글자 띄우고 '끝' 표시를 한다.

> 예 (본문 내용) ………………………… 주시기 바랍니다.
>   ∨∨끝.

(4) 본문이 표로 끝나는 경우

① **표의 마지막 칸까지 작성되는 경우** : 표 아래 왼쪽 한계선에서 한 글자 띄우고 '끝' 표시

응시번호	성명	생년월일	주소
10	김○○	1980. 3. 8.	서울시 종로구 ○○로 12
21	박○○	1982. 5. 1.	부산시 서구 ○○로 5

∨∨끝.

② **표의 중간에서 기재사항이 끝나는 경우** : '끝' 표시를 하지 않고 마지막으로 작성된 칸의 다음 칸에 '이하 빈칸' 표시

응시번호	성명	생년월일	주소
10	김○○	1980. 3. 8.	서울시 종로구 ○○로 12
이하 빈칸			

04 결문

1. 발신명의의 표시

(1) 행정기관의 장의 권한인 경우에는 해당 행정기관의 장의 명의로 발신한다(영 제13조 제1항).

> 예 ○○○○부장관, ○○시장, ○○군수, ○○위원회위원장 등

(2) 합의제기관의 권한에 속하는 사항은 그 합의제기관 명의로 발신한다(영 제13조 제1항).

　　예 ○○위원회

(3) 법령에 의하여 행정권한이 위임·위탁된 경우에는 그 위임 또는 위탁을 받은 자(수임자 또는 수탁자)의 명의로 발신한다(영 제5조 및 제13조 제1항).

(4) 행정기관 내의 보조기관 및 보좌기관 상호 간에 발신하는 문서(대내문서)는 해당 보조기관 또는 보좌기관 명의로 발신한다(영 제13조 제2항).

　　예 ○○과장, ○○담당관, ○○실장 등

(5) 발신할 필요가 없는 내부결재문서에는 발신명의를 표시하지 아니한다(영 제13조 제3항).

2. 권한대행 또는 직무대리의 표시

(1) 행정기관의 장의 권한을 대행하거나 직무를 대리하는 사람이 발신명의와 함께 본인의 성명을 적는 경우에는 다음 예시와 같이 그 직위를 적고 '권한대행' 또는 '직무대리'의 표시를 하고 그 직위를 적어야 한다(규칙 제10조).

　　예 행정안전부장관 직무대리　○○○　　서울특별시장 권한대행　○○○
　　　　　　　차관　　　　　　　　　　　　　행정1부시장

(2) 보조기관이나 보좌기관의 직무를 대리하는 사람이 발신명의에 서명(전자이미지서명, 전자문자서명 포함)을 하는 경우에는 서명 앞에 '직무대리'의 표시를 하여야 한다(규칙 제11조 제3항).

　　예 정보공개정책과장 직무대리 ○○○

3. 기안자, 검토자, 협조자, 결재권자의 직위 또는 직급과 서명

(1) 기안자는 기안문의 기안자란에, 검토 또는 협조자는 검토자 또는 협조자란에, 결재권자는 결재자란에 직위 또는 직급을 쓰고 서명란에 서명한다(규칙 제4조 제6항). 이 경우 기안자 및 검토자 및 결재권자의 용어는 표시하지 않는다.

(2) 직위가 있으면 그 직위를 온전하게 쓰되, 기관장과 부기관장의 직위는 간략하게 쓸 수 있다.

(3) 직위가 없으면 직급을 온전하게 쓰되, 6급 이하 공무원의 직급은 각급 행정기관이 직급을 대신하여 대외적으로 사용하도록 정한 대외직명을 적을 수도 있다.

　　예 정부혁신기획관 실장 ○○○　창조정부조직실장 ○○○　차관 ○○○　장관 ○○○
　　　　주무관 ○○○　행정사무관 ○○○　정보공개정책과장 ○○○

⑷ 서명은 기안자, 검토자, 협조자, 결재권자가 자기의 성명을 다른 사람이 알아볼 수 있도록 한글로 쓰거나 전자이미지서명 또는 전자문자서명을 전자적으로 표시한다.

> • **전자이미지서명**: 기안자·검토자·협조자·결재권자 또는 발신명의인이 전자문서상에 전자적인 이미지 형태로 된 자기의 성명을 표시하는 것
> • **전자문자서명**: 기안자·검토자·협조자·결재권자 또는 발신명의인이 전자문서상에 자동 생성된 자기의 성명을 전자적인 문자 형태로 표시하는 것

4. 생산등록번호(시행일) 및 접수등록번호(접수일)

⑴ 「공공기록물 관리에 관한 법률 시행령」 제20조에 따른 생산등록번호 또는 접수등록번호를 업무관리시스템이나 전자문서시스템에 의하여 전자적으로 표시한다.

⑵ 문서에 생산 또는 접수 등록번호를 표시하는 때에는 같은 법률 시행규칙 제5조 제3항에 따라 처리과명과 연도별 일련번호를 붙임표(−)로 이어 쓰되, 처리과가 없는 행정기관의 경우에는 처리과명을 대신하여 행정기관명 또는 10자 이내의 행정기관명 약칭을 쓴다.

⑶ 민원문서로서 필요한 경우에는 시행일과 접수일란에 시·분까지 기재한다.

5. 우편번호, 도로명 주소, 홈페이지 주소, 전화번호, 팩스번호, 공무원의 전자우편주소와 공개 구분

⑴ 우편번호 · 도로명 주소

우편번호를 기재한 다음, 행정기관이 위치한 도로명 및 건물번호 등을 기재하고 괄호 안에 건물명칭과 사무실이 위치한 층수와 호수를 기재한다.

　예 우03171 서울특별시 종로구 세종대로 209 (세종로) (정부중앙청사 11층 1104호)

⑵ 공무원의 전자우편주소

행정기관이 공무원에게 부여한 전자우편주소를 쓴다.

⑶ 공개 구분

공개, 부분공개, 비공개로 구분하여 표시하되, 부분공개 또는 비공개인 경우에는 「공공기록물 관리에 관한 법률 시행규칙」 제18조에 따라 '부분공개( )' 또는 '비공개( )'로 표시하고 「공공기관의 정보공개에 관한 법률」 제9조 제1항 각 호의 해당 호수를 괄호 안에 표시한다.

제9절 | 문서의 기안

01 기안의 의의

기안이라 함은 행정기관의 의사를 결정하기 위하여 문안을 작성하는 것을 말한다.

02 기안의 요인(원인)

(1) 상급자의 지시사항

(2) 접수문서의 처리

(3) 법령·훈령·예규 등을 근거

(4) 자기발안(自己發案)

03 기안의 원칙 및 기안자의 자격

1. 기안의 원칙

문서의 기안은 전자문서로 하는 것을 원칙으로 한다. 다만, 업무의 성질상 전자문서로 기안하기 곤란하거나 그 밖의 특별한 사정이 있으면 종이문서로 기안할 수 있다(영 제8조 제1항).

2. 기안자의 자격

(1) 기안자의 범위에 관하여는 아무런 제한이 없다. 공무원이면 누구든지 기안자가 된다.

(2) 영 제60조에 따라 분장받은 업무에 대하여 그 업무를 담당하는 자는 직급 등에 관계없이 기안할 수 있다.

(3) 또한 결재권자는 영 제18조 제5항에 따라 접수문서를 공람할 때 처리담당자를 따로 지정할 수 있으므로 이 경우 지정된 자도 기안자가 된다.

(4) 둘 이상의 행정기관의 장의 결재가 필요한 문서는 그 문서처리를 주관하는 행정기관에서 기안하여야 한다.

계약직 임기제 공무원이나 직원은 기안자가 될 수 있다? 없다?

1. 원칙적으로 공무원이 아닌 자는 전자문서시스템의 계정을 가질 수 없고, 기안을 할 수도 없으나, 제한된 범위와 조건하에서는 허용할 수 있다.

2. 행정기관장의 책임하에 공무원이 아닌 자에 대하여 업무관리시스템 접근기간 및 권한범위 설정, 보안서약서 징구 등의 보안조치를 취한 다음에 계정 부여가 가능하고, 또한 채용목적에 따른 업무범위 내에서 공무원이 아닌 자가 기안을 하지 않으면 안 되는 부득이한 경우에는 기안을 하게 할 수 있다.

   ○ 「행정안전부 보안지침」(행정안전부 훈령 제1호, 2017. 7. 26.) 제33조에서 '외부 사용자의 계정 부여는 불허하되 부득이한 경우에는 분임정보보안담당관의 책임하에 유효기간을 설정하는 등 보안조치를 강구한 후 허용' 하고 있음

04 기안문 작성 관련 유의사항

1. 기안문 작성 전 고려사항

(1) 기안자는 안건에 관련된 문제를 파악하고 관계규정 및 과거 행정선례를 숙지하고 있어야 한다.

(2) 기안하는 목적과 필요성을 파악하고 자료를 수집·분석하며 필요한 경우에는 설문조사, 실태조사, 회의 등을 통하여 의견을 청취한다.

(3) 복잡한 기안의 경우에는 초안을 작성하여 논리의 일관성을 해치는 내용이나 빠지는 사항이 없도록 검토한 다음 작성한다.

(4) 기안자는 해당 업무에 대한 책임의식을 가지고 기안하며, 해당 기관과 수신자와의 관계 및 입장을 고려하여야 한다.

2. 기안문 작성 시 유의사항

올바른 문서 작성은 정확한 의사소통을 위하여 필요할 뿐만 아니라 문서 자체의 품격을 높이고, 그 기관의 대외적인 권위와 신뢰도를 높여준다. 문서의 올바른 작성을 위하여 다음과 같은 사항에 유의할 필요가 있다.

(1) 정확성(바른 글)

① 일반적으로 육하원칙에 의해 작성하고 오·탈자나 계수 착오가 없도록 한다.

② 필요한 내용을 빠뜨리지 않고, 잘못된 표현이 없도록 문서를 작성한다.

③ 의미전달에 혼동을 일으키지 않도록 정확한 용어를 사용하고 문법에 맞게 문장을 구성한다.

④ 애매모호하거나 과장된 표현에 의하여 사실이 왜곡되지 않도록 한다.

> ● **사례 : 광복절기념행사에 직원 2명을 참석하도록 하시기 바랍니다.**
> • 직원 2명의 성별 및 직급 불분명
> • 각 과에서 2명인지, 국 전체에서 2명인지 불분명
> • 직원 2명이 행사장 참석자인지, 행사지원 요원인지 불분명

(2) 용이성(쉬운 글)

① 상대방의 입장에서 이해하기 쉽게 작성한다.

② 문장은 가급적 짧게 끊어서 항목별로 표현한다.

③ 복잡한 내용일 때는 먼저 결론을 내린 후 이유를 설명하는 것이 좋다.

④ 추상적이고 일반적인 용어보다는 구체적이고 개별적인 용어를 쓴다.

⑤ 읽기 쉽고 알기 쉬운 용어를 사용하고, 한자나 어려운 전문용어는 피한다. 한자 또는 전문 용어를 쓸 필요가 있을 때에는 ( )에 한자를 쓰거나 용어의 해설을 붙인다.

(3) 성실성(호감 가는 글)

① 문서는 성의 있고 진실하게 작성한다.

② 상대방에게 불쾌감을 주거나 상대를 무시하는 듯한 표현은 피하고 적절한 경어를 사용한다.

③ 감정적이고 위압적인 표현을 쓰지 않는다. 상급기관이 하급기관에 보내는 문서에 '…… 할 것', '…… 하기 바람' 등과 같이 위압감을 주는 문구를 쓰게 되면 조직 상하 간의 관계를 경직시켜 원활한 의사소통에 지장을 초래하기 쉽기 때문에 바람직하지 않다. 조직구조상 지휘·감독관계에 있다 하더라도 상호 간에 존중한다는 의미에서 '…… 하시기 바랍니다.'와 같은 표현을 사용하는 것이 좋다.

(4) 경제성(효율적으로 작성하는 글)

① 일상·반복적인 업무는 표준 기안문을 활용한다.

② 용지의 규격·지질을 표준화한다. 규격이나 지질이 다르면 표준화된 경우에 비하여 많은 시간과 노력이 요구된다.

③ 서식을 통일한다. 규정된 서식을 사용하는 것이 경제적이다.

④ 지속적으로 많이 사용되는 문자는 부호화하여 활용한다. <흔글>의 경우 상용구 등록·활용 (Alt + I 글쇠)도 한 방법이 된다.

⑤ 한눈에 내용을 파악할 수 있고 다루기 쉽게 1건 1매주의로 하는 것이 효율적이다.

제10절 | 기안의 종류

기안의 종류에는 기안문 서식을 사용하는 경우와 기안문 서식을 사용하지 않은 서식에 의한 기안방법이 있는데 기안문 서식을 사용하는 경우는 일반기안, 일괄기안, 공동기안, 수정기안 등 네 가지가 있다.

01 일반기안

일반기안이라 함은 가장 일반적인 형태로 어떤 하나의 안건을 처리하기 위하여 정해진 기안서식에 문안을 작성하는 것을 말한다. 기안문 서식은 일반기안문, 간이기안문의 두 가지가 있다. 문서의 기안은 관계서식이 따로 있는 경우를 제외하고는 '영 제8조 제2항 및 규칙 제3조 제1항'에서 정하는 기안문 서식에 따라 하도록 하고 있으며, 그 종류는 다음과 같다.

1. 일반기안문

내부결재문서, 대내문서, 대외문서 등 모든 문서에 사용한다. 그리고 종이문서와 전자문서에 모두 사용한다.

■ 행정효율과 협업촉진에 관한 규정 시행규칙 [별지 제1호 서식]

행 정 기 관 명

수신
(경유)
제목

발 신 명 의   [직인]

기안자 직위(직급) 서명   검토자 직위(직급) 서명   결재권자 직위(직급) 서명

협조자

시행   처리과명−연도별 일련번호(시행일)   접수   처리과명−연도별 일련번호(접수일)

우   도로명 주소   / 홈페이지 주소

전화번호(   )   팩스번호(   )   / 공무원의 전자우편주소   / 공개 구분

210mm×297mm(백상지 80g/m²)

비고(이 난은 서식에 포함하지 아니한다.)

− 문서를 작성할 때 "행정기관명", "발신명", "기안자", "검토자", "결재권자", "직위(직급) 서명", "처리과명−연도별 일련번호(시행일)", "도로명 주소", "홈페이지 주소", "공무원의 전자우편주소", "공개 구분"의 용어는 표시하지 아니하고 그 내용을 적는다.

■ 작성 방법

1. 행정기관명 : 그 문서를 기안한 부서가 속한 행정기관명을 기재한다. 행정기관명이 다른 행정기관명과 같은 경우에는 바로 위 상급 행정기관명을 함께 표시할 수 있다.

2. 수신 : 수신자명을 표시하고 그 다음에 이어서 괄호 안에 업무를 처리할 보조·보좌 기관의 직위를 표시하되, 그 직위가 분명하지 않으면 ○○업무담당과장 등으로 쓸 수 있다. 다만, 수신자가 많은 경우에는 두문의 수신란에 '수신자 참조'라고 표시하고 결문의 발신명의 다음 줄의 왼쪽 한계선에 맞추어 수신란을 따로 설치하여 수신자명을 표시한다.

3. (경유) : 경유문서인 경우에 '이 문서의 경유기관의 장은 ○○○(또는 제1차 경유기관의 장은 ○○○, 제2차 경유기관의 장은 ○○○)이고, 최종 수신기관의 장은 ○○○입니다.'라고 표시하고, 경유기관의 장은 제목란에 '경유문서의 이송'이라고 표시하여 순차적으로 이송하여야 한다.

4. 제목 : 그 문서의 내용을 쉽게 알 수 있도록 간단하고, 명확하게 기재한다.

5. 발신명의 : 합의제 또는 독임제 행정기관의 장의 명의를 기재하고, 보조기관 또는 보좌기관 상호 간에 발신하는 문서는 그 보조기관 또는 보좌기관의 명의를 기재한다. 시행할 필요가 없는 내부결재문서는 발신명의를 표시하지 않는다.

6. 기안자·검토자·협조자·결재권자의 직위/직급 : 직위가 있는 경우에는 직위를, 직위가 없는 경우에는 직급(각급 행정기관이 6급 이하 공무원의 직급을 대신하여 사용할 수 있도록 정한 대외직명을 포함한다. 이하 이 서식에서 같다.)을 온전하게 쓴다. 다만, 기관장과 부기관장의 직위는 간략하게 쓴다.

7. 시행 처리과명-연도별 일련번호(시행일), 접수 처리과명-연도별 일련번호(접수일) : 처리과명(처리과가 없는 행정기관은 10자 이내의 행정기관명 약칭)을 기재하고, 시행일과 접수일란에는 연월일을 각각 온점(.)을 찍어 숫자로 기재한다. 다만, 민원문서인 경우로서 필요한 경우에는 시행일과 접수일란에 시·분까지 기재한다.

8. 우 도로명 주소 : 우편번호를 기재한 다음, 행정기관이 위치한 도로명 및 건물번호 등을 기재하고 괄호 안에 건물명칭과 사무실이 위치한 층수와 호수를 기재한다.

   예 우03171 서울특별시 종로구 세종대로 209 (세종로) (정부중앙청사 11층 1104호)

9. 홈페이지 주소 : 행정기관의 홈페이지 주소를 기재한다.

   예 www.moi.go.kr

10. 전화번호( ), 팩스번호( ) : 전화번호와 팩스번호를 각각 기재하되, (   ) 안에는 지역번호를 기재한다. 기관 내부문서의 경우는 구내 전화번호를 기재할 수 있다.

11. 공무원의 전자우편주소 : 행정기관에서 공무원에게 부여한 전자우편주소를 기재한다.

12. 공개 구분 : 공개, 부분공개, 비공개로 구분하여 표시한다. 부분공개 또는 비공개인 경우에는 「공공기록물 관리에 관한 법률 시행규칙」 제18조에 따라 '부분공개( )' 또는 '비공개( )'로 표시하고, 「공공기관의 정보공개에 관한 법률」 제9조 제1항 각 호의 번호 중 해당 번호를 괄호 안에 표시한다.

13. 관인생략 등 표시 : 발신명의의 오른쪽에 관인생략 또는 서명생략을 표시한다.

○ 기안자·검토자 및 결재권자(직위/직급) 서명 : '기안자'·'검토자'·'결재권자' 및 '직위(직급)'의 용어는 표시하지 아니하고, 기안자·검토자 및 결재권자의 직위/직급을 쓰고 서명하되, 직위/직급 및 서명란의 수와 크기는 필요에 따라 조정하여 사용할 수 있다.

○ 협조자(직위/직급) 서명 : '협조자'의 용어를 표시한 다음, 이어서 직위/직급을 쓰고 서명한다.

○ 전결 및 서명 표시 위치 : 「행정효율과 협업촉진에 관한 규정」 제10조 제2항 및 동 규정 시행규칙 제7조 제2항에 따라 결재권이 위임된 사항을 전결하는 경우에는 전결하는 사람의 서명란에 '전결' 표시를 한 후 서명하되, 서명하지 아니하는 사람의 서명란은 설치하지 아니한다.

○ 대결 및 서명 표시 위치 : 「행정효율과 협업촉진에 관한 규정」 제10조 제3항 및 동 규정 시행규칙 제7조 제3항에 따라 대결하는 경우에는 대결하는 사람의 서명란에 '대결' 표시를 하고 서명하며, 위임전결사항을 대결하는 경우에는 전결권자의 서명란에 '전결' 표시를 한 후 대결하는 사람의 서명란에 '대결' 표시를 하고 서명한다. 이때 서명하지 아니하거나 전결 표시를 하지 아니하는 사람의 서명란은 설치하지 아니한다.

○ 발의자(★)와 보고자(◉)의 표시는 직위/직급의 앞 또는 위에 하되, 보고자의 표시는 직접 결재권자에게 보고하는 경우에만 표시한다.

〈예시 1〉 일반기안문

행정안전부

수신   수신자 참조

(경유)

제목 **공문서 작성 시 쉽고 바른 우리 말 활용 안내**

1. 관련 :「행정 효율과 협업 촉진에 관한 규정 」제7조(문서 작성의 일반 원칙)

> 【행정효율과 협업 촉진에 관한 규정】제7조(문서 작성의 일반 원칙) ① 문서는
> '국어기본법' 제3조제3호에 따른 **어문규범에 맞게 한글로 작성**하되, 뜻을
> 정확하게 전달하기 위하여 필요한 경우에는 괄호 안에 한자나 그 밖의 외국어를
> 함께 적을 수 있으며, 특별한 사유가 없으면 가로로 쓴다.
> ② **문서의 내용은 간결하고 명확하게 표현**하고 일반화되지 않은 약어와
> 전문용어 등의 사용을 피하여 **이해하기 쉽게 작성**하여야 한다.

2. 행정기관은 공문서 작성 등 업무수행 과정에서 쉽고 바른 우리말과 글을
   활용하여 국민과의 의사소통을 원활히 하도록 하여야 합니다.

3. 우리 부에서는 574돌 한글날을 맞아 문화체육관광부와 합동으로 공문서
   작성 시 무심코 사용되는 외국어·외래어 표현을 붙임과 같이 선정하였습
   니다. 각 기관에서는 업무 수행 과정에서 적극적으로 참고하여 주시고,
   관할 소속기관 등에도 전파하여 협조해 주시기 바랍니다.

   ※ 보다 자세한 내용은 '행정업무운영편람(12월 개정판 발간 예정)', 국립국어원
     누리집(www.korean.go.kr)에서 확인할 수 있습니다.

붙임. 공문서 작성 시 무심코 사용되는 외국어·외래어 표현 30선. 끝.

행정안전부장관

수신자 243개 전체 지자체, 중앙행정기관

행정사무관 임○○	정보공개정책과장	전결 2020. 10. 8. 고○○

협조자

시행   정보공개정책과-5934   접수

우 30128   세종특별자치시 한누리대로 411 (어진동)   / http://www.mois.go.kr

전화번호 (044)205-2262   팩스번호 (044)205-8717 / honeykyo@mois.go.kr   / 대국민공개

2. 간이기안문(규칙 별지 제2호 서식)

이 서식은 보고서·계획서·검토서 등 내부적으로 결재하는 문서에 한하여 사용하며, 시행문으로 변환하여 사용할 수 없다(규칙 제3조 제3항).

■ 행정업무의 효율적 운영에 관한 규정 시행규칙 [별지 제2호 서식]

생산등록번호	
등 록 일	
결 재 일	
공 개 구 분	

협조자			

┌─────────────────────────┐
│   (제   목)   │
└─────────────────────────┘

※ 필요한 경우 보고 근거 및 보고 내용을 요약하여
   적을 수 있음

○○○○부(처·청 또는 위원회 등)　　　　또는　　　　○○○○부(처·청 또는 위원회 등)
○○○○국　　　　　　　　　　　　　　　　　　　　　○○○○과

210mm×297mm(백상지 80g/m²)

비고(이 난은 서식에 포함하지 아니한다.)
- 결재란의 크기 및 결재란 수는 필요에 따라 조정하여 사용할 수 있다.

■ **작성 방법**

1. 생산등록번호 : 처리과명(처리과가 없는 행정기관은 10자 이내의 행정기관명 약칭)과 연도별 일련번호를 붙임표(-)로 이어 적는다.

2. 공개 구분 : 공개, 부분공개, 비공개로 구분하여 표시한다. 부분공개 또는 비공개인 경우에는 「공공기록물 관리에 관한 법률 시행규칙」 제18조에 따라 '부분공개( )' 또는 '비공개( )'로 표시하고, 「공공기관의 정보공개에 관한 법률」 제9조 제1항 각 호의 번호 중 해당 번호를 괄호 안에 표시한다.

3. 기안자, 검토자, 협조자, 결재권자의 직위/직급 : 직위가 있는 경우에는 직위를, 직위가 없는 경우에는 직급(각급 행정기관이 6급 이하 공무원의 직급을 대신하여 사용할 수 있도록 정한 대외직명을 포함한다. 이하 이 서식에서 같다.)을 온전하게 쓴다. 다만, 기관장과 부기관장의 직위는 간략하게 쓴다.

4. 발의자(★), 보고자(⊙) 표시 : 해당 직위/직급의 앞 또는 위에 표시하되, 보고자는 직접 결재권자에게 보고하는 경우에만 표시한다.

5. 전결 및 서명 표시 위치 : 「행정효율과 협업촉진에 관한 규정」 제10조 제2항 및 동 규정 시행규칙 제7조 제2항에 따라 결재권이 위임된 사항을 전결하는 경우에는 전결하는 사람의 서명란에 '전결' 표시를 한 후 서명하되, 서명하지 아니하는 사람의 서명란은 설치하지 아니한다.

6. 대결 및 서명 표시 위치 : 「행정효율과 협업촉진에 관한 규정」 제10조 제3항 및 동 규정 시행규칙 제7조 제3항에 따라 대결하는 경우에는 대결하는 사람의 서명란에 '대결' 표시를 하고 서명하며, 위임전결사항을 대결하는 경우에는 전결권자의 서명란에 '전결' 표시를 한 후 대결하는 사람의 서명란에 '대결' 표시를 하고 서명한다. 이때 서명하지 아니하거나 전결 표시를 하지 아니하는 사람의 서명란은 설치하지 아니한다.

7. 직위/직급 및 서명란의 수와 크기는 필요에 따라 조정하여 사용할 수 있다.

〈예시 2〉 간이기안문

생산등록 번호	정보공개정책과—840
등록일	2017. 7. 26.
결재일	2017. 7. 26.
공개 구분	대국민공개

주무관	행정사무관	정보공개 정책과장	정부혁신 기획관
신○○	고○○	김○○	전결 11/5 장○○
협조자			

행정업무운영 편람 발간 계획

2017. 7. 26.

 행 정 안 전 부
정보공개정책과

⑿ 일괄기안

1. 개념

일괄기안이라 함은 서로 관련성이 있는 2개 이상의 안건을 동시에 일괄하여 기안하는 것을 말한다(규칙 제5조 제1항).

2. 작성 및 시행방법

(1) 일괄기안은 각각의 기안문에 작성한다. 이 경우 각각의 기안문에는 두문, 본문 및 결문(또는 두문, 본문, 결문 및 붙임)에 들어갈 각각의 구성요소가 모두 포함되어야 한다.

(2) 각각의 기안문에는 제1안·제2안·제3안·제4안 등의 용어를 쓰지 않는다.
   ○ 업무관리시스템 또는 전자문서시스템에서 한 번의 지정(확인)으로 각각의 기안문에 기안자·검토자·협조자·결재권자의 정보가 동시에 생성되도록 하여야 한다.

(3) 제목은 각 안의 내용 및 성격에 따라 다르게 설정할 수 있다.

(4) 발송할 것을 전제로 하는 기안문이 제1안 내부결재의 내용과 동일한 경우에는 내부결재 안건을 별도로 작성할 필요 없이 생략할 수 있다.

(5) 대내외로 발송할 문서의 경우, 각각의 기안문에 발신명의를 모두 표시해야 한다. 기안문과 시행문이 통합된 서식을 사용하게 됨에 따라 발신명의를 생략하게 되면, 발신명의 없이 그대로 시행되어 형식상 흠이 있는 공문서가 되기 때문이다.

(6) 특별한 사유가 있는 경우를 제외하고는 각각 다른 생산등록번호를 사용하여 같은 날짜로 시행하여야 한다.

[제1안](실제는 표시하지 않음)

행정안전부

수신자   내부결재
(경유)
제목   「행정효율과 협업촉진에 관한 규정」 개정내용 설명회 개최
_____

　　「행정효율과 협업촉진에 관한 규정」 및 같은 규정 시행규칙의 전부개정에 따라 각급 행정기관의 교육수요에 대비하고 개정내용을 학계 등에 전파하기 위하여 (사)○○협회 소속 행정업무 운영 분야 교수 또는 행정학 교수 대상으로 붙임과 같이 설명회를 개최하고자 합니다.

붙임 「행정효율과 협업촉진에 관한 규정」 개정내용 설명회 개최 계획 1부.　끝.

행정사무관　고○○　　정보공개정책과장　김○○　　정부혁신기획관　　전결 7/26
　　　　　　　　　　　　　　　　　　　　　　　　　　　　　　　　　　　　장○○
협조자
시행　정보공개정책과-902　　　　　　　　접수
우 03171 서울특별시 종로구 세종대로 209(정부중앙청사 11층 1104호) / www.moi.go.kr
전화번호 (02)2100-3421　　팩스번호 (02)2100-3459　/ qw072@moi.go.kr / 공개

[제2안](실제는 표시하지 않음)

행정안전부

수신자   (사)○○협회장
(경유)
제목   「행정효율과 협업촉진에 관한 규정」 개정내용 설명회 개최 계획 통보

　　　1. 「행정효율과 협업촉진에 관한 규정」의 전부개정에 따른 개정내용 설명회 개최 계획을 통보하오니,

　　　2. (사)○○협회 소속 행정업무 운영 분야 교수 또는 행정학 교수들이 설명회에 많이 참석하실 수 있도록 협조하여 주시기 바랍니다.

붙임 「행정효율과 협업촉진에 관한 규정」 개정내용 설명회 개최 계획 1부.   끝.

행정안전부장관

행정사무관   고○○   정보공개정책과장   김○○   정부혁신기획관   전결 7/26
                                                              장○○
협조자
시행   정보공개정책과-903   접수
우 03171 서울특별시 종로구 세종대로 209(정부중앙청사 11층 1104호) / www.moi.go.kr
전화번호 (02)2100-3421   팩스번호 (02)2100-3459 / qw072@moi.go.kr / 공개

[제3안] (실제는 표시하지 않음)

행정안전부

수신자   정부청사관리소장(관리총괄과장)
(경유)
제목   회의장소 사용 및 통신장비 설치 협조

「행정효율과 협업촉진에 관한 규정」 개정내용 설명회 개최에 따라 회의장소 사용 및 통신장비 설치 등의 협조를 요청하오니 조치하여 주시기 바랍니다.

1. 설명회 개요
   가. 일시 : 2017. 7. 26.(수) 11:00~18:00
   나. 장소 : 정부서울청사 8층 회의실(8층 810호)
   다. 참석 : 30명

2. 협조요청 사항
   가. 참석자용 책상 30개 및 의자 40개(배석자 포함) 배치
   나. 강의 시설(마이크, 빔 프로젝트, 스크린 등) 설치

붙임 「행정효율과 협업촉진에 관한 규정」 개정내용 설명회 개최 계획. 1부.   끝.

행정안전부장관

| 행정사무관 | 고○○ | 정보공개정책과장 | 김○○ | 정부혁신기획관 | 전결 7/26 장○○ |

협조자
시행   정보공개정책과-904   접수
우 03171 서울특별시 종로구 세종대로 209(정부중앙청사 11층 1104호)   /   www.moi.go.kr
전화번호   (02)2100-3421   팩스번호   (02)2100-3459   /   qw072@moi.go.kr   /   공개

⑱ 공동기안

1. 개념

공동기안이라 함은 2 이상의 행정기관의 장의 결재를 받아 공동명의로 시행하기 위하여 문안을 작성하는 것을 말한다(영 제8조 제3항 및 규칙 제5조 제2항).

2. 작성 및 시행방법

(1) 공동기안 문서는 그 문서 처리를 주관하는 기관에서 기안하여 먼저 그 기관의 장의 결재를 받은 후 관계 행정기관의 장의 결재를 받는다.

(2) 공동기안은 특히 관계기관 간의 긴밀한 사전협의가 요구되므로 관계기관의 장의 결재를 받기 전에 그 기관의 해당 보조기관 등과 충분한 사전협의가 있어야 한다.

(3) **관계기관의 장의 결재를 받는 형식**

① **관계기관이 2개 기관인 경우** : 결재란을 나누어 주관기관의 자체 결재절차를 마친 다음 관계기관의 장의 결재를 받는다.

◐ 행정안전부와 외교통상부가 공동기안하는 경우(예시)

1. 일반기안문의 결재 표시
   • 주관기관을 먼저(왼쪽), 관계기관을 뒤(오른쪽)에 표시

행정안전부장관	11/14 홍행정	외교부장관	11/15 윤외교

   • 또는 주관기관을 위에 관계기관을 아래에 표시

행정안전부장관	11/14 홍행정
외교부장관	11/15 윤외교

2. 간이기안문의 경우
   • 주관기관을 먼저(왼쪽), 관계기관을 뒤(오른쪽)에 표시

행정안전부장관	외교부장관
11/14 홍행정	11/15 윤외교

---

② **관계기관이 3 이상인 경우** : 별지에 기안용지의 결재란에 준하여 필요한 수만큼 결재란을 만들어 첨부하고 그곳에 결재를 받는다.

행정안전부장관	11/14 홍행정
법무부장관	11/14 이법무
인사혁신처장	11/15 이처장
경찰청장	11/15 최경찰

또는

행정안전부장관	교육부장관	인사혁신처장	경찰청장
11/14 홍행정	11/14 이교육	11/15 이처장	11/15 강경찰

⑷ 공동기안문서는 해당 문서의 처리를 주관하는 행정기관의 문서(기록물)등록대장에 등록하고 그 등록번호를 부여하는 등 주관기관의 문서처리 절차에 따른다.

⑸ **공동기안문의 발신명의 표시**

① 해당 문서처리를 주관하는 행정기관 장의 명의를 맨 위에 표시하고, 관계 행정기관 장의 명의를 그 밑에 표시한다.

② 관계 행정기관의 장이 동일 직위일 때에는 「정부조직법」에 의한 부·처·청의 순위에 따라 표시하고, 동일 직급이 아닌 때에는 상위 직급 행정기관장의 명의부터 표시한다.

> **행정안전부장**관
> **교육부장관**
> **인사혁신처장**
> **경찰청장**

 ✿ 문서처리를 주관하는 행정기관의 발신명의에만 관인날인한다.

⑭ 수정기안

1. 개념

수정기안은 수신한 문서 그 자체에 간단한 수정을 하거나 필요한 사항을 추가하여 기안에 갈음하는 방법이다(규칙 제5조 제3항).

2. 작성 및 시행방법

(1) 수신문서의 내용을 알 수 있도록 수정하는 글자의 중앙에 가로로 두 선을 긋고 그 위의 여백에 수신한 문서와 다른 색깔의 글자로 수정 또는 기입한다. 이 경우 수신한 문서의 관인에도 중앙에 가로로 선을 긋는다.

(2) 수정기안 사항을 모두 수정하거나 적은 후에 기안자·검토자 및 결재권자의 직위(직급) 및 서명란을 수정하여 그 위의 여백에 결재를 받거나 적당한 여백에 <간이결재인>을 찍어 결재를 받는다.

(3) 문서 시행은 수정기안문을 복사한 후 관인을 날인하여 행한다.

(4) **수정기안의 활용** : 종전에는 상급기관의 일상적인 업무에 대한 경미한 내용의 문서를 일부 수정하여 하급기관에 통보할 때 사용되기도 하였다. 하지만 수정기안을 하게 되면 발신한 행정기관의 결재정보 및 관인정보와 수신한 행정기관의 공람정보, 결재정보 및 관인정보 등이 혼합되어 혼동을 줄 우려가 있기 때문에 수정기안보다는 별도의 기안문을 작성·시행하는 것이 좋다.

05 서식에 의한 처리

생산등록번호란·접수등록번호란·수신자란 등이 설계된 서식으로 작성한 문서는 별도의 기안문을 작성하지 아니하고 해당 서식의 기안자·검토자·협조자·결재권자의 서명란에 결재를 받아야 한다(영 제8조 제2항). 다만, 서명란이 따로 설치되지 않은 경우에는 '간이결재인'을 찍어 이에 결재함으로써 기안에 갈음할 수 있다.

06 대통령 또는 국무총리 결재용 기안문 서식

규칙 별지 제3호 서식 또는 제4호 서식에 의하되, 특별한 결재절차에 사용하는 기안문서의 서식은 따로 정하여 사용할 수 있다(규칙 제3조 제2항).
규칙 별지 제4호 서식은 보고서, 계획서, 검토서 등 발신할 필요가 없는 내부결재문서에만 사용하고, 시행문으로 변환하여 시행할 수 없다(규칙 제3조 제3항).

■ 행정효율과 협업촉진에 관한 규정 시행규칙 [별지 제3호 서식]

행정기관명

| 우 | 도로명주소 | /전화번호( ) | /팩스번호( ) |

생 산 등 록 번 호			대통령
등 록 일		국무총리	
결 재 일			
시 행 일			
관련기관 협조여부			공개 구분
검토			
수신		발신	[인]
제목			

■ 행정효율과 협업촉진에 관한 규정 시행규칙 [별지 제4호 서식]

○○비서관	대통령실장

생산등록번호	
등 록 일	
결 재 일	
공 개 구 분	

○○장관	국무총리	대통령

협조자		

(제 목)

※ 필요한 경우 보고근거 및 보고내용을 요약하여 적을 수
있음

○○○부 (처 · 청 · 위원회 등)

제11절 검토 및 협조 ^{2013 기출}

01 검토 및 협조의 개념

검토는 보조기관 또는 보좌기관이 그 소속 공무원이 기안한 내용을 분석하고 점검하여 동의 여부를 결정하는 것을 말하고, 협조는 기안내용과 관련이 있는 다른 부서나 기관의 합의를 얻는 것을 말한다. 즉, 검토는 직제상 수직적 합의를, 협조는 수평적 합의를 의미한다.

정부조직법 제2조의 규정에 따라, 중앙행정기관에는 차관, 차장, 실장, 국장 등의 보조기관을 두고, 기관의 장, 차관, 차장, 실장, 국장 밑에 정책의 기획, 계획의 입안, 연구 조사, 심사 평가 및 홍보 등을 통하여 그를 보좌하는 보좌기관을 둘 수 있다.

> **행정기관의 조직과 정원에 관한 통칙(대통령령)**
> **제2조** 이 영에서 사용되는 용어의 정의는 다음과 같다.
> 1. "보조기관"이라 함은 행정기관의 의사 또는 판단의 결정이나 표시를 보조함으로써 행정기관의 목적달성에 공헌하는 기관을 말한다. 행정의사의 결정·집행에 직접 참여하는 기관이다.
>   - 계선조직과 유사한 개념으로 조직의 장을 정점으로 하여 실·국·과·일반직원에 이르는 직무상의 명령과 복종의 직선적 계선체계를 말함(차관, 차장, 부시장, 부지사, 실장, 국장, 과장, 반장, 팀장 등의 명칭 사용)
> 2. "보좌기관"이라 함은 행정기관이 그 기능을 원활하게 수행할 수 있도록 그 기관장이나 보조기관을 보좌(정책 기획, 계획 입안, 연구·조사, 심사·평가 및 홍보 등)함으로써 행정기관의 목적달성에 공헌하는 기관을 말한다. 의사결정·집행을 간접 지원한다.
>   - 막료조직(참모조직)과 유사한 개념으로 전문적 지식과 기술로써 계선조직의 업무집행에 대한 조언·권고·건의 등을 하는 조직을 말함(차관보, 담당관, 심의관, 단장, 부장, 반장 등의 명칭 사용)
> ※ 보조기관은 중앙행정기관의 소관 업무를 업무의 성질이나 양에 따라 수개로 분담하여 수행할 필요성 및 업무의 한계가 분명하고 업무의 독자성과 계속성 등의 설치요건(실·국의 경우)이 있으며, 보좌기관은 전문적 지식을 활용하여 정책의 기획, 계획의 입안, 연구·조사, 심사·평가 및 홍보와 행정개선 등에 관하여 행정기관의 장이나 그 보조기관을 보좌하는 기능이 필요할 때 설치가 가능하다.

○ 실제 행정상으로는 보좌기관도 보조기관과 유사한 기능을 수행하는 경우가 많으므로 양자가 엄격히 구분되는 것은 아니다.

02 검토 및 협조의 절차

1. 검토절차

기안자는 기안문의 형식·내용을 최종적으로 확인한 후 기안자란에 서명하고, 결재권자의 결재를 받기 전에 하위 보조(보좌)기관에서 상위 보조(보좌)기관의 순으로 검토를 받는다(영 제9조 제1항, 규칙 제6조 제4항).

(1) 업무분담자가 기안하는 경우

① 총괄책임자의 검토를 거친 후 보조(보좌)기관의 검토·결재를 받는다.

② 업무분담자*는 기안자란에, 총괄책임자*는 검토자란에 서명한다.

주무관 **신주무** 행정사무관 **김담당** 정보공개정책과장 **이과장** 정부혁신기획관	전결 11/15 **박국장**
협조자	

* **업무분담자** : 업무분장에 의하여 직접 업무를 담당하는 자
* **총괄책임자** : 업무분장상 수개의 단위업무를 총괄하는 책임자(직제상 직위가 없는 자)

(2) 총괄책임자가 기안하는 경우

① 업무분담자의 의견을 들은 후 보조(보좌)기관의 검토·결재를 받는다.

② 총괄책임자는 기안자란에, 업무분담자는 협조자란에 서명한다.

행정사무관 **김담당** 정보공개정책과장 **이과장** 정부혁신기획관	전결 11/15 **박국장**
협조자 주무관 **신주무**	

(3) 총괄책임자, 업무분담자 등이 검토할 수 없는 경우

총괄책임자 또는 업무분담자, 보조(보좌)기관이 출장 등의 사유로 검토를 할 수 없는 경우 검토를 생략하되, 서명란에 출장 등 검토를 할 수 없는 사유를 적어야 한다.

주무관 **신주무** 행정사무관 **김담당** 정보공개정책과장 **출장** 정부혁신기획관	전결 11/15 **박국장**
협조자	

2. 협조절차

(1) 기안문의 내용이 행정기관 내의 다른 보조기관 또는 보좌기관의 업무와 관련이 있을 때에는 그 보조기관 또는 보좌기관의 협조를 받아야 한다(영 제9조 제2항).

주무관 **신주무** 행정사무관 **김담당** 정보공개정책과장 **이과장** 정부혁신기획관	전결 12/15 **박국장**
협조자 민원서비스정책과장 **한과장**	

(2) 협조절차는 두 가지가 가능하다. 만약 기안자가 기안을 하고 총괄책임자, 과장의 검토를 거쳐 국장의 결재를 받는다고 할 때 협조부서와 협조하는 절차는 ① 기안부서의 총괄 ⇨ 협조부서의 총괄 ⇨ 기안부서의 과장 ⇨ 협조부서의 과장 순으로 협조를 거쳐 국장의 결재를 받거나, ② 기안부서의 총괄, 과장 ⇨ 협조부서의 총괄, 과장 순으로 협조를 거쳐 국장의 결재를 받는다.

(3) 과장·국장 등의 협조가 필요한 경우 과·국장은 업무를 총괄하고 있으므로 실질적인 세부
업무에 대한 협의는 해당 업무담당자 또는 총괄책임자와 사전협의를 한 후, 과·국장의 협조
서명을 받는 것이 좋다.

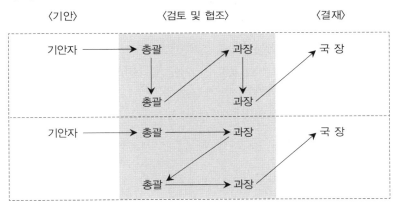

---

⑬ 검토자의 검토사항

검토자는 기안내용을 검토함에 있어서 형식적인 측면과 내용적인 측면을 함께 살펴보아야
한다. 검토사항의 예시는 아래와 같다.

1. 형식적인 측면

(1) 소관사항임에 틀림이 없는가?

(2) 업무의 절차는 잘못이 없는가?

(3) 법령의 형식요건을 구비하고 있는가?

(4) 결재권자의 표시는 적정한가?

(5) 협조부서의 합의는 거쳤는가?

(6) 수신자 및 발신자 등의 표시는 착오가 없는가?

2. 내용적인 측면

(1) 법률적 검토

① 허가·인가·승인 등의 경우 그 법정요건을 충족하고 있는가?

② 의결기관의 의결사항은 아닌가? 또는 의결을 거쳤는가?

③ 법정의 경유기관은 거쳤는가?

④ 기한, 조건 등의 법정요건이 있다면 이에 충족하고 있는가?

⑤ 시효와의 관계는 어떠한가?

⑥ 법령·예규·지시 등에 위배되지 않는가?

(2) 행정적 검토

① 공공복지와의 관계는 어떤가?

② 재량의 범위는 적합한가?

③ 여론에 대한 영향은 어떤가?

④ 관례나 선례는 어떻게 되어 있는가?

⑤ 처리는 지연되지 아니하였는가?

⑥ 경과조치가 필요한 사항은 아닌가?

⑦ 필요한 사항이 빠져 있지 않은가?

(3) 경제적 검토

① 예산상의 조치가 필요한 것이 아닌가?

② 과다한 경비투입을 요하는 사항이 아닌가?

③ 경비를 보다 절약할 수 있는 다른 대안은 없는가?

04 검토·협조 시 다른 의견의 표시

1. 기안문을 검토 또는 협조하는 경우

기안문을 검토 또는 협조하는 경우에 그 내용과 다른 의견이 있으면 본문의 마지막 또는 별지에 그 의견을 표시하여야 한다. 이 경우 의견 내용과 함께 의견을 표시한 사람의 소속, 직위 (직급) 및 성명을 함께 표시한다.

○ 이는 결재권자가 결재를 하거나 향후 그 업무 담당자가 참고하도록 하기 위한 것이므로 시행문에는 그 내용을 표시하지 않는다.

2. 다른 의견을 표시할 때

다른 의견을 표시하는 때에는 서명란의 해당 직위 또는 직급 다음에 '(의견 있음)'이라고 표시하고 서명하여야 한다.

```
·················· (본 문) ··································
···············.  끝.

┌─────────────────────────────┐
│ (본문 내용에 대한 의견 있음)            │
│ 1. 의견 내용                         │   ⇒ 시행문에는 의견 내용을 표시하지 않는다.
│ 2. 민원제도과 과장 박○○              │
└─────────────────────────────┘


주무관 신주무      행정사무관 김담당     정보공개정책과장 이과장     정부혁신기획관      전결 11/15
                                                                                박국장
협조자 민원제도과장 (의견 있음) 한과장
```

3. 기안자·검토자·협조자 상호 간 의견이 다를 경우

기안문의 내용에 대한 검토 또는 협조과정에서 기안자·검토자·협조자 상호 간에 의견이 다를 경우 가능한 한 의견을 조정하여 합의하도록 노력하여야 하며, 합의가 가능한 때에는 문안을 수정하거나 재작성하면 되기 때문에 의견표시는 불필요할 수 있다.

❍ 이 경우 기안자와 검토자는 기안문의 문안을 직접 수정하거나 재작성할 수 있지만, 협조자는 수정 또는 재작성할 수 없다.

제12절 | 결재 2013 기출

01 결재의 개념과 기능

1. 결재의 개념

결재란 해당 사안에 대하여 행정기관의 의사를 결정할 권한이 있는 자가 그 의사를 결정하는 행위를 말한다. 따라서 문서는 해당 기관의 장이 결재를 함으로써 문서로서 성립이 된다. 그러나 기관의 장 또는 결재권을 위임받은 자의 의사를 결정하기 위한 과정에서 각급 보조기관 또는 보좌기관의 서명을 받는 것은 결재의 개념에 해당되지 않는다.

2. 결재의 기능

(1) **순기능**

① 기관의 의사결정과정에서 현실적이고 실무적인 사정을 반영할 수 있다.
② 결재권자가 의사결정에서 필요한 지식과 정보를 제공·보완시켜 준다.
③ 하위직원의 창의·연구 및 훈련의 기회로 활용될 수 있다.
④ 결재과정을 거치면서 직원의 직무수행에 대한 통제가 가능하다.

(2) **역기능**

① 여러 단계의 결재과정을 거치기 때문에 의사결정이 지연되기 쉽다.
② 상위자의 결정에 의존하기 때문에 하위자가 자기 책임하에 창의성을 발휘하기 어렵고, 소극적인 자세로 업무를 처리하는 경향이 있다.
③ 결재과정이 형식적인 확인절차에 그치는 경우도 많다.
④ 상위자에게 결재안건이 몰리는 경우, 상세한 내용 검토 없이 자구 수정 정도에 그치기도 하고, 결재하느라 보내는 시간 때문에 상위자 역할인 정책구상, 계획수립 등에 시간을 할애하기 어렵게 된다.

(3) **역기능 해소 방안**

① 결재권을 하위자에게 대폭적으로 위임한다.
② 결재과정이나 업무처리절차를 간소화한다.
③ 안건에 따라서는 상위자가 직접 기안하거나 처리지침을 지시한다.

02 결재의 종류

1. 결재(決裁; 좁은 의미)

좁은 의미의 결재란 법령의 규정에 의하여 소관사항에 대한 행정기관의 의사를 결정할 권한을 가진 자(주로 행정기관의 장)가 직접 그 의사를 결정하는 행위를 말한다. 「행정효율과 협업촉진에 관한 규정」상 문서는 해당 행정기관의 장의 결재를 받되, 보조(보좌)기관의 명의로 발신하는 문서는 그 보조(보좌)기관의 결재를 받아야 한다(영 제10조 제1항).

2. 전결(專決)

전결이라 함은 행정기관의 장으로부터 사무의 내용에 따라 결재권을 위임받은 자(보조기관·보좌기관·업무담당 공무원)가 행하는 결재를 말하며, 그 위임전결사항은 해당 기관의 장이 훈령(위임전결규정) 또는 지방자치단체의 규칙(사무전결 처리규칙)으로 정한다(영 제10조 제2항).

3. 대결(代決)

대결이라 함은 결재권자가 휴가·출장 기타의 사유로 결재할 수 없는 때에 그 직무를 대리하는 자가 행하는 결재를 말한다. 대결한 문서 중에서 내용이 중요하다고 판단되는 문서는 결재권자에게 사후에 보고하여야 한다(영 제10조 제3항).

- **결재권자** : ① 행정기관의 장 ② 행정기관의 장으로부터 결재권을 위임받은 자 ③ 대결하는 자
- **후결(後決)** : 1984. 11. 23. 전까지 결재의 한 방식으로 후결이 있었다. 당시 후결도 문서의 성립 또는 효력에 영향을 주는 결재행위였는데, 선 행정행위(대결)와 후 행정행위(후결) 사이에 법적 안정성을 해치는 문제점이 있어, 1984. 11. 23. 당시 「정부공문서규정」을 개정, '후결'을 폐지하고 '후열(後閱)'로 변경하였다. 그 후 1999. 8. 7. 「사무관리규정」을 개정, '후열' 대신 '사후보고'로 변경하였다(1999. 9. 1. 시행).

○ **사후보고** : 정해진 보고방법 없음(구두보고, 메모보고 등 가능), 서명 불요

03 결재의 효과

문서는 해당 문서에 대한 결재권자의 서명(전자문자서명·전자이미지서명 또는 행정전자서명 포함)에 의한 결재가 있음으로써 성립한다(영 제6조 제1항). 따라서 결재는 문서가 성립하기 위한 최종적이며 절대적인 요건이다.

⑭ 결재의 표시

> 기안문과 시행문에 기안자, 검토·협조자 및 결재권자의 직위(직급)를 온전하게 나타내고(기관장·부기관장의
> 직위는 간략히 표현하고), 서명을 그대로 표시하도록 한 것은 의사결정의 과정과 관련자를 알 수 있도록 하여
> 행정의 책임성·투명성을 제고하기 위한 것이다. ⇨ 정책실명제 실현

1. 결재(좁은 의미)의 표시

(1) 행정기관의 장이 결재하는 경우에는 기관장의 직위를 직위란에 간략히 표시하고 결재란에
서명한다.

(2) 결재권자의 서명란에는 서명날짜를 함께 표시한다(규칙 제7조 제1항).

정보공개정책과장 **이과장** 정부혁신기획관 **박국장** 정부혁신조직실장 **김실장** 차관 **심차관** 장관	11/15
협조자	김장관

　　○ 이 경우 발신명의는 항상 행정기관의 장이 된다.

2. 전결의 표시

(1) 전결하는 사람의 서명란에 '전결' 표시를 한 후 서명한다(규칙 제7조 제2항).

(2) 서명하지 않는 사람의 결재란은 설치하지 않는다(규칙 제7조 제4항).

정보공개정책과장 **김과장**　　　　정부혁신기획관 **박국장**　　　　정부혁신조직실장	전결 11/15
협조자	김실장

　　○ 이 경우 발신명의는 항상 행정기관의 장이 된다.

3. 대결의 표시

(1) 위임전결 사항이 아닌 사항을 대결하는 경우('대결'만 표시)

대결하는 사람의 서명란에 '대결' 표시를 하고 서명하며, 서명하지 않는 사람의 결재란은 설
치하지 않는다(규칙 제7조 제3항 및 제4항).

① 행정기관장의 권한사항을 직무대리자인 차관이 대결하는 경우

정보공개정책과장 **김과장** 정부혁신기획관 **박국장** 정부혁신조직실장 **김실장** 차관	대결 11/15
협조자	심차관

　　○ 이 경우 발신명의는 항상 행정기관의 장이 된다.

② 과장 권한사항을 직무대리자(담당)가 대결하는 경우

주무관	**신주무**	행정사무관	대결 11/15
협조자			김담당

○ 이 경우 발신명의는 보조기관 또는 보좌기관인 과장이 된다.

⑵ 위임전결 사항을 대결하는 경우('전결'과 '대결'을 함께 표시)

전결권자의 서명란에는 '전결' 표시를, 대결하는 사람의 서명란에는 '대결'이라고 표시하고 서명하며, 전결 표시를 하지 않거나 서명을 하지 않는 사람의 결재란은 설치하지 않는다.

○ 이 경우 발신명의는 항상 행정기관의 장이 된다.

① 창조정부조직장 전결사항을 직무대리자인 국장이 대결하는 경우

행정사무관 **김담당**	정보공개정책과장	**김과장**	정부혁신기획관	대결 11/15	정부혁신조직실장
협조자				**박국장**	전결

② 과장 전결사항을 보조·보좌기관이 아닌 직무대리자가 대결하는 경우

주무관 **신주무**	행정사무관	대결 11/15	정보공개정책과장	전결
협조자		김담당		

③ 총괄책임자 전결사항을 업무분담자인 직무대리자가 대결하는 경우

주무관	대결 11/15	행정사무관	전결
협조자	신주무		

○ 직무대리(법정대리·지정대리), 권한대행 등은 대리행위이므로 이들에 의한 결재행위는 '대결'로 표시한다. 대결권자로서의 직무대리자 결정 및 운영 원칙은 중앙행정기관의 경우에는 「직무대리규정」, 지방자치단체는 해당 자치단체의 「권한대행 및 직무대행 규칙」이 정한 바에 따른다.

●○ 「직무대리규정」[전부개정 2011. 6. 7.(대통령령 제22956호)]의 개정 이유 및 주요 내용

직무대리자는 원칙적으로 본래 담당한 직무를 수행하면서 직무대리하는 업무를 수행하고, 예외적으로 사고가 발생한 공무원의 직위에 승진심사 결과 승진임용이 예정된 공무원에게 그 사고가 발생한 공무원의 직무대리를 하게 하는 경우에 직무대리하는 업무만을 전담하여 수행하도록 하고 있었으나, 직무상 공백을 방지하기 위하여 특별히 필요한 경우에도 직무대리하는 업무만을 전담하여 수행할 수 있도록 하는 한편, 어려운 용어를 쉬운 용어로 바꾸고, 길고 복잡한 문장을 간결하게 하는 등 국민이 법 문장을 이해하기 쉽게 정비하려는 것이다.

○ 「직무대리규정」상의 기관장이라 함은 중앙행정기관의 장을 말함

직무대리규정

제4조【기관장과 부기관장의 직무대리】 ① 기관장에게 사고가 발생한 경우에는 부기관장이 기관장의 직무대리를 한다.

② 부기관장에게 사고가 발생한 경우에는 실·국을 설치하는 법령에 규정된 실·국의 순위에 따른 실장·국장(본부장·단장·부장, 그 밖에 이에 준하는 직위에 재직 중인 공무원을 포함하며, 실·국이 설치되어 있지 아니한 기관에서는 과장이나 이에 준하는 보조기관을 말한다. 이하 같다)이 부기관장의 직무대리를 한다. 다만, 실장·국장보다 상위 직위가 설치되어 있는 경우에는 그 직위를 설치하는 법령에 규정된 순위에 따라 그 상위 직위에 재직 중인 공무원이 실장·국장에 우선하여 부기관장의 직무대리를 한다.

③ 기관장은 대리하게 할 업무가 특수하거나 그 밖의 부득이한 사유로 제2항의 순위에 따른 직무대리가 적당하지 아니하다고 인정되는 경우에는 제2항에도 불구하고 직무대리의 취지에 맞게 부기관장 직무대리의 순위를 미리 정하여 운영하여야 한다.

④ 기관장과 부기관장 모두에게 사고가 발생한 경우에는 제2항의 순위(제3항에 따라 미리 정해진 직무대리 순위가 있는 경우에는 그 순위를 말한다)에 따른 직위에 재직 중인 공무원이 순차적으로 각각 기관장, 부기관장의 직무대리를 한다.

제5조【기관장과 부기관장 외의 직무대리】 ① 기관장과 부기관장 외의 공무원에게 사고가 발생한 경우에는 해당 공무원의 바로 위 공무원(이하 "직무대리지정권자"라 한다)이 해당 공무원의 바로 아래 공무원 중에서 직무의 비중, 능력, 경력 또는 책임도 등을 고려하여 직무대리자를 지정한다. 다만, 과(담당관, 팀, 그 밖에 이에 준하는 기관을 포함한다. 이하 같다) 소속 공무원에게 사고가 발생한 경우에는 과장이 과 소속 공무원 중에서 직무대리자를 지정한다.

② 직무대리지정권자는 대리하게 할 업무가 특수하거나 그 밖의 부득이한 사유로 제1항에 따른 바로 아래 공무원이 직무대리를 하는 것이 적당하지 아니하다고 인정되는 경우에는 사고가 발생한 공무원과 동일한 직급의 공무원(사고가 발생한 공무원이 고위공무원단에 속하는 공무원인 경우에는 고위공무원단에 속하는 공무원 또는 이에 상당하는 직위에 재직 중인 공무원을 말한다) 중에서 적합한 공무원을 직무대리자로 지정할 수 있다.

③ 직무대리지정권자는 직무대리자에게 사고가 발생한 경우에는 이로 인하여 업무 공백이 생기지 아니하도록 제1항 또는 제2항에 따라 직무대리자를 다시 지정하여야 한다.

제7조【직무대리권의 범위】 직무대리자는 사고가 발생한 공무원의 모든 권한을 가지며, 그 권한에 상응하는 책임을 진다.

⑤ 결재받은 문서의 수정 ^{2018 기출}

1. 원칙

결재받은 문서의 일부분을 삭제하거나 수정할 때에는 수정한 내용대로 재작성하여 결재를 받아 시행하여야 한다(영 제17조).

2. 종이문서의 경우

삭제하거나 수정하려는 사항이 명백한 오류의 정정 등 경미한 사항인 경우에는 원안의 글자를 알 수 있도록 삭제 또는 수정하는 글자의 중앙에 가로로 두 선을 그어 삭제 또는 수정한다(규칙 제14조).

(1) 문서의 일부분을 삭제 또는 수정하는 경우, 삭제 또는 수정한 자가 그곳에 서명 또는 날인한다.

(2) 문서의 중요한 내용에 관한 부분을 삭제 또는 수정하는 경우, 그 줄의 오른쪽 여백에 삭제 또는 수정한 글자 수를 표시하고 서명 또는 날인한다.

(3) 시행문을 삭제 또는 수정하는 경우, 그 줄의 오른쪽 여백에 삭제 또는 수정한 글자 수를 표시하고 관인으로 날인한다.

제13절 │ 문서의 등록

01 등록대상기관

(1) 국가기관

(2) 지방자치단체

(3) 「공공기관의 운영에 관한 법률」 제4조에 따른 기관

(4) 「지방공기업법」에 따른 지방공사 및 지방공단

(5) 「지방자치단체 출자·출연 기관의 운영에 관한 법률」 제2조 제1항에 따른 출자·출연기관 중 해당 지방자치단체의 조례로 정하는 기관

(6) 특별법에 의하여 설립한 법인(다만, 「지방문화원진흥법」에 의한 문화원 및 특별법에 의하여 설립된 조합·협회를 제외한다)

(7) 「유아교육법」, 「초·중등교육법」 및 「고등교육법」, 그 밖에 다른 법률에 따라 설립된 각급 학교 등이 기록물을 생산 또는 접수한 때에는 그 기관의 전자기록 생산시스템으로 생산 또는 접수등록번호를 부여하고 이를 그 기록물에 표기하여야 하며 중앙기록물관리기관장이 정하는 등록정보를 전자적으로 생산관리하여야 한다.

공공기관의 운영에 관한 법률
제4조 【공공기관】 ① 기획재정부장관은 국가·지방자치단체가 아닌 법인·단체 또는 기관(이하 "기관"이라 한다)으로서 다음 각 호의 어느 하나에 해당하는 기관을 공공기관으로 지정할 수 있다.
1. 다른 법률에 따라 직접 설립되고 정부가 출연한 기관
2. 정부지원액(법령에 따라 직접 정부의 업무를 위탁받거나 독점적 사업권을 부여받은 기관의 경우에는 그 위탁업무나 독점적 사업으로 인한 수입액을 포함한다. 이하 같다)이 총수입액의 2분의 1을 초과하는 기관
3. 정부가 100분의 50 이상의 지분을 가지고 있거나 100분의 30 이상의 지분을 가지고 임원 임명권한 행사 등을 통하여 당해 기관의 정책결정에 사실상 지배력을 확보하고 있는 기관
4. 정부와 제1호 내지 제3호의 어느 하나에 해당하는 기관이 합하여 100분의 50 이상의 지분을 가지고 있거나 100분의 30 이상의 지분을 가지고 임원 임명권한 행사 등을 통하여 당해 기관의 정책결정에 사실상 지배력을 확보하고 있는 기관
5. 제1호 내지 제4호의 어느 하나에 해당하는 기관이 단독으로 또는 두 개 이상의 기관이 합하여 100분의 50 이상의 지분을 가지고 있거나 100분의 30 이상의 지분을 가지고 임원 임명권한 행사 등을 통하여 당해 기관의 정책결정에 사실상 지배력을 확보하고 있는 기관
6. 제1호 내지 제4호의 어느 하나에 해당하는 기관이 설립하고, 정부 또는 설립기관이 출연한 기관

② 제1항의 규정에 불구하고 기획재정부장관은 다음 각 호의 어느 하나에 해당하는 기관을 공공기관으로 지정할 수 없다.
1. 구성원 상호 간의 상호부조·복리증진·권익향상 또는 영업질서 유지 등을 목적으로 설립된 기관
2. 지방자치단체가 설립하고, 그 운영에 관여하는 기관
3. 「방송법」에 따른 한국방송공사와 「한국교육방송공사법」에 따른 한국교육방송공사
③ 제1항 제2호의 규정에 따른 정부지원액과 총수입액의 산정 기준·방법 및 동항 제3호 내지 제5호의 규정에 따른 사실상 지배력 확보의 기준에 관하여 필요한 사항은 대통령령으로 정한다.

02 대상문서 및 항목

1. 등록대상문서

(1) 해당 부서에서 기안하여 결재를 받은 모든 문서

(2) 기안문 형식 외의 방법으로 작성하여 결재권자의 결재를 받은 문서

(3) 접수한 문서

2. 등록항목

등록 구분, 제목, 단위업무명(기록물철), 기안자(업무담당자), 결재권자, 생산(접수)등록번호, 생산(접수)등록일자, 수신자(발신자), 공개 구분 등

03 문서등록 요령

1. 기록물의 등록

행정기관이 생산(접수)한 문서는 해당 문서에 대한 결재(접수)가 끝난 즉시 결재(접수)일자 순에 따라 반드시 각 처리과별로 업무관리시스템 또는 전자문서시스템에 의하여 문서(기록물) 등록대장에 등록하고 생산(접수)등록번호를 부여하여야 한다(영 제11조).

2. 법규문서 등의 번호

영 제4조 제1호부터 제3호까지의 규정에 따른 문서에는 생산등록번호 외에 행정안전부령으로 정하는 번호를 부여한다.

(1) 영 제4조 제1호에 따른 법규문서에는 연도구분과 관계없이 누적되어 연속되는 일련번호(이하 "누년 일련번호")를 부여한다(제1호).

(2) 영 제4조 제2호에 따른 지시문서 중 훈령 및 예규에는 누년 일련번호를 부여하고, 일일명령에는 연도별로 구분하여 매년 새로 시작되는 일련번호로서 연도표시가 없는 번호(이하 "연도별 일련번호")를 부여하며, 지시에는 연도표시와 연도별 일련번호를 붙임표(-)로 이은 번호(이하 "연도표시 일련번호")를 부여한다(제2호).

(3) 영 제4조 제3호에 따른 공고문서에는 연도표시 일련번호를 부여한다(제3호).

3. 문서의 등록번호

문서의 등록번호는 처리과별로 문서(기록물)등록대장에 생산문서·접수문서를 통합하여 등록된 순서에 따라 일련번호를 부여·관리한다.

(1) 시스템상 등록번호

처리과 기관코드와 연도별 등록일련번호로 구성

1311334 - 135

(처리과 기관코드)　　(연도별 일련번호)

(2) 문서상 등록번호

처리과명과 연도별 등록일련번호로 구성

공공서비스혁신과 - 135

○ 처리과명이 없는 행정기관은 행정기관명을 표시하되, 10자가 넘는 경우에는 10자 이내의 행정기관명의 약칭을 표시

○○출장소 - 55

(○○국도유지건설사무소○○출장소의 약칭)

4. 내부결재문서

내부결재문서는 문서(기록물)등록대장의 수신자란에 "내부결재"라고 표시한다(규칙 제4조 제2항).

5. 전자적 등록 표시 불가 문서

전자적으로 문서등록 표시를 할 수 없는 결재문서는 문서의 표지 왼쪽 상단에 문서등록(생산등록번호)의 표시를 한 후 등록한다.

6. 첨부물 등록

일반문서에 첨부된 녹음테이프, 큰 도면 등 기록물 종류나 규격이 달라 함께 관리가 곤란한 첨부물은 별도로 등록한다(생산등록번호의 표시).

●● **생산등록번호의 표시(「공공기록물 관리에 관한 법률 시행규칙」 별표 1)**

가. 문서, 카드 · 도면류 등의 기록물

등록번호	
등록일자	
처 리 과	

나. 사진 · 필름 · 테이프 · 디스켓 등 소형 규격의 기록물

등	(등록번호)
록	(등록일자)

제14절 문서의 시행 ^{2021 기출}

01 문서시행의 개념과 절차

1. 문서시행의 개념

'문서시행'이라 함은 내부적으로 성립한 행정기관의 의사를 외부로 표시하는 단계로서 문서의 효력을 발생하게 하는 절차를 말한다.

2. 문서시행의 절차

문서를 시행하기 위해서는 일반적으로 시행문의 작성, 관인날인 또는 서명, 문서 발송 등의 절차를 거친다.

3. 문서시행의 방법

문서를 시행하는 방법으로는 발신, 홈페이지 게시, 관보 게재, 고시·공고, 교부 등이 있다.

02 시행문의 작성

1. 일반사항

결재받은 문서 중 발신할 문서는 시행문을 작성하여야 하는데 2004년부터 기안문과 시행문이 하나로 통합됨에 따라 별도의 시행문 서식은 없다(영 제12조 제1항, 규칙 제9조 제1항). 따라서 결재가 끝난 일반기안문(별지 제1호 서식)에 관인을 찍으면 시행문이 된다. 다만, 수신자의 개인정보 보호 등을 위하여 필요할 때에는 수신자별로 시행문을 작성, 시행하여야 한다(영 제12조 제2항).

(1) 종이문서

기안문을 복사하여 관인을 찍으면 시행문이 된다.

(2) 전자문서

전자문서시스템 또는 업무관리시스템에서 전자이미지관인을 찍으면 시행문이 된다.

2. 예외사항

(1) 전신 · 전신타자 · 전화 발신 문서

전신 · 전신타자 · 전화로 발신하는 문서는 시행문을 작성하지 아니하나, 시행문 형식으로 발신한다.

(2) 생산(접수)등록번호란 · 수신란 등이 설계된 서식으로 작성된 문서

서식 자체를 기안문 · 시행문으로 갈음할 수 있도록 설계된 서식으로 기안한 경우에도 별도의 시행문을 작성하지 아니하고 해당 문서의 발신명의란에 관인(전자이미지관인 포함)을 찍거나 행정기관의 장이 서명(전자이미지서명 포함)하여 시행할 수 있다.

3. 수신자가 여럿인 경우

시행문의 수신자가 여럿인 경우 그 수신자 전체를 함께 표시하여 시행문을 작성 · 시행할 수 있다. 다만, 수신자의 개인정보 보호 등을 위하여 필요할 때에는 수신자별로 작성 · 시행하여야 한다(영 제12조 제2항).

4. 시행문의 준용

행정기관의 장이 소속 공무원 또는 소속기관에 발신하는 시행문이나 보조기관 및 보좌기관 상호 간에 발신하는 시행문 중에서 다음 각 호의 어느 하나에 해당하는 시행문은 업무관리시스템 또는 전자문서시스템의 전자게시판이나 행정기관의 홈페이지 등에 게시된 때에 시행된 것으로 본다(규칙 제9조 제2항).

(1) 단순한 업무에 관한 지시

(2) 자료요구, 업무연락, 통보, 공지사항, 일일명령 등

⓪③ 관인날인 또는 서명 ^{2021 기출}

1. 관인 또는 서명의 표시

(1) 행정기관의 장 또는 합의제기관의 명의로 발신하는 문서

행정기관의 장 또는 합의제기관의 명의로 발신하는 문서(시행문, 고시 · 공고 문서, 임용장 · 상장 및 각종 증명서에 속하는 문서)의 발신명의에는 관인(전자이미지관인을 포함)을 찍는다. 이 경우 행정기관의 장의 명의로 발신하는 문서의 발신명의에는 행정기관의 장이 관인의 날인(捺印)을 갈음하여 서명(전자문자서명과 행정전자서명은 제외)을 할 수도 있다(영 제14조 제1항).

① 관인을 찍는 문서인 경우로서 전자문서인 경우에는 처리과의 기안자나 문서의 수신·발신업무를 담당하는 사람이 전자이미지관인을 찍고, 종이문서인 경우에는 관인을 관리하는 사람이 관인을 찍는다(규칙 제12조 제1항).

② **관인날인 또는 서명**: 관인을 찍는 경우에는 발신명의 표시의 마지막 글자가 인영의 가운데에 오도록 한다. 다만, 등본·초본 등 민원서류를 발급할 때 사용하는 직인은 발신명의 표시의 오른쪽에 찍을 수 있다(규칙 제11조 제1항).

> ○ 관인날인 대신 행정기관의 장이 직접 서명하여 시행하거나 발급할 수 있는 경우는 행정기관의 장이 직접 결재한 문서로 한정한다.

(2) 보조기관 또는 보좌기관의 명의로 발신하는 문서

행정기관 내의 보조기관 또는 보좌기관 상호 간에 발신하는 문서의 발신명의에는 보조기관 또는 보좌기관이 서명(전자이미지서명, 전자문자서명 및 행정전자서명 포함)을 한다(영 제14조 제2항). 보조기관이나 보좌기관이 서명하는 경우에는 발신명의 표시의 마지막 글자 위에 서명하여야 하며 전자이미지서명, 전자문자서명, 행정전자서명은 전자적으로 자동 생성되도록 하여야 한다(규칙 제11조 제2항).

(3) 보조(보좌)기관의 직무대리자의 서명

보조기관이나 보좌기관의 직무를 대리하는 사람이 영 제14조 제2항에 따라 보조기관이나 보좌기관의 발신명의에 서명을 하는 경우에는 서명 앞에 '직무대리'의 표시를 하여야 한다(규칙 제11조 제3항).

2. 관인 또는 서명의 생략

(1) 생략 표시를 하지 않는 문서(영 제14조 제3항)

관보나 신문 등에 실리는 문서

(2) 생략 표시를 해야 하는 문서(영 제14조 제3항/규칙 제11조 제4항)

① **대상문서**
　　㉠ 일일명령 등 단순 업무처리에 관한 지시문서
　　㉡ 행정기관 또는 보조(보좌)기관 간의 단순한 자료요구, 업무연락, 통보 등을 위한 문서
② **표시위치**: 발신명의 표시의 오른쪽
　　㉠ 관인날인 생략의 표시: 행정기관장 및 합의제기관 명의의 발신문서

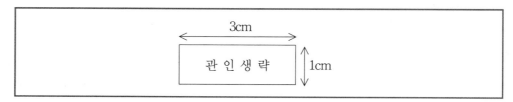

ⓛ 서명 생략의 표시: 보조(보좌)기관 상호 간 발신문서

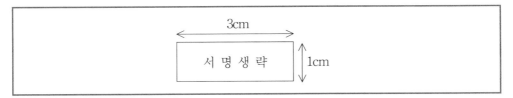

3. 관인 인영의 인쇄·사용

(1) 관인을 찍어야 할 문서로서 다수의 수신자에게 동시에 발신·교부하는 경우 관인날인 대신에 관인 인영을 그 문서에 인쇄하여 사용할 수 있다. 관인의 인영을 인쇄할 때 실제 규격대로 인쇄하기 어려운 경우에는 관인의 실제규격보다 축소하여 인쇄할 수 있다(영 제14조 제4항).

(2) 처리과의 장은 관인의 인영을 인쇄하여 사용하려면 미리 관인을 관리하는 부서의 장과 협의하고 해당 행정기관의 장의 승인을 받아야 한다(규칙 제11조 제5항).

(3) 처리과의 장은 관인의 인영을 인쇄하여 사용하는 경우에는 다른 법령에 특별한 규정이 없으면 별지 제5호 서식의 관인인쇄용지 관리대장을 갖추어 두고 관인의 인영을 인쇄하여 사용한 내용을 기록하고 유지하여야 한다(규칙 제11조 제6항).

⑭ 문서의 발신

1. 발신명의

(1) 문서의 발신명의는 행정기관의 장으로 한다. 다만, 합의제기관의 권한에 속하는 문서의 발신명의는 그 합의제기관으로 하며 행정기관 내의 보조기관 또는 보좌기관 상호 간에 발신하는 문서는 해당 보조기관 또는 보좌기관의 명의로 한다(영 제13조 제1항, 제2항).

(2) 발신할 필요가 없는 내부결재문서는 발신명의를 표시하지 아니한다(제3항).

2. 발신(발송) 원칙

(1) 문서는 직접 처리하여야 할 행정기관에 발신한다. 다만, 필요한 경우에는 행정조직상의 계통에 따라 발신한다(영 제15조 제1항 내지 제3항).

(2) 문서는 처리과에서 발신하되, 영 제14조에 따라 관인을 찍는 문서인 경우로서 전자문서의 경우에는 처리과의 기안자나 문서의 수신·발신업무를 담당하는 사람이 전자이미지관인을 찍고, 종이문서인 경우에는 관인을 관리하는 사람이 관인을 찍는다(규칙 제12조 제1항).

- **처리과**: 문서의 수발 및 사무처리를 주관하는 과·담당관 또는 계
- **문서과**: 행정기관 내의 공문서 분류·배부·수발업무 지원 및 보존 등 문서에 관한 사무를 주관하는 과· 담당관 또는 계

◼️ 경유문서의 발신

1. **하급기관에서 상급기관에 발신**
   하급기관에서 직근 상급기관 외의 상급기관(해당 하급기관에 대한 지휘·감독권을 갖는 기관)에 발신하는 문서 중 필요하다고 인정되는 문서는 그 직근 상급기관을 경유하여 발신
2. **상급기관에서 하급기관에 발신**
   상급기관에서 직근 하급기관 외의 하급기관(해당 상급기관이 지휘·감독권을 갖는 기관)에 문서를 발신하는 경우에도 필요하다고 인정되는 문서는 그 직근 하급기관을 경유하여 발신

---

3. 문서의 재발신

다음의 어느 하나에 해당하는 경우에는 해당 문서를 생산한 처리과의 장의 승인을 받아 이미 발신한 문서의 수신자를 변경하거나 추가하여 다시 발신할 수 있다(영 제15조 제4항).

(1) 결재권자나 해당 문서를 생산한 처리과의 장의 지시가 있는 경우

(2) 수신자의 명칭이 변경된 경우

(3) 착오로 인하여 수신자를 누락하였거나 잘못 지정한 경우

(4) 해당 업무와 관련된 기관의 요청이 있는 경우

(5) 수신자의 변경이나 추가를 승인한 처리과의 장은 승인날짜를 업무관리시스템 또는 전자문서시스템으로 관리하여야 한다. 다만, 종이문서인 경우에는 기안문의 결재권자 서명란 오른쪽 여백에 서명을 하고 승인날짜를 적는 방법으로 표시하여야 한다(규칙 제12조 제2항).

4. 발신(발송)방법

(1) 일반사항

문서는 업무관리시스템이나 전자문서시스템 등의 정보통신망을 이용하여 발신한다. 이 경우 그 발신 또는 수신 기록을 전자적으로 관리하여야 한다(영 제16조 제1항, 규칙 제13조 제1항).

(2) 다만, 업무의 성질상 정보통신망을 이용하여 발신하는 방법이 적절하지 아니하거나 그 밖의 특별한 사정이 있으면 우편·팩스 등의 방법으로 문서를 발신할 수 있으며, 내용이 중요한 문서는 등기우편이나 그 밖에 발신 사실을 증명할 수 있는 특수한 방법으로 발신하여야 한다(제2항).

(3) 우편·팩스 등의 방법으로 문서를 발신한 때에는 그 발신기록을 증명할 수 있는 관계 서류 등을 기안문과 함께 보존하여야 한다(규칙 제13조 제2항).

(4) 홈페이지, 전자우편주소 이용 발신

행정기관이 아닌 자에게는 행정기관의 홈페이지나 행정기관이 공무원에게 부여한 전자우편 주소를 이용하여 문서를 발신할 수 있다(제3항). 다만, 이 방법으로 문서를 발신하는 것은 수신자가 사전에 그 사실을 알고 있는 경우에만 가능하다.

(5) 관인을 찍는 문서가 전자문서인 경우에는 기안자나 문서의 수신·발신 업무를 담당하는 사람이 전자이미지관인을 찍고, 종이문서인 경우에는 관인을 관리하는 사람이 관인을 찍은 후 처리과에서 발송한다(규칙 제12조 제1항).

(6) 특수 사항 : 암호 또는 음어 송신

① 시행할 문서의 내용이 비밀사항이거나 비밀은 아니라도 누설되면 국가안전보장, 질서유지, 경제안정, 그 밖의 국가이익을 해칠 우려가 있는 내용의 문서를 결재할 때 결재권자는 그 문서 내용의 암호화 등 보안 유지가 가능한 발신방법을 지정하여야 한다. 이 경우 본문의 마지막에 "암호" 등으로 발신방법을 표시하여야 한다(영 제16조 제5항, 규칙 제13조 제3항).

② 암호 등으로 발신할 문서 중 비밀로 분류된 문서는 송수신자 간에 서로 응답이 있는 경우에만 발신하여야 하며, 문서의 제목 다음이나 본문의 "끝" 또는 "이하 빈칸" 표시 다음에 따옴표("")를 하고 그 안에 비밀등급을 표시하여 발신하여야 한다(규칙 제13조 제4항).

5. 문서의 게시(규칙 제9조 제2항)

(1) 대상문서

단순한 업무 관련 지시 또는 자료요구, 업무연락, 통보, 공지사항, 일일명령 등의 문서

(2) 시행방법

전자문서시스템 게시판 또는 행정기관 홈페이지 등에 게시한다.

❍ 보조기관·보좌기관 간에 발신하는 경미한 내용의 문서에도 적용된다.

6. 관보게재(관보규정 제17조 및 관보규정 시행규칙 제9조)

관보에 실린 사항 중 다음 각 호의 사항은 시행한 것으로 본다.

(1) 법령 공포의 통지

(2) 대통령 및 국무총리의 훈령과 지시사항의 통지

(3) 각급 기관에 대한 인사발령 통지

(4) 그 밖에 「관보규정」 제10조 각 호의 어느 하나에 해당하는 내용으로서 관보에 공문을 대체한다는 내용을 적어 실은 사항

> **관보규정**
> **제10조** ① 대통령 지시사항 ② 국무총리 지시사항 ③ 정부의 행정지침으로서 각 행정기관에 공지시킬 필요가 있다고 인정되는 사항 ④ 그 밖에 행정안전부장관이 관보에 실을 필요가 있다고 인정하는 사항

7. 문서 등의 보안 유지

(1) 행정기관의 장은 문서를 수신·발신하는 경우에 문서의 보안 유지와 위조, 변조, 분실, 훼손 및 도난 방지를 위한 적절한 조치를 마련하여야 한다(영 제16조 제4항).

(2) 행정기관의 장은 보유하고 있는 컴퓨터에 대하여 비밀번호를 부여하여야 한다.

(3) 업무관리시스템 또는 전자문서시스템을 이용하여 문서를 작성·처리하고자 하는 자는 개인별 사용자계정(ID)·비밀번호 및 전자이미지서명을 등록하여 사용한다. 이 경우 비밀번호는 최초로 등록한 후 즉시 변경하여야 한다.

 ○ 전자문자서명을 사용하는 경우에는 전자이미지서명을 등록하지 않는다.

(4) 컴퓨터 및 개인별 비밀번호는 문서의 보호 및 보안 유지를 위하여 수시로 변경하여야 한다.

제15절 문서의 접수 및 처리

01 문서의 접수

1. 일반사항

(1) 처리과

① 문서는 처리과에서 접수하여야 하며, 접수한 문서에는 접수일시와 「공공기록물 관리에 관한 법률 시행령」 제20조에 따른 접수등록번호를 전자적으로 표시하되, 종이문서인 경우에는 행정안전부령으로 정하는 접수인을 찍고 접수일시와 접수등록번호를 적는다(영 제18조 제1항).

② "행정안전부령으로 정하는 접수인"이란 별표 2에 따른 접수인을 말하며, 같은 항에 따라 접수인을 찍는 경우에는 특별한 사유가 없으면 접수한 문서의 오른쪽 위 여백에 찍어야 한다(규칙 제15조 제1항).

[별표 2]

접수인(제15조 제1항 관련)

접수	−
	(. . . :)

비고
1. 접수란의 크기는 기관에 따라 적절하게 조정하여 사용한다.
2. 접수란의 첫째 줄에는 접수등록번호를 적되, 처리과명과 연도별 일련번호를 붙임표(−)로 이어 적는다.
   예 행정제도과인 경우 : 행정제도과−23
3. 접수란의 둘째 줄 괄호 안에는 접수일자를 적는다. 다만, 민원문서 등 필요한 경우에는 시·분 까지 적는다.
   예 2012. 7. 10. 또는 2012. 7. 10. 14 : 23

---

(2) 문서과

문서과에서 받은 문서는 문서과에서 접수일시를 전자적으로 표시하거나 적고 지체 없이 처리과에 배부하여야 한다. 이 경우 처리과는 배부받은 문서에 접수등록번호를 표시하거나 적는다(영 제18조 제2항).

❍ 접수란이 없거나 종이 문서인 경우에는 두문의 오른쪽 여백에 접수인을 찍어 기재함

2. 둘 이상의 보조(보좌)기관 관련문서

(1) 둘 이상의 보조기관 또는 보좌기관과 관련 있는 문서의 경우에는 관련성이 가장 높은 보조기관 또는 보좌기관이 영 제18조 제1항에 따른 처리과로서 문서를 접수한다(규칙 제15조 제2항).

　○ 문서과에서 해당 문서를 받게 되면 그 관련성이 가장 높다고 판단되는 보조기관 또는 보좌기관에 보내야 한다.

(2) 문서를 접수한 처리과는 문서와 관련이 있는 다른 보조기관 또는 보좌기관에 접수한 문서의 내용을 통보하여야 한다(규칙 제15조 제3항).

3. 문서 접수, 배부 경로 정보의 관리

행정기관은 문서의 접수 및 배부 경로에 관한 정보를 「공공기록물 관리에 관한 법률 시행령」 제20조에 따른 등록정보로 관리하여야 한다(영 제18조 제3항).

4. 당직근무자가 받은 문서

다음 근무시간 시작 후 지체 없이 문서과에 인계하여야 한다(규칙 제15조 제5항).

　◎ 금요일 19:00 수령 → 월요일 출근시간 직후 문서과에 인계

5. 감열(感熱)기록방식의 팩스로 수신한 문서

감열기록방식의 팩스로 보존기간이 3년 이상인 문서를 수신하였을 때에는 그 문서를 복사하여 접수하여야 한다. 이 경우 수신한 문서는 폐기한다(규칙 제15조 제6항).

　○ 감열기록방식은 특수처리된 열감응 용지의 표면을 가열하면 변색되는 점을 활용하여 문자·도형을 기록하는 방법으로 일반적으로 롤형 용지를 사용한다. 감열지에 기록된 내용은 용지에 따라 1~5년 정도밖에 보존되지 않기 때문에 감열지로 된 문서는 보존기간에 상관없이 일반용지로 복사하여 사용하는 것이 좋다.

6. 행정기관이 아닌 자로부터 받은 문서 처리

행정기관의 홈페이지나 행정기관이 부여한 공무원의 전자우편주소 등 정보통신망을 이용하여 행정기관이 아닌 자로부터 받은 문서는 규정 제18조 제1항부터 제5항까지의 규정에 따라 처리한다. 이 경우 해당 문서에 대한 위조·변조 방지 조치 등으로 인하여 접수일시와 접수등록번호를 표시할 수 없으면 그 문서에 표시하지 아니할 수 있고 발신자의 주소와 성명 등이 불분명할 때에는 접수하지 아니할 수 있다(영 제18조 제6항).

> **공공기록물 관리에 관한 법률 시행령**
> **제26조【보존기간】** ① 기록물의 보존기간은 영구, 준영구, 30년, 10년, 5년, 3년, 1년으로 구분하며, 보존기간별 책정기준은 별표 1과 같다. 다만, 「대통령기록물 관리에 관한 법률」 제2조 제1호에 따른 대통령기록물, 수사·재판·정보·보안 관련 기록물은 소관 중앙행정기관의 장이 중앙기록물관리기관의 장과 협의하여 보존기간의 구분 및 그 책정기준을 달리 정할 수 있다. 〈개정 2010. 5. 4.〉

> ② 기록물의 보존기간은 단위과제별로 책정한다. 다만, 영구기록물관리기관의 장은 특별히 보존기간을 달리 정할 필요가 있다고 인정되는 단위과제에 대하여는 보존기간을 직접 정할 수 있다. 〈개정 2010. 5. 4.〉
> ③ 보존기간의 기산일은 단위과제별로 기록물의 처리가 완결된 날이 속하는 다음 연도의 1월 1일로 한다. 다만, 여러 해에 걸쳐서 진행되는 단위과제의 경우에는 해당 과제가 종결된 날이 속하는 다음 연도의 1월 1일부터 보존기간을 기산한다. 〈개정 2010. 5. 4.〉

⑩2 문서의 반송, 이송 및 재배부

1. 문서의 반송

행정기관의 장은 접수한 문서에 형식상의 흠이 있으면 그 문서의 생산등록번호, 시행일, 제목 및 반송사유를 구체적으로 밝혀 발신한 행정기관의 장에게 반송(발신한 기관으로 되돌려 보내는 것)할 수 있다(규칙 제16조 제1항).

2. 문서의 이송

(1) 행정기관 간의 이송

행정기관의 장은 접수한 문서가 다른 행정기관의 소관사항인 경우에는 그 문서를 지체 없이 소관 행정기관의 장에게 이송하여야 한다(규칙 제16조 제2항).

(2) 보조기관 또는 보좌기관 간의 이송

처리과에서 접수한 문서가 다른 보조기관이나 보좌기관의 소관사항인 경우에는 지체 없이 소관 보조기관 또는 보좌기관에 이송하여야 한다.

3. 문서의 재배부

처리과에서 그 소관에 속하지 아니하는 문서를 접수한 경우에는 지체 없이 문서과로 보내야 하며, 문서과로부터 배부받은 문서인 경우에는 재배부 요청을 하여야 한다. 이 경우 문서과는 그 문서를 즉시 소관처리과로 재배부하여야 한다(규칙 제16조 제3항).

> 처리과에서 직접 받은 문서의 발신자가 행정기관 또는 행정기관 내의 보조기관·보좌기관이 아닌 경우(즉, 발신자가 행정기관 외의 자인 경우) 소관사항이면 일반적인 절차에 따라 접수·처리하고, 소관사항이 아닌 때에는 소관 처리과로 배부될 수 있도록 지체 없이 문서과로 보내야 한다(규칙 제16조 제3항).

⑬ 문서의 공람

1. 공람의 방법

(1) 처리과에서 문서 수신·발신 업무를 담당하는 사람은 접수한 문서를 처리담당자에게 인계하여야 하고, 처리담당자는 행정안전부령으로 정하는 문서인 경우에는 공람할 자의 범위를 정하여 그 문서를 공람하게 할 수 있다. 이 경우 전자문서를 공람하였다는 기록이 업무관리시스템 또는 전자문서시스템상에서 자동으로 표시되도록 하여야 한다(영 제18조 제4항).

(2) **공람 대상문서(규칙 제17조 제1호 내지 제5호)**
① 결재권자로부터 처리지침을 받아야 할 필요가 있는 문서
② 민원문서
③ 행정기관 간 또는 행정기관 내 보조(보좌)기관 간 업무 협조에 관한 문서
④ 접수문서 처리를 위하여 소관사항 등 형식적인 면 또는 법률·예산 등 내용적인 면에서 검토가 필요한 문서
⑤ 그 밖에 공무원의 신상(身上), 교육훈련 등과 관련하여 공무원이 개별적으로 또는 전체적으로 알아야 할 필요가 있는 문서
　○ 위 대상 이외의 문서, 통계·설문조사 등을 위하여 각 기관으로부터 취합하는 문서는 공람에서 제외한다.

(3) **공람의 표시**
① **전자문서**: 업무관리시스템 또는 전자문서시스템 상에서 공람하였다는 기록(공람자의 직위 또는 직급, 성명 및 공람일시 등)이 자동으로 표시되도록 한다(영 제18조 제4항)
② **종이문서**: 접수문서의 적당한 여백에 공람자의 직위 또는 직급을 표시하고 서명을 한다.

2. 결재권자의 지시

공람을 하는 결재권자는 문서의 처리기한 및 처리방법을 지시할 수 있으며 필요하다고 인정하는 때에는 업무분장된 담당자 외에 그 문서의 처리담당자를 따로 지정할 수 있다(영 제18조 제5항).

⑭ 경유문서의 접수처리

경유문서를 접수한 기관은 해당 기관장의 명의로 다른 경유기관의 장이나 최종 수신자에게 경유문서를 첨부하여 발신하여야 한다. 이 경우 해당 기관의 의견이 있으면 그 의견을 시행문 본문에 표시하거나 첨부하여 보내야 한다(규칙 제15조 제4항).

● 경유문서의 처리요령

1. **접수**

   일반문서의 접수절차와 동일

2. **결재 및 처리(규칙 제15조 제4항)**

   ① 경유문서를 접수한 기관은 해당 기관장의 명의로 다음 경유기관의 장이나 최종 수신자에게 경유문서를 첨부하여 발신하여야 한다.

   ② 경유기관의 의견이 있으면 그 의견을 시행문 본문에 표시하거나 첨부하여 보내야 한다.

3. **반송 및 보완**

   ① 경유기관의 장은 그 문서를 최종적으로 처리할 권한이 있는 자가 아니므로 검토과정에서 형식상, 내용상 흠이 있더라도 발신 행정기관의 장에게 반송할 수 없다.

   ② 또한, 경유문서에 대하여 수정 또는 보완 요구를 할 수 없다. 위에서 설명한 바와 같이 경유기관의 장은 경유 문서에 대한 검토를 하고, 이에 대한 의견이 있는 경우에는 이를 첨부하여 경유순서에 따라 보내야 한다.

4. **경유문서의 표시**

행정기관명

수신   ○○○

(경유) 이 문서의 경유기관의 장은 ○○○(또는 제1차 경유기관의 장은 ○○○, 제2차 경유기관의 장은 ○○○, ⋯⋯⋯⋯⋯)이고, 최종 수신기관의 장은 ○○○입니다.

제목   경유문서의 이송

　　　(본문 내용)

발신명의

[최초로 보낸 기관]

효 자 동

수신자   종로구청장(○○과장)

(경유) 이 문서는 제1차 경유기관의 장은 종로구청장이고, 제2차 경유 기관의 장은 서울특별시장이며, 최종 수신기관의 장은 행정안전 부장관입니다.

제목 ○○○○○○

　　　(본문 내용)

효 자 동 장 [인]

[1차 경유기관]

종 로 구

수신자   서울특별시장(○○과장)

(경유) 이 문서는 제1차 경유기관의 장은 종로구청장이고, 제2차 경유
　　　기관의 장은 서울특별시장이며, 최종 수신기관의 장은 행정안전
　　　부장관입니다.

제목 경유문서의 이송
　　(본문 내용)

붙임 1. 시행문(효자동 경유문서) 1부.
　　　2. 의견서 1부(있는 경우에만 첨부). 끝.

종로구청장 [인]

[2차 경유기관]

서울특별시

수신자   행정안전부장관(○○과장)

(경유) 이 문서는 제1차 경유기관의 장은 종로구청장이고, 제2차 경유
　　　기관의 장은 서울특별시장이며, 최종 수신기관의 장은 행정안전
　　　부장관입니다.

제목 경유문서의 이송
　　(본문 내용)

붙임 1. 시행문(효자동 경유문서) 1부.
　　　2. 시행문(종로구 경유문서) 1부.
　　　3. 의견서 1부(있는 경우에만 첨부). 끝.

서울특별시장 [인]

Self study

1. 공문서의 개념에 대하여 약술하시오.

2. 문서의 종류에 대하여 약술하시오.

3. 문서의 기능과 필요성 및 처리원칙에 대하여 약술하시오.

4. 문서의 종류 중 성질에 의한 분류인 문서의 종류와 그 내용에 대하여 약술하시오.

5. 문서의 성립과 관련하여 성립요건과 시기, 효력발생에 대한 입법주의와 일반원칙에 대하여 서술하시오.

6. 문서의 번호와 관련하여 일련번호의 구분내용과 법규문서, 지시문서, 공고문서, 민원문서, 일반문서는 어떠한 일련번호를 사용하는지에 대하여 약술하시오.

7. 일반기안문 기준, 문서의 구성 체계에 대하여 약술하시오.

8. 기안문 작성 전 고려사항에 대하여 약술하시오.

9. 기안문 작성 시 유의사항에 대하여 약술하시오.

10. 기안의 종류 중 일반기안, 일괄기안에 대하여 약술하시오.

11. 공동기안, 수정기안 방법을 약술하시오.

12. 문서의 검토와 협조와 관련하여 검토와 협조의 개념, 검토사항에 대하여 약술하시오.

13. 결재의 개념과 종류 및 효과를 기술하고 전결, 대결의 표시방법을 약술하시오.

14. 문서의 등록에 대하여 약술하시오.

15. 문서의 시행에 있어 시행의 개념, 시행방법에 대하여 약술하시오.

16. 문서의 발신방법에 대하여 약술하시오.

17. 문서의 접수 및 처리와 관련하여 그 방법 및 절차에 대하여 약술하시오.

18. 문서의 반송과 이송, 재배부 절차에 대하여 약술하시오.

03 업무관리시스템

제1절 업무관리시스템의 의의 ^{2015 기출}

01 업무관리시스템의 개념

업무관리시스템이란 행정기관이 업무처리의 전 과정을 과제관리카드 및 문서관리카드 등을 이용하여 전자적으로 관리하는 시스템으로서, 공직사회의 일하는 방식을 근본적으로 개선하기 위해 행정기관의 업무처리절차를 통합화 · 표준화하여 업무처리과정에서 생산된 각종 업무 관련 자료를 과제에 따라 일정, 메모보고, 문서관리카드, 지시사항, 회의관리 등으로 체계적인 처리를 할 수 있도록 구축한 온라인 시스템이다.

02 업무관리시스템의 기대효과

1. 정책의 투명성, 책임성 제고

정책결정과정에서 제시된 다양한 의견이 기록관리되도록 하여 정책의 투명성 및 책임성을 제고할 수 있다.

2. 정책 품질의 제고

업무수행과 전자적 문서관리, 과제관리, 정책품질관리 등을 연계하여 정책품질을 제고할 수 있다.

3. 행정업무의 효율성 제고

(1) 일하는 방식의 표준화 · 시스템화로 신속한 업무처리 가능

(2) 업무과정의 표준화로 한 시스템에서 관리 가능

(3) 관련 업무 담당자 간 업무처리 내용의 긴밀한 공유

(4) 업무내용의 과제별, 체계적 분류 · 등록

(5) 추진내용, 과제수행에 대한 정확한 상황을 실시간으로 확인

(6) 추진실적이 자동으로 기록 · 관리되어 행정의 효율성 향상

제2절 업무관리시스템의 구축 · 운영

01 업무관리시스템 구축 · 운영의 주체

행정기관의 장은 업무처리의 전 과정을 효율적으로 관리하기 위하여 업무관리시스템을 구축 · 운영하여야 한다. 하지만 시스템을 도입하기 위해서는 기본적으로 행정기관의 기능분류가 전제되어야 하기 때문에 기능분류시스템이 구축되지 않았거나, 업무의 성격이나 그 밖의 특별한 사유로 시스템 도입이 어려운 경우에는 그러하지 아니하다(영 제21조 제1항).

(1) 중앙행정기관, 지방자치단체 또는 지방교육행정기관의 장은 업무관리시스템을 구축 · 운영하는 경우에 그 소속기관 등을 포함하여 구축 · 운영할 수 있다(제2항).

(2) 행정안전부장관은 업무관리시스템의 구축 · 운영을 지원하기 위한 계획을 수립 · 시행할 수 있다(제3항).

(3) **업무관리시스템 구축 · 운영 지원**: 행정안전부장관은 업무관리시스템의 구축 · 운영을 지원하기 위한 계획을 수립 · 시행하기 위하여 관계 행정기관의 장에게 관련 자료 및 필요한 의견의 제출을 요청할 수 있다(규칙 제19조).

02 업무관리시스템의 구성 ^{2015 기출}

업무관리시스템에는 '과제관리카드' 및 문서의 작성 · 검토 · 결재 · 등록 · 공개 등 문서처리의 모든 과정을 기록 · 관리하는 '문서관리카드' 등이 포함되어야 한다.

1. 과제관리카드

(1) 과제관리카드의 구성 내용

과제관리카드는 행정기관 업무의 기능별 단위 과제의 담당자 · 내용 · 추진실적 등을 기록 · 관리할 수 있도록 구성되어야 한다(영 제22조 제1항).

(2) 과제관리카드에 포함될 내용

과제관리카드에는 표제, 실적관리, 접수관리, 계획관리, 품질관리, 홍보관리, 고객관리 부분과 그 밖에 필요한 사항이 포함되어야 한다. 다만, 행정기관의 장이 특별한 사유가 있다고 인정하는 경우에는 일부 사항을 제외할 수 있다(규칙 제20조 제1항 및 제3항).

2. 문서관리카드

(1) 문서관리카드의 구성 내용

문서관리카드는 문서정보, 보고경로, 시행정보, 관리정보 부분과 그 밖에 필요한 사항으로 구성된다.

(2) 문서관리카드에 포함될 내용

문서관리카드에는 문서의 작성·검토·등록·결재·공개·공유 등 문서처리의 모든 과정을 기록·관리할 수 있도록 다음 사항을 포함하여야 한다(영 제22조 제1항).

① 기안내용
② 의사결정과정에서 제기된 의견, 수정내용과 지시사항
③ 의사결정내용

(3) 문서의 기안

문서의 기안은 업무관리시스템의 문서관리카드로 할 수 있다. 이 경우 검토자·협조자 및 결재권자는 보고경로의 의견·지시란에 의견을 표시할 수 있고 전결·대결 및 끝 표시를 생략할 수 있다(규칙 제21조).

3. 과제관리카드와 문서관리카드의 일부 제외

행정기관의 장이 특별한 사유가 있다고 인정하면 과제관리카드와 문서관리카드의 일부 사항을 제외할 수 있다.

단위과제	① 행정기관이 평소 수행하는 업무를 기능에 따라 분류하여 관리하기 위한 최하위단위 ② 기관의 직제와 직제시행규칙에 근거한 최소단위 ③ 계획의 수립·집행·평가 등 일련의 업무과정을 통합관리하는 기본단위 ④ 단위과제는 현재 수행하고 있거나 수행예정업무 포함
관리과제	① 행정기관이 성과목표 달성을 위하여 계획된 기간에 추진하고자 하는 업무를 목적별로 분류한 업무 ② 연도별 성과관리 시행계획상 주요과제로 기관별 전략목표를 달성하기 위한 업무 ③ 단위과제와 과제관리는 연결 관리함
과제관리	① 정부가 일상적인 업무를 정부기능 분류체계에 따라 분류 ② 모든 과제는 과제카드를 통하여 관리 ③ 과제추진실적[일지·메모보고(의사결정과정이 필요 없는 긴급 현안 보고사항 등을 메모형태로 전자보고하는 기능으로 문서의 효력은 없으나 과제카드 실적으로 기록, 관리됨)·문서 등]은 카드에 자동 축적됨으로써 과제 담당자 간 정보공유와 인수인계가 용이 ④ 개인 성과와 정부업무평가의 기초자료로 활용

과제관리카드	① 행정기관의 소관 업무를 기능 및 목적 등의 기준에 따라 구분 ② 과제담당자 · 내용 및 추진실적 등을 기록 관리하는 카드를 의미함
문서관리카드	① 단위과제 및 관리과제의 효율적 관리를 위하여 문서의 작성 · 검토 · 결재 · 등록 · 시행 · 접수 · 활용 등 문서처리의 모든 과정을 기록하는 카드 ② 보고서 작성, 보고경로 지정 및 처리과정상 제기된 의견, 관련자료 등을 기록 · 관리하는 카드 ③ 문서처리과정의 표준화, 의사결정과정을 기록 · 유지하여 투명성과 책임성 제고 ④ 과제와 관련된 의사결정을 위해 작성하는 개별적 문건

● 과제분류체계 이해하기

업무관리시스템(온–나라 시스템)은 과제분류체계를 기반으로 하는 시스템이다. 과제를 중심으로 조직의 역할과 기능에 적합한 업무를 정의하고, 업무별로 세분화된 목표를 설정한다. 목표를 달성하기 위하여 과학적인 전략과 계획에 따라 업무를 수행하게 되며, 업무과정과 결과는 과제실적으로 축적되어 관리된다.

1. 과제의 개념

업무관리시스템(온–나라 시스템)을 활용하려면 단위과제, 관리과제의 의미를 이해해야 한다. 이때 과제는 조직 또는 개인이 수행하는 일의 최소단위를 의미한다.

(1) **단위과제**

단위과제는 직제를 근거로 부서 내 구체화된 업무실적을 관리하는 단위이다. 공무원이 수행하는 최소업무단위로 계획수립 · 집행 · 평가 등 일련의 업무과정을 통합적으로 관리하는 기본적 단위이다. 단위과제에서 추진한 모든 업무실적은 '단위과제카드'에 자동으로 축적된다.

(2) **관리과제**

관리과제는 각 부처의 연도별 전략목표를 달성하기 위한 연두업무보고, 성과관리 전략목표, 정책품질관리 등을 관리하는 단위이다.

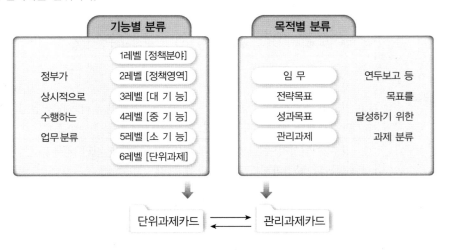

2. 과제의 분류

과제분류는 크게 조직이 수행하는 일의 단위인 기능별 분류와 기관의 연도별 목표 달성을 위한 관리과제 등 목적별 분류 및 조직별 분류로 나뉜다.

(1) 기능별 과제분류

정부조직법, 행정 각 부의 직제 및 직제시행규칙에 의한 기관의 기능을 정책분야, 정책영역, 대기능, 중기능, 소기능, 단위과제의 6레벨로 분류하며, 단위과제는 기관고유, 유사기관 공통, 각 부처 공통, 과단위 공통의 4가지 유형으로 관리된다.

(2) 목적별 과제분류

기관의 연도별 목표(임무)를 달성하기 위해 전략목표를 세우고 그것을 달성하기 위한 조직의 성과목표, 관리과제 등을 구성한다. 이를 관리하기 위해 임무, 전략목표, 성과목표, 관리과제의 4레벨로 분류한다.

(3) 조직별 과제분류

사용자가 편리하게 알아볼 수 있도록 조직도를 근간으로 기능별 분류체계의 단위과제와 목적별 분류체계의 관리과제가 연결된 상태를 보여준다.

제3절 │ 업무관리시스템 등과 행정정보시스템 간 연계

행정기관의 장은 효율적인 업무운영을 위하여 업무관리시스템 또는 전자문서시스템을 기능 분류시스템 등 행정정보시스템과 연계·운영하여야 한다. 다만, 업무의 성격이 연계·운영에 적합하지 아니하거나 그 밖의 특별한 사유가 있는 경우에는 그러하지 아니하다(영 제23조 제1항).

〈온-나라시스템과 행정정보시스템 간 연계 현황〉

표준 서비스 플랫폼

표준 연계 서비스

• 행정정보공개 • 행정정보공유
• 나라장터 • G4C

과제관리
일정/지시/메모
문서관리
문서발송/접수/유통

온-나라 시스템

• 전자통합평가시스템
• e-사람시스템
• e-감사시스템
• 정부입법정보시스템
• 정부조직정보시스템
• 국정관리
• 기록물 관리시스템

• 보조사업통합관리시스템
• 상시학습시스템(e-hard)
• 공장설립온라인지원시스템
• 정부전자문서유통관리
• 사회복지통합관리망
• 국가동물방역통합시스템
• 농림사업통합정보시스템
• 디지털예산회계시스템

• 새올행정시스템   • 인사행정시스템
• 지방재정시스템   • 건축행정시스템
• 도시계획정보체계 • 성과관리시스템
• 창의행정관리시스템 • 콜센터시스템

기능분류 시스템	• 정부기능을 범정부 차원에서 행정기관이 상시적으로 수행하는 업무를 기능에 따라 체계적으로 분류·운영하는 것을 의미하며, 정부업무의 생산성을 제고하고, 행정자원의 효율적 활용을 위한 전자적 관리 시스템을 말한다. • 범정부 업무활동의 근간이 되는 정부기능분류시스템은 각 부처 업무수행을 기능중심으로 관리할 수 있도록 유도하고, 업무관리시스템, 기록물관리시스템, 정보공개시스템 및 다른 전자정부시스템에 업무 기준정보 및 업무연계 정보를 제공하는 등 관련 기관의 시스템과 연계하는 기능으로 구성 및 활용된다.

제4절 **업무관리시스템의 표준관리**

① **업무관리시스템 등의 표준고시 등**

1. 업무관리시스템 등의 표준고시

행정안전부장관은 다음 각 목 표준을 정하여야 한다. 다만, 「산업표준화법」에 따른 한국산업표준이 제정되어 있는 사항은 그 표준을 따른다(영 제24조 제1항 제1호 내지 제3호).

(1) 업무관리시스템의 규격에 관한 표준과 업무관리시스템을 이용한 전자문서 등의 유통에 관한 표준

(2) 전자문서시스템의 규격에 관한 표준과 전자문서시스템을 이용한 전자문서 등의 유통에 관한 표준

(3) 업무관리시스템 또는 전자문서시스템과 행정정보시스템 간 연계를 위한 표준

2. 표준의 관보 고시 및 인터넷 게시

행정안전부장관은 규격·유통 및 연계에 관한 표준을 정하였으면 그 내용을 관보에 고시하고 인터넷에 게시하여야 한다. 그 표준을 변경하는 경우에도 또한 같다(영 제24조 제2항).

3. 행정기관장의 시스템 구축·운영

행정기관의 장은 특별한 사유가 없으면 고시된 표준과 「공공기록물 관리에 관한 법률」 제39조에 따른 표준에 적합한 업무관리시스템이나 전자문서시스템을 구축·운영하여야 한다(영 제24조 제3항).

② **업무관리시스템의 활용**

행정기관의 장은 업무관리시스템으로 관리한 업무실적 등을 효과적으로 활용하도록 노력하여야 한다(영 제23조 제2항).

제5절 정부전자문서 유통지원센터

01 정부전자문서 유통지원센터의 설치

행정안전부장관은 전자문서의 원활한 유통을 지원하기 위하여 행정안전부에 정부전자문서 유통지원센터를 둔다(영 제25조 제1항).

02 센터의 업무(영 제25조 제2항)

(1) 전자문서의 원활한 유통을 위한 지원과 유통 및 연계에 관한 표준 등의 운영

(2) 전자문서의 효율적인 유통을 위한 프로그램의 개발 및 보급

(3) 전자문서의 유통 시 발생하는 장애를 복구하기 위한 지원

(4) 유통되는 전자문서의 위조·변조·훼손 또는 유출을 방지하기 위한 보호대책 마련

03 센터운영에 필요한 사항규정

영 제25조 제1항, 제2항에서 규정한 사항 외에 센터의 운영에 필요한 세부사항은 행정안전부령으로 정한다(영 제25조 제3항).

행정안전부장관은 전자문서 유통상의 장애가 발생하거나 업무관리시스템 또는 전자문서시스템 간의 문제가 발생한 경우에는 정부전자문서유통지원센터 이용자에게 업무관리시스템 또는 전자문서시스템 등의 관련 정보를 요청할 수 있다(규칙 제22조 제1항).

> **업무관리시스템 보급·활용**: 2007년 1월부터 업무관리시스템인 '온-나라시스템'이 전 중앙행정기관 및 일부 광역시·도에 보급·사용되어 오다가, 2008년 7월부터 전자결재 및 문서유통 기능을 통합한 '통합 온-나라 시스템'이 시범운영을 거쳐 중앙행정기관과 사용을 희망하는 광역시·도 등에 보급되었다.

Self study　　　　　　　※ 출제가 예상되는 다음 문제의 답안을 스스로 작성해 보시오.

1. 「행정효율과 협업촉진에 관한 규정」상 업무관리시스템과 관련하여 업무관리시스템의 개념과 기대효과에 대하여 약술하시오.

2. 과제관리카드와 문서관리카드의 구성에 대하여 약술하시오.

3. 업무관리시스템의 연계 · 운영과 표준고시에 대하여 약술하시오.

4. 정부전자문서 유통지원센터에 대하여 약술하시오.

관인관리

제1절 | 관인의 의의 ^{2013 기출}

① 관인의 개념

관인(官印)이란 일반적으로 정부기관에서 공식문서에 사용하는 인장을 말한다. 「행정효율과 협업촉진에 관한 규정」에서는 행정기관의 명의로 발신하거나 교부하는 문서에 사용하는 청인(廳印)과 행정기관의 장 또는 보조기관의 명의로 발신하거나 교부하는 문서에 사용하는 직인(職印)을 통틀어 관인이라고 말한다(영 제33조 제1항).

> • **행정기관** : 합의제(合議制) 행정기관을 의미한다. 기관 구성자가 다수인이며, 다수인의 의사의 합치(다수결)에 의하여 결정을 내리고, 책임을 지는 행정기관으로서 국가인권위원회, 방송통신위원회, 공정거래위원회, 금융위원회, 국민권익위원회, 소청심사위원회, 중앙노동위원회 등이 있다.
> • **행정기관의 장** : 독임제(獨任制) 행정기관의 장 또는 합의제 행정기관의 장을 의미한다.
> • **보조기관** : 행정기관의 장으로부터 법령(「행정권한의 위임 및 위탁에 관한 규정」)이 정하는 바에 의하여 사무를 위임받아 그 범위 안에서 행정기관으로서 사무를 수행하는 때의 보조기관을 의미한다.

② 구별 개념

1. 관인(官印) 대비 개념으로서의 공인(公印)

지방자치단체의 기관이 사용하는 청인 및 직인은 국가기관의 관인에 대비한 개념으로 공인(公印)이라 칭하고, 지방자치단체의 기관에서 사용하는 공인에 관하여는 이 절의 규정에도 불구하고 그 지방자치단체의 조례로 정하는 바에 따른다(영 제40조). 하지만 일반적으로 관인이라고 하면 공인을 포함한 개념이라 할 수 있다.

○ 종전에는 개념 구분 없이 관인이라는 용어를 사용하였으나, 1991. 6. 19. 「사무관리규정」을 제정하면서 지방자치단체에 대하여는 공인이라는 개념을 도입하였다.

2. 사인(私印) 대비 개념으로서의 공인(公印)

공인(公印)이라는 용어는 사인(私印)에 대비하는 개념으로 사용되는 경우(예 공인 등의 위조·부정사용죄, 사인 등의 위조·부정사용죄)가 있는데, 이 경우의 공인은 관인의 일반적인 개념과 유사하다고 볼 수 있다.

> • **공인 등의 위조·부정사용죄**: 공무원 또는 공무소의 인장·서명·기명 또는 기호를 행사할 목적으로 위조 또는 부정사용하는 죄(「형법」제238조)
> • **사인 등의 위조·부정사용죄**: 타인의 인장·서명·기명 또는 기호를 위조 또는 부정사용한 죄(「형법」제239조)

03 관인의 효력

(1) 행정기관의 장 또는 합의제기관의 명의로 발신 또는 교부하는 문서에는 관인(전자이미지관인을 포함하며 또는 행정기관장의 서명도 가능)을 찍는다(영 제14조 제1항).

(2) 관인생략의 대상문서를 제외하고는 관인이 날인되지 아니한 문서는 흠이 있는 문서로서 해당 문서를 시행한 행정기관에 보완을 요청할 수 있다.

(3) 또한 이러한 문서를 접수한 행정기관의 장은 형식상의 흠을 이유로 발신행정기관의 장에게 반송할 수 있다(규칙 제16조 제1항).

04 관인제도의 연혁

1. 「관인규정」 제정(1948. 11. 9. 총리령 제1호)

(1) 관인은 청인과 직인으로 하고, 그 모양은 정방형, 자체는 전서체로 한다.

(2) 중앙 각 관서는 총무처에서, 부처 직속기관은 당해 부처에서, 시·도는 내무부에서 새겨 교부하되, 관인의 인영은 총무처 관인대장에 등록한다.

(3) 중앙의 각 차관·차장·국장·기타 보조기관 및 시·도의 국장·기타 보조기관은 필요시 직인을 가질 수 있고, 각각의 직인은 그 직의 서리(署理)도 사용할 수 있다.

(4) 관인을 분실 또는 개인(改印)한 때에는 관보에 공고한다.

2. 「관인규정」 신규 제정(1962. 4. 10. 각령 제644호)

(1) 관인은 한글 전서체로써 가로로 새긴다.

(2) 중앙행정기관은 내각사무처에서, 1차 소속기관은 해당 중앙행정기관에서 새겨 교부하되, 중앙행정기관의 관인은 내각사무처의 관인대장에, 1차 소속기관의 관인은 해당 중앙행정기관에 등록한다.

(3) 관인을 새로 새기거나 개인하였을 때 관보에 공고한다.

3. 「관인규정」 개정(1962. 12. 11. 각령 제1067호)

(1) 의결기관, 자문기관, 기타 합의제기관은 필요에 따라 청인을 갖고, 이 외의 행정기관은 해당 기관장의 직인을 갖는다.

(2) 청인은 문서발행 연월일의 '연' 자가 가운데 오도록 하고, 직인은 문서를 발신·교부·인증하는 자의 성명 끝자가 가운데 오도록 찍는다.

(3) 관인 폐기 시 별도의 폐기대장에 등록하고 교부기관의 승인을 얻어 소각처리한다.

4. 「관인규정」 전문개정(1970. 3. 23. 대통령령 제4772호)

(1) 의결기관·자문기관 기타 합의제기관은 청인을 갖되, 자문기관은 필요한 경우에 한하여 갖고, 이 외의 기관은 그 기관장의 직인을 갖는다.
  ㅇ 중앙의 각 차관·차장·국장·기타 보조관 및 서울시 부시장, 시·도의 국장·기타 보조관이 필요시 직인을 가질 수 있었던 규정은 폐지되었다.

(2) 보조기관이 위임받은 사무를 행정기관으로서 처리하는 경우 그 사무처리를 위하여 직인을 갖는다.

(3) 중앙행정기관의 관인은 총무처에서, 기타 행정기관의 관인은 직근 상급기관에서 새겨 교부하고, 이를 등록대장에 등록한다.

(4) 관인은 정사각형으로 하고, 인영은 기관·직위 명칭에 '인' 자를 붙인다.

(5) 청인은 그 기관 명칭의 끝자가 가운데 오도록 찍는다.

(6) 관인 폐기 시 이를 소각한 후 교부기관에 통보한다.

(7) 관인을 교부·재교부·폐기한 때에는 교부기관이 관보에 공고한다.

5. 「관인규정」 개정(1986. 12. 27. 대통령령 제12020호)

등·초본 등 민원서류에는 행정기관의 장의 표시 끝자 오른쪽 여백에 찍을 수 있다.

6. 「사무관리규정」(1991. 6. 19.) 및 「사무관리규정 시행규칙」(1991. 9. 30.)으로 통합

(1) 관인은 그 기관 또는 직위 명칭의 끝자가 인영의 가운데 오도록 찍는다.

(2) 관인의 인영에 그 기관 또는 직위의 명칭에 '인' 또는 '의인' 자를 붙인다.

(3) 처리과의 장은 관인관리 부서장의 협의를 거쳐 해당 기관장의 승인을 얻어 인영을 축소인쇄하여 사용할 수 있다(관인 인쇄용지 관리대장 비치).

(4) 관인 폐기 시 교부기관에 관인 폐기 신고 후 소각하거나 인영의 글씨를 알아볼 수 없도록 조치한다. 다만, 행정기관이 폐지되거나 관인을 보존할 필요가 있을 때에는 이를 정부기록보존소에 이관하여 보존한다.

(5) 지방자치단체의 공인은 지방자치단체의 조례가 정하는 바에 따른다.

7. 「사무관리규정」 개정(1996. 5. 3. 대통령령 제14989호)

전자문서에 사용하기 위하여 전자관인을 가질 수 있으며, 전자관인의 인영규격 및 글씨체는 일반관인의 규격 및 글씨체와 같아야 한다.

8. 「사무관리규정」 개정(1999. 8. 7. 대통령령 제16521호)

(1) 합의제기관의 장은 법령에 의하여 합의제기관의 장으로서 사무를 처리하는 경우에는 그 사무처리를 위하여 직인을 가질 수 있다.

(2) 전자관인은 관인을 전자입력하여 사용하여야 한다.

(3) 관인의 모양은 행정기관의 장이 정한다.

(4) 중앙행정기관 관인은 행정안전부에, 기타 행정기관 관인은 그 직근 상급기관에 등록하고, 관인은 등록하지 아니하면 사용하지 못한다.

　○ 교부기관이 관인을 각인하여 교부하는 방식에서 개별 기관이 자체적으로 각인하여 등록기관에 등록하는 방식으로 변경되었다.

(5) 관인이 분실 또는 마멸되거나 갱신할 필요가 있는 때에는 그 사유를 들어 등록기관에 관인을 재등록하여야 한다.

9. 「사무관리규정」 개정(2001. 2. 14. 대통령령 제17129호)

각급 행정기관은 전자문서에 사용하기 위하여 전자이미지관인을 가지며, 전자이미지관인은 관인을 전자입력하여 사용하여야 한다.

10. 「사무관리규정」 개정(2002. 12. 26. 대통령령 제17811호)

(1) 관인의 인영은 해당 기관의 관인대장에, 전자이미지관인의 인영은 전자이미지관인대장에 각각 등록하되, 제3차 소속기관은 직근 상급기관에 등록할 수 있다.

　❍ 관인등록기관을 행자부와 직근 상급기관에서 자체 기관으로 변경하였다.

(2) 관인을 폐기하고자 하는 때에는 관인대장에 관인 폐기내역을 기재하고, 그 관인을 정부기록보존소(지방기록물 관리기관)에 관인폐기 공고문과 함께 이관하여야 한다.

(3) 관인 또는 전자이미지관인을 등록 또는 재등록하거나 폐기한 때에는 등록기관은 이를 관보에 공고하여야 한다(2011. 12. 21. 행정업무규정 전면개정 시 전자이미지관인의 관보공고 규정 삭제).

11. 「사무관리규정 시행규칙」 개정(2011. 3. 22. 행정자치부령 제200호)

관인의 글자는 국민이 쉽고 간명하게 알아볼 수 있는 한글로 새긴다.

12. 「행정업무의 효율적 운영에 관한 규정」으로 전부개정(2011. 12. 21. 대통령령 제23383호)

전자이미지관인은 관보에 공고하지 않는다.

제2절 | 관인의 종류 ^{2013 기출}

01 관인

일반적으로 합의제 행정기관은 청인을, 독임제 행정기관은 직인을 비치하여 사용한다. 관인의 종류와 비치기관은 다음과 같다(영 제33조).

종류	비치기관
청인	의결기관*·자문기관*·기타 합의제기관(자문기관은 필요한 경우에 한하여 청인을 가질 수 있음)
직인	• 위 청인 사용기관 외의 각급 행정기관의 장(독임제 행정기관) • 정부조직법 제6조 제2항의 규정에 의하여 위임받은 사무를 행정기관으로서 처리하는 보조기관 • 법령에 의하여 합의제기관의 장으로서 사무를 처리하는 경우의 합의제기관의 장 　◯ 직인은 그 직의 서리(署理)*도 사용할 수 있다(규칙 제27조).

* **의결기관**: 행정에 관한 의사를 결정할 수 있는 권한을 가지는 기관으로서 내부적으로 기관의 의사를 결정할 수 있을 뿐, 그것으로써 외부에 대하여 해당 기관을 대표할 수 없다. 행정심판위원회, 도시계획위원회 등이 있다.
* **자문기관**: 행정관청의 자문에 응하거나 의견을 진술하는 기관으로서 의결권이 없고, 행정관청은 그 의견에 법적으로 구속되지 아니한다. 심의회·협의회·조사회·위원회·회의 등의 명칭을 붙인다.
* **서리(署理)**: 행정기관의 장이 사망·해임 등의 사유로 궐위된 경우에 새로운 기관장이 정식으로 임명되기 전에 일시 대리자를 지정하여 그로 하여금 권한을 행사하게 하는 것 또는 그 사람을 말한다. 서리는 자기 책임하에 자기의 이름으로 해당 기관의 전 권한을 행사한다.

02 전자이미지관인

각급 행정기관은 전자문서에 사용하기 위하여 관인의 인영을 컴퓨터 등 정보처리능력을 가진 장치에 전자적인 이미지 형태로 입력하여 사용하는 전자이미지관인을 가진다(영 제33조 제3항).

03 특수관인

(1) 행정기관의 장은 유가증권 등 특수한 증표 발행, 민원업무 또는 재무에 관한 업무 등 특수한 업무 처리에 사용하는 관인을 따로 가질 수 있다.

(2) 특수관인도 관인의 범주에 들어간다. 다만, 일반적인 관인과 구분하기 위하여 특수관인이라는 용어를 사용한다. 특수관인은 특별한 기관에서 사용하는 관인과 특별한 용도에 사용하는 관인으로 구분하고, 그 규격·등록 등 관리에 관하여 필요한 사항은 따로 정한다.

(3) 특별한 용도에 사용하는 관인은 해당 기관의 관인 외에 따로 비치하여 사용한다(영 제34조 제1항 및 제2항).

구분	종류	관련규정(제정권자)
특별한 기관에서 사용하는 관인	각급 학교에서 사용하는 관인	「국립 및 공립 각급 학교 관인규칙」 (교육부장관)
	군기관에서 사용하는 관인	「국군 각 기관 관인규격 규정」 (국방부장관)
	검찰기관이 사용하는 관인	「검찰청 관인관리규칙」 (법무부장관)
특별한 용도에 사용하는 관인	외교부 및 재외공관에서 외교문서에 사용하는 관인	「외무관인규칙」 (외교부장관)
	세입징수관·지출관·회계 기타 재무에 관한 사무를 담당하는 공무원의 직인	「회계관계공무원 직인규칙」 (기획재정부장관)
	유가증권 기타 특수한 증표발행에 필요한 관인	「행정업무의 효율적 운영에 관한 규정」 및 「시행규칙」
	민원업무 등 특수업무를 처리하기 위한 관인	
	분리된 청사에서 사용하는 관인	

○ **철인(鐵印)** : 관인은 아니나 관인으로 생각하기 쉬운 것으로 철인이 있다. 철인은 「공무원증규칙」 제8조의 규정에 의하여 공무원증 발급권자가 공무원임을 증명하기 위하여 공무원증에 찍는 인장을 말한다.

제3절 | 관인의 규격

01 관인의 모양

관인의 모양은 행정기관의 장이 정한다(영 제35조). 따라서 관인의 모양은 정사각형, 직사각형, 마름모, 원형, 타원형, 다각형 등 다양한 모양으로 새겨서 사용할 수 있다.

02 관인의 크기

관인의 크기는 아래의 규격을 초과할 수 없다(영 제35조, 별표 1).

구분		한 변의 길이
청인	• 국무회의	5.4cm
	• 기타 합의제기관	3.6cm
직인	• 대통령	4.5cm
	• 국무총리	3.6cm
	• 기타 행정기관의 장	3cm

○ 위 길이는 사각형인 경우 한 변의 최대 길이, 원 또는 다각형인 경우에는 최대의 지름 또는 대각선을 뜻한다.

03 특수관인의 모양 및 크기

특수관인은 해당 업무의 특수성을 감안하여 그 모양을 원형 또는 타원형 등으로 할 수 있으며, 그 크기는 용도에 적합한 크기로 만들 수 있다.

제4절 │ 관인의 조각 및 사용

01 관인의 재료

관인의 재료는 쉽게 마멸되거나 부식되지 아니하는 재질을 사용하여야 한다(규칙 제26조 제1항).

02 관인의 글자

(1) 관인의 글자는 한글로 하여 가로로 새기되, 국민이 쉽고 간명하게 알아볼 수 있도록 하여야 하며, 그 기관 또는 직위의 명칭에 '인' 또는 '의인' 자를 붙인다(규칙 제28조).

🔖 **관인의 글자로 부적절한 사례**

> • 획을 임의로 늘이거나 꼬불꼬불하게 표현한 글자
> • 미적 개념을 지나치게 적용한 글자
>   예 행정안전부장관
> • 자음과 모음의 낱자로 풀어 쓴 글자
>   예 ㅎㅐㅇㅈㅓㅇㅇㅏㄴㅈㅓㄴㅂㅜㅈㅏㅇㄱㅘㄴㅇㅣㄴ
> • 필기하듯이 흘려 쓴 글자
>   예 *행정안전부장관*
> • 도형 또는 기호를 사용한 글자 등
>   예 ㉻㉾㉻㉻㉻㉻㉻㉻㉻, 행 정 안 전 부 장 관 인

(2) 민원업무 등 특수업무를 처리하기 위한 관인은 그 업무집행목적에 한하여 사용되는 것임을 그 관인의 인면(관인 중 글자가 있는 부분을 말한다)에 표시하여야 한다(규칙 제28조).

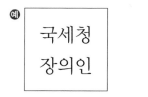

예

```
┌─────────┐
│ 국세청   │
│ 장의인   │
└─────────┘
```

```
┌─────────┐
│ 국 세 청 │
│ 장 의 인 │
├─────────┤
│ 민원실전용 │
└─────────┘
  (민원업무용)
```

03 인영의 색깔

관인 인영의 색깔은 빨간색으로 한다. 다만, 문서를 출력 또는 복사하여 시행하거나 팩스를 통하여 문서를 접수하는 경우에는 검정색으로 할 수 있다(규칙 제26조 제2항).

04 찍는 위치

관인을 찍는 경우에는 발신명의 표시의 마지막 글자가 인영의 가운데에 오도록 한다. 다만, 등본·초본 등 민원서류를 발급할 때 사용하는 직인은 발신명의 표시의 오른쪽에 찍을 수 있다(규칙 제11조 제1항).

05 인영의 인쇄사용

1. 대상문서(영 제14조 제4항)

관인을 찍어야 할 문서로서 다수의 수신자에게 동시에 발신 또는 교부하거나 알리는 문서에는 관인의 날인에 갈음하여 관인의 인영을 인쇄하여 사용할 수 있다.

2. 인쇄사용 승인(규칙 제11조 제5항)

관인의 인영을 인쇄하여 사용하고자 할 때에는 처리과의 장은 인쇄용도·인쇄량·인쇄관인 규격 등에 관하여 관인관리 부서장과 협의를 거쳐 기관장의 승인을 얻어야 한다.

3. 축소인쇄(영 제14조 제4항)

인영을 인쇄할 때에는 해당 관인의 규격대로 인쇄하여야 하나, 업무수행에 지장이 없다고 인정되는 때에는 문서의 크기나 용도에 따라 인영의 크기를 적절히 축소인쇄하여 사용할 수 있다.

4. 인쇄용지 사용내역 기록·유지(규칙 제11조 제6항)

관인의 인영을 인쇄하여 사용하는 처리과의 장은 다른 법령에 특별한 규정이 없는 한 관인인 쇄용지 관리대장(규칙 제5호 서식)을 비치하여 그 사용내역을 기록·유지하고, 인쇄용지가 용도 외로 잘못 사용되거나 유실되지 않도록 관리하여야 한다.

06 전자이미지관인의 제출 및 관리(영 제38조)

(1) 둘 이상의 행정기관이 공동으로 사용하는 행정정보시스템을 구축·운영하는 행정기관의 장은 그 행정정보시스템에 전자이미지관인을 전자입력하기 위하여 그 행정정보시스템을 사용하는 행정기관의 장에게 전자이미지관인을 제출하게 할 수 있다.

(2) 전자이미지관인을 제출한 행정기관의 장은 전자이미지관인을 재등록하거나 폐기하려는 경우에는 그 사실을 지체 없이 행정정보시스템 운영기관장에게 통보하여야 한다.

(3) 전자이미지관인을 재등록하거나 폐기한 행정기관의 장은 공동으로 사용하는 행정정보시스템에 재등록한 전자이미지관인을 전자입력하거나 폐기한 전자이미지관인을 삭제하여야 한다. 다만, 직접 전자이미지관인을 전자입력하거나 삭제할 수 없는 경우에는 행정정보시스템 운영기관장이 재등록된 전자이미지관인을 제출받아 전자입력하거나 폐기된 전자이미지관인을 삭제할 수 있다.

(4) 다른 행정기관의 전자이미지관인을 제출받은 행정기관의 장은 별지 제10호 서식의 전자이미지관인 관리대장에 해당 관인의 인영을 등재하여 관리하여야 한다(규칙 제31조).

제5절 | 관인의 등록 및 재등록 ^{2015 기출}

01 등록(재등록)기관

각급 행정기관은 관인의 인영을 해당 행정기관의 관인대장에, 전자이미지관인의 인영을 해당 행정기관의 전자이미지관인대장에 각각 등록(재등록)하여야 한다. 다만, 부득이한 경우에는 바로 위 상급기관에 신청 및 등록(재등록)할 수 있다(영 제36조 제1항).

02 등록(재등록)사유

관인은 등록하지 않으면 사용할 수 없다(영 제36조 제2항). 관인을 등록(재등록)해야 하는 사유는 다음과 같다.

(1) 행정기관이 신설 또는 분리된 경우

(2) 기존 기관의 명칭이 변경된 경우

(3) 관인이 분실되거나 닳아 없어진 경우

(4) 법령에 따라 권한을 위임받은 경우

(5) 그 밖에 관인을 다시 새길 필요가 있는 경우 등

03 부정사용금지(영 제36조 제2항 및 제3항)

행정기관의 장은 등록하지 아니한 관인을 사용할 수 없으며, 위조 또는 변조하거나 부정하게 사용하지 못하도록 필요한 조치를 하여야 한다.

⑭ 등록방법

1. 관인(규칙 제29조 제1항 및 제3항)

(1) 행정기관이 직접 등록(재등록)하는 경우

해당 행정기관의 관인대장(규칙 별지 제7호 서식)에 관인을 등록(재등록)하여 보존한다. 이 경우 내부결재를 받아 등록(재등록)한다.

(2) 바로 위 상급기관에 등록(재등록)하는 경우

바로 위 상급기관에 관인등록(재등록)을 신청(규칙 별지 제9호 서식)하여 바로 위 상급기관에서 그 상급기관의 관인대장에 등록(재등록)한다.

○ 바로 위 상급기관이 하급기관으로부터 등록(재등록) 신청서를 접수한 때에는 등록(재등록) 대상 기관인지의 여부, 관인의 종류 및 규격 등을 심사한 후 등록(재등록)하되, 그 인영을 관인대장에 등록(재등록)하여 보존한다.

2. 전자이미지관인

(1) 전자이미지관인은 관인의 인영을 컴퓨터 등 정보처리능력을 가진 장치에 전자적인 이미지 형태로 입력하여 사용하여야 한다(영 제3조 제9호).

(2) 전자이미지관인은 문서과에서 관리하는 전자이미지관인대장(규칙 별지 제8호 서식)에 등록(재등록)하고, 전자이미지관인 컴퓨터 파일은 정보화 담당 부서에서 관리하여야 한다.

(3) 바로 위 상급기관에 전자이미지관인을 등록(재등록)하고자 하는 때에는 규칙 별지 제9호 서식으로 신청하여야 한다.

(4) 전자이미지관인을 등록하는 때에는 문서과에서 관인의 인영을 전자이미지관인대장의 해당란에 찍고, 정보화 담당 부서에서 그 찍은 인영을 전자적인 이미지 형태로 컴퓨터 파일에 입력한 후 이를 출력하여 전자이미지관인대장의 해당란에 붙여야 한다.

(5) 전자이미지관인을 사용하는 기관은 관인을 폐기하거나 재등록한 경우 즉시 사용 중인 전자이미지관인을 삭제하고, 재등록한 관인의 인영을 전자이미지관인으로 재등록하여 사용한다(영 제37조 제3항).

또한, 사용 중인 전자이미지관인의 인영의 원형이 제대로 표시되지 아니하는 경우에도 전자이미지관인을 재등록하여 사용하여야 한다(영 제37조 제4항).

■ 행정 효율과 협업 촉진에 관한 규정 시행규칙 [별지 제7호 서식]

관인대장

관인 명칭				
종류	[ ] 청인 [ ] 직인 [ ] 특수관인		관리부서	
[ ] 등록 [ ] 재등록	*(인영)*	등록일(재등록일)		년 월 일
		새긴 날짜		년 월 일
		새긴 사람	주소 : 성명 및 상호 : 생년월일:	
		최초 사용일		년 월 일
		재료		
		등록(재등록) 사유		
		관보 공고		년 월 일 공고 제 – 호
		비고		
폐기	*(인영)*	등록일(재등록일)		년 월 일
		폐기일(분실일)		년 월 일
		폐기 사유	[ ] 마멸 [ ] 분실 [ ] 기타( )	
		폐기 방법	[ ] 이관 [ ] 기타( )	
		폐기 또는 분실한 사람	소속 : 직급 : 성명 :	
		관보 공고		년 월 일 공고 제 – 호
		비고		

〈 작성 방법 〉
 1. 관인을 최초로 등록한 때에는 [ ] 등록란에 ∨표를, 재등록한 때에는 [ ] 재등록란에 ∨표를 한다.
 2. 비고란은 관련 문서의 생산등록번호 및 시행일 등 참고사항을 기록한다.

210mm×297mm(백상지 150g/m²)

■ 행정 효율과 협업 촉진에 관한 규정 시행규칙 [별지 제8호 서식]

전자이미지관인대장

관인 명칭				
종류	[ ] 청인	[ ] 직인	[ ] 특수관인	
[ ] 등록 [ ] 재등록	*전자이미지관인 인영*	등록일(재등록일)	년 월 일	
		등록(재등록) 사유		
		관리부서		
		전자이미지관인 사용 기관(부서) 현황		
	전자이미지관인 등록 당시 관인의 인영	사용 기관(부서)	시스템 명칭	통보일	최초 사용일
		비고		
폐기	*전자이미지관인 인영*	폐기일	년 월 일	
		폐기 사유		
		폐기한 사람	소속: 직급: 성명:	
		전자이미지관인 사용 기관(부서)에 대한 조치		
		사용 기관(부서)	시스템 명칭	통보일	최종 사용일

〈 작성 방법 〉
1. 최초로 등록하는 때에는 [ ] 등록란에 ∨표를, 재등록하는 때에는 [ ] 재등록란에 ∨표를 한다.
2. 비고란은 관련 문서의 생산등록번호 및 시행일 등 참고사항을 기록한다.
3. 전자이미지관인을 등록하는 때에는 관인의 인영을 전자이미지관인대장의 해당란에 찍고, 그 찍은 인영을 전자적인 이미지 형태로 입력한 후 그 파일의 이미지를 출력하여 전자이미지관인의 인영을 해당란에 붙여야 한다.

210mm×297mm(백상지 150g/m²)

■ 행정 효율과 협업 촉진에 관한 규정 시행규칙 [별지 제9호 서식]

행정기관명

수신

(경유)

제목   [   ] 관인 등록(재등록) 신청

       [   ] 관인(전자이미지관인) 폐기 신고

       [   ] 전자이미지관인 등록(재등록) 신청

「행정 효율과 협업 촉진에 관한 규정 시행규칙」 제29조 제3항. 제30조 제3항에 따라 [   ] 관인 등록(재등록) 신청 [   ] 관인(전자이미지관인) 폐기 신고 [   ] 전자이미지관인 등록(재등록) 신청합니다.

관인 명칭		
종 류	[ ] 청인 [ ] 직인 [ ] 특수관인	
등록(재등록, 폐기) 사유		
폐기 대상 관인 처리	폐기 예정일 (분실일)	년 월 일
	폐기 방법	[ ] 이관 [ ] 기타( )
	폐기한 사람 (분실한 사람)	소속 : 직급 : 성명 :
비 고		

발 신 명 의직인

기안자 직위(직급) 서명   검토자 직위(직급) 서명   결재권자 직위(직급) 서명

협조자

시행   처리과명-연도별 일련번호(시행일)   접수   처리과명-연도별 일련번호(접수일)

우   도로명주소   / 홈페이지 주소

전화번호(   )   팩스번호(   )   / 공무원의 전자우편주소   / 공개 구분

제6절 | 관인의 폐기 ²⁰¹³기출

01 폐기사유(영 제37조 제2항)

(1) 행정기관이 폐지된 경우

(2) 기관 명칭이 변경된 경우

(3) 관인이 분실 또는 닳아 없어진 경우

(4) 그 밖에 관인을 폐기할 필요가 있는 경우

02 폐기방법

(1) 관인을 폐기할 때에는 관인 등록기관이 관인대장에 관인 폐기일과 폐기사유 등의 내역을 기재한 후 그 관인의 인영을 등록하여 보존하고, 그 관인은 관인폐기 공고문과 함께 「공공기록물 관리에 관한 법률」에 따른 영구기록물관리기관(국가기록원 또는 지방기록물관리기관)에 이관하여야 한다. 바로 위 상급기관이 하급기관으로부터 관인폐기 신고를 받은 경우에도 또한 같다(영 제37조 제2항 및 규칙 제30조 제1항).

(2) 바로 위 상급기관에 등록된 하급기관의 관인을 폐기하고자 하는 경우에는 별지 제9호 서식에 폐기 대상 관인을 첨부하여 관인 등록기관(바로 위 상급기관)에 신고하여야 한다(규칙 제30조 제3항).

(3) 영구기록물관리기관은 폐기된 관인이 사용되거나 유출되지 아니하도록 하여야 한다(영 제37조 제2항).

> **● 관인 또는 전자이미지관인의 폐기 시 그 대장의 관리**
>
> 관인 또는 전자이미지관인을 폐기한 경우 관인대장 또는 전자이미지관인대장을 영구기록물관리기관에 이관하지 않고 해당 행정기관에서 계속 보존·관리한다. 다만, 행정기관의 폐지로 관인 등을 폐기하는 경우에는 영구기록물관리기관으로 이관한다.

제7절 관인의 공고

01 공고사유

등록기관은 관인을 등록 또는 재등록하거나 폐기하였을 때에는 행정안전부령으로 정하는 바에 따라 그 사실을 관보에 공고하여야 한다(영 제39조).

02 공고방법

관인등록기관은 공고사유가 발생한 때에는 행정안전부장관에게 관보게재를 의뢰하여 공고하여야 한다. 다만, 지방자치단체는 조례가 정하는 바(시·도보, 시·군·구보 공고 등)에 의한다.
❍ 관인을 폐기하고 재등록할 경우에는 재등록 공고와 함께 폐기 공고를 할 수 있다.

03 공고내용

관인 등록기관이 관인을 공고할 때에는 다음 사항을 포함하여야 한다(규칙 제32조 제1호).

(1) 관인의 등록·재등록 또는 폐기 사유

(2) 등록·재등록 관인의 최초 사용 연월일 또는 폐기관인의 폐기 연월일

(3) 등록·재등록 또는 폐기관인의 이름 및 인영

(4) 공고기관의 장

1. 「행정효율과 협업촉진에 관한 규정」상 관인관리와 관련하여, 관인의 의의 및 종류에 대하여 약술하시오.

2. 관인관리와 관련 관인의 등록(재등록) 방법에 대하여 약술하시오.

3. 관인의 폐기 절차와 사유에 대하여 약술하시오.

4. 관인의 공고에 대하여 약술하시오.

05 서식관리

제1절 | 서식의 의의 ^{2017 기출}

01 서식의 개념

'서식'이란 장기간에 걸쳐 반복되는 사무와 관련하여 행정상의 필요사항을 기재할 수 있도록 도안한 일정한 형식 또는 그 사무용지를 말한다. 서식은 상자형·비상자형 또는 기안문서 형태를 이용하여 글씨의 크기, 항목 간의 간격, 기재할 여백의 크기 등을 균형 있게 조절하여 사용하기 편리하도록 제정한다.

02 서식의 종류

1. 법령서식(영 제27조 제1항)

법률·대통령령·총리령·부령·조례·규칙 등 법령으로 정한 서식을 말한다.

2. 일반서식(영 제27조 제2항)

법령서식을 제외한 모든 서식을 말한다.
○ 법령서식 이외 일반서식은 고시·훈령·예규 등으로 정함

03 서식의 제정 ^{2017 기출}

1. 제정원칙(영 제26조)

행정기관에서 장기간에 걸쳐 반복적으로 사용하는 문서로서 정형화할 수 있는 문서는 특별한 사유가 있는 경우를 제외하고는 서식으로 정하여 사용한다.

2. 제정방법(영 제27조 제1항)

(1) 법령으로 제정하는 경우

① 국민의 권리·의무와 직접 관련되는 사항을 기재사항으로 정하는 서식
② 인가, 허가, 승인 등 민원에 관계되는 서식
③ 행정기관의 공통 사용서식 중 중요한 서식

(2) 고시·훈령·예규 등으로 제정하는 경우

법령에서 고시 등으로 정하도록 하는 경우와 기타 특별한 사유가 있으면 고시·훈령·예규 등으로 정할 수 있다.

제2절 | 서식의 설계

01 일반원칙 2017 기출

1. 민원인의 개인정보를 보호할 수 있도록 설계

주민등록번호란은 '생년월일'로 대체하고 등록기준지란은 설치하지 아니하되, 행정정보공동이용, 신원조회 등 꼭 필요한 경우에만 '주민등록번호' 또는 '등록기준지'란을 설치한다.

📝 성명＋주소＋생년월일로 신청인 특정 가능

[별지 제1호 서식] 〈개정 2005. 11. 14.〉 (앞 쪽)

학교환경위생정화구역내금지행위 및 시설해제신청서				처리기간	
				15일	
신청인	성 명		생년월일 ~~주민등록번호~~		
	주 소			(전화 :)	
예정행위 및 시설	업 종		명 칭(상 호)		
	소재지				
	위 치	( )층 건물의 ( )층		면적(m²)	

2. 기입항목의 식별이 용이하도록 설계(영 제28조 제1항)

서식은 글씨의 크기, 항목 간의 간격, 적어 넣을 칸의 크기 등을 균형 있게 조절하여 서식에 적을 사항을 쉽게 알 수 있도록 하여야 한다.

3. 쉬운 용어 사용 및 필수 항목 설계(제2항)

서식은 누구나 쉽게 이해할 수 있는 용어를 사용하여 설계하여야 하며, 불필요하거나 활용도가 낮은 항목을 넣어서는 아니된다.

4. 기안(시행)문 겸용 설계(제3항)

서식은 특별한 사유가 없으면 별도의 기안문과 시행문을 작성하지 아니하고 그 서식 자체를 기안문과 시행문으로 갈음할 수 있도록 생산등록번호·접수등록번호·수신자·시행일 및 접수일 등의 항목을 넣어야 한다.

5. 서명 또는 날인의 선택적 설계(제4항)

법령에서 서식에 날인하여야 한다고 정하고 있지 아니하면 서명이나 날인을 선택할 수 있도록 하여야 한다.

6. 행정기관의 이미지 제고 노력(제5항)

서식에는 가능하면 행정기관의 로고·상징·마크·홍보문구 등을 표시하여 행정기관의 이미지를 높일 수 있도록 하여야 한다.

7. 민원서식의 설계(제6항)

민원서식에는 민원인의 편의를 도모하기 위하여 그 민원업무의 처리흐름도, 처리기간, 전자적 처리가 가능한지 등을 표시하여야 하며, 음성정보나 영상정보 등을 수록하거나 연계한 바코드 등을 표기할 수 있다.

〈민원업무 처리 흐름도〉

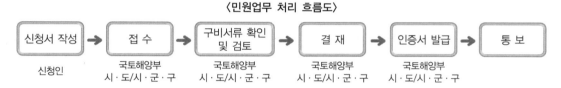

8. 용지의 규격과 지질(영 제73조 제1항)

서식에는 용지의 규격과 지질을 표시하여야 한다.

(1) 서식의 지질 등(규칙 제23조 제1항)

서식을 포함한 용지의 용도별 지질 기준은 별표 3과 같다. 다만, 부득이한 경우에는 별표 3에 따른 기준과 다른 지질의 용지를 사용할 수 있다.

(2) 서식의 규격 표시(규칙 제23조 제2항)

서식에는 용지의 규격과 지질을 다음의 예시와 같이 해당 서식의 우측 하단에 표시한다.

🔖 용지의 용도별 지질 기준(제23조 제1항 관련, 별표 3)

연번	용지의 용도	지질(중량)
1	비치카드·상장·통지서(엽서)·임용장, 휴대 또는 게시하는 각종 증서 등	백상지(150g/m²)
2	보존기간이 20년 이상인 서식, 보존기간이 10년 이상인 문서·간행물 등	백상지(120g/m²) 또는 백상지(80g/m²)
3	보존기간이 20년 미만인 서식, 보존기간이 10년 미만인 문서·간행물 등	백상지(80g/m²)
4	각종 민원 신청서 및 신고서·통지서	백상지(80g/m²) 또는 중질지(80g/m²)

⑫ 서식의 설계기준

(1) 영 제28조 제8항에 따른 서식 설계에 관한 세부 기준은 별표 4와 같다.

(2) 제1항 및 별표 4에도 불구하고 다음 각 호의 어느 하나에 해당하는 서식의 경우에는 별표 5에 따른 큰글자 서식 설계 기준을 적용할 수 있다.

① 노년층 등 디지털 약자의 이용 빈도가 높은 서식

② 오프라인 방문 이용 건수가 많은 서식

③ 다수의 국민이 큰글자 서식으로의 개편을 요구하는 서식

④ 그 밖에 소관 행정기관의 장이 큰글자 서식으로 개편할 필요가 있다고 인정하는 서식

📦 **행정 효율과 협업 촉진에 관한 규정 시행규칙 [별표 4] 〈개정 2021. 9. 7.〉**

구분	서식의 설계 기준(제24조 제1항 관련)
1. 기본 형식	가. 영 제28조 제3항에 따라 기안문과 시행문을 갈음하는 서식은 별지 제1호서식의 형식으로 작성한다. 나. 그 밖의 각종 신청서, 증명서 등의 서식에는 접수(발급)번호, 접수일, 발급일 등의 해당 사항과 전자적 처리가 가능한지를 표시한다. • 전자적 처리 가능 여부 표시문안 예시 : 정부24(www.gov.kr)에서도 신청할 수 있습니다. 다. 모든 서식에는 그 서식에 관한 기본정보(근거 법령 등과 서식 호수)를 표시해야 한다.
2. 용지 여백	상단 및 좌·우측은 20mm, 하단은 10mm로 하되, 필요한 경우 프린터로 출력 가능한 범위에서 확대하거나 축소할 수 있다.
3. 쪽	서식이 2쪽 이상으로 구성되는 경우 서식 우측 상단에 그 쪽수 등 쪽 구분 표시를 해야 한다. • 쪽 구분 표시 예시 1 : (앞쪽), (뒤쪽) • 쪽 구분 표시 예시 2 : (3쪽 중 1쪽), (3쪽 중 2쪽), (3쪽 중 3쪽) ■ ○○○법 시행규칙 [별지 제○○호서식] 〈개정 ○○○○. ○○. ○○.〉 ○○○○ **신청서** ※ 3쪽의 작성방법 및 유의사항을 읽고 작성하시기 바라며, 색상이 어두운 란은 적지 않습니다. ※ [ ]에는 해당되는 곳에 √표를 합니다.　　　　　　　(3쪽 중 1쪽) 접수번호　　　接受일시　　　처리기간　　30일
4. 항목란	가. 「전자정부법」 제36조 제1항에 따른 행정정보의 공동이용을 통하여 해당 정보의 내용을 확인할 수 있는 경우에는 첨부서류를 따로 받지 않도록 하는 내용에 관한 항목을 둔다. 나. 주민등록번호란은 생년월일란으로 대체하여 사용하고 등록기준지란은 만들지 않되, 행정정보 공동이용을 통한 정보의 확인, 신원조회 등 꼭 필요한 경우에만 주민등록번호란 또는 등록기준지란을 만들 수 있다.

	다. 주소변경 시 법령에서 신고 등을 하도록 규정하지 않은 경우, 허가증·인가증·자격증·신고확인증 등의 서식에는 주소란을 두지 않는다. 라. 비고란은 별도로 적을 내용이 있는 경우에만 둔다. 마. 항목의 구분에 따른 하위 항목은 위계에 따라 배열하되 3단계를 초과할 수 없다. 바. 항목의 일련번호(① 등)는 적지 않되, 필요에 따라 적는 경우에는 왼쪽에서 오른쪽으로, 위에서 아래의 순서로 적는다. 사. 계산이 필요한 숫자란은 계산순서를 고려하여 상·하·좌·우로 배열하고 계산부호를 붙일 수 있다. 아. 특별한 사유가 없는 경우에는 글자별, 숫자별 구획은 만들지 않는다.
5. 표	가. 쉽게 인지할 수 있고 행정정보시스템 등에서 문답식 선택적 입력방식을 쉽게 채택할 수 있도록 유사한 성격의 항목을 하나로 모아 표로 구분한다. 　• 표와 표 사이에는 1mm의 간격을 두되, 지면상 공간 확보가 어려운 경우에는 간격을 0.5mm까지 조정할 수 있다. 나. 다음의 표는 위에서부터 아래로 순서대로 배치하되 필요한 경우 표를 생략하거나 그 위치를 조정할 수 있다. 　① 접수(발급)번호·접수일·발급(발행)일·처리기간 : 상단 서식 명칭 다음 줄 　② 신청인 인적사항 : 접수(발급)번호 표 다음 줄 　③ 신청 내용 : 신청인 인적사항 표 다음 줄 다. 다음의 표는 서식의 앞쪽 또는 뒤쪽 아래에서부터 위로 순서대로 배치하되, 필요한 경우 표를 생략하거나 그 위치를 조정할 수 있다. 　① 업무처리 절차 : 서식 용지의 규격 및 지질 표시 위 　② 작성방법 : 업무처리 절차 표 윗줄 　③ 유의사항 : 작성방법 표 윗줄 　④ 행정정보 공동이용 동의서 : 유의사항 표 윗줄 　⑤ 첨부서류·수수료 : 행정정보 공동이용 동의서 표 윗줄
6. 선	가. 선은 기본적으로 실선을 사용하되 자르는 선은 점선으로 표시한다. 나. 선의 굵기는 0.12mm를 기본으로 하되, 예외로 정하는 항목은 다음과 같다. 　① 표의 좌·우측 테두리 : 표시하지 않음 　② "○○○ 귀하" 또는 "신청인, 서명 또는 인" 다음의 마감선과 자르는 선 : 0.7mm 다. 선의 색상은 회색을 기본으로 하되, 표의 상·하 테두리 선은 검은색으로 한다.
7. 칸	가. 한 칸의 높이는 8.5mm로 하는 것을 원칙으로 하되, 주소 등과 같이 정보량이 비교적 많은 항목의 경우에는 8.5mm의 배수로 할 수 있다. 나. 칸은 불규칙적 배열을 방지하기 위하여 설정한 가상의 세로 기준선에 따라 일정한 폭으로 구분하되, 성명란은 한글 15자 이상, 주민등록번호란은 한글 7자 이상 쓸 수 있는 공간을 확보한다. 다. 바탕색은 기본적으로 흰색을 사용하고 공무원이 작성하는 칸과 작성방법 등 알림 항목의 제목 칸은 회색으로 하되, 필요한 경우 부분적으로 적절한 명도와 채도의 색상을 사용할 수 있다.

8. 글자	가. 글자는 줄 또는 칸의 왼쪽부터 쓰되, 예외로 정하는 항목은 다음과 같다. ① 서식 명칭 : 가운데 ② 기입란을 구분하는 선이 없는 칸의 제목 : 왼쪽 상단 ③ 항목 제목을 적은 칸 : 가운데 ④ 제출 연월일, 서명 또는 날인 : 오른쪽 나. 서식 명칭의 글꼴은 견고딕으로 하고 그 외의 글자는 돋움체로 하되, 필요한 경우 다른 글꼴을 사용할 수 있다. 다. 글자의 굵기는 보통 굵기로 하되, 민원인 또는 담당 공무원이 인지해야 할 필요가 있는 주요 사항과 서식 명칭은 굵은 글꼴로 한다. 라. 글자 크기는 10pt를 기본으로 하고 "( )" 안의 글씨는 9pt로 하되, 예외로 정하는 항목은 다음과 같다. ① 서식 명칭 : 16pt ② 시장·군수 등 행정기관 명칭 : 13pt ③ 첫 번째 항목의 제목 : 11pt(두 번째 항목부터는 1pt씩 작은 글씨로 한다) ④ 접수번호 등 공무원 기재란의 제목과 "년·월·일" : 9pt ⑤ 유의사항·작성방법 등 알림사항, 첨부서류 및 수수료, 서식·용지 정보, "서명 또는 인" : 8pt 마. 글자 색상은 검은색을 기본으로 하고 필요한 경우 부분적으로 다른 색상을 사용하되, "서명 또는 인" 글자는 회색으로 한다.
9. 한글과 함께 적는 외국 글자	가. 단어를 함께 적는 경우 한글의 오른쪽에 괄호를 하고 그 안에 쓰되, 함께 적을 때 줄이 바뀌게 되는 경우와 함께 적을 외국 글자가 "년 월 일", "서명 또는 인", "신청인"에 관한 것인 경우에는 한글 아래에 쓸 수 있다. 나. 문장을 함께 적는 경우 한글 문장이 끝나는 줄의 다음 줄에 한글 문장의 첫 글자와 같은 위치에서부터 쓰되, 하나의 문장으로서 한 줄에 한글과 외국 글자를 모두 적을 수 있는 경우에는 한글 문장의 오른쪽에 쓸 수 있다. 다. 한글과 함께 적는 외국 글자의 크기는 한글보다 1pt 작게 하고, 글꼴 및 색상 등은 한글과 같게 한다.
10. 특수기호	전자적으로 입력하기 어렵거나 전자화 과정에서 오류가 많이 발생할 수 있는 특수기호는 사용하지 않는다. ⑩ √ 표시를 하도록 하는 란은 "□"을 사용하지 않고 "[ ]"을 사용한다.

제3절 서식의 승인 ^{2014 기출}

01 서식의 승인

1. 승인기관(영 제29조 제1항, 제2항 및 제5항)

(1) 행정안전부장관

중앙행정기관이 법령으로 제정하는 서식

(2) 중앙행정기관의 장

① **승인**: 중앙행정기관 및 그 소속기관이 훈령·고시·예규 등으로 제정 또는 개정하는 서식
② **자체심사**: 중앙행정기관의 법령에 의하여 제정된 서식을 변경하려는 경우에는 해당 중앙행정기관의 장은 제28조(서식설계의 일반원칙)에 따른 원칙과 기준에 따라 자체심사를 하여야 한다.

(3) 지방자치단체 또는 지방교육행정기관의 장

지방자치단체의 조례·규칙, 훈령·고시·예규 등으로 제정 또는 개정하는 서식

2. 승인의 신청

(1) 승인신청서 제출

서식의 승인을 받고자 하는 행정기관의 장은 입법예고와 동시에 서식목록과 서식초안을 첨부하여 문서로 승인을 신청하여야 한다. 이 경우 서식초안은 컴퓨터 등 정보처리능력을 가진 장치로 작성한다(영 제30조 제1항 및 규칙 제25조 제1항).

(2) 관계기관 간 사전협의

둘 이상 기관의 업무에 관계되는 서식은 관계기관 간의 사전협의를 거쳐 승인을 신청하여야 한다(영 제30조 제2항).

3. 승인서식의 통보

승인기관이 서식을 승인한 때에는 서식목록과 승인서식안을 첨부하여 문서로 승인신청기관에 통보하여야 한다(규칙 제25조 제2항).

⑫ 서식의 관리

1. 서식의 전자적 제공

행정기관장은 국민이 편리하게 사용할 수 있도록 소관 업무와 관련된 서식을 정보통신망을 이용하여 제공하여야 한다(영 제31조).

2. 서식의 변경 및 폐지

(1) 서식의 변경사용

승인된 서식을 업무관리시스템, 행정정보시스템 등에서 그대로 사용할 수 없는 경우에는 서식의 주요 내용을 변경하지 아니하는 범위에서 기재항목 또는 형식을 변경할 수 있으며, 필요한 경우에는 단순히 자구, 활자크기, 용지의 지질 등을 변경하여 사용할 수 있다. 이 경우 서식 승인기관에 사후 통보로 승인을 갈음할 수 있다(영 제29조 제3항).

(2) 서식의 폐지

서식제정기관이 서식을 폐지한 때에는 지체 없이 그 사실을 서식 승인기관에 통보하여야 한다(영 제29조 제4항).

(3) 해당 국가 언어의 병기

재외공관의 장은 재외공관에서 사용하는 서식에 그 국가의 언어를 함께 적어 사용하게 하거나 그 국가의 언어로 번역한 서식을 사용하게 할 수 있다(영 제32조).

1. 서식의 개념과 제정의 일반원칙 및 서식의 종류, 제정원칙에 대하여 약술하시오.

2. 서식 승인신청 방법과 승인기관에 대하여 약술하시오.

3. 서식설계의 일반원칙에 대하여 서술하시오.

06 행정업무의 효율적 수행

제1절 행정협업

01 행정협업의 촉진 2016 기출

1. 행정협업의 의의

행정협업이란 업무의 효율성을 높이고 행정서비스에 대한 국민의 만족도를 높이기 위하여 다른 행정기관과 공동의 목표를 설정하고 해당 행정기관 상호 간의 기능을 연계하거나 시설·장비 및 정보 등을 공동으로 활용하는 방식의 행정기관 간 협업을 말한다(영 제41조 제1항).

2. 행정협업의 의무

각 기관의 장은 행정협업에 적합한 업무과제를 발굴하여야 하고, 발굴한 행정협업과제 수행을 위하여 노력하여야 한다(영 제41조 제1항 후단).

3. 행정협업대상 업무

행정협업은 다음에 해당하는 업무를 대상으로 한다(영 제41조 제2항).

(1) 다수의 행정기관이 공동으로 수행할 필요가 있는 업무

(2) 다른 행정기관의 행정지원을 필요로 하는 업무

(3) 법령에 따라 다른 행정기관의 인가·승인 등을 거쳐야 하는 업무

(4) 행정기관 간 행정정보의 공유 또는 제46조의 4에 따른 행정정보시스템의 상호 연계나 통합이 필요한 업무

(5) 그 밖에 다른 행정기관의 협의·동의 및 의견조회 등이 필요한 업무

(02) 협업과제 발굴과 운영 ^{2016 기출}

1. 행정협업과제의 발굴과 등록

행정기관의 장은 행정협업과제를 발굴하여 행정협업시스템에 등록·관리하여야 한다(영 제42조 제1항).

2. 행정협업과제 등록을 위한 사전협의

행정협업과제를 등록하려 할 때에는 과제를 공동으로 수행할 관련 행정기관의 장과 사전에 협의하여야 하며, 협의를 요청받은 행정기관의 장은 협조하여야 한다(영 제42조 제1항).

3. 과제 등록사항

행정기관의 장은 행정협업과제를 행정협업시스템에 등록하려는 경우에는 다음 각 호의 사항을 포함하여 등록하여야 한다(영 제42조 제2항 제1호 내지 제4호).

(1) 행정협업과제의 주관부서 및 과제담당자와 협업부서 및 담당자

(2) 행정협업과제와 관련된 다른 행정기관의 단위과제

(3) 행정협업과제의 이력, 내용 및 취지

(4) 그 밖에 행정안전부장관이 정하는 사항

4. 행정협업과제 추가발굴 등

(1) 협업과제 추가발굴

행정안전부장관은 행정협업을 촉진하기 위하여 행정기관의 장이 발굴한 행정협업과제 외의 행정협업과제를 추가로 발굴할 수 있다(영 제43조 제1항).

(2) 행정협업 수요 등 조사

행정안전부장관은 행정협업과제를 추가로 발굴하기 위하여 필요한 경우에는 행정기관, 국민, 공공기관, 민간 기업 또는 단체 등을 대상으로 다음 각 호의 사항과 관련된 행정협업의 수요, 현황 및 애로사항 등을 조사할 수 있다(제2항 제1호 내지 제4호).

① 목표달성을 위하여 다수의 행정기관이 함께 협력할 필요가 있고 구심적 역할을 수행하는 행정기관이 필요한 정책 또는 사업

② 행정기관 간 협력을 통하여 비용 또는 예산을 절감할 수 있는 정책 또는 사업

③ 행정기관 간 이해상충 가능성이 높아 이견에 대한 협의 · 조정이 필요한 정책 또는 사업

④ 그 밖에 관련 행정기관과의 협의결과 행정협업과제 발굴을 위하여 필요하다고 인정하는 사항

(3) 전문기관에 조사 의뢰

행정안전부장관은 조사의 전문성 및 효율성을 높이기 위하여 필요한 경우에는 행정안전부장관이 정하는 바에 따라 관련 학회 등 연구단체, 전문기관 또는 민간 기업에 위 (2)의 사항의 전부 또는 일부에 관한 조사를 의뢰할 수 있다(제3항).

(4) 관련행정기관 장 협의 확정

행정안전부장관은 조사결과로 발굴된 행정협업과제를 관련 행정기관과의 협의를 통하여 확정한다(제4항).

(5) 협업시스템 등록 · 관리

행정안전부장관은 확정된 행정협업과제를 행정협업시스템에 등록 · 관리하여야 한다(제5항).

5. 행정협업과제의 점검 · 관리 및 지원

(1) 행정협업과제를 수행하는 행정기관은 관련 행정기관과 협조하여 그 진행 상황을 지속적으로 점검하여야 한다(영 제44조 제1항).

(2) 행정기관의 장은 그 행정기관의 행정협업과제의 수행성과를 평가 · 분석하고 체계적으로 관리하여야 한다(제2항).

(3) 행정안전부장관은 필요하다고 인정하거나 관련 행정기관이 요청한 경우에는 행정협업과제의 수행에 필요한 지원을 할 수 있다(제3항).

(4) 행정안전부장관은 행정협업과제의 발굴 및 수행 과정에서 관련 행정기관 간 이견이 발생하는 경우 임명된 관련 행정기관의 협업책임관 간의 회의 등을 통하여 원활한 협의가 이루어질 수 있도록 필요한 지원을 할 수 있으며, 행정안전부장관이 필요하다고 인정하는 경우 국무조정실장에게 필요한 지원을 요청할 수 있다(제4항).

⑬ 협업책임관 제도 2017 기출

1. 협업책임관 임명

행정기관의 장은 소속 기획조정실장 또는 이에 준하는 직위의 공무원을 해당 행정기관의 행정협업에 관한 업무를 총괄하는 책임관으로 임명하여야 한다(영 제46조 제1항).

2. 협업책임관의 업무(영 제46조 제2항 제1호 내지 제6호)

(1) 해당 행정기관의 행정협업 과제 발굴 및 수행의 총괄

(2) 해당 행정기관의 행정정보시스템을 다른 행정기관과 연계 및 효율적 운영에 관한 총괄 관리

(3) 해당 행정기관의 행정협업촉진을 위한 행정업무 절차, 관련 제도 등의 정비·개선

(4) 해당 행정기관의 행정협업과제 수행과 관련된 다른 행정기관과의 협의·조정

(5) 해당 행정기관의 공공기관, 기업, 단체 등과의 협업추진에 관한 업무를 총괄하는 부서의 지정·운영

(6) 그 밖에 행정협업의 촉진을 위하여 필요한 업무

3. 행정협업시스템 등록

행정기관의 장은 협업책임관을 임명한 경우에는 행정안전부장관이 정하는 바에 따라 그 사실을 행정협업시스템에 등록하여야 한다(영 제46조 제3항).

⑭ 행정협업의 추진과 효율적 수행

1. 행정협업촉진 계획의 수립

행정안전부장관은 행정협업을 촉진하기 위한 계획을 수립·시행할 수 있다(영 제41조 제3항).

2. 행정협업과제 수행 협의체 구성 및 업무협약 체결

행정기관의 장은 행정협업과제의 효율적 수행을 위하여 필요한 경우 관련 행정 기관과 협의체를 구성하거나 행정협업과제의 목적, 협력 범위 및 기능 분담 등에 관한 업무협약을 체결할 수 있다(영 제45조).

3. 행정정보시스템의 상호 연계 및 통합

행정협업과제를 수행하는 행정기관의 장은 행정협업과제의 원활한 추진을 위하여 행정기관 간 행정정보시스템의 상호 연계나 통합을 적극적으로 추진하여야 하고, 행정안전부장관은 이에 필요한 지원을 할 수 있다(영 제46조의 4).

4. 행정협업조직의 설치

행정기관의 장은 다수의 행정기관이 수행하는 사무의 목적, 대상 또는 관할구역 등이 유사하거나 연관성이 높은 경우에는 관련 기능, 업무처리절차 및 정보시스템 등을 연계·통합하거나 시설·인력 등을 공동으로 수행하는 행정협업조직을 설치·운영할 수 있으며, 행정협업조직 설치·운영에 참여하는 관계 행정기관의 장은 해당 행정협업조직의 운영을 위하여 필요한 공동운영규정을 제정할 수 있다(영 제46조의 5).

5. 행정협업 시설 등 확보

행정기관의 장은 행정협업의 효율적 수행을 위하여 필요한 경우 공동시설·공간·설비 등을 마련하여 다른 행정기관에 제공할 수 있다. 행정안전부장관은 「전자정부법」 제32조에 따라 전자적 행정업무 수행을 위해 정부가 설치한 시설이 행정협업 관련 시설로 활용되거나 연계되도록 노력하여야 한다(영 제46조의 6).

6. 행정협업문화 조성 위한 사업 추진

행정안전부장관은 행정협업에 대한 인식을 높이고, 행정협업문화를 조성하기 위하여 다음 각 호의 사업을 추진할 수 있다(영 제46조의 7 제1항 제1호 내지 제7호).

⑴ 행정협업 우수사례의 발굴·포상 및 홍보

⑵ 행정협업 활성화를 위한 자문 등 전문인력 및 기술지원

⑶ 행정협업 활성화를 위한 포럼 및 세미나 개최

⑷ 행정협업 활성화를 위한 교육콘텐츠의 개발·보급

⑸ 행정협업 활성화를 위한 정책연구 및 제도개선 사업

⑹ 행정협업 활성화를 위한 사무공간 혁신 등 조직문화 조성

⑺ 그 밖에 행정협업의 활성화에 필요한 사업

7. 국제협력 추진

행정안전부장관은 행정협업의 참고사례 발굴 및 우수사례의 전파, 전문인력의 양성 및 교류, 관련 전문기술의 확보 등을 위하여 국제협력을 적극적으로 추진하여야 한다(제46조의 7 제2항).

8. 협업소통 위한 사무공간 마련

행정기관의 장은 행정협업이 원활하게 수행될 수 있도록 조직 내 활발한 소통을 유도하는 사무공간을 마련하는 데 노력하여야 한다(영 제46조의 7 제3항).

9. 행정협업 우수기관에 대한 포상

행정안전부장관은 행정협업성과가 우수한 기관을 선정하여 포상 또는 홍보를 할 수 있다(영 제46조의 8 제1항).

10. 행정협업 우수 공무원에 대한 포상과 인사상 우대조치

각 행정기관의 장은 협업에 이바지한 공로가 뚜렷한 공무원 등을 포상하고 인사상 우대조치 등을 할 수 있다(영 제46조의 8 제2항).

05 행정협업시스템 2017 기출

1. 행정협업시스템 구축

행정안전부장관은 행정협업이 원활하게 수행되도록 실시간 의사소통이 가능하고 공동작업 및 실적관리가 필요한 업무를 등록·관리할 수 있는 전자적 협업지원시스템을 구축하여야 한다(영 제46조의 2 제1항).

즉, 출장 없이 언제 어디서나 업무관계자들이 사이버 공간에서 모여 토론, 회의, 협의, 소통, 의사결정 등 업무를 공동으로 진행하고, 그 결과와 처리과정상의 정보를 저장, 공유 및 활용할 수 있도록 지원하는 시스템을 말한다.

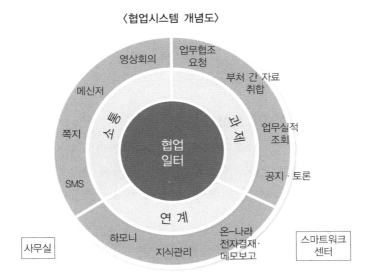

〈협업시스템 개념도〉

2. 행정협업시스템 공동이용

행정기관의 장은 행정협업시스템을 이용하여 행정협업을 수행하도록 노력하여야 하며, 행정협업시스템을 이용하여 행정협업을 요청하거나 요청받은 행정기관은 관련문서 등을 행정협업시스템을 통하여 공동으로 이용할 수 있도록 하여야 한다. 다만, 업무의 성질상 행정협업시스템을 통하여 공동으로 이용하는 것이 곤란하거나 그 밖의 특별한 사정이 있는 경우에는 그러하지 아니하다(영 제46조의 2 제2항).

3. 행정협업시스템의 활용 촉진

(1) 행정기관의 장은 소관 업무 중 행정협업시스템을 이용하여 업무를 수행한 실적 등 행정협업시스템 활용 실태를 평가·분석하고 그 활용을 촉진하여야 한다(영 제46조의 3 제1항).

(2) 행정안전부장관은 각급 행정기관의 행정협업시스템 활용 실태를 점검·평가하고 필요한 지원을 할 수 있다(제2항).

4. 행정협업시스템의 기대효과

(1) 협업·소통 활성화 및 행정효율성 향상

협업·소통 활동에 사용자의 자발적인 참여를 유도하며, 협업·소통의 활성화로 불필요한 출장근무를 최소화하여 행정의 효율성을 크게 향상시킬 수 있다.

(2) 업무비용 절감 및 생산성 향상

영상회의, 메신저, 소셜인트라넷(SNS) 기반의 개인 담벼락 등 의사소통 도구의 다양화로 업무처리 과정에서 기관 간 협업이 자연스럽게 이루어질 수 있고, 시간·공간상의 제약을 제거하여 비용 절감 및 생산성 향상을 도모할 수 있다.

(3) 협업·소통의 편의성과 접근의 용이성 제공

협업시스템(온-나라 문서, 온-나라 지식) 간 통합운영 기반의 환경(사용자 계정 통합관리, 주요기능의 개방형 서비스 제공 등) 제공으로 부처·지자체 공무원들이 칸막이 없이 상호 소통·협업이 가능하도록 사용자 편의성 및 접근 용이성을 제공한다.

5. 핵심기능별 주요 서비스 내용

(1) 협업방(협업포인트, 전문가 찾기, PC 영상회의)

① 업무의 도움을 받은 공무원에게 감사 메시지와 협업포인트 보내기 등
② 업무 관련 또는 유사업무 관련한 전문가 찾기 및 외부전문가 검색 기능
③ 영상회의를 통해 문서의 공유·수정 및 회의내용의 녹화 가능

(2) 소통방(담벼락, 메신저 등)

① 소셜인트라넷(SNS) 기반의 개인 담벼락 제공
② 담벼락에 게시된 글에 대해 좋아요, 의견 달기, 답글 달기, 친구 맺기 등 실시간 소통
③ 실시간 대화 및 쪽지 보내기, 그룹 대화·그룹 쪽지기능 등 메신저를 통한 부처 내·부처 간의 실시간 소통 기능
④ 그 밖의 의사소통 수단으로 SMS, 메신저의 메일, 쪽지 알림기능 등 활용

(3) 정보공유(사용자 찾기, 법령정보, 정보공개 등)

① 기관 내외의 사용자를 검색하는 기능
② 법령정보센터와 연계하여 법령집 검색, 정보공개 기능 제공 등

06 행정협업조직 2017 기출

1. 협업과 행정협업조직의 개념

(1) 행정협업조직의 정의

'행정협업조직(collaborative organization)'은 다수의 행정기관이 수행하는 사무의 목적, 대상 또는 관할구역 등이 유사하거나 연관성이 높은 경우에 관련 기능, 업무처리절차 및 정보시스템 등을 연계·통합하거나 시설·인력 등을 공동으로 활용하는 등 협력하여 업무를 수행하는 조직을 말한다.

(2) 다양한 행정기관이 공간·기능적으로 연계하여 행정서비스를 협력하여 제공하는 행정협업 조직을 설치 및 운영함으로써 국민의 편의를 증진하고 행정기관 간 협업·소통 활성화를 통해 행정의 효율성을 높일 수 있다.

2. 행정협업조직의 필요성

(1) '문제해결형(problem-solving)' 정부조직 패러다임

오늘날 복잡·다양한 사회문제 및 행정수요에 대응하여 과거처럼 개별 행정기관이 단독으로 해결하는 데는 한계가 있으므로 다수 부처·기관이 정책·행정서비스 연계 및 협력을 통해 해결하는 것이 보다 효과적인 행정환경에 직면하게 되었다.

(2) 국민·현장 중심의 '원스톱 행정서비스(one-stop service)'

행정기관별 분절적인 행정서비스 제공은 국민들에게 불편을 초래하므로 국민의 관점에서 한 곳에 방문하면 종합적인 서비스를 받을 수 있고, 기관 간 공유·협력을 통해 국민의 불편을 최소화하는 현장 중심의 통합적 행정서비스 전달체계의 필요성이 증대되었다.

(3) 효율적 정부조직 운영방식

행정기관·지역별로 유사한 행정서비스를 분산적으로 제공하는 방식에서 탈피하여 행정기관·지역 간 서비스 연계·협력을 통해 인력·시설·장비 등 행정자원을 공동으로 활용하여 행정의 효율성을 제고할 필요성이 증대되었다.

3. 행정협업조직의 설치·운영

(1) 행정협업조직의 설치

행정기관의 장은 다수의 행정기관이 수행하는 사무의 목적, 대상 또는 관할구역 등이 유사하거나 연관성이 높은 경우에는 관련 기능, 업무처리절차 및 정보시스템 등을 연계·통합하거나 시설·인력 등을 공동으로 활용하는 등 협력하여 업무를 수행하는 조직을 설치·운영할 수 있다(영 제46조의 5 제1항).

(2) 공동운영규정의 제정 등(훈령)

행정협업조직은 공동사업·홍보 추진, 공동운영비 분담 등 내부 운영체계의 효율성 및 책임성 제고를 위해 참여기관 간 긴밀히 협력한다.

이를 위해 행정협업조직 설치·운영에 참여하는 관계 행정기관의 장은 해당 행정협업조직의 설치·운영을 위하여 필요한 사항을 정하는 '공동운영규정(훈령)'을 제정할 수 있다(제2항).

제2절 │ 지식행정 ^{2020 기출}

01 지식행정의 개념과 추진배경 등 ^{2020 기출}

1. 지식행정의 개념

지식행정이란 정책의 품질 및 행정서비스의 향상을 추구하는 일련의 활동으로, 지식의 창출·공유·활용 과정을 조직 차원에서 체계적으로 관리하는 것을 포괄한다.

2. 지식행정의 추진 배경

(1) 지식정보화사회로의 패러다임 변화

'새로운 경제사회에서 지식은 유일하고도 의미 있는 자원'(P. Drucker), '지식은 최고급 권력의 원천이며 권력이동의 핵심'(A. Toffler) 등과 같이 세계적인 석학들이 지식의 중요성을 강조한 바 있다. 행정기관의 지식 창출과 관리 능력은 조직의 생존과 발전을 좌우할 전망이다.

(2) 행정의 생산성 및 전문성 향상

지식행정은 업무지식의 입수·활용 경로를 획기적으로 개선하고, 신속한 문제해결을 가능하게 하여 행정의 생산성 및 전문성을 높인다.

(3) 창의적 업무수행으로 행정서비스 질 향상

지식행정을 통하여 창의적 업무수행이 가능해짐으로써 정책의 품질개선 등 행정서비스의 질 향상에 기여할 수 있다.

3. 지식행정의 법적근거

(1) 전자정부법 제30조(행정지식의 전자적 관리)

(2) 행정효율과 협업촉진에 관한 규정 제47조(행정기관의 지식행정활성화) 및 제48조(정부지식행정활성화 계획)

4. 지식행정의 필요성

(1) 지식정보 사회에서 지식의 생산·축적·공유·활용은 조직의 경쟁력과 생존을 좌우한다.

(2) 개인 상호 간의 업무지식 공유 및 활용은 개인과 조직이 발전하는 데 큰 원동력이 된다.

5. 지식행정의 구성요소

지식행정을 수행하는 데 필요한 구성요소로는 크게 '기반요소'와 '활동요소'가 있다.

(1) 기반요소

구분	주요 내용
전략	기관의 전략·목표와 지식행정 전략과의 연계, 목표 달성을 위한 핵심지식 창출 등
제도	지식행정의 체계적 추진과 성과창출을 위한 법적 기반 및 지식행정 활동과 성과에 대한 평가·보상 체계 등
조직	범정부적 지식행정 추진체계 및 기관별 지식행정 전담인력 등
정보기술	지식행정시스템, 지식행정시스템과 유관 시스템과의 연계 등
문화	지식행정에 대한 인식, 구성원의 능동적 자율적 참여 등
리더십	기관장의 지식행정에 대한 열정, 지원 등

(2) 활동요소

구분	주요 내용
필요지식 창출	새로운 문제 발생 시 문제를 인식하고, 문제해결에 필요한 지식을 창출하고 이를 실행하는 활동
보유지식 관리	창출된 지식을 수집하고, 체계적으로 분류해 조직 내·외부와 공유하는 활동

02 지식행정 활성화 계획의 수립 및 시행

1. 행정기관의 지식행정 활성화

행정기관의 장은 해당 기관의 행정정보, 행정업무 수행의 경험 및 업무에 관한 지식의 공동이용 등을 통하여 정책과 행정서비스의 질을 높이는 방식의 행정을 활성화하도록 노력하여야 한다 (영 제47조 제1항).

2. 지식행정 활성화 계획 수립 및 시행

중앙행정기관, 지방자치단체 및 지방교육행정기관의 장은 다음 각 호의 사항을 포함하는 지식 행정활성화계획을 매년 수립·시행하여야 한다. 다만, 「전자정부법 시행령」 제35조 제1항에 따른 행정지식관리시스템을 구축·운영하지 아니하는 경우에는 (4)는 제외할 수 있다(제2항).

(1) 지식행정의 목표 및 활용 전략

(2) **지식행정 담당자의 지정**

　① 연구모임에 관한 사항

　② 지식정보의 수집·관리·활용 방안

(3) 지식행정 활성화를 위한 평가·보상 방안

(4) 행정지식관리시스템의 관리자의 지정 및 운영에 관한 사항

(5) 그 밖에 지식행정 활성화를 위하여 필요한 사항

3. 정부 지식행정 활성화 계획

행정안전부장관은 행정기관의 지식행정 활성화를 위하여 다음 각 호의 사항을 포함하는 정부 지식행정 활성화 계획을 매년 수립·시행하여야 한다(영 제48조).

(1) 정부 지식행정 활성화 추진 전략

(2) 행정지식관리시스템과 정부통합지식행정시스템의 운영 및 활용 실태의 점검·평가에 관한 사항

(3) 지식행정 우수사례 발굴·포상에 관한 사항

(4) 분야별 전문가가 질의에 답변하는 운영방식 등 전문지식 활용 촉진에 관한 사항

(5) 그 밖에 정부 지식행정 활성화를 위하여 필요한 지원 등에 관한 사항

⑬ 지식행정 시스템

1. 온-나라 지식시스템(Government Knowledge Management Center) 2020 기출

(1) 개념

온-나라 지식시스템은 기관단위로 분산되어 있는 행정지식을 통합·연계하여 모든 공무원이 다양한 행정지식을 상호 공유·활용하고 정책의견을 교환할 수 있는 정부 내 '단일 지식창구'로서의 지식관리시스템을 의미한다.

⑵ 접속방법

온-나라 지식시스템은 업무망 인트라넷 주소(www.on-nara.go.kr)로 접속하며, 온-나라 문서, 온-나라 이음 및 업무포털(기관 업무포털, 시도행정·시군구 새올행정시스템)과의 통합 인증(Single Sign-On) 연계를 통해서도 로그인이 가능하다. 통합계정을 부여받은 중앙 및 지자체 공무원 및 행정업무지원자는 누구나 이용할 수 있다. 단, 별도망을 사용하는 국세청, 경찰청 등과 교육청은 접속을 제한한다.

⑶ 주요 기능

온-나라 지식시스템의 주요 기능은 '지식', '일정', '커뮤니티', '게시판' 등으로 구성되어 있다.

① **지식**: 정부 내 업무지식을 통합적으로 공유·활용할 수 있도록 온-나라 문서, 표준 KMS 등 172종의 시스템과 연계되어 있는 지식통합저장소이다.

② **일정**: 구성원의 스케줄을 날짜와 시간 순서에 따라 업무·행사 등의 순서를 계획적으로 조정하는 맞춤형 사용자 서비스를 제공한다. 일정을 사용하면 중요한 업무를 잊어버리거나 약속 시간에 늦는 것을 방지할 수 있다.

③ **커뮤니티**: 각종 지식활동을 통하여 생산되는 지식을 공유·활용하는 공간이다. 구성원은 중앙 및 지자체 공무원 등이며, 업무 관련 공통 사안에 대한 협업 및 소통을 위해 '학습형', '연구형'의 형태로 개설·운영되는 사례가 많다.

④ **게시판**: 다양한 의사소통과 각 기관 간의 정책 자료를 공유할 수 있는 공간이며 '공지사항', '통합 온-나라 사용법', '질의응답', '제안과 토론' 등으로 구성되어 있다. 이는 정부 부처 및 지자체 공무원 상호 간의 정책정보 소통 공간으로 활용할 수 있다. 특히 정책에 대한 범정부적 협력이 필요하거나 국민적 관심이 집중되는 시책에 대하여는 공직사회부터 먼저 이해할 필요가 있으므로 이를 유용하게 활용할 수 있다.

⑤ **업무매뉴얼**: 전자적업무 인계인수 지원, 신규자 등의 신속한 업무적응에 유용한 기능이다.

제3절 정책연구의 관리 ^{2018 기출}

01 정책연구의 개념 등

1. 정책연구 규정의 필요성 및 연혁

정부는 중앙행정기관에서 수행하는 정책연구 각 단계를 종합적·체계적으로 관리하여 예산 낭비 요인을 줄이고 정책연구의 품질과 활용도를 높이고자,「정책연구용역관리규정(국무총리 훈령)」을 제정(2005. 12.)하고, 종책연구관리시스템(PRISM)구축 및 서비스(2006. 1.)를 실시하였다. 이후, 행정환경 변화에 대응하여 정부의 일하는 방식을 개선할 수 있도록 2011년도에는 「정책연구용역관리규정(국무총리 훈령)」을 「사무관리규정(대통령령)」 등과 통합하여 「행정업무의 효율적 운영에 관한 규정(대통령령)」으로 전부개정(2011. 12.)하면서 정책연구에 관한 사항을 같은 규정 및 규칙에 포함하였다.

2016년도에는 「행정업무의 효율적 운영에 관한 규정(대통령령)」을 「행정효율과 협업촉진에 관한 규정(대통령령)」으로 개정(2016. 4.)하면서 명칭을 변경하였다.

2017년도에는 「행정효율과 협업촉진에 관한 규정(대통령령)」을 다시 개정(2017. 10.)하여 지방자치단체 정책연구 결과를 '조례로 정하는 바에 따라' 정책연구관리시스템에 등록하도록 하였다(의무화는 2014. 2. 시행).

2. 정책연구의 개념(영 제49조 및 제56조)

'정책연구'란 중앙행정기관이 정책의 개발 또는 주요 정책현안에 대한 조사·연구 등을 목적으로 정책연구과제를 선정하고, 정책연구를 수행할 자와 연구수행에 대한 대가를 지급하는 내용의 계약을 체결하는 방식으로 추진하는 사업을 말한다.

> 참고로 정책의 개발 또는 주요 정책현안에 대한 조사·연구란 정책 개발이나 정책현안과 직·간접적으로 관련되는 모든 조사·연구로서 정책 대안을 결과물로 제시하는 조사·연구는 물론 정책 수립을 위해 실시하는 각종 실태조사, 설문조사 등도 포함된다.

다만, 다른 법률에 따라 체계적으로 관리되고 있는 다음 각 호의 연구는 정책연구에서 제외하고 있다(영 제56조).

(1) 「과학기술기본법」 제11조에 따른 국가연구개발사업의 연구

(2) 「학술진흥법」에 따른 학술연구

(3) 「국민건강증진법」 제19조에 따른 건강증진사업 관련 조사·연구

(4) 「예산 및 기금운영 집행지침」상의 기술·전산·임상연구와 고객만족도, 전화친절도 등 단순 반복적으로 실시되는 설문조사

(5) 대가로 지급하는 금액이 1천만 원 이하인 조사·연구

(6) 그 밖에 다른 법령에 따라 관리되고 있는 연구로서 행정안전부장관이 정하는 연구

3. 정책연구 관리 대상기관(규정 제49조 및 제54조)

(1) 정책연구 관리 대상기관은 중앙행정기관(대통령 직속기관과 국무총리 직속기관도 포함)과 그 소속기관이다.

다만, 지방자치단체의 경우에는 정책연구결과를 해당 지방자치단체의 조례로 정하는 바에 따라 정책연구관리시스템을 통하여 공개하여야 한다.

(2) 또한 관리대상에 포함되지 않더라도 매년 다수의 정책연구를 수행하는 기관으로서 적용 대상기관에 포함하여 관리하는 것이 효율적인 경우에는 해당 기관의 요청에 따라 행정안전부장관이 적용 대상기관으로 지정할 수 있다.

4. 정책연구의 종류

(1) 예산편성 기준

정책연구는 연구개발비 예산편성 내역에 따라 중앙행정기관의 정책수행을 위하여 포괄적으로 편성된 연구개발비로 추진되는 정책연구와 개별부서 사업예산에 포함된 연구개발비로 특정 사업 수행의 일부로 추진되는 정책연구를 관리 대상으로 한다.

구분	포괄 연구개발비	사업별 연구개발비
국회 의결 사항	기관 전체의 정책연구비 규모(전년도 실적을 감안하여 총액 편성)	특정사업에 포함된 연구개발비 규모
정책연구과제 선정단계	• 신청 등에 따라 위원회의 심의를 거쳐 정책연구과제 선정 • 기관 자율적으로 연구과제당 정책연구비 배정	• 연구개발비가 편성된 특정사업과 관련이 있는 내용의 정책연구과제 선정 • 사업별 연구개발비 규모는 국회 의결사항이므로 원칙적으로 변경 불가

(2) 수행방식 기준

정책연구는 수행방식에 따라 다음과 같이 위탁형, 공동연구형, 자문형으로 구분한다.
① **위탁형**: 연구자가 단독으로 정책연구를 수행하여 그 결과를 종합보고서의 형태로 제출하는 방식
② **공동연구형**: 연구자와 공무원이 공동으로 정책연구를 수행하는 방식

③ **자문형**: 연구자가 담당 공무원에게 특정 정책 현안에 대한 의견을 서면으로 제시하는 방식

구분	위탁형	공동연구형	자문형
연구방식	연구자의 단독 연구	연구자와 공무원의 지속적 토론을 통한 공동 연구	연구자의 단독 연구
연구결과물 형태	각 기관의 서식에 맞춰 작성된 종합 보고서	종합보고서나 업무보고서 (업무계획, 진단보고서, 매뉴얼 등)	연구자의 의견·아이디어가 정리된 약식 보고서
대가 지급	인건비, 일반관리비, 경비 등 지급	인건비, 최소한의 경비 지급 (공무원에게는 지급 불가)	인건비, 최소한의 경비 지급

⑩ 정책연구의 관리 등

1. 정책연구의 관리원칙

중앙행정기관의 장은 정책연구를 수행하는 과정에서 다음과 같은 관리원칙을 지키기 위하여 최선을 다하여야 한다.
① 연구과제 및 연구자 선정의 투명성과 공정성, 전문성 확보
② 정책연구 예산의 효율적 운용
③ 정책연구결과의 품질 및 활용도 제고

2. 기관별 정책연구 관리체계

(1) 관리체계

(2) 관리주체별 역할

구분	역할
정책연구 심의위원회	• 연구과제 및 연구자의 선정 등에 관한 사항 심의 • 연구결과의 평가에 관한 사항 심의 • 연구결과의 공개 및 활용상황 점검 등에 관한 사항 심의 • 그 밖에 정책연구의 체계적인 관리를 위하여 필요한 사항 심의
정책연구심의 소위원회	위원회에서 위임한 사항을 심의(연구과제 선정을 제외한 심의사항 심의)
간사 (정책연구 총괄부서)	• 위원회 구성 및 운영에 관한 사무처리 • 정책연구 종합 추진계획 수립 • 연구과제별 진행상황 점검(프리즘 확인) 및 시정 요구 • 해당 기관의 정책연구 성과점검 및 결과 제출 • 그 밖에 정책연구 추진에 관한 과제담당관의 업무를 총괄·조정
과제담당관 (과제담당부서)	• 소위원회 구성 및 운영에 관한 사무처리 • 해당 정책연구과제 추진계획의 수립 • 해당 정책연구 진행상황 점검 및 결과의 평가 • 정책연구의 공개 및 활용 • 그 밖에 정책연구의 수행에 관하여 필요한 사항
계약담당관 (계약담당부서)	계약에 관한 사항

03 정책연구심의위원회

1. 정책연구심의위원회 설치·운영

(1) 목적 및 기능(영 제50조)

중앙행정기관은 개별 부서 단위로 추진되는 정책연구를 종합적이고 체계적으로 관리하기 위하여 '정책연구심의위원회'를 설치하고 정책연구에 관한 다음 사항을 심의한다.

① 연구과제 및 연구자의 선정 등에 관한 사항

② 연구결과의 평가에 관한 사항

③ 연구결과의 활용상황 점검 및 공개 등에 관한 사항

④ 그 밖에 정책연구의 체계적인 관리를 위하여 필요한 사항

(2) 위원회의 구성(규칙 제35조)

① **인적 구성**: 위원회는 위원장 1명을 포함하여 10명 이상 30명 이하의 위원으로 성별을 고려하여 구성하되, 위촉위원이 전체 위원의 과반수가 되어야 한다.

② **위원장 및 위원**: 위원장은 정책연구 업무를 총괄하는 부서의 실 또는 국의 장(실 또는 국에 상당하는 부서를 포함)이 되고, 위원은 해당 기관의 과장급 이상 공무원과 그 기관의 소관 업무에 관한 전문지식과 경험이 풍부한 외부전문가 중에서 중앙행정기관의 장이 지명 또는 위촉하는 사람이 된다. 위촉위원의 임기는 2년으로 하되, 연임할 수 있다.

③ **간사 지정**: 위원장은 위원회의 회의를 소집하고 위원회의 사무를 처리하기 위하여 위원장이 속하는 실 또는 국의 과장급 공무원을 간사로 지정하여 다음 사항을 관장하게 한다.
  ㉠ 위원회의 구성 및 운영에 관한 사무 처리
  ㉡ 연구과제 및 연구자 선정에 관한 회의 안건의 준비
  ㉢ 정책연구결과 평가 및 활용상황 점검에 관한 회의 안건의 준비

④ 위원회는 중앙행정기관의 정책연구 업무를 총괄하는 부서에 설치함을 원칙으로 하되, 총괄부서는 기관의 상황에 맞춰 탄력적으로 지정할 수 있도록 별도로 규정하지 않았으므로 제반여건을 고려하여 설치하여야 한다.

(3) 위원회 운영

① 위원회는 위원장이 소집하고 재적위원 과반수의 출석으로 개의하며 출석위원 과반수의 찬성으로 의결한다.

② 위원회는 위촉위원이 전체의 과반수가 되도록 의무화되어 있는 점을 고려하여 회의 개의 시 전체 위촉위원 중 과반수가 참석해야 개의할 수 있다.

③ 기밀 등의 사유로 위촉위원의 참여가 부적절한 경우에는 다음 사항에 한하여 위촉위원의 참여를 배제할 수 있다.
  ㉠ 「군사기밀보호법」 제2조에 따른 군사기밀 관련 사항
  ㉡ 「국가정보원법」 제13조 제4항에 따른 국가기밀 관련 사항
  ㉢ 그 밖에 보안 관련 규정상 비밀로 관리되는 사항
  ㉣ 위원회의 세부 운영에 관한 사항은 「행정기관 소속 위원회의 설치·운영에 관한 법률」에서 정하는 바에 따르고 그 밖에 필요한 사항은 위원회의 의결을 거쳐 위원장이 정할 수 있다.

구분	구성요건	임기
위원회 규모	위원장 1명 포함, 10명 이상 30명 이하	
위원장	정책연구 업무를 총괄하는 부서의 실 또는 국의 장	
내부위원	해당 기관의 과장급 이상 공무원	
위촉위원	기관의 소관 업무에 관한 전문적인 지식과 경험이 풍부한 외부전문가 중에서 중앙행정기관의 장이 지명 또는 위촉하는 사람(전체 위원의 과반수)	2년 (연임 가능)
간사	위원장이 속하는 실 또는 국의 과장급 공무원 중에서 지정	

2. 정책연구심의 소위원회 구성 · 운영(영 제50조 및 규칙 제36조)

(1) 필요성

중앙행정기관의 정책연구과제가 많고 진행 시점이 서로 달라 매번 위원회를 개최하는 것이 현실적으로 어렵거나 과제의 분야가 다양하여 과제별로 외부전문가를 위촉해야 할 필요가 있는 등 위원회에서 모든 정책연구를 실질적으로 관리하기 어려운 경우에는 위원회의 업무를 효율적으로 수행하기 위하여 소위원회를 둘 수 있으며, 위원회의 심의사항 중에서 연구과제 선정을 제외한 사항에 대한 심의를 소위원회에 위임할 수 있다. 이 경우 위원회는 소위원회의 심의 내용을 확인 · 점검할 수 있다.

(2) 인적 구성

소위원회 구성이 필요한 때에는 연구과제를 담당하는 부서의 요청에 따라 위원회의 간사와 협의하여 구성하며, 소위원회는 위원장 1명을 포함하여 4명 이상 10명 이하의 위원으로 성별을 고려하여 구성하되 외부위원이 전체 위원의 과반수가 되도록 구성한다.

(3) 위원장 및 위원

소위원회의 위원장은 연구과제를 담당하는 부서의 실 또는 국의 장이 되고, 위원은 해당 기관의 과장급 공무원과 그 연구과제에 대한 전문적인 지식과 경험이 풍부한 외부전문가 중에서 중앙행정기관의 장이 지명 또는 위촉하는 사람이 된다.

구분	구성요건	임기
위원회 규모	위원장 1명을 포함, 4명 이상 10명 이하	
위원장	정책연구과제를 담당하는 부서의 실장 또는 국장급 공무원	
내부위원	과장급 공무원	
위촉위원	기관의 소관 업무에 관한 전문적인 지식과 경험이 풍부한 외부전문가 (전체 위원의 과반수)	2년 (연임 가능)

(4) 위원회 준용

소위원회는 위원회 심의사항(영 제50조 제1항) 중 연구과제 선정을 제외한 사항에 대하여 위원회의 위임을 받아 심의할 수 있으며, 개의 및 의결 등 소위원회의 운영은 위원회에 준하여 운영한다.

(5) 위원 참석 배제 기준 등

위원회 또는 소위원회의 위원은 본인 또는 본인의 배우자, 4촌 이내의 혈족, 2촌 이내의 인척 또는 그 사람이 속한 기관 · 단체와의 정책연구 계약에 관한 사항의 심의 · 의결에 관여하지 못한다. 따라서 위원회 간사는 위원회 개최 전 위촉위원에게 심의안건을 배포하고 참석하려는 위촉위원이 위원회 참석 배제사유에 해당하는지 여부를 확인한 후 배제사유에 해당하지 않을 경우 서약서를 징수한다(영 제50조 제3항 및 제4항).

서 약 서

위원: 소속   성명 ○ ○ ○

   상기 본인은 정책연구심의위원회(소위원회)의 위원으로서 심의대상 과제의 계약에 관한 사항이 「행정효율과 협업촉진에 관한 규정」 제50조 제3항에 따른 본인 또는 본인의 배우자, 4촌 이내의 혈족, 2촌 이내의 인척 또는 본인이 속한 기관·단체와 아무런 관계가 없음을 서약합니다.

년   월   일

○○부장관 귀하

⑹ 수당과 여비지급

위원회 개최 시 외부 위촉위원에게는 예산의 범위 안에서 수당과 여비를 지급할 수 있다.

04 정책연구 추진 절차

1. 과제 선정

정책연구는 연구과제를 추진하고자 하는 부서의 신청을 받아 위원회의 심의를 거쳐 과제를 선정하고 과제담당관을 지정한다. 다만, 특정사업 수행의 일부로 연구하는 경우에는 그 사업을 주관하는 부서의 장이 선정한다.

2. 연구자 선정

과제가 선정되면 과제담당관과 계약담당관은 정책연구과제에 대한 사업계획 수립 후 경쟁에 의한 방법이나 위원회 심의(수의계약 시)를 거쳐 연구자를 선정하여 계약을 체결하고 계약 결과를 공개한다.

3. 중간점검, 평가 및 공개

정책연구가 착수되면 과제담당관은 필요한 경우 중간점검 등을 통해 진행상황을 관리하고 정책연구가 완료되면 연구결과물을 평가한 후 결과를 공개한다.

4. 활용상황 점검, 심의

연구 종료일로부터 6개월 이내에 연구결과 활용상황을 점검하여야 하며, 점검에 관한 사항은 위원회 심의를 거쳐야 한다.

단계	정책연구심의위원회	정책연구정보시스템(www.prism.go.kr)
과제 선정	과제 신청, 심의 및 선정	과제 선정 후 구체적인 연구계획을 등록
연구자 선정	연구자 선정 후 계약체결 및 공개(수의계약 등 필요시 위원회 심의)	계약체결 내용 등록
중간 점검 (필요시)	장기연구과제 등 필요시 실시	중간점검결과 등록
결과물 평가	평가위원을 지정하여 연구결과 평가한 후 위원회 제출 및 공개	평가결과와 결과물 등록
연구결과 활용	연구결과 활용상황 점검 후 위원회 심의	연구결과 활용상황 등록 및 공개

05 정책연구과제의 선정 등 2018 기출

1. 정책연구과제의 선정

(1) 정책연구 관리계획 수립

중앙행정기관의 정책연구 업무를 총괄하는 부서의 장은 정책연구를 체계적으로 수행하기 위해 매년 포괄 연구개발비와 사업별 연구개발비에 편성된 정책연구 대상사업을 파악한 후 다음과 같은 종합적인 정책연구 관리계획을 수립한다.

① 해당 연도 대상사업별 과제
② 예산현황
③ 추진체계, 추진방법 및 절차, 추진일정
④ 성과점검 계획
⑤ 수행 시 고려사항

● 총괄부서장(간사)의 주요 임무

- 위원회 구성 및 운영에 관한 사무처리
- 정책연구 관리계획 수립
- 정책연구과제별 진행상황 점검(프리즘 확인) 후 과제담당관에게 시정 요구
- 영 제55조 제1항에 따른 해당 기관의 정책연구 성과점검 및 결과 제출
- 그 밖에 정책연구 추진에 관한 과제담당관의 업무를 총괄·조정

---

(2) 과제 선정

중앙행정기관의 장은 공정하고 투명하게 정책연구가 추진되도록 위원회의 심의를 거쳐 연구과제를 선정하여야 하며, 연구과제별로 담당 부서의 과장급 공무원을 과제담당관으로 지정하여야 한다. 다만, 다음 각 호의 어느 하나에 해당하는 경우에는 위원회의 심의를 거치지 아니한다(영 제51조 제1항).

① 영 제51조 제2항 각 호에 따라 위원회의 심의를 거치지 아니하고 연구자를 선정하여 정책연구를 하는 경우 중 긴급하게 정책연구를 할 필요가 있어 연구과제를 선정하는 경우(제1호)

② 예산 편성에 따라 특정사업의 일부로 정책연구 사업이 정해진 경우로서 그 사업을 주관하는 부서의 장이 그 사업의 내용에 따라 연구과제를 선정하는 경우(제2호)

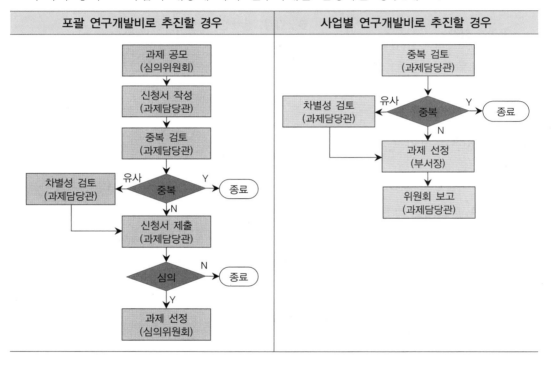

(3) 포괄 연구개발비로 추진할 경우 과제 선정

① **과제 공모** : 정책연구과제는 예산편성 시 개략적으로 정해지나 정책연구총괄부서는 필요한 경우 해당 연도 예산 범위 내에서 정책연구과제를 공모할 수 있다.

② **과제 신청** : 정책연구를 하려는 부서의 장은 영 제51조 제1항 각 호 외의 부분 본문에 따라 연구과제 선정에 관하여 위원회의 심의를 거치려면 별지 제10호의 2 서식의 정책연구과제 심의 신청서와 별지 제10호의 3 서식의 정책연구과제 차별성 검토보고서를 위원회에 제출하여야 한다. 다만, 선정하려는 연구과제와 유사하거나 중복되는 연구과제에 관한 다른 정책연구가 없는 경우에는 별지 제10호의 3 서식은 제출하지 아니할 수 있다(규칙 제37조 제1항).

■ 행정 효율과 협업 촉진에 관한 규정 시행규칙 [별지 제10호의 2 서식] 〈신설 2017. 10. 17.〉

정책연구과제 심의 신청서

과제명	

신청부서		담당공무원	

연구방식	[ ] 위탁형 [ ] 공동연구형 [ ] 자문형
연구기간	~ (개월)
예산항목	[ ] 포괄 연구개발비 [ ] 사업별 연구개발비
예상금액	
계약방법	
연구 필요성	
연구의 유사·중복 검토 결과	중복검토 방법 : 유사·중복 여부 : [ ] 있다 [ ] 없다 ※ 유사·중복되는 기존 연구과제가 있는 경우 차별성 검토보고서 제출
국민 의견 수렴 여부	[ ] 수렴 [ ] 미수렴 ※ 국민생각함 사이트 등을 통해 의견을 수렴
연구내용	
연구결과 활용방안	

210mm×297mm[백상지(80g/m²) 또는 중질지(80g/m²)]

비고(이 난은 서식에 포함하지 아니한다)
- [ ] 에는 해당되는 곳에 √표를 합니다.

③ **위원회의 심의** : 위원회는 부서의 장으로부터 제출받은 정책연구과제 신청서에 대해 다음과 같은 사항들을 심의한 후 정책연구과제를 선정한다. 또한 위원회는 정책연구과제 심의 시 신청받은 과제가 기존에 수행된 연구과제와 중복되는지를 검토한 후 중복된다고 판단되는 경우에는 정책연구과제의 선정 대상에서 제외해야 한다.

  ㉠ 연구과제의 적합성

  ㉡ 정책연구의 방식

  ㉢ 예산규모 및 계약방법 등의 적정성

  ㉣ 연구결과 활용 목적의 명확성

  ㉤ 그 밖에 위원회에서 정하는 기준 등

④ **과제담당관의 지정** : 심의가 완료되면 신청부서에 심의결과를 통보하고 연구 추진이 확정된 정책연구과제 소관 부서의 과장급 공무원을 과제담당관으로 지정한다. 과제담당관은 정책연구과제를 추진하고 결과를 공개·활용하는 자로서 해당 정책연구 전반에 관한 사항을 관리해야 한다.

⑷ 개별부서 사업별 연구개발비로 추진할 경우 과제 선정

① **과제 선정** : 예산의 편성에 따라 특정사업의 일부로 정책연구 사업이 정해진 경우에는 위원회의 심의를 거치지 않고 연구를 실시하고자 하는 부서의 장이 정해진 사업의 내용에 따라 정책연구과제를 직접 선정한다.

② **과제 선정 보고** : 정책연구를 하려는 부서의 장은 영 제51조 제1항 각 호 외의 부분 단서에 따라 연구과제를 선정한 경우에는 별지 제10호의3 서식의 정책연구과제 차별성 검토보고서 및 별지 제10호의4 서식의 정책연구과제 선정 결과보고서를 위원회에 보고하여야 한다. 다만, 선정하려는 연구과제와 유사하거나 중복되는 연구과제에 관한 다른 정책연구가 없는 경우에는 별지 제10호의3 서식은 보고하지 아니할 수 있다(규칙 제37조 제2항).

③ **과제담당관의 지정** : 부서의 장이 선정한 정책연구과제를 수행하기 위하여 부서의 과장급 공무원을 과제담당관으로 지정한다.

⑸ 국민의견 수렴

포괄 또는 사업별 연구개발비로 추진하는 정책연구과제에 대해서는 국민생각함, 광화문1번가 등을 통해 국민의견을 수렴할 수 있다.

■ 행정 효율과 협업 촉진에 관한 규정 시행규칙 [별지 제10호의4 서식] 〈신설 2017. 10. 17.〉

정책연구과제 선정 결과보고서

과제명	
신청부서	담당공무원
연구방식	[ ] 위탁형 [ ] 공동연구형 [ ] 자문형
연구기간	~ (개월)
예산항목	[ ] 포괄 연구개발비 [ ] 사업별 연구개발비
예상금액	
계약방법	
연구 필요성	
연구의 유사·중복 검토 결과	중복검토 방법 : 유사·중복 여부 : [ ] 있다 [ ] 없다 ※ 유사·중복되는 기존 연구과제가 있는 경우 차별성 검토보고서 제출
국민 의견 수렴 여부	[ ] 수렴 [ ] 미수렴 ※ 국민생각함 사이트 등을 통해 의견을 수렴
연구내용	
연구결과 활용방안	
정책연구 과제 선정 심의 결과	

210mm×297mm[백상지(80g/m²)]

비고(이 난은 서식에 포함하지 아니한다)
－[   ] 에는 해당되는 곳에 √표를 합니다.

■ 행정 효율과 협업 촉진에 관한 규정 시행규칙 [별지 제10호의3 서식] 〈신설 2017. 10. 17.〉

정책연구과제 차별성 검토보고서

□ 관련 선행연구

연번	연구과제명 (연구년도)	연구자	연구목적, 연구방법, 주요 연구내용 등
1			
2			
3			
4			
5			

□ 유사중복성 검토 결과

과제명	
연구목적	
연구방법	
연구내용	
선행 연구와의 차별성	
새로운 정책연구 필요성	

210mm×297mm[백상지(80g/m²)]

2. 연구과제의 중복 선정 금지

중앙행정기관의 장은 정책연구과제 선정 시 해당 기관은 물론 다른 행정기관이나 정부의 출연·보조 또는 지원을 받는 연구기관, 관련 학회 등에서 이미 연구가 완료되었거나 수행하고 있는 연구과제와 중복되는 연구과제를 선정하여서는 아니 된다(규칙 제38조).

> ● **예외적으로 선정할 수 있는 경우**
>
> • 행정기관 등에서 유사한 연구를 이미 수행하였더라도 해당 분야의 이론 및 기술의 발전 등에 따라 새로운 연구가 필요한 경우
> • 관련 정책의 수행을 위하여 이미 수행된 연구과제 결과와 구분되는 학문적·이론적 체계의 구축이 필요한 경우
> • 행정기관 등에서 연구를 진행하고 있는 경우로서 관련 사항에 대한 연구가 필요하여 행정기관 등과 공동으로 정책연구를 하려는 경우

(1) 포괄 연구개발비로 추진하는 과제의 중복 검토

① **과제 신청 전 사전검토 및 차별성 검토보고서 제출**: 포괄 연구개발비로 추진하는 정책연구과제를 신청할 때에는 신청하고자 하는 과제가 기존 연구과제와 중복되는지 여부를 사전에 검토해야 한다. 그 결과 기존에 수행된 연구과제와 중복된다고 판단되면 정책연구과제로 신청해서는 아니 되며 기존 연구과제와 유사한 경우에는 기존 연구과제와의 차별성 검토보고서를 신청서와 함께 제출하여야 한다.

② **위원회 중복 검토**: 위원회는 정책연구과제 신청내용을 심의할 때 기존에 수행된 연구과제와의 중복 여부를 다시 한번 검토하고 중복되는 연구과제는 선정 대상에서 제외하여야 한다. 또한 위원회의 심의를 거치지 아니하고 연구자를 선정하여 정책연구를 하는 경우 중 긴급하게 정책연구를 할 필요가 있어 연구과제를 선정하는 경우에도 위와 같다.

(2) 사업별 연구개발비로 추진하는 과제의 중복 검토

① **과제 선정 전 중복 검토 및 차별성 검토보고서 제출**: 사업별 연구개발비로 추진되는 정책연구과제도 과제 선정 전에 중복 여부를 검토하고 기존 연구과제와 중복되면 정책과제로 선정하지 않아야 하며 기존 연구과제와 유사한 경우에는 해당 과제에 대한 차별성 검토보고서를 작성하여 위원회에 제출하여야 한다.

② **위원회 중복 검토**: 위원회는 제출받은 정책연구과제가 기존 연구과제와 중복되는지 다시 한 번 검토하고, 그 결과 중복된다고 판단될 경우에는 해당 정책연구과제의 변경을 요구할 수 있다.

(3) 중복 검토 방법

수행하고자 하는 정책연구과제에 대한 중복 여부는 정책연구괄리시스템의 정책연구 DB 검색기능을 활용하여 검토할 수 있다.

그러나 정책연구관리시스템에 등록된 정책연구과제는 중앙행정기관 및 지방자치단체에서 수행하는 과제로 한정되어 있으므로 수행하려는 정책연구과제와 유사한 연구를 수행할 수 있는 연구기관 등에서 수행된 기존 연구과제에 대해서도 중복 여부를 폭넓게 검토하여야 한다.

⬤ 정책연구의 중복 여부 판단

• 정책연구과제의 ① 연구목적, ② 연구방법, ③ 연구내용
  위의 세 요소가 기존에 추진되었거나 현재 추진 중인 다른 정책연구과제와 전혀 차별화되지 않으면 "중복"
  으로 간주
  ○ 제목 또는 연구자가 다를지라도 세 요소가 모두 같은 경우에는 동일한 정책연구과제로 볼 수 있음
• ① 연구목적, ② 연구방법, ③ 연구내용 중 하나 이상의 요소가 같은 경우
  ○ 기존의 연구 결과를 활용하지 않고 연구를 추진해야 할 실익이 명확하지 않는 한 정책연구과제의 중복
    에 해당

---

3. 연구과제의 변경

과제담당관은 이미 선정된 정책연구과제를 변경해야 할 부득이한 사유가 있는 경우에는 연구자 선정 이전에 위원회의 심의 또는 부서의 장의 결정에 따라 변경할 수 있다(규칙 제39조).

(1) 포괄 연구개발비의 과제 변경

포괄 연구개발비로 위원회에서 선정한 정책연구과제는 가급적 전체 위원회의 심의를 거쳐 변경해야 한다. 다만, 소위원회에서 변경한 경우에는 소위원회의 심의결과를 계약절차 진행 전에 위원회에 보고해야 한다.

(2) 사업별 연구개발비의 과제 변경

부서의 장이 선정한 사업별 연구개발비로 추진되는 정책연구과제를 변경하려는 때에는 그 과제를 선정한 부서의 장의 승인을 얻어 변경할 수 있다.

4. 과제 선정결과 변경

과제담당관은 정책연구과제가 선정되면 그 결과 정책연구관리시스템에 등록하여야 한다.

06 연구자의 선정

1. 연구자의 의의

'연구자'라 함은 국가계약법에 따라 국가와 정책연구에 관한 계약을 체결하는 단체 또는 개인을 말한다. 중앙행정기관의 과제담당관 또는 계약담당관은 「국가를 당사자로 하는 계약에 관한 법률」에서 정한 바에 따라 공정하고 투명한 방법으로 연구자를 선정해야 한다.

● **계약관계 법령**

• 국가를 당사자로 하는 계약에 관한 법률
• 예정가격 작성기준(계약예규)의 '학술연구용역 원가계산'
• 협상에 의한 계약체결기준(계약예규)
• 일상감사 처리지침(기관별 예규) 등

---

2. 경쟁에 의한 연구자의 선정(영 제51조 제2항)

(1) 선정방법

정책연구는 국가계약법에 따라 2단계 경쟁 등의 입찰, 협상에 의한 계약 등 경쟁에 의한 방법으로 연구자를 선정한다.

● **경쟁계약 예시**

1. **2단계 경쟁 등의 입찰**
   미리 적절한 규격 등의 작성이 곤란하거나 기타 계약의 특성상 필요하다고 인정되는 경우 규격 또는 기술입찰 실시 후 가격입찰 실시 가능

2. **제한경쟁 입찰**
   특수한 기술이 요구되는 연구계약의 경우 해당 연구과제와 같은 종류의 수행실적과 수행에 필요한 기술보유 상황으로 경쟁 참가자격 제한 가능

3. **협상에 의한 계약체결**
   계약이행의 전문성·기술성·긴급성·공공시설물의 안정성 및 그 밖에 국가안보 목적 등의 이유로 필요하다고 인정되는 경우 다수의 공급자로부터 제안서를 제출받아 평가한 후 협상절차를 통해 국가에 가장 유리하다고 인정되는 자와 계약체결 가능

---

(2) 위원회 심의 생략

다음 각 호에 따라 경쟁입찰에 의한 방법으로 연구자를 선정할 경우에는 위원회의 심의를 생략할 수 있다.

① 국가계약법 제7조 본문에 따른 일반경쟁 방식으로 연구자를 선정하는 경우
② 국가계약법 시행령 제13조에 따라 입찰참가자격 사전심사를 하는 경우
③ 국가계약법 시행령 제43조 제1항에 따라 제안서를 제출받아 평가하는 경우

(3) 선정절차

경쟁에 의한 계약체결 방식으로 연구자를 선정하는 절차는 계약방법에 따라 상이할 수 있으나 보편적으로 다음과 같은 절차에 따라 선정한다.

① **과제담당관 계약 요청**: 정책연구과제가 선정되면 과제담당관은 과제에 대한 사업계획서, 제안요청서(과업지시서), 산출내역서 등을 작성한 후 기관별 일상감사실시지침에 따라 일상감사를 거쳐 계약부서(또는 조달청)에 계약을 요청한다.

● 정책연구 사업계획 내용(예시)

- **사업계획**: 필요성, 목적, 내용, 활용방안, 일정, 계약방법, 시기, 기간, 소요예산 등
- **과업지시서**: 사업목적, 기간, 과업세부사항 등 업체가 해야 할 사항
- **산출내역서**: 예정가격 작성기준(회계예규)의 학술연구용역 원가계산 참조
- **제안요청서**: 업체 제안서 제출에 필요한 상세정보 제공 목적
- **계약특수조건**(필요시)

---

② **계약체결**: 계약체결 요청을 받은 계약부서는 입찰공고 후 입찰에 응한 자를 상대로 제안서 평가 및 가격평가를 실시한 후 낙찰자를 결정하고 계약을 체결한다.

정책연구의 계약에 관한 절차는 기관마다 다를 수 있으므로 중앙행정기관의 정책연구 총괄부서와 계약담당부서는 계약에 관한 세부 절차와 방법을 별도로 정하여 운영하는 것이 바람직하다.

3. 수의계약에 의한 연구자 선정(영 제51조 제2항)

(1) 수의계약의 대상

국가계약법 시행령 제26조에 따라 계약의 목적·성질 등에 비추어 경쟁에 따라 계약을 체결하는 것이 비효율적이라고 판단되는 경우로서 추정가격이 2천만 원 이하인 용역계약, 추정가격이 2천만 원 초과 5천만 원 이하인 계약 중 학술연구 등과 관련된 계약으로서 특수한 지식·기술 또는 자격을 요구하는 용역계약 등은 수의계약을 할 수 있다.

● 수의계약

- 특정인과의 학술연구 등을 위한 용역계약이나 추정가격이 5천만 원 이하인 용역계약 또는 경쟁입찰 및 재공고입찰 결과 참가자격을 갖춘 자가 1인밖에 없음이 명백한 경우 수의계약 가능
- 수의계약 체결 시 계약 담당 공무원은 그 내용을 소속 중앙행정기관의 장에게 보고, 각 중앙행정기관의 장은 이를 감사원에 통지해야 한다.

---

(2) 연구자에 대한 위원회 심의

정책연구 추진 시 수의계약으로 연구자를 선정할 때에는 계약체결 전에 위원회를 개최하여 다음 사항을 심의한 후 심의 결과서를 작성하여야 한다.

① 연구자 선정을 위한 계약방법이 적합한가?

② 연구자는 연구수행을 위한 전문 능력을 갖추고 있는가?

③ 연구자가 제안한 연구계획은 정책연구의 목적에 부합하는가?

④ 연구자가 제안한 연구계획은 타당성·실현가능성이 있는가?

⑤ 연구자가 책정한 연구비는 적정한가?

⑥ 그 밖에 연구자 선정에 관하여 중요하다고 판단되는 사항

위원회의 심의를 거쳐야 하는 경우에는 위원회 대신 소위원회를 활용하여 심의할 수 있으며, 이 경우 소위원회는 심의결과를 위원회에 제출해야 한다.

〈심의결과서 예시〉

연구자 선정 심의결과서

정책연구과제명		예산 구분	1. [　]포괄 연구개발비
			2. [　]사업별 연구개발비
과제담당관	직급 · 성명	담당공무원	직급 · 성명
심의위원	1. 내부위원 (　　명)　2. 외부위원 (　　명)		
연구방식	1. [　]위탁형　　2. [　]공동연구형　　3. [　]자문형		
수의계약 사유			

연구자	
선정 사유	
심의결과	
비고	

※ 심의 착안사항 – 계약방법의 적절성, 연구자 선정 및 연구계획의 타당성, 연구비의 적정성(수의계약의 경우) 등

(3) 계약체결 요청

위원회에서 연구자가 선정되면 계약부서에 정책연구과제에 대한 사업계획서 등 계약관계 서류를 첨부하여 계약체결을 요청한다.

> **◼ 계약 관계서류(예시)**
>
> • **사업계획** : 필요성, 목적, 내용, 활용방안, 일정, 계약방법·시기·기간, 소요예산 등
> • **과업지시서** : 사업목적, 기간, 과업세부사항 등 업체가 해야 할 사항
> • **산출내역서** : 예정가격 작성기준(회계예규)의 학술연구용역 원가계산 참조
> • **연구자선정 심의 결과서** : 위원회 심의결과
> • **수의계약사유서** : 특정 연구자의 선정 필요성
> • **계약특수조건**(필요시)

〈계약 절차 등(예시)〉

구분	순서	업무절차	검토사항
사업부서	1	사업계획 수립	• 예산 확보 및 예산과목 확인 • 계약방법 결정(경쟁계약 or 수의계약) • 과업지시서(제안요청서), 산출내역서 등 작성
	2	정책연구 심의위원회 개최	• 과제의 적합성, 결과 활용목적의 명확성, 연구과제의 중복성 등 검토 • 수의계약의 경우 연구자 선정 • 외부위원의 참여는 전체위원의 과반수
	3	일상감사 실시	• 기관별 일상감사 실시지침에 따라 실시
	4	계약요청	• 계약시 구비서류 − 경쟁계약 : 사업계획서, 제안요청서(과업지시서), 산출내역서, 긴급입찰사유서(필요시) − 수의계약 : 사업계획서, 과업지시서, 산출내역서, 수의계약사유서, 위원회 또는 소위원회 결과보고서(연구자 선정 심의 결과서)
계약부서	5	계약심사	• 예산과목 확인 및 사업의 타당성 검토 • 계약방법 확인 및 사업비 예정가격 작성
	6	계약 체결 및 통보	• 구비서류 징구 후 계약서 작성
사업부서	7	감독 및 검사 공무원 임명	• 감독공무원 : 사업전반에 대한 확인 • 검사공무원 : 사업종료 후 결과에 대한 확인 ※ 사업부서에서 내부결재로 지정
	8	사업착수	• 계약상대자로부터 착수계를 접수·승인 후 과업지시서 또는 제안서에 따라 용역 실시
	9	선금청구	• 업체 요청 시 선금지급조건에 적합한 경우 지급 ※ 정부입찰·계약 집행기준(기재부 계약예규)
	10	검사 및 검수	• 사업 결과 확인 ※ 검사내용 입력(디브레인시스템)
	11	대가지급	• 전자 (세금)계산서, 청구서, 검사조서, 경비정산조서(필요시) 등을 구비하여 지급 요청

※ 정책연구의 계약에 관한 절차 등은 기관마다 다를 수 있음

4. 과제 및 연구자 선정결과 등록(영 제54조)

과제담당관은 정책연구과제와 연구자가 선정되면 그 결과를 프리즘에 등록하여야 한다.

5. 계약체결 및 공개(영 제54조)

계약담당관(또는 조달청)은 국가계약법에 따라 계약심사 후 선정된 연구자와 계약을 체결하고 결과를 통보한다. 다만, 「국가연구개발혁신법」 제32조 등에 따라 국가연구개발활동의 참여제한 처분을 받은 연구자의 경우는 당해 과제의 연구자로 선정할 수 없다.

(1) 계약체결사항 등록 및 공개

과제담당관은 계약체결이 완료되면 연구자와 체결된 정책연구 계약의 내용을 정책연구관리시스템을 통하여 공개하여야 한다. 계약체결 사항은 과제담당관이 계약일자, 계약방식, 계약금액, 연구수행기관, 책임연구원, 계약서 등의 내용을 정책연구관리시스템에 등록하면 대국민포털을 통해 공개된다.

(2) 계약체결 사항 비공개

계약체결 내용은 공개를 원칙으로 하되, 비공개 사유에 해당하는 경우에는 목록만 공개하거나 부분공개 또는 비공개할 수 있다. 다만, 해당 계약의 내용이 「공공기관의 정보공개에 관한 법률」 제9조의 비공개 대상 정보에 해당하는 경우에는 비공개 사유를 명시하여야 한다.

(3) 계약의 변경 및 해지

과제담당관은 정책연구의 추진 내용 및 예산규모 등 본질적인 계약내용이 변경 또는 해제·해지되었을 경우 그 사실을 위원회에 제출하여야 한다.

07 정책연구의 진행 등

1. 정책연구의 진행

(1) 정책연구 착수(영 제55조 및 규칙 제40조)

① **착수보고회 개최**: 과제담당관은 연구자가 선정되면 연구자와 합동으로 착수보고회를 개최하여 과업내용과 추진일정 등을 상호 협의한 후 연구자로부터 착수보고회 결과를 반영한 수행계획서를 제출받아 연구진행상황을 관리할 수 있다.
② **서약서 제출**: 과제담당관은 정책연구의 위조, 변조, 표절, 부당한 논문저자 표시 행위 등 부정행위를 사전에 방지하기 위하여 연구자로 하여금 연구자 윤리 서약서를 제출받아야 한다.

〈연구자 윤리 서약서 예시〉

연구자 윤리 서약서

연구자 : 소속   성명 ○ ○ ○

　　상기 본인은 ○○부의 '○○정책연구' 과제를 수행함에 있어 정책연구의 객관성과 신뢰성, 연구결과의 공익성과 진실성을 확보하기 위하여 아래와 같이 연구윤리를 준수할 것을 서약합니다.

첫째, 정책연구 과정에서 객관적인 자세를 가지고 철저한 기록을 통해 연구결과의 검증이 가능하도록 한다.

둘째, 연구결과에 중대한 영향을 미칠 수 있는 데이터 및 분석 결과를 왜곡 또는 조작하지 않으며 결과발표는 진실되고 공정하게 한다.

셋째, 유사 중복된 연구를 지양하며 연구자원을 투명하고 효율적으로 사용한다.

넷째, 타인의 연구개발 과정과 결과를 존중하며, 위조, 변조, 표절 등 지식재산을 도용하는 부정행위를 하지 않는다.

년　월　일

○○부장관 귀중

---

(2) 정책연구 수행(규정 제55조, 규칙 제40조)

연구자는 정책연구 윤리 자가점검표와 정책연구 윤리 점검기준을 고려하여 연구를 수행한다. 과제담당관은 연구자가 속한 연구기관에게 연구자에 대한 연구윤리 교육을 실시하게 하고, 연구자의 연구윤리 준수 의무를 일차적으로 관리 감독하게 한다.

(3) 중간점검

① **중간점검 실시**: 과제담당관은 정책연구 계약서에서 정한 연구기간 중에 필요한 경우 다음 사항을 고려하여 연구진행상황을 중간 점검하고 연구자와 향후 연구일정을 협의한 후 점검결과서를 작성하여 프리즘에 등록한다.
  ㉠ 정책연구의 목적에 부합하는가?
  ㉡ 연구 범위, 내용 등에 있어 계약을 위반하지는 않았는가?
  ㉢ 일정계획에 따라 연구가 차질 없이 진행되고 있는가?
  ㉣ 연구 결과가 부실하게 나타날 우려는 없는가?

② **점검결과 보완 요구** : 과제담당관은 중간점검결과 연구자가 연구계획서상의 연구일정 이행을 태만히 하거나 연구진행상황이 연구의 목적에 부합하지 아니한다고 판단되는 경우에는 해당 연구자에 대하여 시정 또는 보완을 요구하여야 한다.

③ **중간점검결과 등록** : 과제담당관은 중간점검이 완료되면 프리즘에 등록사항을 입력하고 중간산출물과 점검결과보고서를 올린다.

〈점검결과서 예시〉

연구진행상황의 점검결과서

정책연구과제명		연구기관/책임연구원	
부서/과제담당관		담당공무원	
연구방식	1. [ ]위탁형　　　　2. [ ]공동연구형　　　　3. [ ]자문형		
연구자 선정방법	1. [ ]일반경쟁입찰　　2. [ ]수의계약		
연구기간	～　　　　（　　개월）		
점검일자			
점검결과	• 정책연구 목적과의 부합성 • 계약내용에의 충실성 • 일정계획에 따른 연구 진행 수준 • 기대 연구결과의 달성 가능성		
조치사항			

2. 정책연구결과의 평가 및 관리

(1) 연구결과의 평가(영 제52조 및 규칙 제41조)

정책연구 종료 후 연구결과에 대한 평가는 과제담당관과 과제담당관이 지정한 외부전문가 1명이 공동으로 평가하거나 외부전문가가 참여하는 정책연구 완료 보고회를 개최하여 평가할 수 있다. 이 경우 외부전문가는 위원회 또는 소위원회의 외부위원이나 해당 연구과제 분야의 외부전문가 중에서 지정한다.

> **⬤ 평가위원 선정 시 고려사항**
>
> 평가의 공정성 확보를 위해, 다음에 해당하는 외부전문가 위원은 평가위원으로 지정하지 않는 것이 바람직함.
> • 심의 대상에 포함된 연구자와 사제지간 또는 친인척지간인 자
> • 심의 대상에 포함된 연구자와 동일한 기관에 소속한 자
> • 그 밖에 심의의 공정성을 해할 가능성이 있는 자

정책연구 평가가 종료되면 평가위원과 과제담당자의 실명이 표시된 평가결과서를 작성하여야 하며 주요 평가항목은 다음과 같다.

① 정책연구의 목적에 부합하는가?

② 추진방법이 적절하였는가?

③ 당초 계획된 내용을 충실히 반영하였는가?

④ 위조, 변조, 표절 등 부정행위는 없는가?

⑤ 연구결과의 내용이 실제 활용 가능한 수준인가?

⑥ 그 밖에 위원회에서 평가에 필요하다고 판단한 기준에 부합하는가?

(2) 평가결과에 따른 조치

과제담당관은 연구결과 평가결과 표절 등 부정행위가 발견되거나 연구의 목적에 부합하지 않는 등 연구결과가 미흡한 경우에는 연구자로 하여금 시정하도록 조치하여야 한다.

〈평가결과서 예시〉

정책연구 평가결과서

정책연구과제명		연구기관/책임연구원	
부서/과제담당관		담당공무원	
연구방식	1. [ ]위탁형　　　2. [ ]공동연구형　　　3. [ ]자문형		
연구자 선정방법	1. [ ]일반경쟁입찰　　　2. [ ]수의계약		
연구기간	～　　　(　　개월)		
연구결과			
평가결과	• 정책연구 목적과의 부합성 • 추진방법의 적절성 • 계약내용에의 충실성 • 표절 등 부정행위 여부 • 연구결과의 활용 가능성 • 기타사항		

평가자 확인	구분	평가위원	과제담당관
	성명	(서명)	(서명)
평가 보고회	개최일자		장소
	참석자		

⑶ **평가결과 보고 및 공개(영 제54조 및 규칙 제42조)**

정책연구과제의 평가가 완료되면 과제담당관은 평가결과서를 위원회에 제출하고, 프리즘을 통해 평가결과와 연구보고서를 공개하여야 한다. 평가결과 및 연구보고서는 과제담당관이 프리즘에 등록하면 대국민포털을 통해 공개된다.

⑷ **프리즘 등록사항 점검 및 시정 요구**

총괄부서장은 과제담당관이 정책연구과제 진행단계별로 프리즘에 등록한 사항을 최종 점검하고 등록사항이 잘못된 경우 시정조치 후 승인 처리하여야 한다.

⑸ **연구결과물 발간 및 사후관리**

과제담당관은 정책연구결과를 「공공기록물 관리에 관한 법률」에 따라 기록물로 등록하고 간행물로 발간하여 관리하여야 한다(규칙 제42조 제2항).

3. 정책연구결과의 활용

⑴ **연구결과의 활용**

과제담당관은 정책연구가 완료되면 정책연구 종료일로부터 6개월 이내에 정책에 활용하고 활용목적, 정책 활용결과 등이 포함된 정책연구 활용결과 보고서를 위원회에 제출한다.
정책연구에 대한 활용결과는 국회, 언론 등에서 매년 지적되고 있는 사항이므로 연구결과 미흡으로 예산낭비를 초래했다는 지적을 받지 않도록 과제담당관은 당초 연구 목적에 따라 정책에 반영할 수 있도록 노력하여야 한다(영 제52조).

〈**활용결과 보고서 예시**〉

정책연구 활용결과 보고서

정책연구과제명		연구기관/책임연구원	
부서/과제담당관		담당공무원	
연구기간	~ (개월)		
활용구분	1. [ ]법령 제·개정 2. [ ]제도개선 및 정책반영 3. [ ]정책참조		
연구목적			
연구 주요 내용			
활용목적			
활용결과	• 현 업무와의 연계 타당성 분석 • 정책 활용결과		

⑵ **활용결과의 등록 및 공개**

활용결과를 프리즘에 등록하면 대국민포털을 통해 공개되며 과제담당관은 다음 사항을 등록하여야 한다.

① **활용구분**

ㄱ 법령 제·개정

ㄴ 제도개선 및 정책반영

ㄷ 정책참조

② **과제활용**: 활용결과를 요약 등록

③ **활용결과 보고서**: 서식에 따라 작성된 활용결과 보고서 파일을 등록

4. 정책연구의 공개

⑴ **공개내용**

중앙행정기관의 장은 정책연구의 공정성과 투명성을 보장하고 정책연구결과를 공동 활용하기 위해 정책연구관리시스템을 통하여 다음의 사항을 공개하여야 한다(영 제54조).

공개내용	공개시점
정책연구의 계약 체결 내용	연구자 선정 및 계약체결 직후
정책연구결과 및 그 평가결과	연구결과 평가 직후
정책연구결과 활용상황	연구 종료일로부터 6개월 이내
그 밖에 중앙행정기관의 장이 필요하다고 인정하는 사항	필요시

다만,「공공기관의 정보공개에 관한 법률」제9조에 따른 비공개 대상 정보에 해당하는 경우에는 그러하지 아니하다.

> **공공기관의 정보공개에 관한 법률**
> **제9조 【비공개 대상 정보】** ① 공공기관이 보유·관리하는 정보는 공개 대상이 된다. 다만, 다음 각 호의 어느 하나에 해당하는 정보는 공개하지 아니할 수 있다.
> 1. 다른 법률 또는 법률이 위임한 명령(국회규칙·대법원규칙·헌법재판소규칙·중앙선거관리위원회규칙·대통령령 및 조례에 한함)에 의하여 비밀 또는 비공개 사항으로 규정된 정보
> 2. 국가안전보장·국방·통일·외교관계 등에 관한 사항으로서 공개될 경우 국가의 중대한 이익을 현저히 해할 우려가 있다고 인정되는 정보
> 3. 공개될 경우 국민의 생명·신체 및 재산의 보호에 현저한 지장을 초래할 우려가 있다고 인정되는 정보
> 4. 진행 중인 재판에 관련된 정보와 범죄의 예방, 수사, 공소의 제기 및 유지, 형의 집행, 교정, 보안처분에 관한 사항으로서 공개될 경우 그 직무수행을 현저히 곤란하게 하거나 형사피고인의 공정한 재판을 받을 권리를 침해한다고 인정할 만한 상당한 이유가 있는 정보
> 5. 감사·감독·검사·시험·규제·입찰계약·기술개발·인사관리·의사결정과정 또는 내부검토 과정에 있는 사항 등으로서 공개될 경우 업무의 공정한 수행이나 연구·개발에 현저한 지장을 초래한다고 인정할 만한 상당한 이유가 있는 정보

6. 당해 정보에 포함되어 있는 이름·주민등록번호 등 개인에 관한 사항으로서 공개될 경우 개인의 사생활의 비밀 또는 자유를 침해할 우려가 있다고 인정되는 정보. 다만, 다음에 열거한 개인에 관한 정보는 제외한다.
   가. 법령이 정하는 바에 따라 열람할 수 있는 정보
   나. 공공기관이 공표를 목적으로 작성하거나 취득한 정보로서 개인의 사생활의 비밀과 자유를 부당하게 침해하지 않는 정보
   다. 공공기관이 작성하거나 취득한 정보로서 공개하는 것이 공익 또는 개인의 권리구제를 위하여 필요하다고 인정되는 정보
   라. 직무를 수행한 공무원의 성명·직위
   마. 공개하는 것이 공익을 위하여 필요한 경우로써 법령에 의하여 국가 또는 지방자치단체가 업무의 일부를 위탁 또는 위촉한 개인의 성명·직업
7. 법인·단체 또는 개인(이하 "법인등"이라 한다)의 경영·영업상 비밀에 관한 사항으로서 공개될 경우 법인등의 정당한 이익을 현저히 해할 우려가 있다고 인정되는 정보. 다만, 다음에 열거한 정보를 제외한다.
   가. 사업 활동에 의하여 발생하는 위해로부터 사람의 생명·신체 또는 건강을 보호하기 위하여 공개할 필요가 있는 정보
   나. 위법·부당한 사업 활동으로부터 국민의 재산 또는 생활을 보호하기 위하여 공개할 필요가 있는 정보
8. 공개될 경우 부동산 투기·매점매석 등으로 특정인에게 이익 또는 불이익을 줄 우려가 있다고 인정되는 정보

(2) 비공개 대상 사후관리

「공공기관의 정보공개에 관한 법률」 제9조에 따라 비공개 대상으로 분류된 정책연구과제는 다른 법률에 특별한 규정이 있는 경우를 제외하고는 2년의 범위 안에서 비공개 기간을 정하되, 기간의 경과 등으로 비공개의 필요성이 없어지거나 「공공기록물 관리에 관한 법률」 제35조에 따라 공개로 재분류된 때에는 공개하여야 한다(규칙 제42조 제1항).

5. 비공개 대상 정보 기준(안내서)

(1) 법령상 비밀·비공개 정보(제1호)

다른 법률 또는 법률에서 위임한 명령(국회규칙·대법원규칙·헌법재판소규칙·중앙선관위규칙·대통령령 및 조례에 한한다.)에 따라 비밀이나 비공개 사항으로 규정된 정보

① 입법취지
   ㉠ 비밀 또는 비공개 사항을 규정한 개별 법령을 우선 적용하여 정보공개법과의 상호 충돌(마찰)을 피하고자 함(대법원 2006. 1. 13. 2004두12629)

ⓛ 여기서 "비밀"이라 함은 단순히 형식적으로 보안업무규정에 따라 Ⅰ, Ⅱ, Ⅲ급 비밀로 분류되어 있다는 사실만으로 비밀해당성이 인정되는 것이 아니고(형식비), 해당 내용이 지금까지 일반에 공개되어 있지 않았고(비공지성), 계속 비공개를 유지하여야 할 필요성과 상당성이 인정되어야 함(실질비)

② **비공개 여부의 판단기준**
  ㉠ 다른 법률에 구체적으로 위임을 받았는지 여부(대법원 2003두8395)
  ㉡ 직무상 비밀엄수 의무를 포괄적으로 규정한 것은 아닌지 여부
  ㉢ 비밀 또는 비공개의 범위가 구체적인지 여부
  ㉣ 비공개 사항으로 규정된 '정보'에 해당하는지 여부

(2) 안보 · 국방 · 통일 · 외교 관련 정보(제2호)

> 국가안전보장상 · 국방 · 통일 · 외교관계 등에 관한 사항으로서 공개될 경우 국가의 중대한 이익을 현저히 해칠 우려가 있다고 인정되는 정보

① **입법취지** : 공개 시 국가나 사회전체의 이익에 중대한 영향을 미치는 경우, 즉 정보 공개로 발생할 수 있는 국가안전보장 등 국가의 중대한 이익침해를 방지하고자 함(대법원 2006. 1. 13. 2004두12629)
② 국가안전보장 · 국방 · 통일 · 외교관계 등에 관한 정보가 제2호에 의해 비공개되려면 해당 정보가 공개될 경우 국가의 중대한 이익을 현저히 해할 우려가 있다고 인정되어야 한다. 이는 국정에 대한 국민의 참여, 국정의 투명성, 국가적 의혹해소, 그리고 개별국민의 권익보장과 같은 공개로 인한 이익과 공개되었을 때 국가안전보장 · 국방 · 통일 · 외교관계 등에 미칠 영향을 전체적으로 검토하여 어느 이익이 더 우선하는지를 고려하여 판단해야 함

(3) 국민의 생명 · 신체 · 재산 보호 침해 관련 정보(제3호)

> 공개될 경우 국민의 생명 · 신체 및 재산의 보호에 현저한 지장을 초래할 우려가 있다고 인정되는 정보

① **입법취지**
  ㉠ 공공의 안전과 이익에 지장을 초래할 우려가 있는 정보를 보호하기 위함
  ㉡ 비공개 이유 제4호, 제5호나 제6호의 내용과 중복되는 정보도 있으나 각호가 보호하는 성격이 다르므로 별도로 규정하는 것임
② 제3호는 '공개될 경우 국민의 생명 · 신체 및 재산의 보호에 현저한 지장을 초래할 우려가 있다고 인정되는 정보'를 비공개대상 정보로 정하고 있고, '현저한 지장을 초래할 우려'에 대하여는 공공기관인 피고가 입증하여야 함(대법원 2004. 5. 28. 선고 2001두3358)

(4) 재판·수사 등 관련 정보(제4호)

> • 진행 중인 재판에 관련된 정보와 범죄의 예방, 수사, 공소의 제기 및 유지, 형의 집행. 교정(矯正), 보안처분에 관한 사항으로서,
> • 공개될 경우 그 직무수행을 현저히 곤란하게 하거나 형사피고인의 공정한 재판을 받을 권리를 침해한다고 인정할 만한 상당한 이유가 있는 정보
> ※ '진행 중인 재판'은 소장이 접수된 이후 판결이 행해지기 직전까지를 의미, 상급심에 대한 항소·상고 여부가 결정되지 않았다면 재판이 진행 중인 것으로 봄

① 공개될 경우 직무수행을 현저히 곤란하게 하는 정보(서울행정법원 2004. 2. 3. 2002구합 24499)

② 공정한 재판을 받을 권리의 침해방지, 범죄의 예방, 원활한 수사 및 교정행정의 원활성을 보호하기 위함(대법원 2006. 1. 13. 2004두12629)

③ 재판의 독립성과 공정성 등 국가의 사법작용이 훼손되는 것을 방지하기 위함(대법원 2021. 4. 12. 2010두24913)

④ 진행 중인 재판의 심리 또는 재판결과에 구체적으로 영향을 미칠 위험이 있는 정보에 한함(대법원 2011. 11. 24. 2009두19021)

⑤ 수사의 방법 및 절차 등이 공개되어 수사기관의 직무수행에 현저한 곤란을 초래할 위험을 막고자 하는 것으로서 수사기록 중의 의견서, 보고문서, 메모, 법률검토, 내사자료 등이 해당됨(헌재 1997. 11. 27. 94헌마60, 대법원 2003. 12. 26. 2002두1342 판결 등 참조)

(5) 감사·감독·계약·의사결정 관련 정보 등(제5호)

> 감사·감독·검사·시험·규제·입찰계약·기술개발·인사관리에 관한 사항이나 의사결정과정 또는 내부검토과정에 있는 사항 등으로서 공개될 경우 업무의 공정한 수행이나 연구·개발에 현저한 지장을 초래한다고 인정할 만한 상당한 이유가 있는 정보

① **입법취지**: 공공기관이 수행하고 있는 다양한 업무의 집행과정에서 작성 또는 취득한 정보가 공개되면 당해 업무에 많은 영향을 미치거나 공정하고 효율적인 업무의 수행이 현저히 곤란하게 될 우려가 있는 정보를 보호하기 위함

② 의사결정과정 또는 내부검토과정에 있는 사항 비공개는 한시적(법 제9조 제1항 제5호) 의사결정과정 또는 내부검토과정에 있는 사항 등을 비공개대상정보로 하고 있는 것은 공개로 인하여 공공기관의 의사결정이 왜곡되거나 외부의 부당한 영향과 압력을 받을 가능성을 차단하여 중립적이고 공정한 의사결정이 이루어지도록 하고자 함(대법원 2001두 8827)

(6) 이름·주민등록번호 등 개인정보 등(제6호)

> 해당 정보에 포함되어 있는 이름·주민등록번호 등 개인에 관한 사항으로서 공개될 경우 사생활의 비밀 또는 자유를 침해할 우려가 있다고 인정되는 정보. 다만, 다음에 열거한 개인에 관한 정보는 제외한다.
> 가. 법령이 정하는 바에 따라 열람할 수 있는 정보
> 나. 공공기관이 공표를 목적으로 작성하거나 취득한 정보로서 개인의 사생활의 비밀과 자유를 부당하게 침해하지 않는 정보
> 다. 공공기관이 작성하거나 취득한 정보로서 공개한 것이 공익 또는 개인의 권리 구제를 위하여 필요하다고 인정되는 정보
> 라. 직무를 수행한 공무원의 성명·직위
> 마. 공개하는 것이 공익을 위하여 필요한 경우로서 법령에 따라 국가 또는 지방자치단체가 업무의 일부를 위탁 또는 위촉한 개인의 성명·직업

① **입법취지**

   ㉠ 헌법상 인정되는 사생활의 보호를 위하여 개인정보는 원칙적 비공개(대법원 2014. 7. 24. 2012다49933)

   ㉡ 개인의 사생활의 비밀과 자유의 존중 및 개인의 자신에 대한 정보통제권을 보장하는 등 정보공개로 인하여 발생할 수 있는 제3자의 법익침해를 방지하고자 함(대법원 2006. 1. 13. 2004두12629)

② **판단기준**

   ㉠ 정보공개법 제9조 제1항 제6호의 이름·주민등록번호 등 정보 형식이나 유형을 기준으로 비공개대상정보에 해당하는지를 판단하는 '개인식별정보'뿐만 아니라 그 외에 정보의 내용을 구체적으로 살펴 '개인에 관한 사항의 공개로 개인의 내밀한 내용의 비밀 등이 알려지게 되고, 그 결과 인격적·정신적 내면생활에 지장을 초래하거나 자유로운 사생활을 영위할 수 없게 될 위험성이 있는 정보'도 포함(대법원 2012. 6. 18. 선고 2011두2361)

   ㉡ 개인의 신체, 신념, 사회적 지위, 신분 등과 같이 개인의 인격주체성을 특정 짓는 사항으로서 개인의 동일성을 식별할 수 있게 하는 일체의 정보라고 할 수 있고, 반드시 개인의 내밀한 영역에 속하는 정보에 국한되지 않고 공적 생활에서 형성되었거나 이미 공개된 개인정보까지 포함(대법원 2014. 7. 24. 선고 2012다49933, 헌재 2003. 10. 30. 2002헌마518)

   ㉢ 살아 있는 개인에 관한 정보로서 성명, 주민등록번호 및 영상 등을 통하여 개인을 알아볼 수 있는 정보(해당 정보만으로는 특정 개인을 알아 볼 수 없더라도 다른 정보와 쉽게 결합하여 알아볼 수 있는 것을 포함한다)를 말함(개인정보 보호법 제2조 제1호)

   ㉣ 이미 사망하셨거나 실종선고 등 관계 법령에 의해 사망한 것으로 간주 되는 자에 관한 정보는 개인정보로 볼 수 없으나, 사망자의 정보가 사망자와 유족과의 관계를 나타내는 정보이거나 유족 등의 사생활을 침해하는 등의 경우에는 사망자 정보인 동시에 관계되는 유족의 정보이기도 하므로 개인에 관한 사항으로 포함할 수 있음

(7) 법인의 경영·영업비밀 정보(제7호)

> 법인, 단체 또는 개인이 경영·영업상 비밀에 관한 사항으로서 공개될 경우 법인 등의 정당한 이익을 현저히 해칠 우려가 있다고 인정되는 정보. 다만, 다음에 열거한 정보를 제외한다.
> 가. 사업활동에 의하여 발생하는 위해로부터 사람의 생명·신체 또는 건강을 보호하기 위하여 공개할 필요가 있는 정보
> 나. 위법·부당한 사업활동으로부터 국민의 재산 또는 생활을 보호하기 위하여 공개할 필요가 있는 정보

① **입법취지**: 법인, 단체 또는 개인의 경영·영업상의 비밀 보호를 통한 기득권 보호와 기타 사회적인 지위가 손상되는 정보를 보호하기 위함(대법원 2008두13101)

② **판단기준**

　㉠ '법인 등의 경영·영업상 비밀'은 부정경쟁방지법 제2조 제2호 소정의 '영업비밀'에 한하지 않고, 타인에게 알려지지 아니함이 유리한 사업활동에 관한 일체의 정보 또는 사업활동에 관한 일체의 비밀사항을 말함(대법원 2009두19201, 대법원 2010두24647, 중앙행정심판위 2012-24651, 대법원 2007두1798)

　㉡ '정당한 이익을 현저히 해할 우려'라 함은 공개로 인하여 당해 법인 등의 경영·영업활동에 중대한 지장을 초래하거나, 그 영업이익·거래신용 또는 법적지위에 직접적으로 상당한 침해가 발생하는 경우를 말함. 이에 대한 판단을 위해서는 당해 법인 등의 영업특성, 영업규모 등 제반 사정을 개별·구체적으로 고려하여야 함(중앙행정심판위 2012-24651)

　㉢ '위법·부당한 사업활동'이라 함은 각종 행정처분 통지서 등이 있으며 반드시 위법·부당한 사업활동이 이미 발생한 경우로 제한하여 해석할 것은 아니며, 국민의 재산 또는 생활을 보호할 필요성이 있다면 그 개연성 등 제반사정을 종합적으로 고려하여 위법·부당한 사업활동이 이미 행하여지지 않았더라도 이에 해당 된다고 볼 수 있다고 할 것임(정부법무공단 2012-440. 2012. 3. 19.)

(8) 부동산 투기·매점매석 등 관련 정보(제8호)

> 공개될 경우 부동산 투기·매점매석으로 이익 또는 불이익을 줄 우려가 있다고 인정되는 정보

① **입법 취지**

　㉠ 시장이 수요와 공급을 결정하는 요인에 관한 정보로서 성격상 공개함으로써 정보를 얻은 자와 얻지 못한 자와의 사이에 불공평이 발생하고 이로 인하여 정당한 가격결정에 왜곡을 초래하여 특정인에게 부당한 이익 또는 불이익이 초래되는 것을 방지하기 위함(서울행정법원 2007구합15131)

　㉡ 부동산 투기·매점매석은 건전한 시장기능을 교란시켜 사회적 문제를 일으킬 수 있는 행위유형의 예시에 해당함

② 제8호는 대상정보가 특정되어 있지 않고 단지 그 정보가 공개되는 경우 부동산 투기·매점매석 등으로 특정인에게 이익 또는 불이익을 줄 우려가 있는 정보이기만 하면 비공개 대상정보에 해당됨

6. 정책연구 성과점검(영 제55조)

(1) 점검목적 및 근거

매년 중앙행정기관은 정책연구를 투명하고 공정하게 관리하기 위하여 전년도 정책연구관리에 대한 성과를 점검하고 있다. 정책연구 성과점검은 규정 제55조에 근거하여 실시하고 있으며 다음연도 예산 편성 시 점검 결과를 반영하고 있다.

(2) 점검방식

① **점검계획 수립·통보** : 행정안전부장관은 전년도 성과를 점검하기 위하여 점검절차 및 일정, 점검지표, 점검방법 등이 포함된 정책연구 성과점검계획을 수립하여 중앙행정기관에 통보한다.

② **점검결과 제출** : 중앙행정기관의 장은 성과점검계획에 따라 과제별 자체점검을 실시하고 점검결과를 행정안전부장관에게 제출한다.

③ **종합점검 실시** : 행정안전부장관은 부처별 자체점검 결과를 취합하여 종합점검을 실시하고 그 결과를 중앙행정기관의 장, 기획재정부장관, 감사원장에게 통보한다.

(3) 점검대상

성과점검 대상은 규정 제49조에 따라 중앙행정기관에서 포괄적으로 편성된 정책연구비(포괄연구비)와 개별부서 사업비에 포함된 연구개발비(사업별연구비)로 수행한 정책연구이다.

(4) 점검분야 및 지표

성과점검은 정책연구 추진과정과 연구결과의 공개 및 활용상황 등을 점검하여야 하며, 세부 점검 분야와 지표는 매년 재구성하여 점검할 수 있다.

(5) 점검결과 활용

성과점검이 종료되면 행정안전부는 규정 제55조 제3항에 따라 점검결과를 중앙행정기관, 기획 재정부, 감사원에 통보한다.

점검결과를 통보받은 중앙행정기관은 점검결과 시정조치사항을 처리하고, 기획재정부는 다음 연도 예산 편성 시 점검결과를 예산에 반영하며, 감사원은 점검결과를 감사자료로 활용하게 된다.

성과점검 분야 및 지표(예시)

점검 분야	점검지표 및 내용	점검 대상
계	6개 지표	
1. 연구절차	① 과제 선정의 타당성 • 정책연구심의위원회를 개최하여 심의했는가 • 외부 위촉위원이 심의에 과반수 참여했는가 ○ 규정 제51조 제1항에 따라 긴급하게 수행된 과제는 대상에서 제외하되, 관련 증빙서류를 정책연구관리시스템에 등록	전년도 과제 중 포괄연구비 과제
	② 연구자 선정의 타당성 수의계약 시 심의위원회를 개최하여 심의했는가 ○ 일반경쟁방식을 따랐으나 단독입찰로 유찰된 후 수의계약한 과제 등은 경쟁계약으로 봄	전년도 전체과제 (포괄+사업별)
	③ 연구결과 평가의 적정성 과제담당관(과장)과 외부전문가(1명)를 지정하여 공동평가, 또는 외부전문가가 참석하는 평가보고회를 개최했는가	전년도 전체과제 (포괄+사업별)
2. 연구결과	④ 연구결과 등록의 적정성 '연구자선정 정보'와 '연구보고서'를 1개월 이내에 등록했는가	전전년도 이월과제 + 전년도 전체과제 (포괄+사업별)
	⑤ 연구과제 공개의 적정성 연구과제 공개를 적극적으로 추진했는가 ○ 단, 업무의 특성상 공개율이 대체로 낮을 수밖에 없는 외교·안보·수사 관련 부처는 별도 산식에 따른 점수 부여	전년도 전체과제 (포괄+사업별)
	⑥ 연구결과 활용의 적정성 • '연구 활용결과 보고서'를 적정 등록했는가 • 연구결과를 정책에 반영했는가	전전년도 하반기에 종료한 전체과제 + 전년도 상반기에 종료한 전체과제 (포괄+사업별)
3. 가점	⑦ 전년도 권익위 '국민생각함', 행안부 '광화문1번가' 등을 활용한 국민 집단지성 활용 정도 • 국민생각함, 광화문1번가 등 정책연구 등록률 • 국민 집단지성 활용사례 정성평가	전년도 전체 공개과제 (포괄+사업별)

◈ 점검지표별 총괄 · 과제 담당 임무

단계별	구분	임무
정책연구 과제 선정	총괄담당	• (포괄) 위원회를 개최하여 과제 선정(외부 위촉위원 과반수 참석) 　＊국가계약법령에 따라 일반경쟁, 입찰참가자격 사전심사, 제안서 　평가의 경우 중 긴급하게 수행하는 과제는 위원회 미심의 • (사업별) 위원회 미심의
	과제담당	(포괄 · 사업별 공통) 정책연구관리시스템에 등록
연구자 선정	총괄담당	(포괄 · 사업별 공통) 위원회 심의대상 등을 과제담당자에게 안내
	과제담당	(포괄 · 사업별 공통) 수의계약방식으로 추진 시 소위원회 개최, 1개월 이내에 정책연구관리시스템에 등록 ＊국가계약법령에 따라 일반경쟁, 입찰참가자격 사전심사, 제안서 평가의 경우 위원회 미심의
정책연구 결과 평가	총괄담당	(포괄 · 사업별 공통) 평가방법 등을 과제담당자에게 안내
	과제담당	(포괄 · 사업별 공통) 과제담당관(과장)과 외부전문가(1명) 공동 평가 또는 완료보고회(외부전문가 참석) 개최 · 평가 후 소위원회 심의, 평가 직후 평가 결과서를 정책연구관리시스템에 등록
정책연구 결과 등록	총괄담당	(포괄 · 사업별 공통) 정책연구관리시스템 등록 기한 등을 과제담당자에게 안내
	과제담당	(포괄 · 사업별 공통) '연구자 선정결과'와 '연구보고서'를 1개월 이내에 정책연구관리시스템에 등록
정책연구 과제 공개	총괄담당	(포괄 · 사업별 공통) 공개 · 비공개 방법 등을 과제담당자에게 안내
	과제담당	(포괄 · 사업별 공통) 연구결과 평가 시 비공개 사유 적정성 평가
정책연구 결과 활용	총괄담당	(포괄 · 사업별 공통) 연구결과 활용상황 점검 등 안내
	과제담당	(포괄 · 사업별 공통) 정책연구 완료일로부터 6개월 이내에 활용상황을 점검하고 소위원회 심의를 거친 직후, 활용결과 보고서를 정책연구관리시스템에 등록

7. 정책연구관리시스템 구축 · 운영

(1) 구축 · 목적(규정 제53조)

행정안전부장관은 규정 제53조에 따라 중앙행정기관이 정책연구 추진과정을 투명하게 관리하도록 지원하고, 정책연구 결과 등을 국가기관 · 공공기관 · 민간이 공동으로 이용할 수 있도록 정책연구관리시스템을 구축하여 운영하고 있다.

정책연구관리시스템은 공무원포털과 대국민포털로 구성되어 있으며, 인터넷으로 접속하면 나타나는 초기 화면이 대국민포털로서 누구나 로그인 없이 정책연구 과제를 검색하여 공개된 연구결과물을 열람하거나 내려 받을 수 있다.

Part 01

⑵ 주요 기능

정책연구관리시스템은 정책연구과제에 대한 대국민 공개 기능과 과제관리 기능으로 구성되어 있다. 정책연구관리시스템 홈페이지를 통해 관심 있는 국민 누구나 정책연구 내용과 연구보고서(원문) 등 정부의 정책연구 현황과 결과를 활용할 수 있다.

또한 과제담당 공무원이 사업계획, 계약, 연구진행, 연구완료, 활용상황 등 정책연구 전 과정을 체계적으로 관리할 수 있도록 구축되었다.

⑶ 공무원포털 이용자별 역할

중앙행정기관은 정책연구관리시스템의 과제관리 기능을 통해 정책연구과정을 단계별로 체계적으로 관리하고 공개하여야 한다.

정책연구관리시스템을 이용하기 위한 절차와 방법은 아래와 같다.

① 중앙행정기관에서 총괄관리자를 지정하여 행정안전부에 등록 요청하면 행정안전부의 정책연구관리시스템 관리자가 기관별 총괄담당자를 등록한다.

② 또한 기관별 총괄담당자는 정책연구 과제담당자의 요청을 받아 정책연구관리시스템의 사용자 등록화면에서 정책연구 과제담당자를 등록한다.

③ 등록된 과제담당자는 정책연구 단계별로 등록시점에 따라 등록할 내용을 시스템에 등록하여야 한다.

구분	역할	권한
시스템담당자 (행정안전부)	기관별 총괄담당자 등록 및 시스템 관리	사용자 및 시스템·게시판 관리, 과제 진행상황 확인 등
총괄담당자 (중앙행정기관)	소속 과제담당자 등록 및 과제별 등록사항 점검	• 기관 내 사용자 관리 • 기관 과제 진행상황 확인 등
과제담당자 (중앙행정기관)	수행하는 정책연구에 대하여 단계별 진행사항 등록	소관과제 등록·수정

⑷ 사전 준비사항

과제담당자가 정책연구관리시스템을 사용하기 위해서는 먼저 과제담당자가 소속된 중앙행정기관에서 행정전자서명을 발급받은 후 총괄담당자에게 정책연구관리시스템 사용자 등록을 요청하여야 한다.

총괄담당자는 정책연구관리시스템 기초정보-과제담당자 관리 메뉴에서 요청자를 과제담당자로 등록하고, 등록된 과제담당자는 공무원포털에 행정전자 서명으로 로그인하여 소관 정책연구과제를 관리할 수 있다.

(5) 지방자치단체 공무원포털 활용

지방자치단체 총괄담당자와 과제담당자도 중앙행정기관과 동일한 절차로 행정전자서명을 발급받고 정책연구관리시스템에 등록한 후 이용할 수 있다.

다만, 지방자치단체의 경우에는 중앙행정기관처럼 정책연구 진행 간 단계별로 정책연구관리시스템에 등록하지 않아도 되며, 정책연구가 종료된 후 정책연구결과를 해당 지방자치단체의 조례로 정하는 바에 따라 정책연구관리시스템을 통해 공개하면 된다.

〈정책연구관리시스템 구성도〉

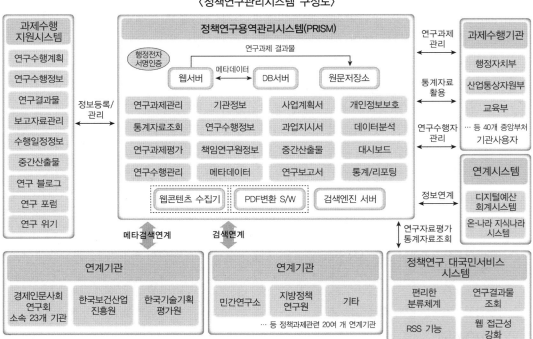

🦪 단계별 관리기능

구분	세부내용
사업계획	과제 수행계획 등록(과제명, 수행방식, 연구기간, 연구비용 등)
중복성 검사	전문검색엔진을 통해 중복 및 유사 연구과제 검색
계약	계약내용 등록(계약일, 계약방법, 계약금액, 수행기관 등)
연구진행	중간점검결과 등록(중간점검결과서, 중간산출물 등)
연구완료	연구결과 및 평가결과 등록(연구결과보고서, 평가위원 및 평가내용 등) ⇨ 등록 시 정책연구 및 평가결과가 국민에게 공개
활용결과	연구완료 6개월 이내 활용결과보고서 등 등록

제4절 **영상회의의 운용** 2018 · 2021 기출

01 영상회의의 개요

1. 영상회의 정의

정보통신(ICT)을 기반으로 원거리에 있는 사람들과 일대일 또는 다자간 등 다양한 방식으로 진행하는 실시간 회의로 참석자의 영상과 음성뿐 아니라 문서, 이미지, 동영상 등의 회의자료 공유도 가능하다.

2. 영상회의 방법

영상회의는 회의 규모, 성격 등에 따라 영상회의실, PC 영상회의 등 다양한 방법으로 개최할 수 있다.

(1) **영상회의실** : 지리적으로 떨어져 있는 회의실 간에 영상회의시스템을 이용하여 다수의 회의 참석자 모습을 영상 화면으로 보면서, 하나의 회의실에 함께 있는 분위기로 회의를 진행하는 방법이다.

○ 회의실별 규모, 제공 장비 등은 다를 수 있으나, 기본 기능에는 차이가 없으며, 공용 혹은 개별 영상회의실은 운영 주체 및 이용대상 등에 따라 구분됨

구분		예시
영상장비	카메라, 모니터(스크린), 컨트롤러	
음향장비	마이크, 스피커, 컨트롤러	
기타 (제어 · 전송장비 등)	영상회의 코덱, MCU, 오디어 믹서, 영상 Matrix	

(2) **PC 영상회의** : '나라e음'(정부통합의사소통시스템) 등을 통해서 개인 자리에서 PC 등을 통해 영상회의를 개설하거나 참여하는 방법이다.

⑩ 영상회의실 설치 · 운영 및 지정 2018 · 2021 기출

1. 영상회의실 설치 · 운영 2021 기출

(1) 행정기관의 장은 다음 각 호의 회의를 개최하기 위하여 영상회의실을 설치 · 운영할 수 있다 (영 제57조 제1항).

① 국무회의 및 차관회의

② 장관 · 차관이 참석하는 회의

③ 둘 이상의 정부청사에 위치한 기관 간에 개최하는 회의

④ 정부청사에 위치한 기관과 지방자치단체 간에 개최하는 회의

⑤ 그 밖에 원격지(遠隔地)에 위치한 기관 간 회의

(2) 행정안전부장관은 위의 회의를 주관하는 행정기관의 장에게 정부영상회의실을 이용하여 회의를 개최할 것을 요청할 수 있고, 요청을 받은 행정기관의 장은 특별한 사유가 없으면 요청에 응하여야 한다.

(3) 정부청사관리소는 정부영상회의시스템 및 운영 취지에 부합하여 원격회의를 우선 접수할 수 있다.

(4) 정부영상회의시스템과 다른 영상회의시스템 간이나 국제영상회의를 전용선을 이용하여 연결할 때 필요한 연계장비 설치비 및 회선임대료, 통신료 등은 주관기관에서 부담하여야 한다.

(5) 회의 주관기관은 국제영상회의를 개최할 경우 회선연결 · 리허설 등 사전준비 및 본회의 진행기간 동안 시스템 운영과 문제해결을 위해 필요한 통역자를 동반하여야 한다.

2. 영상회의실 지정

(1) 행정안전부장관은 제1항 각 호의 회의를 개최하기 위하여 정부영상회의실을 설치 · 운영하거나 행정기관이 공동으로 사용할 수 있는 영상회의실을 지정할 수 있다. 이 경우 행정안전부장관은 원활한 공동사용을 위하여 필요한 지원을 할 수 있다(영 제57조 제2항).

(2) 행정안전부장관이 제2항에 따라 지정한 영상회의실을 운영하는 행정기관의 장은 다른 기관이 영상회의실 사용을 요청하면 적극 협조하여야 한다(제3항).

(3) 위에서 규정한 사항 외에 영상회의실 및 정부영상회의실의 설치 · 운영, 지정 등에 필요한 사항은 행정안전부령으로 정한다(제4항).

03 정부영상회의실 등의 관리 · 운영

1. 정부청사 관리소장 조치사항 ^{2021 기출}

정부청사관리소장은 정부영상회의실의 관리 · 운영을 위하여 다음 각 호의 조치를 하여야한다(규칙 제43조 제1항).

(1) 정부영상회의시스템의 관리책임자 및 운영자 지정

(2) 정부영상회의실 및 정부영상회의시스템 보안대책의 수립

(3) 각종 회의용 기자재의 제공 및 정부영상회의 운영의 지원

(4) (1)부터 (3)까지에서 규정한 사항 외에 정부영상회의실 관리 · 운영에 필요한 사항

2. 정부영상회의실 이용 요청

행정안전부장관은 영 제57조 제1항 각 호에 해당하는 회의를 주관하는 관계 행정기관의 장에게 정부영상회의실을 이용하여 회의를 개최할 것을 요청할 수 있다. 이 경우 행정기관의 장은 특별한 사유가 없으면 요청에 따라야 한다(규칙 제43조 제2항).

3. 정부영상회의실 운영요원

정부청사관리소장은 다음 각 호의 업무를 담당하는 정부영상회의실 운영요원을 정부서울청사, 정부과천청사, 정부대전청사 및 세종청사 등에 배치하여야 한다(규칙 제43조).

(1) 정부영상회의시스템 및 관련 장비의 운영 · 관리

(2) 각종 전용회선의 관리

(3) 정부영상회의실의 보안관리

(4) 그 밖에 정부영상회의 운영을 위해 필요한 업무

4. 정부영상회의실의 이용

(1) 정부영상회의실 이용 요청

행정안전부장관은 영 제57조 제1항 각 호에 해당하는 회의를 주관하는 관계 행정기관의 장에게 정부영상회의실을 이용하여 회의를 개최할 것을 요청할 수 있다. 이 경우 행정기관의 장은 특별한 사유가 없으면 요청에 따라야 한다(규칙 제43조 제2항).

⑵ **정부영상회의실 사용 신청**

정부영상회의실을 사용하려는 기관은 회의 개최일 2일 전까지 정부청사관리소장에게 사용 신청을 하여야 하며, 정부청사관리소장은 정부영상회의실의 사용가능 여부를 지체 없이 통보 하여야 한다(규칙 제44조 제1항).

⑶ **정부영상회의실 이용 절차**

① 정부영상회의실을 이용하고자 하는 기관은 정부청사관리소장과 사용가능여부(사용의 적 정성, 예약상황, 시스템 정상여부, 기자재 준비사항, 회의보안) 등에 관하여 사전에 협의하 여야 한다.

② 정부영상회의실 사용은 문서 또는 정부영상회의실 사용신청서(규칙 별지 제11호 서식)로 신청하여야 하며, 회의진행에 필요한 서류는 팩스 또는 정보통신망을 이용하여 회의 개최 일 2일 전까지 정부청사관리소장에게 제출하여야 한다(규칙 제44조).

③ 중앙행정기관과 시·도 간 영상회의를 개최할 때는 회의 주관기관에서 시·도 영상회의 실의 예약상황 등을 고려하여 참석 대상기관에 문서로 사용신청 또는 협조·요청하여야 한다.

5. 영상회의시스템의 구축 및 연계·운영

⑴ 행정기관의 장은 영상회의시스템을 구축하는 경우에 특별한 사유가 없으면 행정안전부장관이 정하는 기술규격에 적합하도록 하여 다른 행정기관 등의 영상회의시스템과 연계하여 운영할 수 있도록 하여야 한다(영 제58조 제1항).

⑵ 행정안전부장관은 영상회의실의 연계를 원활히 하고, 이용 편의를 높이기 위하여 공통기반 및 통합 이용 시스템을 구축·운영할 수 있다(제2항).

이에 따라 행정안전부는 영상회의 공통기반시스템을 구축하여 중앙부처 및 지자체 등 영상 회의시스템을 연계하고, 회의실 관리 및 예약 기능 등을 제공하고 있다.

6. 영상회의시스템 이용 활성화

⑴ 행정기관의 장은 원격지에 위치한 기관 간에 회의를 개최하는 경우 영상회의를 우선적으로 활용하여야 한다(영 제59조 제1항).

또한 행정기관의 장은 해당 기관의 영상회의를 총괄적으로 관리하기 위하여 영상회의 책임 관과 영상회의 전담부서를 지정하여야 한다.

> ○ 영상회의 책임관은 해당 기관의 영상회의 현황 및 영상회의 실적관리, 영상회의 활성화 계획의 수립·이행 등의 임무를 수행한다.

(2) 행정안전부장관은 영상회의를 활용하여야 하는 주요 회의와 이용 목표를 정하여 행정기관의 장에게 영상회의를 적극 활용할 것을 요청할 수 있다. 이 경우 행정기관의 장은 특별한 사유가 없으면 요청에 따라야 한다(제2항).

(3) 행정안전부장관은 행정기관의 영상회의 활용실적을 정기적으로 점검·평가할 수 있다(제3항).

(4) 행정기관의 장은 해당 기관의 영상회의를 총괄적으로 관리하기 위하여 영상회의 책임관과 영상회의 전담부서를 지정하여야 한다(제4항).

(5) 영상회의 책임관은 해당 기관의 영상회의 현황 및 영상회의 실적관리, 영상회의 활성화 계획의 수립·이행 등의 임무를 수행한다(제5항).

(6) 행정안전부장관은 행정기관의 영상회의 활성화를 위하여 영상회의 이용 홍보 및 교육, 영상회의 책임관 회의 개최, 행정기관별 영상회의 활용 우수사례 발굴·공유 및 우수기관 포상 등을 할 수 있다(제6항).

7. 권한의 위임

행정안전부장관은 정부영상회의실의 관리·운영에 관한 권한을 정부청사관리본부장에게 위임한다(영 제70조).

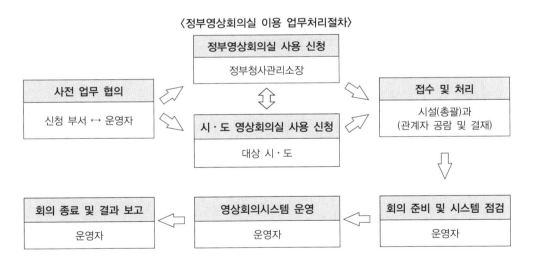

〈정부영상회의실 이용 업무처리절차〉

■ 행정 효율과 협업 촉진에 관한 규정 시행규칙 [별지 제11호 서식] 〈개정 2017. 7. 26.〉

정부영상회의실 사용신청서

※ [ ]에는 해당되는 곳에 √표를 합니다.

접수번호		접수일자						

회의내용	기 관 명							
	일 시							
	참석인원		합계	세종청사	서울청사	과천청사	대전청사	시·도	기타
	회의 세부내용	회의제목						
		주요내용						
	회 의 주 관	– 주관과 : – 주 재 :						
	담 당 자	직 급		성 명			전화번호	

회의지원내용	국민의례	[ ] 정식절차 　　　　　　　　 [ ] 약식절차 ※「국민의례 규정」 제4조에 따른 세부내용 기재 （ 　　　　　　　　　　　　　　　　　　　　　　 ）
	기자재 사 용	[ ] 녹음　　　　[ ] 녹화　　　　[ ] PC　　　보안필요　　[ ] 보 안 [ ] 빔 프로젝터　[ ] 기타 (　　)　　 여 부　　[ ] 비보안

「행정 효율과 협업 촉진에 관한 규정 시행규칙」 제44조 제1항에 따라 위와 같이 정부영상회의실 사용을 신청합니다.

년　　　월　　　일

신청인　소속　　　　　직급　　　　　성명

(서명 또는 인)

정부청사관리본부장 귀하

첨부서류	관련자료 1부

210mm×297mm[일반용지(재활용품)]

Self study　　　　　　　　※ 출제가 예상되는 다음 문제의 답안을 스스로 작성해 보시오.

1. 행정협업의 개념과 대상업무에 대하여 약술하시오.

2. 행정협업과제의 등록 및 협업과제 추가발굴에 대하여 약술하시오.

3. 협업책임관제도에 대하여 약술하시오.

4. 행정협업위 추진과 효율적 수행을 위한 행정기관장의 역할에 대하여 기술하시오.

5. 행정협업시스템의 개념과 주요 서비스 내용에 대하여 약술하시오.

6. 행정협업조직의 개념과 필요성에 대하여 약술하시오.

7. 행정협업조직의 설치 · 운영에 대하여 기술하시오.

8. 지식행정의 개념과 추진배경에 대하여 약술하시오.

9. 지식행정 활성화 계획의 수립 · 시행의 주체 및 계획내용에 대하여 약술하시오.

10. 지식행정의 구성요소에 대하여 약술하시오.

11. 온-나라 지식시스템(GKMC)에 대하여 약술하시오.

12. 정책연구 추진기관별, 정책연구 관리주체별 역할에 대하여 약술하시오.

13. 정책연구와 관련 정책연구의 의의, 정책연구의 종류와 수행 방식에 대하여 약술하시오.

14. 정책연구 추진절차에 대하여 약술하시오.

15. 포괄연구개발비에 의한 연구추진 시 연구과제 선정에 대하여 약술하시오.

16. 사업별 연구개발비에 의한 연구과제 선정절차에 대하여 약술하시오.

17. 정책연구자 선정(수의계약)에 대하여 약술하시오.

18. 정책연구와 관련 경쟁방법에 의한 연구자 선정절차에 대하여 약술하시오.

19. 정책연구심의위원회에 대하여 약술하시오.

20. 영상회의의 의의 및 설치·운영에 대하여 약술하시오.

21. 정부영상회의실의 이용절차에 대하여 약술하시오.

행정업무의 관리

제1절 **업무분장 및 인계·인수** 2021·2022 기출

01 업무의 분장 2022 기출

각 처리과의 장은 업무를 효율적으로 처리하고 책임소재를 명확하게 하기 위하여 소관 업무를 단위업무별로 분장하되, 소속 공무원 간의 업무량이 균형을 이룰 수 있도록 하여야 한다(영 제60조).

02 업무의 인계·인수

1. 인계·인수 개요

(1) 제도 개요

행정업무의 책임소재를 명확히 하고, 행정지식의 축적 등을 통한 업무의 효율적 관리를 위하여 공무원 인사발령 등의 경우에 인계자가 업무의 진행사항, 예산·물품 정보 등을 적어서 후임자에게 전달하는 제도를 말한다.

(2) 제도의 발전과정

① 1961년 제정된 정부공문서 규정에는 문서만 인계·인수

② 1991년 사무관리규정 제정으로 사무의 인계·인수 조항 신설

③ **2011년 행정업무의 효율적 운영에 관한 규정**: 업무의 인계·인수는 업무관리시스템이나 전자문서시스템을 이용

④ **2016년 행정효율과 협업 촉진에 관한 규정**: 업무관리시스템이나 전자문서시스템 이용하여 인계·인수

(3) 근거법령 및 관련규정

영 제61조, 규칙 제45조

2. 규정 내용(업무인계 · 인수서 작성)

(1) 공무원이 조직개편, 인사발령 또는 업무분장 조정 등의 사유로 업무를 인계 · 인수할 때에는 해당 업무에 관한 모든 사항이 구체적으로 나타나도록 행정안전부령으로 정하는 바에 따라 업무관리시스템이나 전자문서시스템을 이용하여 인계 · 인수하여야 한다(영 제61조 제1항).

(2) 업무관리시스템이나 전자문서시스템을 이용하여 업무를 인계 · 인수하는 사람은 별지 제12호 서식의 업무인계 · 인수서를 작성하여야 한다(규칙 제45조 제1항).

(3) 후임자가 정해지지 아니한 경우와 그 밖의 특별한 사유로 후임자에게 업무를 인계할 수 없는 경우에는 그 직무를 대리하는 사람에게 인계하고, 그 직무를 대리하는 사람은 후임자가 업무를 인수할 수 있게 되었을 때에 즉시 인계하여야 한다(규칙 제45조 제2항).

(4) 행정기관의 장은 제1항에 따른 인계 · 인수가 원활하게 이루어질 수 있도록 기능분류시스템의 자료를 최신의 정보로 유지하여야 한다(영 제61조 제2항).

3. 인계 · 인수 절차

(1) 인계 · 인수 사전준비

① 기관 내 업무관리시스템을 통해 공식적인 문서(기안, 결재, 보고, 회의자료 등)를 충실히 작성하고 등록한다.

② 담당업무가 추가 또는 변경되는 경우 기능분류체계(BRM)에 따른 단위과제의 분류체계를 수정하거나 보완한다.

③ BRM에 등록된 단위과제의 관련 정보(이해관계자, 조직 · 법령 · 예산 정보, 업무처리절차 등)를 수시로 수정 · 보완한다.

④ 개인용 컴퓨터의 폴더는 업무관리시스템의 BRM 분류체계를 준용하여 관리하며, 보존폴더와 임시폴더로 구분하여 불필요한 자료의 축적을 방지한다.

(2) 업무자료 정리

① 인사발령 등 인계 · 인수 사유가 발생하였을 경우 기존에 담당하던 과제를 모두 종료한다.

② 업무관리시스템의 실적관리나 고객관리 메뉴 등을 통해 담당 과제와 관련한 실적자료(공식적인 문서 목록, 고객정보 등)를 정리한다.

③ 개인용 컴퓨터에 보관된 자료 가운데 인계 · 인수가 불필요한 자료들을 삭제하고 이동용 저장장치(보안 USB 등)에 복사한다.

④ 정리된 업무자료의 구성 및 간략한 내용을 살펴볼 수 있는 자료 개요를 작성한다.

(3) 인계 · 인수서 작성

① 인계자는 규칙 별지 제12호 서식을 활용하여 인계 · 인수서를 작성한다.

② 작성된 인계 · 인수서에 서명할 인수자와 입회자(직근 상급자)를 확인한다.

③ 작성된 인계 · 인수서는 1차적으로 상급자인 입회자에게 먼저 검토를 받을 필요가 있으며, 입회자는 인계 · 인수 항목이 충실히 기록되었는지 확인하고 수정 및 보완을 위한 의견을 제시할 수 있다.

④ 인계자는 입회자의 검토를 받은 인계 · 인수서에 서명한다.

(4) 대면 인계 · 인수 진행

① 인계자는 인수자를 확인하고 대면 인계 · 인수 일정을 협의한다.

② 대면 인계 · 인수는 실제 인계 · 인수 발생시점 이후 7일 이내에 완료하는 것을 원칙으로 하며, 상급자에 대한 보고를 통해 공식적으로 대면 인계 · 인수를 위한 시간을 확보한다.

③ 인계자는 대면 인계 · 인수 과정에서 인계 · 인수서를 전달하고 그 내용을 간략히 설명하며, 서면으로 기록되지 않은 업무처리 Know-how나 업무지식을 인수자에게 전달한다.

④ 지역적 격차나 시간적 불일치로 인해 대면 인계 · 인수가 불가한 경우에는 대면 인계 · 인수를 대행할 대리자를 지정하거나 전화, 영상회의 및 이메일 등을 통해 인계 · 인수한다.

(5) 인계 · 인수서 확인

① 인수자는 인계자가 작성한 인계 · 인수서를 바탕으로 업무관리시스템상의 자료 및 전달받은 개인 문서자료 등을 확인한다.

② 인계 · 인수서에 기록된 현안 · 미결 업무 등에 대해 명확히 확인하고 처리 방안에 관하여 인계자로부터 충분한 의견을 수렴한다.

③ 인수자는 인계 · 인수서의 내용을 충실히 파악한 이후 인계 · 인수서에 서명하고 그 결과를 입회자(직근 상급자)에게 보고한다.

④ 직근 상급자인 입회자는 인수자가 인계 · 인수서를 충실히 파악하고 있는지를 확인하고 인계 · 인수서에 서명하여 인계 · 인수 결과보고를 공식적으로 처리한다.

(6) 인계 · 인수 사후관리

① 인계자는 인계 · 인수가 종료된 이후에도 인수자나 입회자가 요청할 경우 관련 업무처리를 지원하여야 한다.

② 원칙적으로 인계자는 인계 · 인수 이후 최소 1개월까지는 인계 · 인수 과정에서 발생하는 인수자의 업무파악을 위하여 적극적으로 업무를 지원해야 한다.

③ 가급적 사후 업무지원은 메모보고 등을 통해 요청과 대응이 이루어지도록 해야 하나, 사안의 정도에 따라 구두 설명이나 이메일, 전화, 영상회의 등을 통한 원격 지원도 가능하다.

4. 인계 · 인수서 작성내용 ^{2021 기출}

(1) 업무 현황

① **담당 업무**: 부서 업무분장표 및 업무매뉴얼 등을 활용하여 현재 자신의 업무내용을 입력하며, 직무기술서를 작성하는 형식으로 직무의 성격, 내용, 수행방법 등을 정리하고 도식화된 업무프로세스를 포함한다.

② **주요 업무계획 및 진행사항**: 업무관리시스템의 과제관리카드에 수록된 자료를 활용하여 담당하고 있는 단위과제 및 전략과제의 주요 업무계획과 추진경과, 추진실적 등을 간략하게 정리한다.

③ **현안사항 및 문제점**: 향후 1~3개월 이내에 처리해야 할 필요가 있는 업무 관련 사항과 그 처리방안에 대한 의견을 기술한다.

④ **주요 미결사항**: 상급자의 지시사항, 소송 계류 중인 사항, 감사원 · 국회 등의 지적사항에 대한 미처리 내용과 처리기한에 대해 기술한다.

(2) 관련문서 현황

업무관리시스템이나 전자문서시스템에 저장된 문서와 개인용 컴퓨터에 저장된 관련 파일, 그리고 자료집 등 비전자문서에 대한 관리 현황으로 나누어 목록 등을 기술한다.

(3) 주요 물품 및 예산 등 인계 · 인수가 필요한 사항

업무 관련 전문가, 고객 등 이해관계자와 물품, 예산 등 업무 추진에 필요한 자원의 내용과 규모, 확보방안 등을 정리하여 기술한다.

(4) 그 밖의 참고사항

인계자가 경험적으로 갖고 있는 업무 지식 등에 대한 주관적 의견과 업무지원을 받을 수 있는 인계자의 연락처 등 그 밖의 정보를 포함하여 기술한다.

■ 행정효율과 협업촉진에 관한 규정 시행규칙 [별지 제12호 서식]

업무인계 · 인수서

1. 업무현황

    가. 담당 업무

    나. 주요 업무계획 및 진행사항

    다. 현안사항 및 문제점

    라. 주요 미결사항

2. 관련 문서 현황

3. 주요 물품 및 예산 등 인계 · 인수가 필요한 사항

4. 그 밖의 참고사항

위와 같이 인계 · 인수합니다.

년   월   일

인계자	(서명 또는 인)
인수자	(서명 또는 인)
입회자	(서명 또는 인)

210mm×297mm(백상지 80g/m²)

비고(이 난은 서식에 포함하지 아니한다)

1. 입회자는 인계자의 바로 위 상급자가 된다. 다만, 인계자가 기관장 및 부기관장인 경우에는 바로 아래 하급자가 된다.

2. 기재 항목이나 내용은 기관의 실정이나 인계 · 인수 사항에 따라 조정하여 사용할 수 있다.

3. 인계자, 인수자 및 입회자의 서명 또는 날인은 생략할 수 있다.

제2절 | 업무편람 ^{2020 기출}

01 업무편람의 개념 ^{2020 기출}

'업무편람'이란 업무수행에 합리적인 방향 및 기준을 제시하여 주는 것으로써 조직의 방침과 기능, 사무처리의 절차와 방법, 준수하여야 할 제원칙, 기타 사무와 관련된 자료 등을 단순화하고 표준화하여 이해하기 쉽고 업무처리에 편리하도록 작성한 업무지침서를 말한다.

02 업무편람의 작성 · 활용

행정기관이 상당 기간에 걸쳐 반복적으로 하는 업무는 그 업무의 처리가 표준화 · 전문화될 수 있도록 업무편람을 작성하여 활용하는 것을 원칙으로 한다(영 제62조 제1항).

03 업무편람의 종류 ^{2020 기출}

업무편람은 그 내용, 적용범위 및 작성기관에 따라 여러 가지로 분류할 수 있으나, 행정기관에서 발간 · 배포하여 활용하는 행정편람과 부서별로 작성 · 활용하는 직무편람으로 크게 구분한다(영 제62조 제2항 제1호, 제2호).

1. 행정편람

행정편람이란 업무처리의 기준과 절차, 장비 운용 방법, 그 밖의 일상적 근무규칙 등에 관하여 다수의 행정기관이나 업무 담당자에게 필요한 지침 · 기준 · 지식 등을 제공하여 공통적으로 활용하는 업무지도서나 업무참고서를 말하며, 행정기관 명의로 발간한다(영 제62조 제2항).

(1) 자문

행정편람을 발간하려는 경우 필요하면 해당 기관의 공무원이나 관계 전문가에게 자문할 수 있다(제3항).

(2) 발간 및 수정 · 보완

행정편람은 해당 행정기관의 장이 발간한다. 또한 관련 제도의 변경 등으로 행정편람의 내용을 수정 또는 보완하여야 하는 사유가 발생하면 그 내용을 수정 또는 보완하여야 한다.

(3) 관리 및 활용

행정편람은 개인 소장을 금지하고 서가 또는 책장에 비치하여 관계자가 누구든지 항상 손쉽게 참고·활용할 수 있도록 하여야 한다.

2. 직무편람

직무편람은 부서별로 그 소관 단위업무에 관한 업무계획, 현황 및 그 밖의 참고자료 등을 체계적으로 정리하여 활용하는 업무 현황철이나 참고철을 말한다(영 제62조 제2항).

(1) 작성대상

직무편람은 특별한 사유가 있는 경우를 제외하고는 행정기관의 직제에 규정된 최하단위 부서(과 또는 담당관)의 단위업무별로 작성하되, 필요한 경우에는 여러 단위업무에 관한 직무편람을 한 권으로 묶어 부서별로 작성할 수 있다.

(2) 작성내용

직무편람은 다음 각 호의 사항을 포함하여 작성되어야 하며, 업무를 인계·인수할 때에는 직무편람을 함께 인계·인수하여야 한다(규칙 제46조 제2항 제1호 내지 제4호).
① 업무 연혁, 관련 업무 현황 및 주요 업무계획
② 업무의 처리절차 및 흐름도
③ 소관 보존문서 현황
④ 그 밖의 업무처리에 필요한 참고사항

(3) 인계·인수 및 관리

업무 담당 직원의 인사이동 또는 조직개편, 업무의 재분장 등으로 소관업무를 인계·인수하는 때에는 직무편람을 함께 인계·인수하여 업무현황 파악이 용이하도록 하고 업무처리 지식 등이 축적될 수 있도록 하여야 하며, 정기 또는 수시로 직무편람의 내용을 점검하고 그 내용을 수정·보완 하여야 한다.

⑭ 업무편람 작성 및 활용효과 2020 기출

1. 작성효과

(1) 현재의 업무 상태를 파악할 수 있다.

(2) 사무의 표준화·단순화·전문화를 촉진한다.

(3) 기타 현재의 불합리한 점을 발견하여 개선할 수 있다.

2. 활용효과

(1) 사무활동의 목표와 방침의 기준을 세워준다.

(2) 사무를 통제하는 데 필요한 적절한 지침을 준다.

(3) 사무의 혼란, 불확실 및 중복을 줄일 수 있다.

(4) 교육훈련을 위한 실효성이 있는 교재가 된다.

(5) 관리층과 부하직원 상호 간 또는 각 조직 간의 협력을 증진한다.

(6) 기타 사무능률 증진에 대한 관심을 높여 준다.

제3절 정책실명제 2014 · 2019 기출

01 정책실명제의 개념 2019 기출

'정책실명제'란 정책의 투명성과 책임성을 높이기 위하여 행정기관에서 소관 업무와 관련하여 수립·시행하는 주요 정책의 결정 및 집행 과정에 참여하는 관련자의 실명과 의견을 기록·관리하는 제도를 말한다(영 제3조 제14호).

02 정책실명제 실현방안 2019 기출

1. 주요 정책 자료의 종합적 기록·보존

(1) 행정기관의 장은 주요 정책의 결정이나 집행과 관련되는 다음 각 호의 사항을 종합적으로 기록·보존하여야 한다(영 제63조 제1항).

① 주요 정책의 결정, 과정에 참여한 관련자의 소속, 직급 또는 직위, 성명과 그 의견

② 주요 정책의 결정, 집행과 관련된 각종 계획서, 보고서, 회의·공청회·세미나 관련 자료 및 그 토의내용

(2) 행정기관의 장은 주요 정책의 결정을 위하여 회의·공청회·세미나 등을 개최하는 경우에는 일시, 참석자, 발언내용, 결정사항, 표결내용 등을 처리과의 직원으로 하여금 관련사항을 기록하게 하여야 한다(제2항).

① 기록주체는 처리과(정책 또는 사업담당 주관부서)이다.

② 보존방법은 정책결정 관련 공문서와 함께 철하는 것을 원칙으로 하고, 양이 많을 때에는 별도로 편철하도록 한다.

2. 기록·보존의 주체

각급 기관은 정책실명제 주관부서 및 담당자를 지정·운영하고, 기록·보존의 주체는 처리과(정책 또는 사업담당 주관부서)로 한다.

ⓞ③ 정책실명제 책임관 지정과 임무

1. 정책실명제 책임관 지정

행정기관의 장은 해당 기관의 정책실명제를 효율적으로 운영하기 위하여 기획조정실장 등 해당 기관의 기획 업무를 총괄하는 직위에 있는 공무원을 정책실명제 책임관으로 지정하여야 한다(영 제63조의 2 제1항).

2. 정책실명제 책임관 임무(제2항)

(1) 해당 기관의 정책실명제 활성화 계획수립 및 시행

(2) 해당 기관의 정책실명제 대상사업 선정 및 추진실적 공개

(3) 자체 평가 및 교육

(4) 그 밖에 해당 기관의 정책실명제 운영을 위하여 필요한 업무

ⓞ④ 정책실명제 중점관리 대상 선정 2019 기출

(1) 행정기관의 장은 다음 각 호의 사항 중에서 정책실명제 중점관리 대상사업을 선정하여 관리하여야 한다(영 제63조의 3 제1항).
　① 주요 국정 현안에 관한 사항
　② 대규모 예산이 투입되는 사업
　③ 일정 규모 이상의 연구용역
　④ 법령 또는 자치법규의 제정·개정 및 폐지
　⑤ 제63조의 5 제1항에 따라 행정안전부장관이 정한 절차에 따라 국민이 신청한 사업
　⑥ 그 밖에 중점관리가 필요한 사업

(2) 행정기관의 장은 제1항에 따른 정책실명제 중점관리 대상사업 선정을 위하여 자체 세부기준을 마련하고, 심의위원회를 구성하여 심의를 거친 후 대상사업을 선정하여야 한다(제2항).

(3) 행정기관의 장은 정책실명제 중점관리 대상사업의 추진실적을 해당 기관의 인터넷 홈페이지 등을 통하여 공개하여야 한다. 다만, 「공공기관의 정보공개에 관한 법률」 제9조에 따른 비공개 대상 정보에 해당하는 경우에는 그러하지 아니하다.

〈사업내역서 예시〉

정책실명제 중점관리 대상사업 사업내역서

① 사업부서		② 담당자(연락처)	
③ 정책사업명			
④ 선정기준		⑤ 사업기간	
⑥ 주요 내용			

〈기재항목〉
① 사업부서 : 사업을 수행하는 부서명을 기재
② 담당자 : 사업 담당자 및 사업부서장을 직급(직위)과 함께 기재
③ 정책사업명 : 추진하는 정책사업명을 기재
④ 선정기준 : 정책실명제 중점관리 대상사업으로 선정한 해당 기준을 기재
⑤ 사업기간 : 사업의 시작 및 종료 시점 기재
⑥ 주요 내용 : 사업의 목적 또는 추진배경, 추진계획 및 주요 추진상황(예산포함) 등 사업 전반에 대해서
　　　　　　　구체적으로 기재

정책실명제 등록번호	2014-01	담당부서 작성자	(실·국·본부 / 부서명) (이름/사무실연락처)
정 책 명			

사업개요	• 추진배경 － 사업의 추진 목적과 사업의 실시하게 된 배경을 자세히 기록 • 추진기간: 20○○.○.○○. ~ 20○○.○.○○. • 총사업비 : ○○○백만 원 • 주요내용 －
추진경과 및 사업 관련자	□ 사업관련자 현황 • 2004. 1. 5. : 전남도에서 '여수해양박람회' 유치추진 건의 － 관련자 : ○○○과 사무관 김○○, 과장 이○○, 국장 송○○, 　　　　　실장 남○○, 부지사 박○○, 도지사 이○○ • 2004. 12. 20. : "2012여수세계박람회 유치 및 개최계획" 수립 － 관련자 : ○○○과 사무관 김○○, 과장 이○○, 국장 송○○, 　　　　　실장 남○○, 부지사 박○○, 도지사 이○○ • 2008. 3. 14. : 2012여수세계박람회 지원특별법 제정 － 관련자 : ○○○과 사무관 김○○, 과장 이○○, 국장 송○○, 　　　　　실장 남○○, 부지사 박○○, 도지사 이○○ • 2008. 3. 31. : 2012여수세계박람회 조직위원회 설립인가(국토부) － 관련자 : 국토부 ○○○과 사무관 김○○, 과장 이○○, 　　　　　국장 송○○, 실장 남○○ • 2009. 11. 12. : 박람회 착공식 － 관련자 : 전라남도 ○○○과 사무관 김○○, 과장 이○○, 국장 남○○ 　　　　　국토부 ○○○과 사무관 김○○, 과장 이○○, 국장 송○○ 　　　　　○○○건설사 부장 김○○, 부장 최○○, 본부장 이○○

05 정책실명제 평가

행정안전부장관은 정책실명제의 활성화를 위하여 필요한 경우 각 행정기관의 정책실명제 추진실적 등을 평가할 수 있다(영 제63조의 4).

06 정책실명제 세부 규정

(1) 정책실명제 중점관리 대상사업 선정, 심의위원회의 구성, 정책실명제 추진실적 평가기준 및 그 밖에 정책실명제 운영을 위하여 필요한 세부 사항은 행정안전부장관이 정한다(영 제63조의 5 제1항).

(2) 이 영에서 규정한 사항 외에 지방자치단체에서 운영하는 정책실명제의 대상 및 범위 등에 관하여 필요한 세부 사항은 해당 지방자치단체의 조례로 정할 수 있다(제2항).

07 보도자료의 실명 제공

행정기관이 언론기관에 보도자료를 제공하는 경우에는 해당 자료에 담당부서·담당자·연락처 등을 함께 적어야 한다(영 제63조 제3항).

예

담당부서	정보공개정책과
담당자	행정사무관 박담당
연락처	○○○○-○○○○

예 자세한 사항은 정보공개정책과 담당자 행정사무관 박담당(전화 ○○○○-○○○○)에게 연락하여 주시기 바랍니다.

행정안전부	**보 도 자 료**	작성과	정보공개정책과
	2019년 2월 15일(월) 조간 (2. 14. 12 : 00 이후)부터 보도될 수 있도록 협조 부탁드립니다.	담당자	과 장 김과장 사무관 최사무
		연락처	02-2100-3656 010-1111-2222

제4절 │ 행정업무 개선 ^{2022 기출}

01 행정업무 개선의 지속 추진

행정기관의 장은 국민에 대한 서비스의 질을 향상시키고 행정의 효율성을 높이기 위하여 지속적으로 해당 기관의 행정업무의 수행절차 및 방법을 개선하여야 한다(영 제64조 제1항).

02 행정업무 개선 우수사례 경진대회 개최

행정안전부장관은 업무개선을 촉진하기 위하여 행정기관이 참여하는 행정업무 개선 우수사례 경진대회 등을 개최할 수 있으며, 우수사례에 대해서는 포상할 수 있다(영 제64조 제2항).

제5절 │ 행정효율성 진단 ^{2022 기출}

01 행정효율성 진단의 의의

행정능률의 향상을 기하고 양질의 행정서비스를 국민에게 제공하기 위하여 행정업무의 흐름을 가시화하여 분석·검토하고, 업무수행방식을 혁신하여 기존의 업무흐름을 재설계하기 위한 과정 내지는 활동이다.

02 행정효율성 진단의 실시

행정안전부장관은 행정기관의 업무 효율성 향상을 위하여 행정업무 수행의 절차와 방법, 수행체계 및 관련 제도 등을 분석하고 재설계하는 행정효율성 진단을 하고 이에 따라 업무개선을 권고할 수 있다(영 제64조 제3항).

03 행정진단 전문 인력의 활용

행정안전부장관은 행정효율성 진단을 하는 경우 해당 분야에 대한 경험이나 전문능력을 가진 각급 행정기관 소속 공무원이나 관계 전문가의 지원을 받을 수 있다(영 제64조 제5항).

제6절 행정업무 운영 교육

01 행정업무 운영에 관한 교육

행정기관의 장은 소속 공무원에 대하여 매년 1회 이상 행정업무의 효율성 증진을 위한 교육을 하여야 한다(영 제65조).

02 행정업무 운영에 관한 감사

행정안전부장관이 필요하다고 인정하면 국무총리의 명을 받아 각급 행정기관에 대하여 이 영에서 규정하는 업무운영에 관한 감사를 할 수 있다(영 제66조).

03 문서 미등록자 등에 대한 조치

행정기관의 장은 다음 각 호의 어느 하나에 해당하는 공무원에게 징계나 그 밖에 필요한 조치를 하여야 한다(영 제67조 제1호 내지 제5호).

(1) 결재받은 문서를 등록하지 아니한 사람

(2) 훈령이나 규칙으로 정한 결재권자를 상향 또는 하향 조정하여 기안하거나 검토·결재를 한 사람

(3) 관인을 부당하게 사용한 사람

(4) 업무 협조 지연의 책임이 있는 사람

(5) 공무가 아닌 목적으로 업무관리시스템이나 전자문서시스템을 이용한 사람

제7절 보칙

01 대통령 또는 국무총리 명의로 시행하는 문서에 관한 특례

법령에 따라 대통령 또는 국무총리 명의로 시행하여야 하는 문서의 형식 및 처리 방법에 관한 사항은 법령에 특별한 규정이 있는 경우를 제외하고는 대통령훈령으로 정한다(영 제68조).

02 국가정보원의 업무운영에 대한 특례

국가정보원이 아닌 행정기관에서 문서를 기안할 경우 국가정보원 소관 사항은 국가정보원에서 따로 기안할 수 있다(영 제69조 제1항, 제2항).

(1) 국가정보원에서 작성하는 시행문에는 기안자, 검토자, 협조자, 결재권자의 직위 또는 직급과 서명 및 연락처 등을 표시하지 아니할 수 있다.

(2) 국가정보원장은 관인공고 절차를 생략하거나 보도자료를 비실명으로 제공할 수 있다.

03 서식관리

행정기관의 장은 별지 제1호 서식부터 별지 제12호 서식까지에 따라 작성한 문서를 특별한 사유가 없으면 업무관리시스템 또는 전자문서시스템 등을 이용하여 전자적으로 관리하여야 한다(규칙 제47조).

✎ **Self study**

1. 행정업무의 관리와 관련 업무의 분장 및 인계·인수에 있어 업무 분장의 의의, 인계·인수절차를 약술하시오.

2. 업무의 인계·인수와 관련하여 인계·인수의 개요와 인계·인수서의 작성 내용에 대하여 약술하시오.

3. 업무편람의 개념과 종류와 작성에 대하여 약술하시오.

4. 직무편람의 작성 내용과 업무편람의 작성 및 활용효과에 대하여 약술하시오.

5. 정책실명제의 개념과 실현방안에 대하여 약술하시오.

6. 정책실명제 책임관제도와 정책실명제 중점관리 대상사업 내용에 대하여 약술하시오.

행정사
사무관리론

Part_

02

민원처리에
관한 법령

01 민원행정의 개관과 특징

제1절 │ 민원행정

① 민원행정의 특징

민원행정은 국민이 행정기관에 특정한 행위를 요구하는 의사표시에 대응하는 활동을 의미하는 것으로 여러 가지 측면에서 다음과 같은 다양한 특징을 가지고 있다.

1. 민원행정의 다양성 및 유동성

민원행정은 그 내용이 다양하고 유동적이며 항상 새로운 조건하에서 결정되므로 다양성과 변동성을 가진다. 기관의 성격과 기능, 주민의 소득수준, 지역의 발전정도, 지역문화적 특성 등에 따라 그 내용을 달리하는 경우가 많다.

2. 민원행정의 재정적 지출성

민원행정의 처리나 해결을 위해서는 거의 대부분이 재정지출을 수반해야 하며, 고가의 비용이 요구되는 것이 많지는 않지만 그 종류 여하에 따라서는 많은 비용을 투입하지 않으면 해결될 수 없는 것들도 있다.

3. 민원행정의 양적 팽창성 및 질적 복잡·다양성

민원행정은 양적인 팽창뿐만 아니라 질적으로도 복잡한 양상을 보이고 있다. 하나의 민원의 해결은 기대수준의 상승으로 새로운 민원의 충족을 요구하게 되고, 중앙이나 지방을 막론하고 하나의 민원은 또 다른 새로운 민원을 야기하는 경우가 많다.

4. 민원행정의 기술성 및 전문성

제기된 민원의 처리에 있어서 고도의 기술성과 전문적 지식이 요구되고 있다. 또한 중앙과 지방, 지방 상호 간 그리고 여러 행정기관이 서로 협력해야 하고 공동의 노력을 기울여야 하는 상황 역시 증가하고 있다.

02 민원행정의 기능

민원행정은 행정체제의 내부 관리적 기능이 아니라 국민의 특정한 요구 투입(demand input)에 대하여 산출을 생산하는 기능을 수행하고 있기 때문에 행정수요와 국민의 요구 증대에 의하여 업무량이 증대하게 된다. 따라서 민원행정은 다음과 같은 기능을 갖고 있다.

1. 행정통제 수단

민원행정제도를 통하여 관료들이 국민에게 봉사하고 행정의 민주화를 실현할 수 있도록 지속적인 계기와 자극을 가함으로써 행정 발전을 촉진시킬 뿐만 아니라 행정관료제에 대한 국민의 통제를 공식화하는 기능을 수행한다.

2. 행정구제 수단

민원행정은 주로 행정기관에 대하여 일정한 어떤 행위를 요구하는 의사표시가 전제된다. 이러한 의사표시의 내용 중에는 부당한 행정으로 인한 불이익을 시정하고자 하는 의사표시가 포함될 수 있기 때문에 매우 간편한 행정구제의 수단으로서의 기능을 수행한다.

3. 주민참여적 수단

주민참여는 일반적으로 특정 지역의 주민들이 그들에게 영향을 미치는 정책결정과 집행과정에 참여하는 것을 의미한다. 민주의식이 보편화되고 개방화·분권화·전문화가 확대됨에 따라 주민참여가 매우 활발해지고 이에 대한 요구도 강화되고 있다. 민원행정은 이와 같은 행정과정에 국민이 참여하여 자신의 의견과 의사를 반영하는 행정에의 주민참여적 기능을 수행한다.

4. 행정의 신뢰성 제고 수단

민원행정은 국민과 정부 간의 대화를 위한 중요한 창구역할을 담당하기 때문에 행정과 국민 간의 신뢰성을 제고시키기 위한 수단으로 이용될 수 있다.

(03) 민원행정의 중요성

1. 민주행정의 가장 중요한 사무

민원사무를 통하여 국민은 행정기관과 직접 접촉하여 그 처리과정을 눈으로 보고 피부로 느끼게 된다. 국민으로부터 신뢰와 지지를 얻고, 국민에 대한 편의와 봉사를 도모하려는 민주행정은 어떤 사무보다도 중요한 사무로 인정된다고 할 수 있다.

2. 민원행정의 양질의 서비스 제공

국가의 기능이 19세기의 자유방임형 소비국가에서 21세기의 복지국가·행정서비스 국가로 변모하게 됨에 따라 국가는 국민생활 전반에 대하여 관여하게 되었다. 이에 따라 민원행정은 국민의 일상생활과 밀접한 관계를 가지기 때문에 '양질의 행정서비스를 제공'해야 한다는 점에서 그 중요성은 더욱 커지고 있다.

3. 간편한 절차와 수단에 의한 국민권익 보호

국민권익 보호 수단 중 하나인 행정소송제도는 현실적으로 그 기능을 제대로 발휘하는 한도 내에서는 커다란 효과가 있지만 거기에는 여러 가지 한계가 있다. 쟁송제기의 대상행위, 기간, 적격성 등의 제한이 있고 시간이나 비용의 과도한 부담으로 개인 권리를 구제받는 데 한계가 있는 것이다. 따라서 간편한 절차나 수단으로 국민의 권익을 보호할 수 있는 제도가 필요하게 되었으며, 민원행정이 그 역할을 하고 있다고 볼 수 있다.

제2절 | 민원처리에 관한 법령 연혁

01 연혁

1. 행정사무처리 간행령(대통령령 제197호, 1949. 10. 8. 제정)

> ◦ 민원사무처리에 대해 최초로 규정(1963. 11 .11. 폐지)

(1) 민원사항을 접수한 후 30일(말단 행정청은 10일) 이내에 처리

(2) 기일을 지키지 않는 공무원은 징계사유 등을 규정

2. 민원서류처리규정(각령 제1630호, 1963. 11. 11. 제정)

(1) '민원서류'를 정의

허가, 인가, 면허, 승인, 제증명, 신고, 등록, 청원, 소원, 진정 등

(2) **처리기간을 구체적으로 산정**

제증명은 3근무시간 이내, 협의사항은 10일 등

(3) **중간처리상황의 통지, 기각처리, '민원서류간소화 위원회' 설치 등**

> ◦ 1970. 12. 9. 폐지

3. 민원처리규정(대통령령 제5398호, 1970. 12. 9. 제정)

> ◦ 현행 법령의 기본적인 틀 마련(총 14회 개정, 1984. 4. 7. 폐지)

(1) **'민원인'에 대하여 최초로 규정**

행정기관에 대하여 어떠한 특정행위를 요구하는 자연인 또는 단체

(2) **행정기관에 '민원실'을 설치할 수 있도록 하고 '민원사무편람' 비치, 민원사무통제관 임명, 처리기간의 연장 등을 규정**

(3) **민원인이 접수 거부, 처리 지연 등에 대하여 신고할 수 있도록 함**

(4) **민원처리기간 계산을 구체화**

3일 이상은 초일산입, 공휴일 제외, 즉시는 3근무시간 이내, 1일은 8근무시간 등

4. 행정규제 및 민원사무기본법(법률 제4735호, 1994. 1. 7. 제정)

   ○ 최초로 법률로 규정(시행 1994. 4. 7., 폐지 1997. 12. 31.)

(1) 행정규제와 민원사무를 하나의 법률로 제정

(2) 고충민원에 대하여 최초로 정의(행정기관의 위법·부당허가나 소극적인 행정행위 및 불합리한 행정제도로 인하여 국민의 권리를 침해하거나 국민에게 불편·부담을 주는 사항)

(3) 민원 1회방문 처리제의 최초 도입, 민원사무 처리기준표 통합고시 시행

(4) 국민고충처리위원회의 설치 및 구성, 행정제도의 개선, 확인·점검 등

⑫ 민원사무처리에 관한 법률

제정 [법률 제5369호, 1997. 8. 22. 제정, 시행 1997. 12. 31.]

1. 목적

종래 행정규제와 민원사무처리의 근거 법률인 「행정규제 및 민원사무 기본법」에 규정되었던 행정규제에 관한 별도의 입법이 추진됨에 따라 민원사무만을 규율하는 법률 제정의 필요성과 함께 점차 복잡·다양해지고 있는 행정환경과 봉사행정에 대한 국민의 요구가 증가되고 있는 점을 고려하여 민원사무처리에 관한 별도의 법률을 제정하였다. 아울러 국민고충처리위원회의 조직을 보강하고 운영체계를 개편하며, 정부정책이나 행정제도의 개선을 위한 국민제안제도를 도입함으로써 민원사무의 신속한 처리로 국민의 권익을 최대한 보장하고, 행정에 대한 국민의 의견을 적극적으로 수렴할 수 있는 제도적 장치를 마련하며 국민에게 다가가는 행정을 구현하고자 하였다.

2. 주요 내용

(1) 민원 1회방문 처리제를 확립하여 불필요한 사유로 민원인이 행정기관을 다시 방문하지 아니하도록 하고, 행정기관의 장은 소속 공무원을 민원후견인으로 지정하여 민원인을 안내하고 상담에 응하도록 하여 민원처리에 따른 민원인의 불편을 해소하였다.

(2) 총무처장관은 민원인의 편의를 위하여 각종 민원의 처리기관·처리기간·구비서류 등에 관한 사항을 종합한 민원사무처리 기본표를 관보에 고시하도록 하였다.

(3) 총무처장관은 시·군·구 또는 기타 지역단위로 행정상담 위원을 위촉하여 행정 및 민원에 관한 상담에 응하도록 하였다.

(4) 고충민원 처리의 실효성을 제고하기 위하여 국민고충처리위원회를 위원장 1인을 포함한 10인 이내의 위원으로 구성하되, 상임위원은 3인 이내로 하며, 위원회에 소위원회를 두어 의결사항의 일부를 심의·의결하게 함으로써 위원회 운영의 효율성을 가했다.

(5) 국민고충처리위원회는 조사결과 처분 등의 위법·부당하다고 인정할 만한 상당한 사유가 있는 때에는 관계 행정기관의 장에게 시정조치를 권고할 수 있도록 하였다.

(6) 정부시책이나 행정제도 및 그 운영의 개선에 관한 민원인의 의견을 수렴하기 위하여 민원제안제도를 도입하였다.

03 민원처리에 관한 법률

[시행 2016. 2. 12.] [법률 제13459호, 2015. 8. 11. 전부개정]

1. 개정 이유

(1) 현행법은 국민이 행정기관에 신청하거나 요구하는 민원사항의 신속·공정하고 친절한 처리를 위하여 민원의 신청·접수·처리의 방법 및 절차 등에 관하여 규정하고 있음

(2) 그런데 현행법상 행정기관의 범위가 중앙행정기관과 지방자치단체 등으로 한정되어 있어 국민의 권익보호 차원에서 이를 국회·법원·헌법재판소 등의 헌법기관과 공공기관으로 확대할 필요성이 있음

(3) 또한, 민원은 그 특성에 따라 처리절차나 방법 등에 차이가 있으나 현행 규정에서는 민원의 종류를 구분함이 없이 통합적으로 규정하고 있어 국민의 혼란을 초래할 수 있으므로 민원의 종류를 세분화하여 규정할 필요가 있으며, 현재 하위법령에 규정되어 있는 민원제도개선 등에 관한 사항 등은 국민권익과 관련이 있으므로 법률에 규정할 필요가 있음

(4) 이에 행정기관의 범위를 확대하여 규정하고, 민원의 종류를 세분화하여 명확히 규정하며, 현재 시행령에 규정되어 있는 민원조정위원회·민원제도개선조정회의 등의 일부 조항을 법률로 규정하는 등 현행 규정을 일부 개선·보완함으로써 민원의 공정한 처리를 도모하고 민원과 관련된 국민의 권익이 충실히 보장될 수 있도록 하려는 것임

2. 주요 내용

(1) '민원사무'라는 용어는 공무원의 내부 업무를 지칭하는 의미가 있어 이를 '민원'이란 용어로 변경함에 따라 법률 제명을 '민원처리에 관한 법률'로 변경함

(2) 민원을 그 특성에 따라 법정민원, 질의민원, 건의민원, 기타민원 및 고충민원으로 분류함(제2조 제1호 각 목)

(3) 이 법의 적용을 받는 행정기관의 대상을 정의규정에 명확히 규정하되, 국회・법원・헌법재판소・중앙선거관리위원회의 행정사무를 처리하는 기관 및 공공기관 등으로 확대함(제2조 제3호)

(4) 민원인의 권리・의무규정을 신설하여 행정기관으로부터 신속・공정・친절・적법한 응답을 받을 권리와 행정기관에 부당한 요구나 다른 민원인의 민원처리를 지연시키는 행위를 하지 아니할 의무가 있음을 명시함(제5조)

(5) 행정기관의 장으로 하여금 법정민원의 처리기간을 민원의 종류별로 정하여 공표하고, 민원 편람에 수록하도록 함(제17조)

(6) 민원처리기간을 산정할 때, 공무원이 근무하지 않는 토요일을 제외함(제19조)

(7) 장기 미해결 민원 및 반복 민원 등의 해소・방지대책과 거부처분에 대한 이의신청 등을 심의하기 위한 민원조정위원회의 설치 근거를 법률에 규정함(제34조)

(8) 행정기관의 거부처분에 대한 이의신청 결과가 확정되기 전에 행정심판이나 행정소송을 제기하여야 하는 불합리함을 시정하기 위하여 거부처분에 대한 이의신청 기간을 현행 90일 이내에서 60일 이내로 변경함(제35조)

(9) 행정안전부장관으로 하여금 매년 민원행정 및 제도개선에 관한 기본지침을 작성하여 행정기관의 장에게 통지하도록 하고, 중앙행정기관의 장은 기본지침에 따라 그 기관의 특성에 맞는 민원행정 및 제도개선 계획을 수립・시행하도록 함(제38조)

(10) 행정기관의 장과 민원을 처리하는 담당자는 민원과 관련된 행정제도에 대한 개선안을 행정안전부장관 또는 그 민원의 소관 행정기관의 장에게 제출할 수 있도록 하고, 행정안전부장관은 소관 행정기관의 장이 수용하지 아니한 개선안 사항 중 개선할 필요성이 있다고 인정되는 사항에 대하여는 개선을 권고할 수 있도록 함(제39조)

(11) 여러 부처와 관련된 민원제도에 대한 개선사항 등을 심의・조정하기 위한 민원제도개선조정회의의 설치 근거를 법률에 규정함(제40조)

⑭ 민원처리에 관한 법률 시행령 전부개정

[시행 2016. 2. 12.] [대통령령 제26980호, 2016. 2. 12. 전부개정]

1. 개정 이유

민원의 종류를 법정민원·질의민원·건의민원·기타민원·고충민원으로 세분화하여 명확히 규정하고, 민원의 종류별 처리기간·처리절차 및 행정기관의 장에게 사전심사를 청구할 수 있는 민원의 종류를 대통령령으로 정하도록 하는 한편, 법률의 제명을 「민원처리에 관한 법률」로 변경하는 등의 내용으로 「민원사무처리에 관한 법률」이 개정(법률 제13459호, 2015. 8. 11. 공포, 2016. 2. 12. 시행)됨에 따라, 민원의 종류별 처리기간 및 처리절차 등 법률에서 위임된 사항과 그 시행에 필요한 사항을 정하려는 것임

2. 주요 내용

⑴ 민원처리 담당자의 보호(제4조)

행정기관의 장은 민원인의 폭언이나 폭행 등으로부터 민원처리 담당자를 보호하기 위하여 신체적·정신적 피해의 예방·치유 및 안전시설 확충 등의 방안을 강구하도록 함

⑵ 민원 접수 시 민원인 등 본인 확인(제6조 제5항)

행정기관의 장은 민원을 접수할 때 필요하다고 인정하는 경우에는 해당 민원인 본인 또는 그 위임을 받은 사람인지 확인할 수 있도록 함

⑶ 민원 신청서 작성의 편의 제공(제10조 제4항)

행정기관의 장은 문서로 접수하는 민원의 경우 민원인의 편의를 위하여 민원인이 민원 신청에 필요한 사항을 담당자에게 구술(口述)하고, 담당자가 이를 문서로 작성하여 민원인이 서명한 때에는 이를 민원문서로 접수할 수 있도록 함

⑷ 다른 행정기관 등을 이용한 민원의 접수·교부 방법 구체화(제12조 제8항)

행정기관의 장은 민원인이 다른 행정기관이 접수·교부하여야 할 민원을 통합하여 신청한 때에는 이를 통합하여 접수·교부할 수 있도록 함

⑸ 고충민원처리의 내실화(제17조)

① 행정기관의 장은 고충민원을 접수하였을 때에는 특별한 사유가 없으면 7일 이내에 처리하고, 민원인이 동일한 내용의 고충민원을 다시 제출한 경우에는 감사부서 등으로 하여금 이를 조사하도록 함

② 고충민원처리를 위하여 필요한 경우 14일의 범위에서 실지조사 등을 할 수 있도록 하되, 부득이한 사유로 그 기간의 연장이 필요한 경우에는 7일의 범위에서 그 기간을 한 차례만 연장할 수 있도록 함

③ 민원인이 감사부서 등의 조사를 거친 경우에는 그 고충민원과 관련한 사무에 대한 지도·감독 등의 권한을 가진 감독기관의 장에게 고충민원을 신청할 수 있도록 함

(6) 시정 요구 대상의 명확화(제18조)

민원처리 과정에서 행정기관의 장이 다른 법령에 특별한 규정이 없는 경우에도 민원의 접수를 보류·거부하거나 관계법령 등에서 정한 구비서류 외의 서류를 추가로 요구하는 경우에는 민원인은 그 행정기관 또는 감독기관의 장에게 시정을 요구할 수 있도록 함

(7) 반복·중복되는 다수인관련민원의 처리(제26조)

행정기관의 장은 민원인이 다수인관련민원을 동일한 내용으로 정당한 사유 없이 3회 이상 반복하여 제출하였거나 2개 이상의 행정기관에 제출한 동일한 내용의 민원을 다른 행정기관으로부터 이송받은 경우에 해당 다수인관련민원을 종결처리하려면 민원조정위원회의 심의를 거치도록 함

(8) 사전심사를 청구할 수 있는 민원(제33조)

정식으로 민원을 신청하기 전에 미리 약식의 사전심사를 청구할 수 있는 민원의 종류를 법정민원 중 정식으로 신청할 경우 토지매입 등이 필요하여 민원인에게 경제적으로 많은 비용이 수반되는 민원 등으로 구체화함

05 민원처리에 관한 법률 시행규칙 전부개정

[시행 2016. 2. 12.] [행정안전부령 제63호, 2016. 2. 12. 전부개정]

개정 이유 및 주요 내용

법률의 적용대상인 행정기관의 범위를 국회·법원 등 헌법기관과 공공기관으로 확대하고, 민원의 종류를 일반민원과 고충민원 등으로 세분화하여 명확히 규정하는 한편, 법률의 제명을 「민원처리에 관한 법률」로 변경하는 등의 내용으로 「민원사무처리에 관한 법률」이 개정(법률 제13459호, 2015. 8. 11. 공포, 2016. 2. 12. 시행)됨에 따라, 민원 접수 시 민원인의 위임을 받은 사람이 맞는지 확인하는 방법 등 법률 및 대통령령의 시행에 필요한 사항을 정하려는 것임

06 민원 처리에 관한 법률 시행령

[시행 2019. 6. 4.] [대통령령 제29799호, 2019. 6. 4. 일부개정]

1. 개정 이유 및 주요 내용

전자민원창구를 통한 민원 발급 과정에서 민원인의 편의를 향상시키기 위하여 불필요한 프로그램의 설치가 수반되었던 출력 매수 제한 조치를 없애고, 민원인이 소관 행정기관에서의 고충민원 처리 절차와 관계없이 국민권익위원회 또는 시민고충처리위원회에 고충민원을 신청할 수 있다는 점을 명확히 규정하며, 민원 처리 우수 직원 또는 부서에 대한 포상 근거를 마련하는 등 현행 제도의 운영상 나타난 일부 미비점을 개선·보완하려는 것임

○ **대통령령 제29799호**: 민원 처리에 관한 법률 시행령 일부개정령

2. 개정 내용

⑴ **제12조 제8항을 다음과 같이 하고, 같은 조 제10항 중 "제8항에 따라 행정기관의 장이"를 "법 제14조 제1항에 따른 다른 행정기관이나 농협 또는 새마을금고가 제8항에 따라"로 한다.**

⑧ 법 제14조 제1항에 따른 다른 행정기관이나 농협 또는 새마을금고는 민원인이 소관 행정기관이 다른 둘 이상의 민원을 통합하여 신청했을 때에는 이를 통합하여 접수·교부할 수 있다.

⑵ **제17조의 제목 "(고충민원의 처리기간 등)"을 "(고충민원의 처리 등)"으로 하고, 같은 조에 제8항을 다음과 같이 신설한다.**

⑧ 민원인은 고충민원을 신청하거나 제1항부터 제7항까지의 규정에 따라 처리결과를 통보받은 경우에도 국민권익위원회 또는 「부패방지 및 국민권익위원회의 설치와 운영에 관한 법률」 제2조 제9호에 따른 시민고충처리위원회에 고충민원을 신청할 수 있다.

⑶ **제22조에 제3항을 다음과 같이 신설한다.**

③ 행정기관의 장은 제1항에 따른 확인·점검 결과 민원 처리가 우수하다고 판단되는 직원이나 부서에 대하여 포상할 수 있다.

07 민원 처리에 관한 법률 시행규칙

[시행 2019. 6. 3.] [행정안전부령 제121호, 2019. 6. 3. 일부개정]

개정 이유 및 주요 내용

위임장 소지자가 다른 행정기관 등을 이용하여 민원을 신청하는 경우 제출해야 하는 서류와 관련된 안내 사항을 명확히 규정하려는 것임

⑧ 민원 처리에 관한 법률

[시행 2021. 10. 21.] [법률 제17515호, 2020. 10. 20. 일부개정]

개정 이유 및 주요 내용

행정기관에 대한 민원인의 민원 신청 과정에서 많은 행정기관이 구비서류를 요구하고 있는바, 이 중 각 개별 행정기관이 이미 보유 중인 민원인의 개인정보에 관한 사항에 대해서도 민원인 본인으로 하여금 직접 서류를 구비해 제출하도록 하여 국민 불편과 행정력의 낭비를 초래하고 있음

이에 민원인 본인의 신청이 있는 경우에 한해 민원의 접수·처리기관이 행정정보 보유기관으로부터 민원인에 관한 증명서류 또는 구비서류 등의 행정정보를 제공받아 민원 처리에 이용할 수 있는 근거를 마련함으로써 민원처리 과정에서 자기정보의 활용 여부를 국민이 결정할 수 있도록 보장하고, 증명서류나 구비서류 제출·보관에 따른 국민의 불편과 사회적·경제적 비용을 최소화하려는 것임

⑨ 민원 처리에 관한 법률 시행령

[시행 2021. 10. 21.] [대통령령 제32022호, 2021. 10. 5. 일부개정]

개정 이유 및 주요 내용

민원처리기관이 민원인의 요구에 의해 행정정보 보유기관으로부터 본인에 관한 행정정보를 제공받아 민원을 처리할 수 있는 법적 근거를 마련하는 내용으로 「민원 처리에 관한 법률」이 개정(법률 제17515호, 2020. 10. 20. 공포, 2021. 10. 21. 시행)됨에 따라, 민원인의 본인정보 제공 요구 방법·절차 등 법률에서 위임된 사항과 그 시행에 필요한 사항을 정하는 한편, 민원인이 원하는 경우에는 행정정보 보유기관의 장에게 본인정보를 정기적으로 민원처리기관에 제공할 것을 요구할 수 있도록 하여 민원처리기관이 제공받는 본인정보의 최신성·정확성이 유지될 수 있도록 하려는 것임

⑩ 민원 처리에 관한 법률

[시행 2022. 7. 12.] [법률 제18742호, 2022. 1. 11., 일부개정]

1. 개정 이유

현행법은 민원을 처리하는 담당자는 담당 민원을 신속·공정·친절·적법하게 처리하여야 할 의무에 대하여는 규정하고 있으나 이들의 권리에 관한 사항은 부재함. 또한, 코로나바이러스감염증-19의 확산에 따라 사회 전반에 비대면 문화가 새로운 흐름으로 대두되면서 민원 분야에서도 디지털 전환 가속화 요구가 증대되고 있음

그런데 민원인의 폭언, 폭행, 위협 등으로 인하여 민원처리 담당자의 정신적 스트레스, 우울증, 자살이 지속적으로 발생하고 있음에도 불구하고 이와 관련한 규정이 미비하여 민원처리 담당자에 대한 보호조치가 제대로 이루어지지 않고 있다는 지적이 있음

이에 민원인의 폭언·폭행, 반복민원 등으로부터 민원처리 담당자를 보호하기 위한 조치를 하도록 하고, 민원취약계층에 정보격차로 인하여 민원의 신청 등에 제약을 받는 사람도 포함하는 한편, 「전자정부법」 내의 전자적 민원 처리와 관련된 조항을 「민원 처리에 관한 법률」에 이관하는 등 비대면 민원서비스 제공을 위한 법적 기반을 강화하려는 것임

2. 주요 내용

⑴ 민원인이 전자적으로 증명서류 또는 구비서류를 제출하고 그 처리결과를 전자적으로 통지받을 수 있도록 함(현행 제2조 제7호 삭제, 제8조의 2 신설 및 제27조)

⑵ 민원인의 폭언·폭행, 반복민원 등으로부터 민원처리 담당자를 보호하기 위한 조치를 하도록 하고, 매년 11월 24일을 민원의 날로 정하도록 함(제4조, 제7조의 2 신설)

⑶ 민원취약계층의 범위를 확대하여 디지털 약자도 민원의 신청 및 접수·처리 과정에서 편의를 제공받을 수 있도록 함(제11조)

⑷ 민원인이 해당 기관을 직접 방문하지 않고 민원을 처리할 수 있도록 인터넷에 전자민원창구 및 통합전자민원창구를 구축·운영할 수 있도록 함(제12조의 2 신설 및 제36조)

⑸ 보칙장을 신설하고, 행정안전부장관의 권한 일부를 국민권익위원회에 위탁하도록 함(제4장 및 제46조 신설)

⑪ 민원 처리에 관한 법률 시행령

[시행 2022. 7. 12.] [대통령령 제32789호, 2022. 7. 11., 일부개정]

1. 개정 이유

민원인의 폭언·폭행이나 반복 민원 등으로부터 민원처리 담당자를 보호하기 위하여 행정기관의 장으로 하여금 필요한 조치를 마련하여 시행하도록 하고, 정보격차로 인하여 민원의 신청 등에 제약을 받는 사람 등 민원취약계층에게 편의를 제공하도록 하며, 비대면 민원서비스 제공을 위한 법적 근거를 통합·정비하기 위하여 「전자정부법」에서 규정하던 전자적 민원 처리에 관한 사항을 「민원 처리에 관한 법률」로 이관하는 등의 내용으로 모법(母法)이 개정(법률 제18742호, 2022. 1. 11. 공포, 7. 12. 시행)됨에 따라 법률에서 위임된 사항과 그 시행에 필요한 사항을 정하는 한편, 종결처리된 후 다시 접수된 민원 등에 대한 민원조정위원회의 심의 기능을 강화하고, 불필요한 민원 구비서류 등을 감축하기 위하여 중앙행정기관의 장이 법정민원을 신설하려는 경우 사전진단을 하도록 하는 등 현행 제도의 운영상 나타난 일부 미비점을 개선·보완하려는 것임

2. 주요 내용

(1) 민원처리 담당자의 보호 조치 구체화(제4조)

① 행정기관의 장이 영상정보처리기기나 호출장치 등 안전장비를 설치하도록 하고, 폭언·폭행 등으로 민원 처리를 방해하는 민원인에 대해서 퇴거 조치를 할 수 있도록 하는 등 민원인의 폭언·폭행 등으로부터 민원처리 담당자를 보호하기 위한 조치를 정함

② 행정기관의 장은 민원처리 담당자와 민원인 사이에 고소·고발 등이 있는 경우 이에 대응하는 업무를 총괄하는 전담부서를 지정하여 운영하도록 함

(2) 민원 접수 방법의 개선(제6조 제6항 및 제7항 신설)

① 5명 이상의 민원인으로부터 동일한 취지의 민원을 접수할 때에는 행정기관의 장이 이를 병합하여 접수할 수 있도록 하여 관련 민원의 신속한 처리를 도모함

② 전자민원창구를 통하여 민원이 신청된 경우에는 민원이 소관 행정기관에 도달한 때부터 8근무시간 이내에 접수하도록 함

(3) 민원취약계층의 범위 및 편의 제공(제8조의 2 신설)

① 행정기관의 장이 민원의 처리 과정 등에서 편의를 제공해야 하는 민원취약계층의 범위를 「장애인복지법」에 따라 등록된 장애인, 65세 이상인 사람, 「국민기초생활 보장법」에 따른 수급자 등으로 구체화함

② 행정기관의 장은 민원취약계층을 위하여 휠체어, 점자 안내책자 등 편의용품을 비치하고 전용 창구를 운영하도록 하는 등 민원취약계층에 대한 편의 제공에 필요한 사항을 정함

③ 민원취약계층에 대해서는 민원 수수료를 일반 국민이 전자민원창구를 이용하는 경우의 수수료 감면 비율이나 금액 이상으로 감면하도록 함

(4) 민원실의 운영시간 및 운영형태(제8조의 3 신설)

민원실을 보다 효율적으로 운영하기 위하여 민원실의 1일 운영시간을 오전 9시부터 오후 6시까지로 정하고, 행정기관 외의 공공장소 등에도 민원실을 설치하여 운영할 수 있도록 함

(5) 전자민원창구의 설치·운영(제10조의 2 신설 및 안 제11조)

① 행정기관의 장은 특별한 사유가 없으면 하나의 전자민원창구를 설치하도록 하고, 이를 통합전자민원창구와 효율적으로 연계하도록 함

② 행정기관의 장이 전자민원창구나 통합전자민원창구를 통한 민원 처리 수수료의 감면 비율이나 금액을 정한 경우에는 행정안전부장관에게 통보하도록 하고, 행정안전부장관은 이를 민원처리기준표에 반영하도록 함

(6) 다수인 관련 민원 등에 대한 민원조정위원회의 심의 강화(제38조의 2 신설)

① 반복적으로 제기되는 민원 등을 효과적으로 해결하기 위하여 각 행정기관에 설치된 민원조정위원회는 '다수인 관련 민원', '종결처리된 후 다시 접수된 민원'에 관한 사항을 매년 1회 이상 심의하도록 함

② 민원인의 권리 구제를 보다 강화하기 위하여 민원조정위원회의 심의를 거쳐 거부된 다수인 관련 민원 등이 같은 사유로 다시 접수된 경우 행정기관의 장은 그 행정기관의 장을 지도·감독하는 행정기관의 장에게 해당 민원에 관한 의견 제시를 요청할 수 있도록 함

(7) 민원 간소화 방안의 제출 및 법정민원 신설에 대한 사전진단 실시(제48조의 2 및 제48조의 3 신설)

① 불필요한 민원 구비서류 등을 감축하고 민원의 처리기간을 단축하기 위하여 중앙행정기관의 장이 민원의 구비서류, 처리절차 등의 간소화 방안을 마련한 경우에는 그 간소화 방안을 행정안전부장관에게 제출하도록 하고, 행정안전부장관은 필요한 경우 개선을 권고할 수 있도록 함

② 중앙행정기관의 장이 법정민원을 신설하려는 경우에는 그 민원의 처리기간이나 구비서류 등의 적정성에 대해서 사전진단을 실시하도록 하고, 사전진단의 결과에 대해 행정안전부장관과 협의할 수 있도록 함

제3절 「민원처리에 관한 법률」 제정 목적 및 용어의 정의

01 제정 목적

이 법은 민원처리에 관한 기본적인 사항을 규정하여 민원의 공정하고 적법한 처리와 민원행정제도의 합리적 개선을 도모함으로써 국민의 권익을 보호함을 목적으로 한다(법 제1조).

02 용어의 정의 2017 기출

이 법에서 사용하는 용어의 뜻은 다음과 같다(법 제2조 제1호 내지 제8호).

1. 민원 2017 기출

"민원"이란 민원인이 행정기관에 대하여 처분 등 특정한 행위를 요구하는 것을 말하며, 그 종류는 다음 각 목과 같다(제1호).

(1) **일반민원**

① **법정민원**: 법령·훈령·예규·고시·자치법규 등(이하 "관계법령 등"이라 한다)에서 정한 일정 요건에 따라 인가·허가·승인·특허·면허 등을 신청하거나 장부·대장 등에 등록·등재를 신청 또는 신고하거나 특정한 사실 또는 법률관계에 관한 확인 또는 증명을 신청하는 민원

② **질의민원**: 법령·제도·절차 등 행정업무에 관하여 행정기관의 설명이나 해석을 요구하는 민원

③ **건의민원**: 행정제도 및 운영의 개선을 요구하는 민원

④ **기타민원**: 법정민원, 질의민원, 건의민원 및 고충민원 외에 행정기관에 단순한 행정절차 또는 형식요건 등에 대한 상담·설명을 요구하거나 일상생활에서 발생하는 불편사항에 대하여 알리는 등 행정기관에 특정한 행위를 요구하는 민원

(2) **고충민원**

행정기관 등의 위법·부당하거나 소극적인 처분(사실행위 및 부작위를 포함한다) 및 불합리한 행정제도로 인하여 국민의 권리를 침해하거나 국민에게 불편 또는 부담을 주는 사항에 관한 민원(현역장병 및 군 관련 의무복무자의 고충민원을 포함한다)을 말한다(「부패방지 및 국민권익위원회의 설치와 운영에 관한 법률」 제2조 제5호).

2. 민원인

"민원인"이란 행정기관에 민원을 제기하는 개인·법인 또는 단체를 말한다. 다만, 행정기관 (사경제의 주체로서 제기하는 경우는 제외한다), 행정기관과 사법(私法)상 계약관계(민원과 직접 관련된 계약관계만 해당한다)에 있는 자, 성명·주소 등이 불명확한 자 등 대통령령으로 정하는 자는 제외한다(제2호).

「민원처리에 관한 법률」 제2조 제2호 단서에서 "행정기관(사경제의 주체로서 제기하는 경우는 제외한다), 행정기관과 사법(私法)상 계약관계(민원과 직접 관련된 계약관계만 해당한다)에 있는 자, 성명·주소 등이 불명확한 자 등 대통령령으로 정하는 자"란 다음 각 호의 어느 하나에 해당하는 자를 말한다(영 제2조 제1항 제1호 내지 제3호).

(1) 행정기관에 처분 등 특정한 행위를 요구하는 행정기관

행정기관이 사경제(私經濟)의 주체로서 요구하는 경우는 제외한다.

- ○ '사경제의 주체'란 행정기관이라 하더라도 일반국민과 대등한 지위에서 행정기관에 특정한 행위를 요구하는 경우를 말함

(2) 행정기관과 사법(私法)상의 계약관계가 있는 자로서 계약관계와 직접 관련하여 행정기관에 처분 등 특정한 행위를 요구하는 자(민원과 직접 관련된 계약관계만 해당한다)

사법상의 계약관계에 있는 자로서 계약관계와 직접 관련하여 행정기관에 특정한 행위를 요구하는 자는 행정기관과 물품공급계약·건설공사 도급계약 등을 맺은 자가 그 계약내용에 대하여 변경, 추가 등을 하기 위하여 민원을 제기하는 경우를 의미한다. 이는 계약은 쌍방 간에 합의된 의사표시로서 그 내용에 대하여 이의가 있는 경우에는 당해계약서에서 정한 방법에 따르거나 민사절차에 의하여 해결하여야 하기 때문이다. 다만, 학교비품 구입의사 문의 등 행정기관의 구입의사와 그에 따른 절차를 문의하는 것과 같은 내용을 제출하는 경우에는 민원인에 해당된다.

(3) 행정기관에 처분 등 특정한 행위를 요구하는 자로서 성명·주소 등이 분명하지 아니한 자(법인 또는 단체의 경우에는 그 명칭, 사무소 또는 사업소의 소재지와 대표자의 성명)

법령에는 외국인이 민원인에 해당하는지 여부에 대하여 명확히 규정되어 있지 않으나 법 제2조 제2호에 규정된 '민원인'도 영 제2조 제1항에 해당되지 아니하는 한 외국인이나 외국 법인 또는 단체를 포함한다고 할 수 있다.

3. 행정기관

"행정기관"이란 다음 각 목의 자를 말한다(제3호).

(1) 국회·법원·헌법재판소·중앙선거관리위원회의 행정사무를 처리하는 기관, 중앙행정기관 (대통령 소속 기관과 국무총리 소속 기관을 포함한다. 이하 같다)과 그 소속 기관, 지방자치 단체와 그 소속 기관

(2) 공공기관

① 「공공기관의 운영에 관한 법률」 제4조에 따른 법인·단체 또는 기관
② 「지방공기업법」에 따른 지방공사 및 지방공단
③ 특별법에 따라 설립된 특수법인
④ 「초·중등교육법」·「고등교육법」 및 그 밖의 다른 법률에 따라 설치된 각급 학교
⑤ 그 밖에 대통령령으로 정하는 법인·단체 또는 기관

> **영 제2조** ② 법 제2조 제3호 나목5에서 "그 밖에 대통령령으로 정하는 법인·단체 또는 기관"이란 다음 각 호의 어느 하나에 해당하는 법인·단체 또는 기관을 말한다.
> 1. 「정부출연연구기관 등의 설립·운영 및 육성에 관한 법률」 제8조 제1항에 따른 연구기관
> 2. 「과학기술분야 정부출연연구기관 등의 설립·운영 및 육성에 관한 법률」 제8조 제1항에 따른 연구기관

(3) 법령 또는 자치법규에 따라 행정권한이 있거나 행정권한을 위임 또는 위탁받은 법인·단체 또는 그 기관이나 개인

4. 처분

"처분"이란 행정청이 행하는 구체적 사실에 관한 법 집행으로서의 공권력의 행사 또는 그 거부와 그 밖에 이에 준하는 행정작용(行政作用)을 말한다(제4호)(「행정절차법」 제2조 제2호).

5. 복합민원

"복합민원"이라 함은 하나의 민원목적을 실현하기 위하여 법령·훈령·예규·고시 등에 의하여 다수의 관계기관(민원사항과 관련된 단체·협회 등을 포함) 또는 관계부서의 허가·인가·승인·추천·협의 또는 확인 등을 거쳐 처리되는 민원을 말한다(제5호).

> 예를 들어 공장을 설립하기 위해서는 「산업집적 활성화 및 공장설립에 관한법률」 및 「공업배치 및 공장설립에 관한 법률시행령」 등에 따라 '공장설립승인'이라는 민원을 신청하는데 이 민원을 처리하기 위해서는 「농지법」에 의한 농지전용, 「국토의 계획 및 이용에 관한 법률」에 의한 개발행위, 「건축법」에 의한 건축허가 등 관계부서의 허가, 인가, 승인 등을 거치도록 되어 있음. 이러한 민원을 복합민원이라고 함

6. 다수인관련민원

"다수인관련민원"이란 5세대(世帶) 이상의 공동이해와 관련되어 5명 이상이 연명으로 제출하는 민원을 말한다(제6호).

7. 무인민원발급창구

"무인민원발급창구"라 함은 행정기관의 장이 행정기관 또는 공공장소 등에 설치하여 민원인이 직접 민원서류를 교부받을 수 있도록 하는 전자장비를 말한다(법 제2조 제8호).

03 적용범위

(1) 민원에 관하여 다른 법률에 특별한 규정이 있는 경우를 제외하고는 이 법에서 정하는 바에 따른다(법 제3조 제1항).

(2) 제2조 제3호 가목의 국회·법원·헌법재판소·중앙선거관리위원회의 행정사무를 처리하는 기관에 대해서는 제36조 제3항(민원처리기준표), 제37조(민원처리기준표 조정), 제38조(민원 행정 및 제도개선계획), 제39조 제2항부터 제6항(민원제도개선)까지 및 제42조(확인·점검·평가)를 적용하지 아니한다(제2항).

제4절 민원처리일반

01 민원처리 담당자의 의무와 보호(법 제4조)

(1) 민원을 처리하는 담당자는 담당 민원을 신속·공정·친절·적법하게 처리하여야 한다(제1항).

(2) 행정기관의 장은 민원인 등의 폭언·폭행, 목적이 정당하지 아니한 반복 민원 등으로부터 민원처리 담당자를 보호하기 위하여 민원처리 담당자의 신체적·정신적 피해의 예방 및 치료 등 대통령령으로 정하는 필요한 조치를 하여야 한다(제2항).

(3) 민원처리 담당자는 행정기관의 장에게 제2항에 따른 조치를 요구할 수 있다(제3항).

(4) 행정기관의 장은 제3항에 따른 민원처리 담당자의 요구를 이유로 해당 민원처리 담당자에게 불이익을 주어서는 아니 된다(제4항).

02 민원처리 담당자의 보호(영 제4조)

1. 민원처리 담당자 보호조치

법 제4조 제2항에서 "민원처리 담당자의 신체적·정신적 피해의 예방 및 치료 등 대통령령으로 정하는 필요한 조치"란 다음 각 호의 조치를 말한다(제1항 제1호 내지 제6호).

(1) 민원처리 담당자의 안전을 보장하기 위한 영상정보처리기기·호출장치·보호조치음성안내 등 안전장비의 설치 및 안전요원 등의 배치

(2) 민원인의 폭언·폭행 등이 발생하였거나 발생하려는 때에 증거 수집 등을 위하여 불가피한 조치로서 휴대용 영상음성기록장비, 녹음전화 등의 운영

(3) 폭언·폭행 등으로 민원처리를 지연시키거나 방해하는 민원인에 대한 퇴거 조치

(4) 민원인의 폭언·폭행 등이 발생한 경우 민원인으로부터 민원처리 담당자를 보호하기 위한 조치로서 민원처리 담당자의 분리 또는 업무의 일시적 중단

(5) 민원인의 폭언·폭행 등으로 인한 신체적·정신적 피해의 치료 및 상담 지원

(6) 민원인의 폭언·폭행 등으로 고소·고발 또는 손해배상 청구 등이 발생한 경우 민원처리 담당자를 지원하기 위한 조치로서 관할 수사기관 또는 법원에 증거물·증거서류 제출 등 필요한 지원

2. 전담부서 지정

행정기관의 장은 민원인과 민원처리 담당자 간에 고소·고발 또는 손해배상 청구 등이 발생한 경우 이에 대응하는 업무를 총괄하는 전담부서를 지정해야 한다(제2항).

3. 인사조치

행정기관의 장은 민원처리 담당자의 민원처리 과정에서의 행위와 관련하여 인사상 불이익 조치 등을 하려는 경우에는 그 발생 경위 등을 충분히 고려해야 한다(제3항).

4. 보호조치규정 제정

국가, 지방자치단체 및 법 제2조 제3호 나목·다목에 따른 행정기관의 장은 제1항의 조치를 위하여 필요한 사항을 관계 법령이나 자치법규 등으로 정할 수 있다(제4항).

03 민원인의 권리와 의무

1. 민원인의 권리

민원인은 행정기관에 민원을 신청하고 신속·공정·친절·적법한 응답을 받을 권리가 있다(법 제5조 제1항).

2. 민원인의 의무

민원인은 민원을 처리하는 담당자의 적법한 민원처리를 위한 요청에 협조하여야 하고, 행정기관에 부당한 요구를 하거나 다른 민원인에 대한 민원처리를 지연시키는 등 공무를 방해하는 행위를 하여서는 아니 된다(제2항).

04 민원처리의 원칙 2016 기출

1. 민원의 지연처리 금지원칙

행정기관의 장은 관계법령 등에서 정한 처리기간이 남아 있다거나 그 민원과 관련 없는 공과금 등을 미납하였다는 이유로 민원처리를 지연시켜서는 아니 된다. 다만, 다른 법령에 특별한 규정이 있는 경우에는 그에 따른다(법 제6조 제1항).

2. 민원처리 절차강화 금지원칙

행정기관의 장은 법령의 규정 또는 위임이 있는 경우를 제외하고는 민원처리의 절차 등을 강화하여서는 아니 된다(제2항).

⑤ 민원인 등의 정보보호 2016 기출

행정기관의 장은 민원처리와 관련하여 알게 된 민원의 내용과 민원인 및 민원의 내용에 포함되어 있는 특정인의 개인정보 등이 누설되지 아니하도록 필요한 조치를 강구하여야 하며, 수집된 정보가 민원처리의 목적 외의 용도로 사용되지 아니하도록 하여야 한다(법 제7조).

1. 정보보호 실태 확인 · 점검 및 교육

행정기관의 장은 정보보호의 실태를 확인 · 점검하고, 민원을 처리하는 담당자에게 연 1회 이상 정보보호에 필요한 교육을 실시하여야 한다(영 제3조 제1항).

2. 징계 등 조치

행정기관의 장은 제1항에 따른 확인 · 점검 결과 법령위반 사실을 발견하거나 이행상태가 불량하다고 판단되는 경우에는 제22조 제2항에 따른 조치를 하여야 한다(제2항).

⑥ 민원의 날(제7조의 2)

(1) 민원에 대한 이해와 인식 및 민원처리 담당자의 자긍심을 높이기 위하여 매년 11월 24일을 민원의 날로 정한다.

(2) 국가와 지방자치단체는 민원의 날의 취지에 적합한 기념행사를 할 수 있다.

Self study   ※ 출제가 예상되는 다음 문제의 답안을 스스로 작성해 보시오.

1. "민원"의 종류에 대하여 약술하시오.

2. 민원인의 정의와 민원인에 해당하지 않는 경우는 무엇인지 약술하시오.

3. 행정기관의 종류에 대하여 약술하시오.

4. 처분, 복합민원, 다수인관련민원, 무인민원발급창구의 정의에 대하여 약술하시오.

5. 민원처리 담당자의 보호조치에 대하여 약술하시오.

02 민원의 처리

제1절 | 민원의 신청 및 접수 등

01 민원의 신청 2015 · 2019 기출

1. 문서 신청

민원의 신청은 문서(「전자정부법」 제2조 제7호의 규정에 의한 전자문서를 포함)로 하여야 한다. 다만, 기타 민원은 구술(口述) 또는 전화로 할 수 있다(법 제8조).

2. 문서 외 신청

민원인 또는 그 위임을 받은 사람이 직접 방문할 필요가 없는 민원은 팩스 · 인터넷 등 정보통신망(「전자정부법」 제2조 제10호에 따른 정보통신망을 말함.) 또는 우편 등으로 신청할 수 있다(영 제5조).

02 증명서류 또는 구비서류의 전자적 제출(법 제8조의 2)

(1) 민원인은 민원의 처리에 필요한 증명서류나 구비서류를 「전자정부법」 제2조 제7호에 따른 전자문서(이하 "전자문서"라 한다)나 같은 조 제8호에 따른 전자화문서(이하 "전자화문서"라 한다)로 제출할 수 있다. 다만, 행정기관이 전자문서나 전자화문서로 증명서류나 구비서류를 받을 수 있는 정보시스템을 구축하지 아니한 경우 등 대통령령으로 정하는 사유가 있는 경우에는 그러하지 아니하다(제1항).

(2) 제1항에 따라 전자문서 또는 전자화문서로 제출된 증명서류나 구비서류의 진본성(眞本性) 확인 등을 위하여 필요한 사항은 국회규칙, 대법원규칙, 헌법재판소규칙, 중앙선거관리위원회규칙 및 대통령령으로 정한다(제2항).

03 증명서류 또는 구비서류의 전자적 제출의 예외(영 제5조의 2)

1. 예외 사유

법 제8조의 2 제1항 단서에서 "정보시스템을 구축하지 아니한 경우 등 대통령령으로 정하는 사유"란 다음 각 호의 어느 하나에 해당하는 경우를 말한다(제1항 제1호 내지 제4호).

(1) 행정기관이 전자문서나 전자화문서로 증명서류나 구비서류를 받을 수 있는 정보시스템을 구축하지 않은 경우

(2) 정보시스템의 장애로 전자문서나 전자화문서로 증명서류나 구비서류를 받기 어려운 경우

(3) 민원인이 발송한 전자문서나 전자화문서가 정보시스템을 통해 판독할 수 없는 상태로 수신된 경우

(4) 제1호부터 제3호까지의 경우 외에 전자문서나 전자화문서의 제출이나 수신 등에 관하여 다른 법령에 별도의 규정이 있는 경우

2. 제출방법 안내

행정기관의 장은 제1항 각 호의 사유로 민원의 처리에 필요한 증명서류나 구비서류를 전자문서나 전자화문서로 받을 수 없는 경우 그 사실을 민원인에게 지체 없이 알리고, 방문·우편·팩스 등 다른 방법을 활용하여 제출할 수 있도록 안내해야 한다(제2항).

04 제출된 전자화문서의 진본성 확인(제5조의 3)

(1) 행정기관의 장은 민원인이 법 제8조의 2 제1항에 따라 제출한 전자화문서가 다른 행정기관이 발급한 문서와 일치하는지에 대해 다른 행정기관에 그 확인을 요청할 수 있다(제1항).

(2) 제1항에 따라 확인을 요청받은 행정기관의 장은 그 진본성(眞本性)을 확인해 주어야 한다(제2항).

(3) 제1항 및 제2항에 따른 전자화문서의 진본성 확인을 위한 기술적인 대책 마련, 전자화문서의 형태 및 관리시스템의 구축 등에 관하여는 「전자정부법 시행령」 제6조 제2항부터 제4항까지의 규정을 준용한다(제3항).

05 신청서 및 구비서류 2015 · 2019 기출

1. 기재사항 및 서식

행정기관의 장은 신청서의 기재사항을 그 민원의 처리에 필요한 최소한의 범위로 한정하여야 하며, 민원인이 신청서를 쉽게 작성할 수 있도록 신청서식을 명확하게 정하여야 한다(영 제7조 제1항).

2. 구비서류 및 제출부수

(1) 구비서류

행정기관의 장은 민원의 신청과 관련된 구비서류를 정하는 경우에는 신청서의 기재사항이 사실인지 확인하거나 그 민원의 처리에 필요한 최소한의 범위에서 구체적으로 정하여야 한다(제2항).

(2) 제출부수

신청서 및 구비서류의 제출부수는 민원의 처리에 필요한 최소한으로 한정하여야 한다(제3항).

06 민원의 접수 2015 기출

행정기관의 장은 민원의 신청을 받았을 때에는 다른 법령에 특별한 규정이 있는 경우를 제외하고는 그 접수를 보류하거나 거부할 수 없으며, 접수된 민원문서를 부당하게 되돌려 보내서는 아니 된다(법 제9조 제1항).

1. 접수부서

민원은 민원실[법 제12조의 2 제2항에 따른 전자민원창구(이하 "전자민원창구"라 한다)를 포함한다. 이하 같다]에서 접수한다. 다만, 민원실이 설치되어 있지 아니한 경우에는 문서의 접수·발송을 주관하는 부서(이하 "문서담당부서"라 한다) 또는 민원을 처리하는 주무부서(이하 "처리주무부서"라 한다)에서 민원을 접수한다(영 제6조 제1항).

2. 민원문서의 표시

행정기관의 장은 「민원처리에 관한 법률 시행령」 제6조 제1항에 따라 민원문서를 접수할 때에는 그 민원문서의 왼쪽 윗부분에 별표 1의 민원문서 표시인을 찍어야 한다. 다만, 전자문서로 접수하는 경우에는 민원문서 표시인을 전자적 형태로 나타낼 수 있다(규칙 제2조).

[별표 1]
민원문서 표시인(제2조 관련)

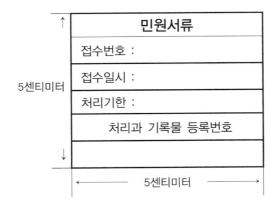

3. 접수증 교부

(1) 행정기관의 장은 민원을 접수하였을 때에는 해당 민원인에게 접수증을 내주어야 한다. 다만, 기타민원과 민원인이 직접 방문하지 아니하고 신청한 민원 및 처리기간이 '즉시'인 민원 등 대통령령으로 정하는 경우에는 접수증 교부를 생략할 수 있다(법 제9조 제2항).

(2) 민원실·문서담당부서 또는 처리주무부서가 민원사항을 접수한 때에는 그 순서에 따라 민원 처리부에 기록하고 해당 민원인에게 접수증을 발급하여야 한다(영 제6조 제2항).

(3) 법 제9조 제2항 단서에서 "기타민원과 민원인이 직접 방문하지 아니하고 신청한 민원 및 처리기간이 '즉시'인 민원 등 대통령령으로 정하는 경우"란 다음 각 호의 어느 하나에 해당하는 민원인 경우를 말한다.
① 기타 민원
② 제5조에 따라 민원인이 직접 방문하지 아니하고 신청한 민원
③ 처리기간이 '즉시'인 민원
④ 접수증을 갈음하는 문서를 주는 민원

■ 민원 처리에 관한 법률 시행규칙 [별지 제2호 서식]

접 수 증

제   호   접수일 :

① 민원명	
② 민원인(대표자 또는 대리인)	
③ 처리완료 예정일	
④ 처리주무부서	(전화번호 :)
⑤ 안내사항	

민원 접수자 :

(전화번호 :   )

(기관명)

148mm×210mm[백상지 80g/m²]

4. 대표자 접수증 발급

민원실, 문서의 접수·발송을 주관하는 부서 및 민원을 처리하는 주무부서는 2인 이상의 민원인이 대표자를 정하여 신청한 민원을 접수한 때에는 그 대표자에게 하나의 접수증을 발급한다(규칙 제3조 제3항).

5. 민원처리절차 등 안내

민원을 접수하였을 때에는 구비서류의 완비 여부, 처리 기준과 절차, 예상 처리소요기간, 필요한 현장확인 또는 조사 예정시기 등을 해당 민원인에게 안내하여야 한다(영 제6조 제3항).

6. 민원인 등 신원확인

(1) 민원인 등 확인

행정기관의 장은 민원을 접수할 때 필요한 경우 해당 민원인 본인 또는 그 정당한 위임을 받은 사람인지 확인할 수 있다(영 제6조 제4항).

(2) 위임장

민원인의 정당한 위임을 받은 사람인지 확인할 때에는 그 신원을 확인할 수 있는 신분증명서와 위임장 등으로 하여야 한다. 이 경우 위임장은 별지 제3호 서식에 따른다(규칙 제4조).

7. 동일취지 민원 병합접수

행정기관의 장은 5명 이상의 민원인으로부터 동일한 취지의 민원을 접수할 때에는 이를 병합하여 접수할 수 있다(영 제6조 제6항).

8. 전자민원청구 접수시한

행정기관의 장은 전자민원창구를 통하여 민원이 신청된 경우에는 그 민원이 소관 행정기관의 전자민원창구에 도달한 때부터 8근무시간 이내에 접수해야 한다(영 제6조 제7항).

9. 민원처리부

(1) 민원처리부

영 제6조 제2항에 따른 민원처리부는 별지 제1호 서식에 따른다. 다만, 가족관계등록·주민등록·병무(兵務)·인감·세무관계 등 취급 건수가 많은 민원의 접수는 해당 행정기관의 장이 정하는 서식에 따를 수 있다(규칙 제3조 제1항).

(2) 접수증

영 제6조 제2항에 따른 접수증은 별지 제2호 서식에 따른다(규칙 제3조 제2항).

(3) 민원처리부 전자적 작성·관리

행정기관의 장은 제1항에도 불구하고 민원의 접수 편의 도모와 자료관리의 효율화 등을 위하여 필요하다고 인정할 때에는 제1항의 서식을 전자적 시스템으로 작성·관리할 수 있다(규칙 제3조 제4항).

■ 민원 처리에 관한 법률 시행규칙 [별지 제1호 서식]

민원 처리부

접수번호	접수일	처리부서	처리기한	신청방법	민원유형	민원인			민원내용	처분		비고
						성명	전화번호	주소		내용	처분일	

297mm×210mm[백상지 80g/㎡]

■ 민원 처리에 관한 법률 시행규칙 [별지 제3호 서식]

위 임 장

위임하는 사람	이름		생년월일	
	주소		전화번호	
위임받는 사람	이름	(서명 또는 인)	생년월일	
	위임하는 사람과의 관계		전화번호	
	주소			
민원내용				

위 위임하는 사람은 위 위임받는 사람에게 위 민원내용의 신청 및 교부에 관한 모든 권리와 의무를 위임합니다.

년   월   일

위임하는 사람   (서명 또는 인)

유의사항

1. 위임받는 사람의 신분증(주민등록증, 여권, 운전면허증 등)을 제시해야 합니다.

2. 민원사항(출입국사실증명, 외국인등록사실증명, 국내거소신고 사실증명, 납세증명, 지방세 납세증명 등)에 따라서는 위임하는 사람과 위임받는 사람의 신분증 사본을 구비서류로 제출해야 합니다.

3. 다른 사람의 인장 도용 등 허위로 위임장을 작성하여 신청할 경우에는 「형법」 제231조와 제232조에 따라 사문서 위조·변조죄로 5년 이하의 징역 또는 1천만원 이하의 벌금에 처하게 됩니다.

210mm×297mm[백상지 80g/㎡]

10. 다수 민원인 중 대표자 선정(영 제8조 제1항 내지 제3항)

(1) 대표자 선정 요청

행정기관의 장은 3인 이상의 민원인이 대표자를 정하지 아니하고 같은 민원문서를 연명(連名)으로 제출한 경우에는 일정한 기간을 정하여 민원인 중에서 3인 이내의 대표자를 선정하여 통보할 것을 요청할 수 있다. 이 경우 행정기관의 장은 해당 민원의 성격, 처리절차 및 방법 등을 고려하여 3인 이내의 범위에서 적절한 대표자 수를 민원인에게 제시할 수 있다.

(2) 직권선정

행정기관의 장은 제1항에 따라 대표자로 선정하여 통보할 것을 요청받은 3명 이상의 민원인이 정해진 기간 내에 대표자를 선정하여 통보하지 아니한 경우에는 3명 이상의 민원인 중 3명 이내를 대표자로 직접 선정할 수 있다.

(3) 대표자 선정

제1항의 요청에 따라 선정된 대표자와 제2항에 따라 선정된 대표자는 해당 민원의 민원인으로 본다.

07 불필요한 서류 요구의 금지 2019 기출

행정기관의 장은 민원을 접수·처리할 때에 민원인에게 관계법령 등에서 정한 구비서류 외의 서류를 추가로 요구하여서는 아니 된다(법 제10조 제1항).

1. 사본 허용

행정기관의 장은 동일한 민원서류 또는 구비서류를 복수로 받는 경우에는 특별한 사유가 없으면 원본과 함께 그 사본의 제출을 허용하여야 한다(제2항).

2. 서류 추가 요구 금지

행정기관의 장은 민원을 접수·처리할 때에 다음 각 호의 어느 하나에 해당하는 경우에는 민원인에게 관련 증명서류 또는 구비서류의 제출을 요구할 수 없으며, 그 민원을 처리하는 담당자가 직접 이를 확인·처리하여야 한다(제3항).

(1) 민원인이 소지한 주민등록증·여권·자동차운전면허증 등 행정기관이 발급한 증명서로 그 민원의 처리에 필요한 내용을 확인할 수 있는 경우

(2) 해당 행정기관의 공부(公簿) 또는 행정정보로 그 민원의 처리에 필요한 내용을 확인할 수 있는 경우

(3) 「전자정부법」 제36조 제1항에 따른 행정정보의 공동이용을 통하여 그 민원의 처리에 필요한 내용을 확인할 수 있는 경우

(4) 행정기관이 증명서류나 구비서류를 다른 행정기관으로부터 전자문서로 직접 발급받아 그 민원의 처리에 필요한 내용을 확인할 수 있는 경우로서 민원인이 행정기관에 미리 해당 증명서류 또는 구비서류에 대하여 관계법령 등에서 정한 수수료 등을 납부한 경우

3. 관계법령 절차에 따른 확인·처리 간주

행정기관의 장이 제3항에 따라 증명서류나 구비서류를 확인·처리한 경우에는 관계법령등에서 정한 절차에 따라 증명서류나 구비서류를 확인·처리한 것으로 본다(제4항).

4. 수수료 감면

행정기관의 장은 제3항 제3호에 따라 행정정보의 공동이용을 통하여 민원인의 증명서류 또는 구비서류 제출을 갈음하는 경우에는 증명서류나 구비서류의 발급기관의 장과 협의하여 해당 증명서류나 구비서류에 대한 수수료를 감면할 수 있다(제5항).

5. 행정정보 공동이용 민원종류 등 공표

행정기관의 장은 제3항 제3호에 따라 행정정보의 공동이용을 통하여 그 내용을 확인할 수 있는 민원의 종류·범위와 그 밖에 필요한 사항을 인터넷 홈페이지 등을 통하여 공표하여야 한다(제6항).

6. 서류추가요구 금지

행정기관의 장은 원래의 민원의 내용 변경 또는 갱신 신청을 받았을 때에는 특별한 사유가 없으면 이미 제출되어 있는 관련 증명서류 또는 구비서류를 다시 요구하여서는 아니 된다(제7항).

7. 시행세칙

제3항부터 제6항까지의 규정에 따른 민원 처리에 필요한 내용의 확인 절차와 그 밖에 필요한 사항은 국회규칙, 대법원규칙, 헌법재판소규칙, 중앙선거관리위원회규칙 및 대통령령으로 정한다(제8항).

08 증명서류 또는 구비서류의 전자적 확인 등(영 제7조의 2)

1. 전자문서 민원신청(제1항 제1호 내지 제4호)

법 제10조 제3항 제3호 및 제4호에 따른 민원 처리를 원하는 민원인은 민원을 신청할 때 다음 각 호의 사항을 구체적으로 적은 문서(전자문서를 포함한다)를 제출해야 한다.

(1) 증명서류 또는 구비서류 발급기관의 명칭

(2) 증명서류 또는 구비서류의 명칭

(3) 증명서류 또는 구비서류의 발급을 필요로 하는 민원사무의 명칭

(4) 그 밖에 증명서류 또는 구비서류의 발급에 필요한 사항

2. 증명 · 구비서류 우편 등 발송

행정기관과 증명서류발급기관(법 제10조 제3항 제4호에 따른 증명서류 또는 구비서류 발급기관을 말한다. 이하 같다)은 정보시스템 장애로 증명서류 또는 구비서류를 전자문서로 보내거나 받을 수 없는 경우에는 우편 등으로 증명서류 또는 구비서류를 보내거나 받을 수 있다(제2항).

3. 증명 · 구비서류 발급 및 확인기간 처리기간 불산입

행정기관의 장이 법 제10조 제3항 제3호 및 제4호에 따른 민원을 처리하는 경우에는 그 처리기간에 증명서류 또는 구비서류의 발급 및 확인에 걸리는 기간은 산입하지 않는다(제3항).

4. 수수료 송금 등

행정기관의 장이 법 제10조 제3항 제4호에 따른 증명서류 또는 구비서류의 발급을 요청하는 경우에는 증명서류발급기관에 민원인이 납부한 수수료를 송금해야 한다. 다만, 증명서류 또는 구비서류의 발급을 요청하는 행정기관과 증명서류발급기관의 수수료가 귀속되는 회계가 같은 경우에는 수수료를 송금하지 않고 그 행정기관의 세입으로 한다(제4항).

09 민원인의 요구에 의한 본인정보 공동이용(법 제10조의 2)

1. 민원인 본인에 대한 행정정보 제공요구

민원인은 행정기관이 컴퓨터 등 정보처리능력을 지닌 장치에 의하여 처리가 가능한 형태로 본인에 관한 행정정보를 보유하고 있는 경우 민원을 접수·처리하는 기관을 통하여 행정정보 보유기관의 장에게 본인에 관한 증명서류 또는 구비서류 등의 행정정보(법원의 재판사무·조정사무 및 그 밖에 이와 관련된 사무에 관한 정보는 제외한다)를 본인의 민원 처리에 이용되도록 제공할 것을 요구할 수 있다. 이 경우 민원을 접수·처리하는 기관의 장은 민원인에게 관련 증명서류 또는 구비서류의 제출을 요구할 수 없으며, 행정정보 보유기관의 장으로부터 해당 정보를 제공받아 민원을 처리하여야 한다(제1항).

(1) 신청본인정보 내용

민원인은 법 제10조의 2 제1항에 따라 본인에 관한 행정정보(이하 "본인정보"라 한다)의 제공을 요구하는 경우에는 본인정보의 종류, 접수하려는 민원 및 민원처리기관을 명시하여 민원접수기관의 장에게 신청해야 한다(영 제7조의 3 제1항).

(2) 신청정보 전달

제1항에 따른 신청을 받은 민원접수기관의 장은 그 내용을 지체 없이 행정정보 보유기관의 장에게 전달해야 한다(영 제7조의 3 제2항).

2. 행정정보 보유기관장의 정보제공

제1항에 따른 요구를 받은 행정정보 보유기관의 장은 아래 개별법의 어느 하나에 해당하는 법률의 규정에도 불구하고 해당 정보를 컴퓨터 등 정보처리능력을 지닌 장치에 의하여 처리가 가능한 형태로 본인 또는 본인이 지정한 민원처리기관에 지체 없이 제공하여야 한다. 다만, 「개인정보 보호법」 제35조 제4항에 따른 제한 또는 거절의 사유에 해당하는 경우에는 그러하지 아니하다(제2항).

(1) 본인정보 제공 요구를 전달받은 행정정보 보유기관의 장은 법 제10조의 2 제2항에 따라 해당 민원처리기관에 본인정보를 제공해야 한다(영 제7조의 3 제3항).

① 「전자정부법」 제39조
② 「국세기본법」 제81조의 13
③ 「관세법」 제116조
④ 「지방세기본법」 제86조
⑤ 「가족관계의 등록 등에 관한 법률」 제13조
⑥ 「부동산등기법」 제109조의 2

⑦ 「주민등록법」 제30조

⑧ 「공간정보의 구축 및 관리 등에 관한 법률」 제76조

⑨ 「자동차관리법」 제69조

⑩ 「건축법」 제32조

⑪ 「상업등기법」 제21조

⑫ 그 밖에 제1호부터 제11호까지의 규정과 유사한 규정으로서 대통령령으로 정하는 법률의 관련 규정

(2) 법 제10조의 2 제2항 제12호에서 "대통령령으로 정하는 법률의 관련 규정"이란 「과세자료의 제출 및 관리에 관한 법률」 제11조 제1항 본문을 말한다(영 제7조의 3 제6항).

3. 정보제공 거절

행정정보 보유기관의 장은 「개인정보 보호법」 제35조 제4항에 따른 제한 또는 거절의 사유 등으로 제3항에 따른 본인정보 제공을 거절한 경우에는 지체 없이 해당 사실 및 그 사유를 민원접수기관을 통하여 민원인에게 알려야 한다(영 제7조의 3 제4항).

4. 정보제공의 지연

행정정보 보유기관의 장은 전산시스템 장애 등으로 제3항에 따른 본인정보 제공이 지연되거나 어려운 경우에는 지체 없이 해당 사실 및 그 사유를 민원접수기관을 통하여 민원인에게 알리고, 그 사유가 해소된 즉시 본인정보를 제공해야 한다(영 제7조의 3 제5항).

5. 요구할 수 있는 행정정보 종류 공표

(1) 행정안전부장관은 제1항 및 제2항에 따라 민원인이 행정정보 보유기관의 장에게 요구할 수 있는 본인에 관한 행정정보의 종류를 보유기관의 장과 협의하여 정하고, 이를 국민에게 공표하여야 한다(제3항).

(2) **본인 정보의 종류 및 세부유형**

법 제10조의 2 제3항 및 제8항에 따라 행정안전부장관이 행정정보 보유기관의 장과 협의하여 정할 수 있는 본인정보의 종류 및 세부유형은 다음 각 호와 같다.

① **개인의 신원에 관한 다음 각 목의 본인정보**

㉠ 주민등록표 등 개인의 신원에 관한 사실을 확인하기 위하여 필요한 본인정보

㉡ 병적증명서 등 개인의 경력에 관한 사항 등을 확인하기 위하여 필요한 본인정보

② **등기사항증명서 등 법인 또는 그 밖의 단체의 지위 및 성격을 파악하기 위하여 필요한 본인정보**

③ 개인 또는 법인, 그 밖의 단체(이하 "개인 등"이라 한다)의 자격의 증명에 관한 다음 각 목의 본인정보

  ㉠ 국가기술자격 증명 등 개인 등의 자격을 확인하기 위하여 필요한 본인정보

  ㉡ 인가·허가 등 행정청의 처분의 존재 여부를 확인하기 위하여 필요한 본인정보

④ 물건 또는 법률상의 권리에 관한 다음 각 목의 본인정보

  ㉠ 부동산등기부 또는 자동차등록증 등 부동산 또는 동산의 권리를 확인하기 위하여 필요한 본인정보

  ㉡ 특허등록원부 등 법률상 등록 또는 등기된 권리의 내용에 관한 본인정보

⑤ 토지 등 특정한 물건이나 그 밖의 권리의 소재(所在)·형상 및 그에 대한 평가를 확인하기 위하여 필요한 다음 각 목의 본인정보

  ㉠ 지적도, 임야도 등 특정한 부동산의 소재, 그 현황 등에 대하여 행정기관이 작성한 본인정보

  ㉡ 개별공시지가 확인서 등 특정한 물건에 대한 객관적인 평가 또는 가치 등에 대하여 행정기관이 작성한 정보로서 다른 개인 등의 업무수행에 필요한 본인정보

⑥ 개인 등의 행위에 대한 사실을 증명하기 위하여 필요한 다음 각 목의 본인정보

  ㉠ 출입국증명, 국내거소사실증명 등 개인의 소재 및 지위 등의 확인을 위하여 필요한 본인정보

  ㉡ 납세증명, 각종 등록확인증 등 개인 등의 법령에 따른 행위의 존재 여부 및 법령상의 의무 준수 여부를 확인하기 위하여 필요한 본인정보

⑦ 그 밖에 행정기관이 민원처리 등 소관 업무를 수행하는 데에 반드시 필요한 본인정보(영 제7조의 3 제7항)

6. 해당 행정정보의 위조·변조 등 방지

행정안전부장관은 「전자정부법」 제37조에 따른 행정정보 공동이용센터를 통하여 안전하고 신뢰할 수 있는 방법으로 같은 법 제2조 제13호에 따른 정보시스템을 연계하는 등 해당 행정정보의 위조·변조·훼손·유출 또는 오용·남용을 방지하여야 한다(제4항).

7. 수수료 감면

행정기관의 장은 제1항부터 제3항까지의 규정에 따라 컴퓨터 등 정보처리능력을 지닌 장치에 의하여 처리가 가능한 형태로 행정정보를 제공하는 경우에는 다른 법률에도 불구하고 수수료를 감면할 수 있다(제5항).

8. 요구정보의 본인 증명

민원인은 제1항에 따라 본인에 관한 행정정보의 공동이용을 요구하는 경우 다음 각 호의 어느 하나에 해당하는 방법으로 해당 행정정보가 본인에 관한 것임을 증명하여야 한다(제6항).

(1) 「전자정부법」 제10조에 따른 민원인의 본인 확인 방법

(2) 행정기관이 보유하고 있는 지문 등의 생체정보를 이용하는 방법

(3) 「주민등록법」 제35조 제2호, 「도로교통법」 제137조 제5항, 「여권법」 제23조의 2 제2항에 따라 신분증명서의 진위를 확인하는 방법

9. 보안대책 및 실태조사 등

(1) 보안대책 및 실태조사

제1항에 따라 다른 기관으로부터 행정정보를 제공받아 이용하는 행정기관의 장은 해당 행정정보가 위조·변조·훼손·유출 또는 오용·남용되지 아니하도록 적절한 보안대책을 마련하여야 하며, 행정안전부장관은 이에 대한 실태를 점검할 수 있다(제7항).

① 본인정보를 제공받으려는 민원처리기관의 장은 법 제10조의 2 제7항에 따라 암호화, 전산시스템 접근통제 및 접속기록관리 등의 보안대책을 마련해야 한다(영 제7조의 2 제8항).

② 행정안전부장관은 제8항에 따른 보안대책 수립에 필요한 세부 기준을 정할 수 있다(영 제7조의 2 제9항).

③ 행정안전부장관은 법 제10조의 2 제7항에 따라 실태점검을 하는 경우 민원처리기관의 장에게 점검항목·절차 및 시기 등을 미리 알려야 하고, 필요한 자료의 제출을 요구할 수 있다(영 제7조의 3 제10항).

(2) 세부규정

법 제10조의 2 제1항부터 제5항까지 및 제7항의 규정에 따른 본인에 관한 행정정보의 요구방법, 해당 행정정보의 제공방법·제공기준, 종류 및 그 세부유형, 수수료, 보안대책 및 실태점검 등에 필요한 사항은 국회규칙, 대법원규칙, 헌법재판소규칙, 중앙선거관리위원회규칙 및 대통령령으로 정한다(제8항). [본조신설 2020. 10. 20.]

(3) 개인정보포함 민원처리 등

① 민원처리기관은 법 제10조의 2에 따라 본인정보의 공동이용에 관한 사무를 수행하기 위하여 불가피한 경우 「개인정보 보호법」 제23조에 따른 건강에 관한 정보나 같은 법 시행령 제19조 제1호부터 제4호까지의 규정에 따른 주민등록번호, 여권번호, 운전면허의 면허번호 또는 외국인등록번호가 포함된 자료를 처리할 수 있다(영 제7조의 2 제11항).

② 제1항부터 제11항까지에서 규정한 사항 외에 민원인의 요구에 의한 본인정보 공동이용에 필요한 사항은 행정안전부장관이 정하여 고시한다(영 제7조의 3 제12항).

10. 민원인의 요구에 의한 본인정보 정기적 공동이용

(1) 민원인이 제7조의 2 제1항에 따라 본인정보 제공을 요구할 때에는 행정정보 보유기관의 장에게 본인정보의 정확성 및 최신성이 유지될 수 있도록 정기적으로 같은 내역의 본인정보를 민원처리기관에 제공할 것을 요구할 수 있다(영 제7조의 4 제1항).

(2) 제1항에 따라 정기적인 본인정보 제공을 요구한 민원인은 그 요구를 철회할 수 있다(영 제7조의 4 제2항).

(3) 제1항 및 제2항에서 규정한 사항 외에 정기적 공동이용 및 철회의 방법·절차에 필요한 사항은 행정안전부장관이 정하여 고시한다(영 제7조의 4 제3항).

⑩ 민원취약계층에 대한 편의제공(법 제11조)

1. 민원취약계층에 편의제공

행정기관의 장은 민원의 신청 및 접수·처리 과정에서 민원취약계층(장애인, 임산부, 노약자 및 「지능정보화 기본법」 제2조 제13호에 따른 정보격차로 인하여 민원의 신청 등에 제약을 받는 사람을 말한다. 이하 같다)에 대한 편의를 제공하기 위하여 노력하여야 한다(법 제11조 제1항).

(1) 민원취약계층의 범위 및 편의제공 등(영 제8조의 2)

법 제11조 제1항에 따라 행정기관(지방자치단체와 그 소속기관은 제외한다. 이하 이 조에서 같다)의 장이 편의를 제공하기 위해 노력해야 하는 민원취약계층은 다음 각 호의 사람으로 한다(영 제8조의 2 제1항).
① 「장애인복지법」 제32조에 따라 등록된 장애인
② 65세 이상인 사람
③ 「국민기초생활 보장법」에 따른 수급자
④ 「재한외국인 처우 기본법」에 따른 결혼이민자
⑤ 「북한이탈주민의 보호 및 정착지원에 관한 법률」에 따른 보호대상자
⑥ 「모자보건법」 제8조 제1항에 따라 임신 또는 분만 사실을 신고한 임산부
⑦ 제1호부터 제6호까지의 사람 외에 신체적·정신적·언어적 능력 등에서 어려움이 있어 민원 편의의 제공이 필요하다고 행정기관의 장이 인정하는 사람

(2) 편의제공

행정기관의 장은 법 제11조 제1항에 따라 민원취약계층에 대해 다음 각 호의 편의를 제공할 수 있다(영 제8조의 2 제2항).

① 휠체어, 점자 안내책자, 보청기기, 돋보기 등 편의용품 비치

② 민원취약계층 전용 민원창구의 설치 및 운영

③ 정보시스템을 이용한 민원 처리 방법 등에 대한 안내 및 교육

④ 제1호부터 제3호까지의 사항 외에 행정기관의 장이 민원 편의를 위하여 필요하다고 인정하는 사항

2. 수수료 감면

행정기관의 장은 민원취약계층에 대하여 민원 처리에 따른 수수료를 감면할 수 있다(법 제11조 제2항). 법 제11조 제2항에 따른 민원취약계층에 대한 행정기관의 장의 민원 처리 수수료의 감면 비율이나 감면 금액은 법 제12조의 2 제5항에 따른 감면 비율이나 감면 금액 이상으로 한다. 다만, 다른 법령에 특별한 규정이 있는 경우에는 해당 규정에서 정하는 바에 따른다(영 제8조의 2 제3항).

3. 수수료 감면 등 세부규정

1. 및 2.에서 규정한 사항 외에 민원취약계층에 대한 편의제공 및 수수료 감면 등에 필요한 사항은 국회규칙, 대법원규칙, 헌법재판소규칙, 중앙선거관리위원회규칙, 대통령령 및 조례로 정한다(법 제11조 제3항).

4. 수수료 감면 사항 공개

행정기관의 장은 제3항에 따라 민원취약계층에 대한 민원 처리 수수료의 감면 비율이나 감면 금액을 정한 경우 이를 행정기관의 인터넷 홈페이지 등을 통해 공개해야 한다(영 제8조의 2 제4항).

⑪ 민원실

행정기관의 장은 민원을 신속히 처리하고 민원인에 대한 안내와 상담의 편의를 제공하기 위하여 민원실을 설치할 수 있다(법 제12조).

1. 민원실의 운영(영 제8조의 3 제1항 내지 제3항)

(1) 법 제12조에 따른 민원실의 1일 운영시간은 오전 9시부터 오후 6시까지로 한다.

(2) 행정기관의 장은 민원인 접근의 편의를 위하여 행정기관 외의 공공장소 등에 다양한 형태의 민원실을 설치하여 운영할 수 있다.

(3) 제1항 및 제2항에 따른 민원실의 운영시간이나 운영방법은 각 행정기관의 특성에 따라 행정 안전부령 또는 해당 지방자치단체의 조례로 달리 정할 수 있다.

2. 민원실 관리

민원실의 장은 민원이 신속히 처리될 수 있도록 그 처리에 관한 모든 진행과정을 확인·관리 하여야 한다(영 제9조 제1항).

3. 공무원 배치

(1) 행정기관의 장은 소속 직원 중에서 행정실무경험이 풍부하고 근무태도가 성실한 사람을 민 원실에 배치하여야 하며, 필요하다고 인정하는 경우에는 관계기관의 장에게 소속 직원의 파 견을 요청할 수 있다(제2항).

(2) 행정기관의 장은 민원실에서 2년 이상 근무한 사람을 전보 시 우대할 수 있다(제3항).

4. 민원상담인 위촉

행정기관의 장은 민원인에 대한 안내와 상담을 위하여 필요하다고 인정되는 경우에는 행정 실무에 관한 지식과 경험이 있는 사람을 민원상담인으로 위촉할 수 있다. 이 경우 민원상담인은 명예직으로 하는 것을 원칙으로 한다(제4항).

5. 민원인 편의제공

(1) 행정기관의 장은 민원인에게 편의를 제공하기 위하여 민원실에 민원을 신청하는 데 필요한 용지·필기구 등을 갖추어 두어야 한다(제5항).

(2) 행정기관의 장은 민원인에게 편의를 제공하고 담당자의 안정적인 근무환경 조성을 위해 민 원실 시설·환경 등의 개선에 노력해야 한다(제6항).

⑫ 전자민원창구 및 통합전자민원창구의 운영

1. 전자민원창구 및 통합전자민원창구의 운영 등(법 제12조의 2)

(1) 민원의 전자적 처리시설 및 정보시스템 구축

행정기관의 장은 민원인이 해당 기관을 직접 방문하지 아니하고도 민원을 처리할 수 있도록 관계법령등을 개선하고 민원의 전자적 처리를 위한 시설과 정보시스템을 구축하는 등 필요한 조치를 하여야 한다(법 제12조의 2 제1항).

(2) 전자민원창구 구축 · 운영

① 행정기관의 장은 제1항에 따른 조치로서 인터넷을 통하여 민원을 신청 · 접수받아 처리할 수 있는 정보시스템(이하 "전자민원창구"라 한다)을 구축 · 운영할 수 있다. 다만, 전자민원창구를 구축하지 아니한 경우에는 제3항에 따른 통합전자민원창구를 통하여 민원을 신청 · 접수받아 처리할 수 있다(법 제12조의 2 제2항).

② 행정기관의 장은 법 제12조의 2 제2항 본문에 따라 전자민원창구를 설치하려는 경우에는 특별한 사유가 없으면 하나의 창구로 설치해야 하며, 법 제12조의 2 제3항에 따른 통합전자민원창구(이하 "통합전자민원창구"라 한다)와 효율적으로 연계될 수 있도록 해야 한다(영 제10조의 2 제1항).

③ 행정안전부장관은 각 행정기관의 전자민원창구를 효율적으로 연계하기 위하여 필요한 경우에는 국제표준의 범위에서 전자민원창구의 인터넷주소에 관한 세부 기준을 정할 수 있다(영 제10조의 2 제2항).

(3) 통합전자민원창구 구축 · 운영

행정안전부장관은 전자민원창구의 구축 · 운영을 지원하고 각 행정기관의 전자민원창구를 연계하기 위하여 통합전자민원창구를 구축 · 운영할 수 있다(법 제12조의 2 제3항).

(4) 소관기관 민원신청 간주

민원인이 전자민원창구나 통합전자민원창구를 통하여 민원을 신청한 경우에는 관계법령등에 따라 해당 민원을 소관하는 행정기관에 민원을 신청한 것으로 본다(법 제12조의 2 제4항).

(5) 수수료 감면

① 행정기관의 장은 전자민원창구나 통합전자민원창구를 통하여 민원을 처리하는 경우에는 다른 법률에도 불구하고 수수료를 감면할 수 있다(법 제12조의 2 제5항).

② 행정기관의 장은 법 제12조의 2 제5항에 따라 전자민원창구나 통합전자민원창구를 통하여 처리하는 민원에 대한 수수료의 감면 비율이나 감면 금액을 정한 경우에는 행정안전부장관에게 통보해야 한다(영 제11조 제6항).

③ 행정안전부장관은 제6항에 따라 통보받은 감면 비율이나 감면 금액을 법 제36조 제1항에 따른 민원처리기준표에 반영해야 한다(영 제11조 제7항).

⑹ 업무처리비 청구

① 행정기관의 장은 전자민원창구나 통합전자민원창구를 통하여 민원을 신청한 민원인이 정보통신망을 이용한 전자화폐·전자결제 등의 방법으로 수수료를 납부하는 경우에는 해당 수수료 외에 별도의 업무처리비용을 함께 청구할 수 있다(법 제12조의 2 제6항).

② 법 제12조의 2 제6항에 따른 별도의 업무처리비용은 법 제29조에 따른 전자적 납부에 드는 최소한의 비용으로 해야 한다(영 제11조 제8항).

⑺ 수수료 감면 범위 등 시행세칙

전자민원창구 및 통합전자민원창구의 구축·운영, 제5항에 따라 수수료를 감면할 수 있는 민원의 범위 및 감면 비율과 제6항에 따른 업무처리비용의 청구 기준 등에 관하여 필요한 사항은 국회규칙, 대법원규칙, 헌법재판소규칙, 중앙선거관리위원회규칙 및 대통령령으로 정한다(법 제12조의 2 제7항).

2. 전자민원창구의 운영 등(영 제11조 제1항 제1호 내지 제3호)

⑴ 전자민원창구를 통한 민원처리

행정기관의 장은 전자민원창구를 통하여 다음 각 호의 사항을 처리할 수 있다.

① 민원의 신청·접수, 민원문서의 이송 및 처리결과의 통지

② 처리기간 연장의 통지, 처리진행상황과 처리완료예정일 등 민원의 처리상황 안내

③ 법령, 민원편람 및 법 제36조 제1항에 따른 민원처리기준표 등 민원 처리와 관련된 정보의 제공

⑵ 보안조치

행정기관의 장은 제1항에 따라 민원을 처리할 때에는 개인정보 보호 등을 위하여 보안 강화 및 그 밖에 필요한 조치를 하여야 한다(영 제11조 제2항).

⑶ 전자민원담당관

행정기관의 장은 전자민원창구를 효율적으로 운영하기 위하여 소속 공무원 중에서 전자민원담당관을 임명해야 한다. 이 경우 업무가 지나치게 많다고 판단되는 경우에는 그 업무의 일부를 분장하게 하기 위하여 분임전자민원담당관을 둘 수 있다(영 제11조 제3항).

(4) 민원심사관의 전자민원담당관 겸임

행정기관의 장은 민원창구의 단일화와 업무의 효율적 처리를 위하여 법 제25조 제1항에 따른 민원심사관 또는 제28조 제1항에 따른 분임 민원심사관으로 하여금 제3항에 따른 전자민원 담당관 또는 분임전자민원담당관을 겸임하게 할 수 있다(영 제11조 제4항).

(5) 둘 이상 민원일괄신청, 이송

행정안전부장관은 통합전자민원창구를 통하여 둘 이상의 민원을 일괄적으로 신청 받아 소관 행정기관에 이송하여 처리하게 할 수 있다(영 제11조 제5항).

3. 전자민원창구 등의 이용제한(영 제11조의 2)

행정기관의 장은 민원인 또는 그 위임을 받은 자가 전자민원창구 또는 통합전자민원창구를 통하여 정당하지 않은 목적으로 비정상적인 전자적 수단 등을 이용하여 동일한 민원을 반복 하여 신청함으로써 다른 민원인에 대한 민원 처리를 지연시키는 등 심각하게 공무를 방해하 는 경우에는 해당 민원인 또는 그 위임을 받은 자의 전자민원창구 또는 통합전자민원창구의 이용을 제한할 수 있다.

제2절 | 민원신청의 편의제공

01 민원신청의 편의 제공

행정기관의 장은 민원실(민원실이 설치되지 아니한 기관의 경우에는 문서의 접수·발송을 주관하는 부서를 말한다)에 민원 관련 법령·편람과 민원의 처리 기준과 절차 등 민원의 신청에 필요한 사항을 게시하고 이를 인터넷 홈페이지를 통하여 제공하는 등 민원인에게 민원신청의 편의를 제공하여야 한다(법 제13조).

02 민원편람 비치 등 신청편의의 제공

행정기관의 장은 민원인이 법 제13조에 따른 민원편람을 열람(인터넷 등을 통한 열람을 포함한다)할 수 있도록 민원실(민원실이 설치되지 아니한 기관의 경우에는 문서담당부서를 말한다)에 민원편람을 비치하거나 컴퓨터를 설치하는 등 필요한 조치를 하여야 한다(영 제10조 제1항).

03 민원편람 명시 사항

행정기관의 장은 민원편람에 민원의 종류별로 신청서식, 구비서류, 처리주무부서, 경유기관·협의기관, 처리절차, 처리기간, 심사기준, 수수료, 그 밖에 민원에 관한 안내에 필요한 사항(법 제10조 제3항 제2호 및 제3호에 따라 행정기관에서 확인할 수 있는 사항을 포함한다)을 분명히 적어야 한다(영 제10조 제2항).

04 민원실 게시·민원편람 게재 사항

행정기관의 장은 다음 각 호의 어느 하나에 해당하는 민원에 대해서는 그 종류를 정하여 민원실에 게시하거나 민원편람에 게재하여야 한다(영 제10조 제3항).

(1) 법 제28조에 따라 무인민원발급창구를 통하여 발급할 수 있는 민원

(2) 제5조에 따라 팩스·인터넷 등 정보통신망 또는 우편 등으로 신청할 수 있는 민원

(3) 제4항에 따라 민원인이 구술하고 담당자가 그 사항을 문서로 작성하여 신청할 수 있는 민원

행정기관의 장은 문서로 접수하는 민원의 경우 민원인의 편의를 위해 민원인이 민원 신청에 필요한 사항을 담당자의 앞에서 구술하고, 담당자가 이를 문서로 작성하여 민원인이 서명한 때에는 이를 민원문서로 접수할 수 있다(제4항).

제3절 │ 다른 행정기관 등을 이용한 민원처리

01 다른 행정기관 등을 이용한 민원의 접수 · 교부

1. 민원의 접수 · 교부

행정기관의 장은 민원인의 편의를 위하여 그 행정기관이 접수하고 처리결과를 교부하여야
할 민원을 다른 행정기관이나 특별법에 따라 설립되고 전국적 조직을 가진 법인 중 대통령령
으로 정하는 법인으로 하여금 접수·교부하게 할 수 있다(법 제14조 제1항).
제1항에 따른 접수·교부의 절차 및 접수·처리·교부기관 간 송부방법 등에 필요한 사항은
대통령령으로 정한다(제2항).

2. 특별법상 법인

법 제14조 제1항에서 '대통령령으로 정하는 법인'이란 다음 각 호의 법인을 말한다.

(1) 「농업협동조합법」에 따라 설립된 조합과 농업협동조합중앙회(이하 "농협"이라 한다)

(2) 「새마을금고법」에 따라 설립된 새마을금고 및 새마을금고중앙회(이하 "새마을금고"라 한다)
  (영 제12조 제1항)

02 민원사항 접수 및 처리, 교부 절차

1. 민원의 접수

법 제14조 제1항에 따른 민원을 접수한 다른 행정기관이나 농협 또는 새마을금고(이하 이 조
에서 "접수기관"이라 한다)는 그 민원을 지체 없이 소관 행정기관에 보내야 한다(영 제12조
제2항).

2. 민원처리 결과 송부

(1) 처리결과 송부

민원을 받은 소관 행정기관은 그 민원을 신속히 처리하고 그 처리결과를 민원인이 교부받으
려는 다른 행정기관이나 농협 또는 새마을금고(이하 "교부기관"이라 한다)에 보내야 한다. 이
경우 접수기관이 소관 행정기관으로부터 해당 민원과 관련한 신청서·구비서류 등의 송부를
요청받은 경우에는 지체 없이 이를 송부하여야 한다(영 제12조 제3항).

(2) 관인날인

영 제12조 제2항에 따라 민원을 받은 소관 행정기관은 그 민원을 처리하고 별표 2의 처리인과 직인을 찍은 후 그 처리결과를 팩스·인터넷 또는 전자적 시스템을 이용하여 민원인이 교부받으려는 다른 행정기관이나 농협 또는 새마을금고(이하 이 조에서 "교부기관"이라 한다)에 보내야 한다. 다만, 인터넷 또는 전자적 시스템을 이용하는 경우에는 별표 2의 처리인과 직인을 갈음하여 「행정효율과 협업촉진에 관한 규정」 제3조 제9호의 전자이미지관인을 찍은 후 처리주무부서의 전화번호·담당자의 성명 등을 표시하여 교부기관에 보낼 수 있다(규칙 제5조 제2항).

(3) 소관기관 관인생략

민원을 받은 소관 행정기관의 장은 법 제14조 제1항에 따라 다른 행정기관을 통하여 민원문서를 교부할 때에는 소관 행정기관의 관인(전자이미지관인을 포함한다. 이하 같다)을 생략하고 그 민원문서를 교부하는 행정기관의 관인을 찍어 교부할 수 있다. 다만, 법령상 또는 그 민원의 성질상 소관 행정기관의 관인을 찍을 필요가 있는 민원문서는 소관 행정기관의 관인을 찍어야 한다(영 제12조 제4항).

(4) 민원처리결과 민원인 교부

처리결과를 받은 교부기관은 별표 3의 처리인과 직인을 찍어 민원인에게 교부하여야 한다(규칙 제5조 제3항).

[별표 2]

처리인(제5조 제2항 관련)

	발급번호		담당자	인
2센티미터 이내	소관기관	직인	전화번호	
	14센티미터 이내			

[별표 3]

처리인(제5조 제3항 관련)

	교부번호		담당자	인
2센티미터 이내	교부기관	직인	전화번호	
	14센티미터 이내			

⑸ 교부기간 연장

민원을 받은 소관 행정기관의 장은 동일한 민원인이 동시(같은 근무일에 여러 번 신청하는 경우를 포함한다)에 많은 양의 동일한 증명서 등 문서(「전자정부법」 제2조 제7호에 따른 전 자문서는 제외한다)의 교부를 신청하여 처리기간 내에 처리하기 어려운 경우에는 20통마다 교부기간을 1일씩 연장하여 교부할 수 있다(영 제12조 제5항).

03 추가비용 납부

민원인이 법 제14조 제1항에 따른 민원을 신청하는 경우에는 법령·훈령·예규·고시·자치 법규 등(이하 "관계법령 등"이라 한다)에서 정한 수수료 외에 업무처리비 등 추가비용을 교부 기관에 내야 한다(영 제12조 제6항).

04 접수·교부대상 민원의 고시

1. 행정안전부장관 고시

다른 행정기관이나 농협 또는 새마을금고를 통하여 접수·처리할 수 있는 민원의 종류, 접수· 교부기관 및 추가비용 등은 행정안전부장관이 관계 행정기관의 장과 협의하여 정한 후 고시하 여야 한다. 이 경우 농협에서 접수·교부할 수 있는 민원은 농업협동조합 중앙회장과 협의하고, 새마을금고에서 접수·교부할 수 있는 민원은 새마을금고 중앙회장과 협의하여야 한다(제7항).

2. 신청서식

「민원처리에 관한 법률」 제14조 제1항에 따라 다른 행정기관 등을 이용하여 접수·교부하는 민원 중 영 제12조 제7항에 따라 고시하는 민원의 신청은 별지 제4호 서식에 따른다(규칙 제5조 제1항).

05 민원의 통합 접수 · 교부처리

법 제14조 제1항에 따른 다른 행정기관이나 농협 또는 새마을금고는 민원인이 소관 행정기관이 다른 둘 이상의 민원을 통합하여 신청했을 때에는 이를 통합하여 접수·교부할 수 있다(영 제12조 제8항).

1. 통합접수 및 선행민원처리기간 불산입

통합하여 접수된 민원은 그 민원의 소관 법령에 따라 소관 행정기관에 각각 접수된 것으로 본다. 이 경우 통합하여 접수한 민원 중 다른 민원의 처리를 위해 선행적으로 완결되어야 하는 민원이 있는 경우에는 그 선행 민원이 완결되는 데 소요된 기간은 다른 민원의 처리기간에 산입하지 아니한다(제9항).

2. 통합 접수 · 교부 민원종류 고시

법 제14조 제1항에 따른 다른 행정기관이나 농협 또는 새마을금고가 제8항에 따라 통합하여 접수·교부할 수 있는 민원의 종류, 접수·교부기관 등 필요한 사항은 행정안전부장관이 정하여 고시하여야 한다(영 제12조 제10항).

06 민원접수 · 교부 임직원 공무원 준용

민원을 접수·교부하는 법인의 임직원은 「형법」이나 그 밖의 법률에 따른 벌칙을 적용할 때에는 공무원으로 본다(법 제14조 제3항).

(앞쪽)
■ 민원 처리에 관한 법률 시행규칙 [별지 제4호 서식]
■ 수수료: 관련 법령 및 조례에 따른 금액

다른 행정기관 등을 이용한 민원사항 신청서

제출서류: 없음

접수번호	접수일:	처리기간: 개별 민원의 처리기간에 따름

1. 신청 민원사항

세정
[　]지방세 세목별 과세(납세)증명　[　]납세증명서　[　]지방세납세증명
[　]소득금액증명　　[　]기타(　　　　　)

출입국
[　]출입국 사실증명　[　]국내거소신고 사실증명　[　]외국인등록 사실증명

부동산
[　]토지이용계획 확인신청　　　[　]지적도(임야도) 열람·등본교부 신청
[　]농지원부 등본교부　　　　[　]토지(임야)대장 열람·등본발급 신청
[　]개별공시지가 확인　[　]공동주택가격 확인　[　]기타(　　　　　)
소재지:

자동차
[　]자동차등록증 재교부　　　[　]자동차 등록원부(등본) 발급·열람
등록번호:　　　　　　　　　등록지주소:

학교
[　]졸업(예정)증명　[　]성적증명　[　]재학증명　[　]시간강사경력증명
[　]교육비납입증명　[　]학적부(생활기록부)증명　[　]기타(　　　　)
학교명:　　　　　　학과:　　　　　　학번:

검정고시
응시 시·도 교육청:

[　]합격증명　　　[　]과목합격증명　　　[　]성적증명

[　]중학교 입학 자격　　[　]고등학교 입학 자격　　[　]고등학교 졸업 학력

군·병무(병적증명서)
[　]한글 [　]영문　　[　]육군 [　]해군 [　]공군　　계급:
군번:　　　　　전역일:　　　　　용도:

제적부
등록기준지:　　　　호주:　　　　　청구사유:

그 밖의 민원
[　]국가유공자(유족)확인　　　　[　]기타(　　　　　)

2. 공통 기재사항

**관련 민원사항
본인 정보**

이름:	영문이름: (영문신청서 신청 시에만 적습니다)
생년월일:	연락처:
주소:	

원하는 교부기관
[　]접수기관과 동일　[　]다른 기관(　　　　　)

신청 장수 및 방법
신청 장수:　　　　신청 방법: [　]방문　[　]전화　[　]인터넷

기타 및 특이사항

신청인 정보
※ 위임 신청 시에만 적습니다

이름:	생년월일:
발급대상자와의 관계:	연락처:
주소:	

210mm×297mm[백상지(80g/㎡) 또는 중질지(80g/㎡)]

(뒤쪽)

3. 서명 및 날인

「민원 처리에 관한 법률 시행규칙」 제5조에 따라 위와 같이 민원 처리를 신청합니다.

년   월   일

신고인   (서명 또는 인)

접수기관의 장 귀하

작성방법

- 접수번호, 접수일은 작성하지 않습니다.
- 신청 민원사항: 해당되는 민원사항의 [   ] 안에 "√"표시를 합니다. 해당되는 민원사항이 없는 경우에는 기타에 "√"표시를 하고 해당 민원사항을 적습니다.
- 관련 민원사항 본인정보: 발급대상의 정보를 적습니다. 다만, 민원사항 중 해당 민원을 규정한 관계법령 등에 따라 필요한 경우 본인 및 신청인 정보의 생년월일에 주민등록번호를 적어야 합니다.
- 민원사항(출입국사실증명, 외국인등록사실증명, 국내거소신고 사실증명, 납세증명서, 지방세 납세증명 등)에 따라서는 위임하는 사람과 위임받는 사람의 신분증 사본을 구비서류로 제출해야 합니다.
- 신청인 정보: 본인이 민원을 신청하는 경우에는 적지 않습니다.
  본인의 위임을 받은 사람이 민원을 신청하는 경우에는 그 위임받은 사람의 정보를 적습니다.
- 신청인 정보: 본인이 민원사항을 신청하는 경우에는 적지 않습니다. 본인의 위임을 받은 사람이 민원사항을 신청하는 경우에는 신청인의 정보를 적습니다.

※ 해당 민원사항을 규정한 관계 법령에서 본인이나 가족 또는 본인의 위임장 소지자에게 민원서류를 발급하도록 규정하고 있는 경우에는 가족관계를 증명할 수 있는 서류 또는 위임장 등을 별도로 제출해야 합니다.

처리절차

신청서 작성	→	접수	→	처리	→	교부
신청인		접수기관		처리기관		교부기관

※ 행정기관별로 적절하게 조정 가능

제4절 | 민원문서의 이송 ^{2019 기출}

⑴ 민원문서의 이송

행정기관의 장은 접수한 민원이 다른 행정기관의 소관인 경우에는 접수된 민원문서를 지체 없이 소관 기관에 이송하여야 한다(법 제16조).

⑵ 이송절차 및 방법

1. 1근무시간 내 이송

민원실에 접수된 민원문서 중 그 처리가 민원실의 주관에 속하지 아니하는 것에 대해서는 1근무시간 이내에 이를 처리주무부서에 이송하여야 한다. 다만, 처리주무부서가 상당히 떨어져 있는 등 특별한 사유가 있어 1근무시간 이내에 이송하기 어려운 경우에는 3근무시간 이내에 이송할 수 있다(영 제13조 제1항).

2. 3근무시간 내 이송

같은 행정기관 내에서 소관이 아닌 민원문서를 접수한 경우에는 3근무시간 이내에 민원실을 거쳐 처리주무부서에 이송하여야 한다(제2항).

3. 8근무시간 내 이송

⑴ 다른 행정기관 소관의 민원문서를 접수한 경우에는 8근무시간 이내에 소관 행정기관에 이송하고, 그 사실을 민원인에게 통지하여야 한다. 이 경우 민원문서를 이송받은 행정기관은 민원문서를 이송한 행정기관의 요청이 있을 때에는 그 행정기관에 처리결과를 통보하여야 한다(제3항).

⑵ 제3항의 전단에도 불구하고 민원인에게 인터넷 등으로 민원문서의 이송 상황을 공개하고 있음을 사전에 안내한 경우에는 통지를 생략할 수 있다(제5항).

4. 전자문서의 이송

제1항부터 제3항까지의 규정에도 불구하고 접수된 민원문서가 전자문서인 경우에는 지체 없이 소관 기관에 전자적 방법으로 이송하여야 한다(제4항).

제5절 | 민원의 처리기간 · 처리방법 ^{2017 기출}

01 법정민원의 처리기간 설정 · 공포 ^{2017 기출}

1. 법정민원처리기간 설정 · 공포

행정기관의 장은 법정민원을 신속히 처리하기 위하여 행정기관에 법정민원의 신청이 접수된 때부터 처리가 완료될 때까지 소요되는 처리기간을 법정민원의 종류별로 미리 정하여 공표하여야 한다(법 제17조 제1항).

2. 기간별 처리기간 구분

행정기관의 장은 제1항에 따른 처리기간을 정할 때에는 접수기관 · 경유기관 · 협의기관(다른 기관과 사전협의가 필요한 경우만 해당한다) 및 처분기관 등 각 기관별로 처리기간을 구분하여 정하여야 한다(제2항).

3. 민원편람 수록

행정기관의 장은 제1항 및 제2항에 따른 처리기간을 민원편람에 수록하여야 한다(제3항).

02 질의민원 등의 처리기간 등 ^{2017 기출}

질의민원 · 건의민원 · 기타민원 및 고충민원의 처리기간 및 처리절차 등에 관하여는 대통령령으로 정한다(법 제18조).

1. 질의민원의 처리기간 등

행정기관의 장은 질의민원을 접수하였을 때에는 특별한 사유가 없으면 다음 각 호의 기간 이내에 처리하여야 한다(영 제14조).

(1) 법령에 관하여 설명이나 해석을 요구하는 질의민원: 14일 이내

(2) 제도 · 절차 등 법령 외의 사항에 관하여 설명이나 해석을 요구하는 질의민원: 7일 이내

2. 건의민원의 처리기간 등

행정기관의 장은 건의민원을 접수하였을 때에는 특별한 사유가 없으면 관계법령 등에 다른 규정이 있는 경우를 제외하고는 14일 이내에 처리하여야 한다(영 제15조).

3. 기타민원의 처리기간 등

행정기관의 장은 기타민원을 접수하였을 때에는 특별한 사유가 없으면 즉시 처리하여야 한다 (영 제16조 제1항).

(1) 민원처리부 기록 생략

행정기관의 장은 법 제8조에 따라 구술(口述) 또는 전화로 신청한 기타민원을 처리하는 경우에는 민원처리부에 기록하는 절차를 생략할 수 있다(제2항).

(2) 기타민원처리 규정 탄력적 운영

제1항 및 제2항에도 불구하고 행정기관의 장은 기관의 특성을 고려하여 기타민원의 처리기간 및 처리절차 등을 달리 정하여 운영할 수 있다(제3항).

4. 고충민원의 처리기간 등 2020 기출

(1) 고충민원의 개념

행정기관 등의 위법·부당하거나 소극적인 처분(사실행위 및 부작위를 포함한다) 및 불합리한 행정제도로 인하여 국민의 권리를 침해하거나 국민에게 불편 또는 부담을 주는 사항에 관한 민원(현역장병 및 군 관련 의무복무자의 고충민원을 포함한다)을 말한다(「부패방지 및 국민 권익위원회의 설치와 운영에 관한 법률」 제2조 제5호).

(2) 처리기간

행정기관의 장은 고충민원을 접수하였을 때에는 특별한 사유가 없으면 7일 이내에 처리하여야 한다(영 제17조 제1항).

(3) 동일 고충민원 반복제출

행정기관의 장은 민원인이 동일한 내용의 고충민원을 다시 제출한 경우에는 감사부서 등으로 하여금 이를 조사하도록 하여야 한다(제2항).

(4) 정당한 사유

행정기관의 장은 제1항에 따라 처리하는 고충민원의 내용이 정당한 사유가 있다고 인정될 때에는 지체 없이 원처분(原處分)의 취소·변경 등 적절한 조치를 하고, 이를 민원인에게 통지하여야 한다(제3항).

(5) 현장조사

행정기관의 장은 고충민원의 처리를 위하여 필요한 경우 14일 이내에 현장조사 등을 할 수 있다. 다만, 부득이한 사유로 14일 내에 현장조사 등을 완료하기 어렵다고 인정되는 경우에는 7일의 범위에서 그 기간을 한 차례만 연장할 수 있다(제4항).

⑹ 처리기간 불산입

제4항에 따른 현장조사 등에 소요된 기간은 제1항에 따른 처리기간에 산입하지 않는다(제5항).

⑺ 감독기관에 대한 고충민원 신청

① **대상 고충민원**: 민원인은 제2항에 따른 감사부서 등의 조사를 거친 경우에는 그 고충민원과 관련한 사무에 대한 지도·감독 등의 권한을 가진 감독기관의 장에게 고충민원을 신청할 수 있다. 이 경우 감독기관의 고충민원 처리기간 및 방법 등에 관하여는 제1항, 제2항, 제4항 및 제5항을 준용한다.

② **처리결과 통보**: 감독기관의 장은 제6항에 따른 고충민원의 처리결과를 소관 행정기관의 장에게 통보하여야 한다. 이 경우 소관 행정기관의 장은 특별한 사유가 없으면 그 결과를 존중하여 적절한 조치를 하고, 이를 민원인에게 통지하여야 한다.

⑻ 국민권익위원 또는 시민고충처리위원회 고충민원 신청

민원인은 고충민원을 신청하거나 제1항부터 제7항까지의 규정에 따라 처리결과를 통보받은 경우에도 국민권익위원회 또는 「부패방지 및 국민권익위원회의 설치와 운영에 관한 법률」 제2조 제9호에 따른 시민고충처리위원회에 고충민원을 신청할 수 있다(제8항 신설).

⑬ 민원처리 과정에 대한 시정 요구

1. 시정 요구

민원인은 민원처리 과정에서 다음 각 호의 어느 하나에 해당하는 경우에는 그 행정기관 또는 감독기관의 장에게 이를 시정할 것을 요구할 수 있다(영 제18조 제1항).

⑴ 법 제9조 제1항을 위반하여 민원의 접수를 보류·거부하거나 접수된 민원문서를 부당하게 되돌려 보낸 경우(제1호)

⑵ 법 제10조 제1항을 위반하여 관계법령 등에서 정한 구비서류 외의 서류를 추가로 요구하는 경우(제2호)

⑶ 법 제17조 및 제18조를 위반하여 민원의 처리기간을 경과한 경우(제3호)

2. 처리결과 통지

제1항에 따른 시정 요구를 받은 행정기관 또는 감독기관의 장은 지체 없이 이를 조사하여 그 처리결과를 민원인에게 통지하여야 한다(제2항).

04 처리기간의 계산 ^{2017 기출}

1. 즉시

민원의 처리기간을 "즉시"로 정한 경우에는 정당한 사유가 있는 경우를 제외하고는 3근무시간 이내에 처리하여야 한다(영 제19조).

2. 5일 이하

민원의 처리기간을 5일 이하로 정한 경우에는 민원의 접수 시각부터 '시간' 단위로 계산하되, 공휴일과 토요일을 산입하지 아니한다. 이 경우 1일은 8시간의 근무시간을 기준으로 한다(법 제19조 제1항).

3. 6일 이상

민원의 처리기간을 6일 이상으로 정한 경우에는 '일' 단위로 계산하고 첫날을 산입하되, 공휴일과 토요일은 산입하지 아니한다(제2항).

4. 주·월·연

민원의 처리기간을 주·월·연으로 정한 경우에는 첫날을 산입하되, 「민법」 제159조부터 제161조까지의 규정을 준용한다(제3항).

> **민법**
> **제159조【기간의 만료점】** 기간을 일, 주, 월 또는 연으로 정한 때에는 기간말일의 종료로 기간이 만료한다.
> **제160조【역에 의한 계산】** ① 기간을 주, 월 또는 연으로 정한 때에는 역에 의하여 계산한다.
> ② 주, 월 또는 연의 처음으로부터 기간을 기산하지 아니하는 때에는 최후의 주, 월 또는 연에서 그 기산일에 해당한 날의 전일로 기간이 만료한다.
> ③ 월 또는 연으로 정한 경우에 최종의 월에 해당일이 없는 때에는 그 월의 말일로 기간이 만료한다.
> **제161조【공휴일 등과 기간의 만료점】** 기간의 말일이 토요일 또는 공휴일에 해당한 때에는 기간은 그 익일로 만료한다.

05 처리기간에 산입하지 아니하는 기간의 계산 ^{2017 기출}

민원의 처리기간에 산입하지 아니하는 기간에 관하여는 「행정절차법 시행령」 제11조의 규정을 준용한다(영 제20조).

> **행정절차법 시행령**
>
> **제11조【처리기간에 산입하지 아니하는 기간】** 법 제19조 제5항의 규정에 의하여 처리기간에 산입하지 아니하는 기간은 다음 각 호의 1에 해당하는 기간을 말한다.
> 1. 신청서의 보완에 소요되는 기간(보완을 위하여 신청서를 신청인에게 발송한 날과 보완되어 행정청에 도달한 날을 포함한다.)
> 2. 접수·경유·협의 및 처리하는 기관이 각각 상당히 떨어져 있는 경우 문서의 이송에 소요되는 기간
> 3. 법 제11조 제2항의 규정에 의하여 대표자를 선정하는 데 소요되는 기간
> 4. 해당 처분과 관련하여 의견 청취가 실시되는 경우 그에 소요되는 기간
> 5. 실험·검사·감정, 전문적인 기술검토 등 특별한 추가절차를 거치기 위하여 부득이하게 소요되는 기간
> 6. 행정안전부령이 정하는 선행사무의 완결을 조건으로 하는 경우 그에 소요되는 기간
>
> **행정절차법 시행규칙**
>
> **제6조【행정안전부령이 정하는 선행사무】**
> 1. 국회 또는 지방의회의 동의가 필요한 사항으로서 국회 또는 지방의회의 심의에 소요되는 기간
> 2. 국가안보 또는 외교상 특별한 선행조치가 필요한 사항으로서 이에 소요되는 기간
> 3. 정부의 예산사정으로 인하여 처리가 지연되는 기간
> 4. 외국기관 및 재외공관에의 조회에 소요되는 기간
> 5. 탈세조사·가격조사·수요조사·원가계산·경영분석·감정실시 및 기업진단에 소요되는 기간
> 6. 시험·신원조회 또는 신체검사에 소요되는 기간
> 7. 신청인의 불출석 등 처리단계에 있어 신청인의 귀책사유로 인하여 지연되는 기간

06 처리기간의 연장 등 2017 기출

1. 연장 기간

행정기관의 장은 부득이한 사유로 처리기간 내에 민원을 처리하기 어렵다고 인정되는 경우에는 그 민원의 처리기간의 범위에서 그 처리기간을 한 차례 연장할 수 있다. 다만, 연장된 처리기간 내에 처리하기 어려운 경우에는 민원인의 동의를 받아 그 민원의 처리기간의 범위에서 처리기간을 한 차례만 다시 연장할 수 있다(영 제21조 제1항).

2. 연장 통지

처리기간을 연장하였을 때에는 처리기간의 연장사유와 처리완료예정일을 지체 없이 민원인에게 문서로 통지하여야 한다(제2항).

3. 통지 방법

연장통지 방법은 제23조(처리진행상황 등의 통지)를 준용한다(제3항).

■ 민원 처리에 관한 법률 시행규칙 [별지 제5호 서식]

행정기관명

수신자

(경유)

제 목   민원 처리기간(이의신청 결정기간) 연장 통지서

「민원 처리에 관한 법률 시행령」 제21조 제2항 및 제40조 제2항에 따라 귀하께서 신청하신

[　]민원의 처리기간

[　]이의신청의 결정기간　　이 아래와 같이 연장되었음을 통지합니다.

접수번호		접수일	
민원명			
당초 처리기간		처리완료 예정일	
처리기간 연장사유			
처리 담당자	소속		
	성명		전화번호
그 밖의 안내사항			

끝.

발신명의　　직인

기안자 (직위/직급) 서명　　　　검토자 (직위/직급) 서명　　　　결재권자 (직위/직급) 서명

협조자

시행　　　　처리과－일련번호(시행)　　　　　접수　　　　처리과명－일련번호(접수)

우　　　　주소　　　　　　　　　　　　　　　 / 홈페이지 주소

전화번호( )　　　　　　팩스번호( )　　　　 / 기안자의 전자우편주소　　　 / 공개구분

210mm×297mm[백상지 80g/㎡]

07 처리상황의 확인 · 점검

1. 확인 · 점검

행정기관의 장은 민원의 처리상황과 운영 실태를 매월 1회 이상 확인·점검하여야 한다(영 제22조 제1항).

2. 점검시기

영 제22조에 따른 확인·점검은 매월 5일까지 지난 달의 민원처리상황을 대상으로 하여 실시한다(규칙 제7조).

3. 시정 및 징계조치 등

행정기관의 장은 제1항에 따른 확인·점검 결과 법령위반 사실을 발견하거나 민원처리가 미흡하다고 판단되는 경우에는 지체 없이 이를 시정하고, 그 민원처리와 관련 있는 직원 등에 대하여 징계 또는 그 밖에 필요한 조치를 하여야 한다(영 제22조 제2항).

4. 민원심사관의 지정 2021 기출

행정기관의 장은 민원 처리상황의 확인·점검 등을 위하여 소속 직원 중에서 민원심사관을 지정하여야 한다(법 제25조 제1항).

(1) 분임 민원심사관 지정

행정기관의 장은 법 제25조 제1항에 따른 민원심사관의 업무가 지나치게 많거나 특별히 전문성이 필요하다고 판단되는 경우에는 분임 민원심사관을 지정하여 민원심사관의 업무를 나눠 맡도록 할 수 있다(영 제28조 제1항).

(2) 민원심사관의 업무

① **독촉장 발부**
  ㉠ 민원심사관(분임 민원심사관을 포함한다. 이하 이 조에서 같다)은 민원의 처리상황을 수시로 확인·점검하여 처리기간이 지난 민원을 발견하였을 때에는 지체 없이 처리주무부서의 장(민원심사관이 처리주무부서의 장인 경우에는 관계 직원을 말한다)에게 독촉장을 발부하여야 한다(제2항).
  ㉡ 영 제28조 제2항에 따른 독촉장은 별지 제7호 서식에 따른다(규칙 제10조).
② **다수인관련민원 처리상황 확인·점검**: 민원심사관은 법 제24조에 따른 다수인관련민원의 처리상황을 확인·점검하고 그 결과를 소속 행정기관의 장에게 수시로 보고하여야 한다(제3항).

■ 민원 처리에 관한 법률 시행규칙 [별지 제5호 서식]

Part 02

민원 처리 독촉장

제 호   년 월 일
받는 곳:
민원명:

	년 월 일
① 민원인	
② 접수일	. .
③ 접수번호	
④ 처리기한	

「민원 처리에 관한 법률 시행령」 제28조 제2항에 따라 독촉장을 발급하오니 즉시 처리를 완료해 주시기 바랍니다.

( )민원심사관 (서명)

민원 처리 독촉장(발신용)

제 호   년 월 일
받는 곳:
민원명:

	년 월 일
① 민원인	
② 접수일	. .
③ 접수번호	
④ 처리기한	

「민원 처리에 관한 법률 시행령」 제28조 제2항에 따라 독촉장을 발급하오니 즉시 처리를 완료해 주시기 바랍니다.

( )민원심사관 (서명)

민원 처리 독촉 회신

제 호   년 월 일
받는 곳:
민원명:

	년 월 일
① 민원인	
② 접수일	. .
③ 접수번호	
④ 처리완료 예정일	

민원 처리 독촉에 대하여 위와 같이 회신합니다.

( ) 부서장 (서명)

297mm×210mm[백상지 80g/㎡]

⑧ 처리진행상황 등의 통지

1. 통지 방법

행정기관의 장은 민원이 접수된 때부터 30일이 지났으나 처리가 완료되지 아니한 경우 또는 민원인의 명시적인 요청이 있는 경우에는 그 처리진행상황과 처리완료예정일 등을 적은 문서를 민원인에게 교부하거나 정보통신망 또는 우편 등의 방법으로 통지하여야 한다(영 제23조 제1항).

2. 통지 기한

통지는 민원이 접수된 때부터 30일이 지날 때마다 통지하는 것을 원칙으로 한다(제2항).

3. 통지의 생략

민원인에게 인터넷 등으로 민원의 처리진행상황 등을 공개하고 있음을 사전에 안내한 경우에는 통지를 생략할 수 있다(제3항).

■ 민원 처리에 관한 법률 시행규칙 [별지 제6호 서식]

행정기관명

수신자
(경유)
제 목 **민원처리진행상황 통지서**

「민원 처리에 관한 법률 시행령」 제23조 제1항에 따라 귀하께서 신청하신 민원의 처리진행상황을 아래와 같이 알려드립니다. 궁금한 사항은 담당자에게 문의하시면 자세히 설명하여 드리겠습니다.

민원명				
접수일		처리완료 예정일		
민원처리 진행상황				
처리 담당자	소속			
	성명		전화번호	
그 밖의 안내사항				

끝.

발신명의 [직인]

기안자 (직위/직급) 서명   검토자 (직위/직급) 서명   결재권자 (직위/직급) 서명

협조자

시행   처리과-일련번호(시행)   접수   처리과명-일련번호(접수)

우   주소   / 홈페이지 주소

전화번호( )   팩스번호( )   / 기안자의 전자우편주소   / 공개구분

210mm×297mm[백상지 80g/㎡]

⑨ 관계기관·부서 간 업무 협조

1. 협조 요청

민원을 처리하는 주무부서는 민원을 처리할 때 관계기관·부서의 협조가 필요한 경우에는 민원을 접수한 후 지체 없이 그 민원의 처리기간 내에서 회신기간을 정하여 협조를 요청하여야 하며, 요청받은 기관·부서는 그 회신기간 내에 이를 처리하여야 한다(법 제20조 제1항).

(1) 민원문서 표시인

법 제20조 제1항에 따라 관계기관(민원사항과 관련된 단체·협회 등을 포함한다)·부서에 협조를 요청할 때에는 민원문서의 오른쪽 윗부분에 별표 4의 민원문서 표시인을 찍어야 한다(규칙 제8조 제1항).

(2) 협조요청 방법

제1항의 관계기관·부서에 대한 협조 요청은 팩스·인터넷 또는 전자적 시스템으로도 할 수 있다. 이 경우 제1항에 따른 민원문서 표시인을 전자적 형태로 나타낼 수 있다(규칙 제8조 제2항).

[별표 4]
민원문서 표시인(제8조 관련)

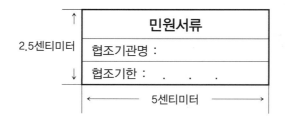

2. 협조 회신기간 연장

협조를 요청받은 기관·부서는 제1항에 따른 회신기간 내에 그 민원을 처리할 수 없는 특별한 사정이 있는 경우에는 그 회신기간의 범위에서 한 차례만 한하여 기간을 연장할 수 있다(영 제20조 제2항).

3. 협조 회신기간 연장 통보

협조를 요청받은 기관·부서가 제2항에 따라 기간을 연장하려는 경우에는 회신기간이 끝나기 전에 그 연장사유·처리 진행상황 및 회신예정일 등을 협조를 요청한 민원처리주무부서에 통보하여야 한다(영 제20조 제3항).

⑩ 민원처리의 예외 ^{2018 기출}

행정기관의 장은 접수된 민원(법정민원을 제외한다. 이하 이 조에서 같다)이 다음 각 호의 어느 하나에 해당하는 경우에는 그 민원을 처리하지 아니할 수 있다. 이 경우 그 사유를 해당 민원인에게 통지하여야 한다(법 제21조 제1호 내지 제9호).

(1) 고도의 정치적 판단을 요하거나 국가기밀 또는 공무상 비밀에 관한 사항

(2) 수사, 재판 및 형 집행에 관한 사항 또는 감사원의 감사가 착수된 사항

(3) 행정심판, 행정소송, 헌법재판소의 심판, 감사원의 심사청구, 그 밖에 다른 법률에 따라 불복구제절차가 진행 중인 사항

(4) 법령에 따라 화해·알선·조정·중재 등 당사자 간의 이해 조정을 목적으로 행하는 절차가 진행 중인 사항

(5) 판결·결정·재결·화해·조정·중재 등에 따라 확정된 권리관계에 관한 사항

(6) 감사원이 감사위원회의의 결정을 거쳐 행하는 사항

(7) 각급 선거관리위원회의 의결을 거쳐 행하는 사항

(8) 사인 간의 권리관계 또는 개인의 사생활에 관한 사항

(9) 행정기관의 소속 직원에 대한 인사행정상의 행위에 관한 사항

제6절 민원문서의 보완 등

01 민원문서의 보완·취하 등

1. 보완 요구

행정기관의 장은 접수한 민원문서에 보완이 필요한 경우에는 상당한 기간을 정하여 지체 없이 민원인에게 보완을 요구하여야 한다(법 제22조 제1항).

(1) 보완 요구 절차 및 방법

행정기관의 장은 법 제22조 제1항에 따라 민원인에게 민원문서의 보완을 요구하는 경우에는 문서 또는 구술 등으로 하되, 민원인이 특별히 요청한 경우에는 문서로 하여야 한다(영 제24조 제1항).

(2) 요구 시한

보완의 요구는 민원문서를 접수한 때부터 8근무시간 이내에 하여야 한다. 다만, 현지조사 등 정당한 사유로 8근무시간이 지난 후 보완을 하여야 할 사항이 발견된 경우에는 즉시 보완을 요구하여야 한다(규칙 제9조 제1항).

(3) 다른 기관 생략 보완 요구

행정기관의 장은 다른 기관을 거쳐 접수된 민원문서 중 보완이 필요한 경우에는 해당 기관을 거치지 아니하고 민원인에게 직접 보완을 요구할 수 있다(규칙 제9조 제2항).

2. 보완기간의 연장 요청

행정기관의 장은 제1항에 따라 보완 요구를 받은 민원인이 보완 요구를 받은 기간 내에 보완을 할 수 없음을 이유로 보완에 필요한 기간을 분명하게 밝혀 기간연장을 요청하는 경우에는 이를 고려하여 다시 보완기간을 정하여야 한다. 이 경우 민원인의 기간연장 요청은 2회로 한정한다(영 제24조 제2항).

3. 재보완 요구

행정기관의 장은 민원인이 법 제22조 제1항에 따라 정한 보완기간 또는 이 조 제2항 전단에 따라 다시 정한 보완기간 내에 민원문서를 보완하지 아니한 경우에는 10일 이내의 기간을 정하여 다시 보완을 요구할 수 있다(영 제24조 제3항).

4. 보완 요구기간 계산방법

제2항 및 제3항에 따른 민원문서의 보완에 필요한 기간의 계산 방법에 관하여는 「민법」 제156조, 제157조 및 제159조부터 제161조까지의 규정을 준용한다(영 제24조 제4항).

> **민법**
> **제156조【기간의 기산점】** 기간을 시, 분, 초로 정한 때에는 즉시로부터 기산한다.
> **제157조【기간의 기산점】** 기간을 일, 주, 월 또는 연으로 정한 때에는 기간의 초일은 산입하지 아니한다. 그러나 그 기간이 오전 영시로부터 시작하는 때에는 그러하지 아니하다.
> **제159조【기간의 만료점】** 기간을 일, 주, 월 또는 연으로 정한 때에는 기간말일의 종료로 기간이 만료한다.
> **제160조【역에 의한 계산】** ① 기간을 주, 월 또는 연으로 정한 때에는 역에 의하여 계산한다.
> ② 주, 월 또는 연의 처음으로부터 기간을 기산하지 아니하는 때에는 최후의 주, 월 또는 연에서 그 기산일에 해당한 날의 전일로 기간이 만료한다.
> ③ 월 또는 연으로 정한 경우에 최종의 월에 해당일이 없는 때에는 그 월의 말일로 기간이 만료한다.
> **제161조【공휴일 등과 기간의 만료점】** 기간의 말일이 토요일 또는 공휴일에 해당한 때에는 기간은 그 익일로 만료한다.

⑫ 민원처리 종결 전 보완·변경·취하

민원인은 해당 민원의 처리가 종결되기 전에는 그 신청의 내용을 보완하거나 변경 또는 취하할 수 있다. 다만, 다른 법률에 특별한 규정이 있거나 그 민원의 성질상 보완·변경 또는 취하할 수 없는 경우에는 그러하지 아니하다(법 제22조 제2항).

⑬ 민원문서의 반려 등

1. 민원 문서의 반려

(1) 기간 내 보완에 응하지 않은 경우

행정기관의 장은 민원인이 제24조에 따른 기간 내에 민원문서를 보완하지 아니하였을 때에는 그 이유를 분명히 밝혀 접수된 민원문서를 되돌려 보낼 수 있다(영 제25조 제1항).

(2) 민원취하에 의한 반환요청

민원인이 민원을 취하하여 민원문서의 반환을 요청한 경우에는 다른 법령에 특별한 규정이 있는 경우를 제외하고는 그 민원문서를 민원인에게 돌려주어야 한다(제3항).

2. 민원의 종결처리

⑴ 소재 불분명에 의한 보완 요구가 2회에 걸쳐 반송된 경우

행정기관의 장은 민원인의 소재지가 분명하지 아니하여 제24조 제1항에 따른 보완 요구가 2회에 걸쳐 반송된 때에는 민원인이 민원을 취하(取下)한 것으로 보아 이를 종결처리할 수 있다(제2항).

⑵ 접수·처리된 증명서 등 일정기간 불 수령

행정기관의 장은 법 제27조 제4항에 따라 민원인에게 직접 교부할 필요가 있는 허가서·신고 필증·증명서 등의 문서(「전자정부법」 제2조 제7호에 따른 전자문서 및 같은 조 제8호에 따른 전자화문서는 제외한다)를 정당한 사유 없이 처리완료 예정일(제21조 제1항에 따라 처리기간을 연장한 경우에는 같은 조 제2항에 따라 민원인에게 문서로 통지된 처리완료 예정일을 말한다) 부터 15일이 지날 때까지 민원인 또는 그 위임을 받은 자가 수령하지 아니한 경우에는 이를 폐기하고 해당 민원을 종결처리할 수 있다(제4항).

제7절 반복 및 중복민원, 다수인관련민원의 처리 ^{2018 · 2022 기출}

01 반복민원의 처리

행정기관의 장은 민원인이 동일한 내용의 민원(법정민원을 제외한다. 이하 이 조에서 같다)을 정당한 사유 없이 3회 이상 반복하여 제출한 경우에는 2회 이상 그 처리결과를 통지하고, 그 후에 접수되는 민원에 대하여는 종결처리할 수 있다(법 제23조 제1항).

02 중복민원의 처리

행정기관의 장은 민원인이 2개 이상의 행정기관에 제출한 동일한 내용의 민원을 다른 행정기관으로부터 이송받은 경우에도 제1항을 준용하여 처리할 수 있다(법 제23조 제2항).

03 동일민원여부 결정

행정기관의 장은 제1항 및 제2항에 따른 동일한 내용의 민원인지 여부에 대하여는 해당 민원의 성격, 종전 민원과의 내용적 유사성·관련성 및 종전 민원과 동일한 답변을 할 수밖에 없는 사정 등을 종합적으로 고려하여 결정하여야 한다(제3항).

> 동일내용에 서로 다른 여러 사람이 계속하여 민원을 제기한 경우 반복 및 중복민원에 해당되지 않는다.

04 다수인관련민원의 처리 ^{2022 기출}

1. 다수인관련민원의 정의

"다수인관련민원"이란 5세대(世帶) 이상의 공동이해와 관련되어 5명 이상이 연명으로 제출하는 민원을 말한다(법 제2조 제6호).

2. 연명부 제출

다수인관련민원을 신청하는 민원인은 연명부(連名簿)를 원본으로 제출하여야 한다(법 제24조 제1항).

3. 행정기관의 장 조치

행정기관의 장은 다수인관련민원이 발생한 경우에는 신속·공정·적법하게 해결될 수 있도록 조치하여야 한다(제2항).

4. 다수인관련민원의 관리

(1) 사전 예방대책수립

행정기관의 장은 법 제24조에 따른 다수인관련민원이 발생하지 않도록 사전예방대책을 마련하여야 한다(영 제27조 제1항).

(2) 처리상황 분석·확인

행정기관의 장은 다수인관련민원을 효율적으로 처리하고 관리하기 위하여 다수인관련민원의 처리상황을 분석·확인하여야 한다(제2항).

5. 민원조정위원회 심의

행정기관의 장은 법 제24조에 따른 다수인관련민원을 법 제23조 제1항(반복민원) 및 제2항(중복민원)에 따라 종결처리할 때에는 법 제34조에 따른 민원조정위원회의 심의를 거쳐야 한다(영 제26조).

6. 다수인관련민원 처리상황 확인·점검

민원심사관은 법 제24조에 따른 다수인관련민원의 처리상황을 확인·점검하고 그 결과를 소속 행정기관의 장에게 수시로 보고하여야 한다(영 제28조 제3항).

제8절 | **처리결과의 통지와 사후관리 등** ^{2022 기출}

01 **처리결과의 통지 등** ^{2022 기출}

1. 결과 통지

행정기관의 장은 접수된 민원에 대한 처리를 완료한 때에는 그 결과를 민원인에게 문서로 통지하여야 한다. 다만, 기타민원의 경우와 통지에 신속을 요하거나 민원인이 요청하는 등 대통령령으로 정하는 경우에는 구술 또는 전화로 통지할 수 있다(법 제27조 제1항).

2. 전자문서통지 갈음 (법 제27조 제2항)

(1) 행정기관의 장은 다음 각 호의 어느 하나에 해당하는 경우에는 제1항 본문의 규정에 따른 통지를 전자문서로 통지하는 것으로 갈음할 수 있다. 다만, 제2호에 해당하는 경우에는 민원인이 요청하면 지체 없이 민원 처리 결과에 관한 문서를 교부하여야 한다.

① 민원인의 동의가 있는 경우

② 민원인이 전자민원창구나 통합전자민원창구를 통하여 전자문서로 민원을 신청하는 경우

> **민원 처리에 관한 법률 시행령**
> **제29조【처리결과의 통지방법 등】**② 법 제27조 제1항 단서에서 "기타민원의 경우와 통지에 신속을 요하거나 민원인이 요청하는 등 대통령령으로 정하는 경우"란 다음 각 호의 어느 하나에 해당하는 경우를 말한다.
> 1. 기타민원의 경우
> 2. 민원인에게 처리결과를 신속하게 통지하여야 하는 경우
> 3. 민원인이 구술 또는 전화로 통지하도록 요청하거나 구술 또는 전화로 통지하는 것에 동의하는 경우

(2) 행정기관의 장은 접수한 민원의 처리를 완료하였을 때에는 그 결과를 지체 없이 민원인에게 교부하거나 정보통신망 또는 우편 등의 방법으로 통지하여야 한다(영 제29조 제1항).

3. 전자화문서 진본성 확인

(1) 행정기관의 장은 법 제27조 제2항에 따라 민원인에게 전자문서로 통지하는 경우에 첨부되는 전자화문서가 행정기관이 보관하고 있는 전자화문서와 일치하는지에 대하여 민원인 또는 이 해관계자 등이 확인을 요청한 경우에는 그 진본성을 확인해 주어야 한다(영 제29조 제3항).

(2) 제3항에 따른 전자화문서의 진본성 확인을 위한 기술적인 대책 마련, 전자화문서의 형태 및 관리시스템의 구축 등에 관하여는 「전자정부법 시행령」 제6조 제2항부터 제4항까지의 규정 을 준용한다(영 제29조 제4항).

4. 거부결정 통지

행정기관의 장은 제1항 또는 제2항에 따라 민원의 처리결과를 통지할 때에 민원의 내용을 거부하는 경우에는 거부이유와 구제절차를 함께 통지하여야 한다(법 제27조 제3항).

5. 증명서 등 교부

행정기관의 장은 1항에 따른 민원의 처리결과를 허가서·신고필증·증명서 등의 문서(전자 문서 및 전자화문서는 제외한다)로 민원인에게 직접 교부할 필요가 있는 때에는 그 민원인 또는 그 위임을 받은 자임을 확인한 후에 이를 교부하여야 한다(법 제27조 제4항).

6. 전자증명서의 발급(법 제28조의 2) ^{2022 기출}

(1) 행정기관의 장은 전자민원창구 또는 통합전자민원창구를 통하여 전자증명서(행정기관의 장 이 특정한 사실이나 관계 등을 증명하기 위하여 전자문서 및 전자화문서로 발급하는 민원문 서를 말한다. 이하 같다)를 발급할 수 있다(제1항).

(2) 제1항에 따라 전자증명서를 발급하는 경우 관계법령등에 특별한 규정이 있는 경우를 제외하 고는 수수료를 감면할 수 있다(제2항).

(3) 제1항에 따라 발급할 수 있는 전자증명서의 종류는 행정안전부장관이 관계 행정기관의 장과 의 협의를 거쳐 결정·고시한다(제3항).

02 전자문서의 출력사용 등 2022 기출

1. 공문서 규정

행정기관의 장이 다음 각 호의 조치를 하여 법 제27조 제1항에 따라 민원인에게 전자문서로 통지하고 민원인이 그 전자문서를 출력한 경우에는 이를 「행정효율과 협업촉진에 관한 규정」 제3조 제1호에 따른 공문서로 본다(영 제30조 제1항).

① 위조·변조 방지조치
② 출력한 문서의 진위확인조치
③ 그 밖에 출력한 문서의 위조·변조를 방지하기 위하여 행정안전부장관이 고시한 조치

2. 출력 전자문서 종류 고시

행정기관의 장은 제1항에 따라 출력한 문서를 공문서로 보는 전자문서의 종류를 정하여 미리 관보에 고시하고, 해당 기관의 인터넷 홈페이지 등에 게시하여야 한다(제2항).

03 처리 담당자의 명시

행정기관의 장이 민원인에게 처리기간 연장의 통지, 민원문서의 보완 요구, 처리진행상황의 통지, 처리결과의 통지 등을 할 때에는 그 담당자의 소속·성명 및 연락처를 안내하여야 한다(영 제31조).

04 무인민원발급창구를 이용한 민원문서의 발급 2022 기출

행정기관의 장은 무인민원발급창구를 통하여 민원문서(다른 행정기관 소관의 민원문서를 포함한다)를 발급할 수 있다(법 제28조 제1항).

1. 관인날인

행정기관의 장은 법 제28조 제1항에 따라 무인민원발급창구를 이용하여 민원문서를 교부할 때에는 소관 행정기관의 관인(전자이미지관인을 포함한다. 이하 같다)을 생략하고 그 민원문서를 교부하는 기관의 관인을 찍어 교부할 수 있다. 다만, 법령상 또는 그 민원의 성질상 소관 행정기관의 관인을 찍을 필요가 있는 민원은 소관 행정기관의 관인을 찍어야 한다(영 제32조 제1항).

2. 본인확인 방법

행정기관의 장은 민원문서를 교부할 때 법령에 따라 본인임을 확인하여야 하는 경우에 법령에서 특별히 본인확인 방법을 정하고 있지 아니한 경우에는 행정안전부장관이 정한 전자적 매체를 이용하여 확인할 수 있다(제2항).

3. 민원사항 종류 등 고시

행정안전부장관은 무인민원발급창구를 이용하여 처리할 수 있는 민원문서의 종류 및 추가비용, 제2항에 따른 전자적 매체를 이용하여 본인확인을 할 수 있는 민원의 종류 등을 정하여 관보에 고시하고, 인터넷 홈페이지에 게시하여야 한다. 이 경우 소관 민원을 관장하는 중앙행정기관의 장과 미리 협의하여야 한다(제3항).

4. 수수료 감면

민원문서를 발급하는 경우에는 다른 법률에도 불구하고 수수료를 감면할 수 있다(법 제28조 제2항).

⑤ 처리민원 사후관리

행정기관의 장은 처리한 민원에 대하여 민원인의 만족 여부 및 개선사항 등을 조사하여 업무에 반영할 수 있다(법 제26조).

⑥ 민원수수료 등의 납부방법

행정기관의 장은 민원인의 편의를 위하여 민원인이 현금·수입인지·수입증지 외에 정보통신망을 이용한 전자화폐·전자결제 등 다양한 방법으로 민원처리에 따른 수수료 등을 납부할 수 있도록 조치하여야 한다(법 제29조).

제9절 │ 법정민원

01 사전심사의 청구 등 2016 기출

1. 청구대상 민원

민원인은 법정민원 중 신청에 경제적으로 많은 비용이 수반되는 민원 등 대통령령으로 정하는 민원에 대하여는 행정기관의 장에게 정식으로 민원을 신청하기 전에 미리 약식의 사전심사를 청구할 수 있다(법 제30조 제1항).

2. 사전심사청구 대상 민원의 안내(영 제33조 제1항)

법 제30조 제1항에서 "대통령령으로 정하는 민원"이란 다음 각 호의 어느 하나에 해당하는 민원(이하 "사전심사청구 대상 민원"이라 한다)을 말한다.

(1) 법정민원 중 정식으로 신청할 경우 토지매입 등 민원인에게 경제적으로 많은 비용이 수반되는 민원

(2) 행정기관의 장의 거부처분에 따라 민원인에게 상당한 경제적 손실이 발생되는 민원

3. 대상 민원 종류 게시 및 민원편람수록

행정기관의 장은 법 제30조에 따른 사전심사청구 대상 민원의 종류 및 민원별 처리기간·구비서류 등을 미리 정하여 민원인이 이를 열람할 수 있도록 게시하고 민원편람에 수록하여야 한다(영 제33조 제2항).

4. 관계기관 장 협의

행정기관의 장은 제1항에 따라 사전심사가 청구된 법정민원이 다른 행정기관의 장과의 협의를 거쳐야 하는 사항인 경우에는 미리 그 행정기관의 장과 협의하여야 한다(법 제30조 제2항).

5. 결과 통보

행정기관의 장은 사전심사 결과를 민원인에게 문서로 통지하여야 하며, 가능한 것으로 통지한 민원의 내용에 대하여는 민원인이 나중에 정식으로 민원을 신청한 경우에도 동일하게 결정을 내릴 수 있도록 노력하여야 한다. 다만, 민원인의 귀책사유 또는 불가항력이나 그 밖의 정당한 사유로 이를 이행할 수 없는 경우에는 그러하지 아니하다(제3항).

6. 법적 · 제도적 장치 마련

행정기관의 장은 제1항에 따른 사전심사 제도를 효율적으로 운영하기 위하여 필요한 법적 · 제도적 장치를 마련하여 시행하여야 한다(제4항).

⑫ 사전심사청구의 처리절차

1. 일반적 민원처리 절차 준용

사전심사청구 대상 민원의 접수 및 처리절차에 관하여는 법 제20조(관계기관 · 부서와의 협조), 이 영 제6조(민원의 접수), 제24조(민원문서의 보완절차 및 방법 등) 및 제25조(민원문서의 반려 등)를 준용한다(영 제34조 제1항).

2. 처리기간

사전심사청구 대상 민원의 처리기간은 다음 각 호의 범위에서 행정기관의 장이 정한다. 다만, 불가피한 사유로 처리기간 내에 처리가 곤란한 경우에는 제21조에 따라 처리기간을 연장할 수 있다(제2항).

(1) **처리기간이 30일 미만인 민원**: 처리기간
(2) **처리기간이 30일 이상인 민원**: 30일 이내

3. 구비서류

행정기관의 장은 사전심사청구 대상 민원의 구비서류를 최소화하여야 하며, 사전심사청구 후 정식으로 민원이 접수되었을 때에는 이미 제출한 구비서류를 추가로 요구하여서는 아니 된다(제3항).

4. 기간단축 처리

행정기관의 장은 사전심사를 거친 민원은 특별한 사유가 없으면 처리기간을 단축하여 신속히 처리하여야 한다(제4항).

■ 민원 처리에 관한 법률 시행규칙 [별지 제8호 서식]
■ 수수료: 없음

사전심사 청구서

제출서류
■ 행정기관의 장이 정한 구비서류

접수번호:	접수일:	처리기간: 행정기관의 장이 정한 기간

1. 청구인 정보

청구인	이름(법인명):	연락처:
	주소(소재지):	

주소 (법인의 경우 주된 사무소 소재지)	

2. 청구내용

민원사항 주된 행위의 목적과 내용	
예정 사업기간	
그 밖의 주요사항	

3. 서명 및 날인

「민원 처리에 관한 법률」 제30조 제1항 및 같은 법 시행령 제34조에 따라 위와 같이 사전심사를 청구합니다.

년   월   일

신청인   (서명 또는 인)

접수기관 귀하

유의사항

• 이 서식은 행정기관별로 적절하게 조정할 수 있습니다.

처리절차

사전심사청구	→	접수	→	검토 확인	→	결과통지
신청인		접수기관		접수기관		접수기관

210mm×297mm[백상지(80g/㎡) 또는 중질지(80g/㎡)]

■ 민원 처리에 관한 법률 시행규칙 [별지 제9호 서식]

행정기관명

수신자
(경유)
제 목 사전심사 결과 통지서

「민원 처리에 관한 법률」 제30조 제3항에 따라 귀하께서 신청하신 사전심사청구에 대하여 아래와 (붙임과) 같이 통지합니다.

접수번호		접수일	
민원명	○○○ 민원에 대한 사전심사청구		
심사내용			
관련 규정	검토내용	검토결과	주관부서
oo법(시행령)		가/부/조건부 가	
종합의견 및 대안제시			

※ 본문의 내용이 많으면 별지에 작성할 수 있습니다. 끝.

발 신 명 의 직인

기안자 (직위/직급) 서명   검토자 (직위/직급)서명   결재권자 (직위/직급)서명

협조자

시행   처리과명-일련번호(시행일)   접수   처리과명-일련번호(접수일)

우   도로명주소   / 홈페이지 주소

전화번호( )   팩스번호( )   / 기안자의 전자우편주소   / 공개구분

210㎜×297㎜[백상지 80g/㎡]

Part 02

■ 민원 처리에 관한 법률 시행규칙 [별지 제10호 서식]

사전심사청구 접수 처리부

접수번호	접수일	처리기한	청구인			민원사항		처리결과		비고
			이름	전화번호	주소		내용		처분일	

297mm×210mm[백상지 80g/㎡]

(03) 복합민원의 처리 ^{2013 기출}

행정기관의 장은 복합민원을 처리할 주무부서를 지정하고 그 부서로 하여금 관계기관·부서 간의 협조를 통하여 민원을 한꺼번에 처리하게 할 수 있다(법 제31조 제1항).

1. 복합민원의 처리방법 및 절차

(1) 민원서류 일괄제출

행정기관의 장은 복합민원과 관련된 모든 민원문서를 법 제31조에 따라 지정된 처리주무부서에 한꺼번에 제출하게 할 수 있다(영 제35조 제1항).

(2) 복합민원의 종류 등 게시 및 민원편람 수록

행정기관의 장은 관계기관의 장과 협의하여 법 제31조 제1항에 따른 복합민원의 종류와 접수방법·구비서류·처리기간 및 처리절차 등을 미리 정하여 민원인이 이를 열람할 수 있도록 게시하고, 민원편람에 수록하여야 한다(제2항).

2. 복합민원의 종류

(1) 민원사무처리기준표(행정안전부 민원처리 기준표 2016. 10. 19. 기준) 수록

(2) 의제처리되는 복합민원의 경우 의제처리의 대상사무에 대해서는 개별법에 아래와 같이 구체적으로 명시되어 있다.

> 건축법 규정에 의한 건축허가를 받는 경우에는 다음 각 호의 허가 등을 받거나 신고를 한 것으로 보며, 공장 건축물의 경우에는 산업집적활성화 및 공장설립에 관한 법률 제13조의 2 및 제14조의 규정에 의하여 관련 법률의 인·허가 등 또는 허가 등을 받은 것으로 본다.
> 1. 제15조 제2항의 규정에 의한 공사용 가설건축물의 축조신고
> 2. 제72조의 규정에 의한 공작물의 축조허가 또는 신고
> ⋮
> 13. 수도법 제23조의 규정에 의하여 수도사업자가 지방자치단체인 경우 해당 지방자치단체가 정한 조례에 의한 상수도 공급신청

3. 복합민원의 처리 유형

복합민원의 처리 유형은 법령에 규정되어 있지 않지만, 통상적으로 행정기관에서 복합민원 처리 시 사용하는 유형을 분류하면 다음과 같다.

(1) 의제처리

어떠한 인허가를 받기 위하여 근거법령이 서로 다른 인허가를 함께 받아야 할 경우 그 관련 인허가가 주된 인허가와 중복되거나 유사하다면 주된 인허가만 받으면 관련 인허가도 함께 받은 것으로 간주하여 처리하는 것

ㅇ 주된 인허가증 하나만 교부하면 나머지는 다 인허가를 받은 것으로 간주한다.

(2) 창구일원화

주된 인허가와 관련되어 있는 인허가의 접수를 모두 받도록 하되, 민원인이 일일이 담당부서를 직접 찾아다니지 아니하고 주된 인허가 및 관련 인허가에 필요한 구비서류를 모두 갖추어 주된 인허가의 처리부서에 제출하면 주무부서에서 책임을 지고 관련부서와 협의를 거쳐 처리해 주는 제도

ㅇ 주된 인허가증뿐만 아니라 관련되는 민원의 인허가증을 모두 교부한다.

(3) 개별처리

주된 인허가와 관련되어 있는 인허가들을 민원인이 각각 신청·접수하여 처리하는 민원

ㅇ 각각의 인허가증을 교부(구별 실익이 없음). 창구일원화와의 차이점은 관련된 인허가를 한꺼번에 제출하지 않는다는 점이다.

(04) 민원실무심의회의 설치·운영 2021 기출

1. 민원실무심의회 설치

행정기관의 장은 법 제32조 제3항 제3호에 따라 복합민원을 심의하기 위하여 그 소속으로 민원실무심의회를 설치·운영하여야 한다. 이 경우 민원실무심의회의 명칭은 해당 기관의 특성을 고려하여 달리 정할 수 있다(영 제36조 제1항).

2. 위원장 및 위원

(1) 위원장

민원실무심의회 위원장은 처리주무부서의 장이 된다.

(2) 위원

위원은 관계기관 또는 부서의 실무책임자가 된다(제2항).

3. 외부위원 위촉

제2항에도 불구하고 행정기관의 장은 특히 필요하다고 인정하는 경우에는 민원 관련 외부전문가를 민원실무심의회의 위원으로 위촉할 수 있다(영 제36조 제3항).

4. 민원실무심의회 운영

(1) 실무자회의 참석 요청

위원장은 관계기관 또는 부서의 실무책임자에게 회의 참석을 요청할 수 있으며, 그 요청을 받은 사람은 정당한 사유가 없으면 이에 따라야 한다(제4항).

(2) 현지 확인 · 조사 등의 합동조사 실시요청

민원실무심의회의 위원장은 민원처리를 위하여 필요하다고 인정되는 경우에는 관계기관 또는 부서에 현장 확인이나 조사 등을 합동으로 실시할 것을 요청할 수 있으며, 그 요청을 받은 관계기관 또는 부서는 특별한 사유가 없으면 이에 따라야 한다(제5항).

(3) 이해관계인 등의 의견 청취

민원실무심의회의 위원장은 제1항에 따른 민원실무심의회의 효율적인 운영을 위하여 필요하다고 인정되는 경우에는 이해관계인 · 참고인 또는 감정인 등의 의견을 들을 수 있다(제6항).

(4) 민원인의 회의 참석에 대한 사전통지

민원실무심의회의 위원장은 민원실무심의회에 민원인을 참석하게 하는 경우에는 민원인에게 회의일정 등을 미리 통지하여야 한다. 이 경우 민원인이 원하거나 출석할 수 없는 특별한 사정이 있는 경우에는 서면(전자적 방법에 의한 서면을 포함)으로 의견을 진술하게 할 수 있다(제7항).

5. 민원실무심의회의 심의 생략

행정기관의 장은 창업 · 공장설립 등 대규모 경제적 비용이 수반되는 복합민원의 경우에는 신속한 처리를 위하여 민원실무심의회의 심의를 생략하고 법 제34조 제1항에 따른 민원조정위원회에 직접 상정하여 심의할 수 있다(제8항).

제10절 │ 민원 1회방문 처리제 ^{2021 기출}

01 민원 1회방문 처리제의 개념 ^{2021 기출}

행정기관의 장은 복합민원을 처리할 때에 그 행정기관의 내부에서 할 수 있는 자료의 확인, 관계기관 · 부서와의 협조 등에 따른 모든 절차는 담당 직원이 직접 진행하도록 하여 민원 1회방문 처리제를 확립함으로써 불필요한 사유로 민원인이 행정기관을 다시 방문하지 아니하도록 하여야 한다(법 제32조 제1항).

02 민원 1회방문 처리제의 실시 배경

민원 1회방문 처리제는 행정기관 내부에서 처리할 수 있는 자료 확인이나 관계부서 또는 기관 간의 협조 등의 일을 가지고 민원인이 두 번 다시 행정기관을 방문하지 않도록 하는 민원처리제도이다(1993. 10. 시행). 어떤 민원이든 일단 행정기관에 접수되면 행정기관 내부에서 처리할 수 있는 자료 확인이나 업무 협조에 따른 모든 절차 등을 담당 공무원이 직접 처리함으로써 민원인이 관련 국 · 과를 찾아가거나 담당자를 만날 필요가 전혀 없도록 하였다.

03 민원 1회방문 처리제의 평가 및 의의

1. 민원 1회방문 처리제의 평가

민원 1회방문 처리제는 민원사무처리를 위한 단순한 제도의 개선에 그치는 것이 아니라 국민과 공무원의 일상적 만남의 현장인 민원사무 처리제도의 일대 개혁을 통하여 행정 전반에 걸쳐 다목적 · 종합적 효과를 거두기 위한 혁신적인 제도로 평가받는다.

2. 민원 1회방문 처리제의 의의

(1) 공직사회의 부정적 관행 개선

과거 공무원이 민원업무 자체를 하나의 특권으로 생각했던 것 등 오랫동안 공직사회의 관행으로 고질화되어 온 잘못된 행태를 근원적으로 제거시켰다. 민원인은 민원을 접수하고 나면 의례적으로 수차례 민원처리 부서를 찾아다니며 직접 해결하는 것을 당연한 것으로 받아들여 왔으나, 이러한 생각과 관행을 바꾸게 되었다.

(2) 행정의 생산력 향상

제도의 시행으로 모든 민원을 1회방문으로 처리함으로써 첨부서류 감축, 행정규제 완화, 행정전산망 조기구축 등으로 과중된 부담을 해결하게 돼 행정의 생산력 향상이라는 결과를 얻게 되었다.

(3) 행정문화의 선진화에 기여

민원처리 과정에서 민원인과 개별 접촉이 없어짐으로써 부조리 요인이 없어지는 등 민원사무 처리에 임하는 공무원의 의식과 자세를 근본적으로 혁신시켜 맑고 깨끗한 공직 풍토를 조성하는 등 행정문화의 선진화에 기여하게 되었다.

(4) 경제활동 활성화에 기여

각급 행정기관에 접수되는 각종 민원 중 70~80%가 공장 설립 등 기업경제활동과 관련된 민원이거나 개인의 경제활동과 관련된 민원이다. 이를 감안할 때, 민원인의 잦은 행정기관 방문에 따른 불편과 부담의 최소화를 통하여 민원업무에 소요되는 시간과 경비를 크게 절감시킴으로써 경제활동의 활성화에 직접적으로 기여하게 되었다.

04 민원 1회방문 처리제의 시행 2021 기출

민원 1회방문 처리제의 시행은 다음 각 호의 절차에 따라 시행한다(법 제32조 제3항).

1. 민원 1회방문 상담창구의 운영

행정기관의 장은 민원 1회방문 처리에 관한 안내와 상담의 편의를 제공하기 위하여 민원 1회방문 상담창구를 설치하여야 한다(법 제32조 제2항).

2. 민원후견인의 지정·운영 2021 기출

(1) 민원후견인의 지정

행정기관의 장은 민원 1회방문 처리제의 원활한 운영을 위하여 민원사무의 처리에 경험이 많은 소속 직원을 민원후견인으로 지정하여 민원인을 안내하거나 민원인과 상담하게 할 수 있다(법 제33조).

⑵ **민원후견인의 업무**

행정기관의 장은 법 제33조에 따라 소속 직원을 복합민원에 대한 민원후견인으로 지정하여 다음 각 호의 직무를 수행하게 할 수 있다(영 제37조).

① 민원처리방법에 관한 민원인과의 상담
② 민원실무심의회 및 민원조정위원회에서의 민원인의 보좌
③ 민원서류 보완 등의 지원
④ 민원처리과정 및 결과의 안내

3. 복합민원을 심의하기 위한 위원회의 운영

4. 복합민원 실무기구 심의결과에 대한 민원조정 위원회의 재심의

5. 행정기관의 장의 최종결정

제11절 민원조정위원회 2021 기출

01 민원조정위원회의 설치 · 운영

1. 민원조정위원회의 설치

행정기관의 장은 다음 각 호의 사항을 심의하기 위하여 민원조정위원회를 설치 · 운영하여야한다(법 제34조 제1항).

2. 심의사항(법률 제34조 제1항 제1호 내지 제4호, 영 제38조 제1항)

(1) 장기 미해결 민원, 반복 민원 및 다수인관련민원에 대한 해소 · 방지 대책

(2) 거부처분에 대한 이의신청

(3) 민원처리 주무부서의 법규 적용의 타당성 여부와 제32조 제3항 제4호(민원실무심의회 심의결과)에 따른 재심의

(4) 소관이 명확하지 아니한 민원의 처리주무부서의 지정

(5) 민원 관련 법령 또는 제도 개선의 필요성

(6) 영 제36조 제8항에 따라 상정된 복합민원의 심의

(7) 그 밖에 민원의 종합적인 검토 · 조정 또는 종결처리 등을 위하여 그 기관의 장이 민원조정위원회의 회의에 부치는 사항

02 민원조정위원회의 심의 생략

행정기관의 장은 법 제34조 제1항 제3호에도 불구하고 다음 각 호의 어느 하나에 해당하는사항은 민원조정위원회의 심의를 생략할 수 있다(영 제38조 제2항).

(1) 해당 민원을 처리할 때 행정기관의 판단 여지가 없는 경우

(2) 법령에 따라 민원 처리요건이 구체적으로 규정되어 있어 해석의 여지가 없는 경우

(3) 이미 민원조정위원회의 심의를 거쳐 거부된 민원이 같은 사유로 다시 접수된 경우

⑽ 민원조정위원회의 구성 및 운영

1. 위원회 구성

민원조정위원회의 위원장(이하 이 조에서 "위원장"이라 한다)은 그 행정기관의 장이 소속 국장급 공무원 또는 그에 상당하는 직원 중에서 지명하고, 위원은 처리주무부서의 장, 관계부서의 장, 감사부서의 장, 외부 법률전문가 및 민원과 관련된 외부전문가로 구성하는 것을 원칙으로 한다. 다만, 민원실무심의회에서 관계기관과의 협의를 거쳐 거부하는 것으로 결정된 복합민원을 심의·조정하는 경우에는 그 관계기관의 처리주무부서의 장을 위원으로 할 수 있다(영 제38조 제3항).

2. 위원회 운영

(1) 이해관계인 등의 의견 청취

민원조정위원회의 위원장은 민원조정위원회의 효율적인 운영을 위하여 필요하다고 인정되는 경우에는 이해관계인·참고인 또는 감정인 등의 의견을 들을 수 있다(영 제38조 제4항).

(2) 민원인 및 이해관계인의 회의 참석에 대한 사전통지

민원조정위원회 위원장은 민원조정위원회를 개최할 때에는 민원인 및 이해관계인 등이 참석할 수 있도록 민원인 및 이해관계인 등에게 회의일정 등을 미리 통지하여야 한다. 이 경우 민원인 및 이해관계인 등이 희망하거나 출석할 수 없는 특별한 사정이 있는 경우에는 서면으로 의견을 진술하게 할 수 있다(영 제38조 제5항).

⑽ 다수인관련민원 등에 관한 민원조정위원회의 심의

1. 다수인관련민원 등에 관한 민원조정위원회의 심의

민원조정위원회는 다수인관련민원과 법 제23조 제1항에 따라 종결처리된 후 다시 접수된 민원(이하 이 조에서 "다수인관련민원등"이라 한다)에 관한 사항을 매년 1회 이상 심의해야 한다(영 제38조의 2 제1항).

2. 거부된 민원 같은 사유 접수 시 의견제시 요청

(1) 행정기관의 장은 민원조정위원회의 심의를 거쳐 거부된 다수인관련민원등이 같은 사유로 다시 접수된 경우에는 행정기관의 장을 지도·감독하는 행정기관의 장에게 의견 제시를 요청할 수 있다. 다만, 중앙행정기관의 장, 특별시장·광역시장·특별자치시장·도지사·특별자치도지사 또는 특별시·광역시·특별자치시·도·특별자치도의 교육감은 본문에 따라 의견제시를 요청하지 않고, 제38조 제3항 본문에 따라 지명하는 민원조정위원회 위원장의 직급보다 상위 직급의 공무원을 위원장으로 하여 심의하도록 할 수 있다(영 제38조의 2 제2항).

(2) 제2항 본문에 따라 의견 제시를 요청받은 행정기관의 장이 의견을 제시하려는 경우에는 민원조정위원회의 심의를 거쳐야 한다(영 제38조의 2 제3항).

3. 종결처리

행정기관의 장은 제2항 본문 및 제3항에 따른 의견 제시 및 심의를 거치거나 제2항 단서에 따른 심의를 거쳐 거부된 다수인관련민원등이 같은 사유로 다시 접수된 경우로서 법 제23조 제1항에 해당하는 경우에는 민원조정위원회의 심의를 생략하고 종결처리할 수 있다(영 제38조의 4 제2항).

05 행정기관 장의 최종결정

행정기관의 장은 접수된 민원을 처리하려는 경우에는 민원실무심의회의 및 민원조정위원회의 심의결과를 존중하여야 한다(영 제39조).

제12절 | 거부처분에 대한 이의신청 ^{2014 기출}

제12절 | 거부처분에 대한 이의신청 2014 기출

① 이의신청 기간 및 방법

1. 이의신청 기간

법정민원에 대한 행정기관의 장의 거부처분에 불복하는 민원인은 그 거부처분을 받은 날부터 60일 이내에 그 행정기관의 장에게 문서로 이의신청을 할 수 있다(법 제35조 제1항).

2. 이의신청 방법

법 제35조에 따른 이의신청은 다음 각 호의 사항을 적은 문서로 하여야 한다(영 제40조 제1항).

(1) 신청인의 성명 및 주소(법인 또는 단체의 경우에는 그 명칭, 사무소 또는 사업소의 소재지와 대표자의 성명)와 연락처

(2) 이의신청의 대상이 되는 민원

(3) 이의신청의 취지 및 이유

(4) 거부처분을 받은 날 및 거부처분의 내용

② 이의신청 처리절차

1. 이의신청 결정통지

행정기관의 장은 이의신청을 받은 날부터 10일 이내에 그 이의신청에 대하여 인용 여부를 결정하고 그 결과를 민원인에게 지체 없이 문서로 통지하여야 한다. 다만, 부득이한 사유로 정하여진 기간 이내에 인용 여부를 결정할 수 없을 때에는 그 기간의 만료일 다음 날부터 기산(起算)하여 10일 이내의 범위에서 연장할 수 있으며, 연장 사유를 민원인에게 통지하여야 한다(법 제35조 제2항).

2. 통지내용

행정기관의 장은 법 제35조 제2항에 따라 이의신청에 대한 결과를 통지할 때에는 결정 이유, 원래의 거부처분에 대한 불복방법 및 불복절차를 구체적으로 분명하게 밝혀야 한다(영 제40조 제3항).

3. 연장통지

행정기관의 장은 법 제35조 제2항 본문에 따라 이의신청 결정기간의 연장을 통지할 때에는 통지서에 연장 사유 및 기간 등을 구체적으로 적어야 한다(영 제40조 제2항).

4. 기록·유지

행정기관의 장은 이의신청에 대한 처리상황을 이의신청처리대장에 기록·유지하여야 한다 (영 제40조 제4항).

03 행정쟁송

민원인은 이의신청 여부와 관계없이 「행정심판법」에 따른 행정심판 또는 「행정소송법」에 따른 행정소송을 제기할 수 있다(법 제35조 제3항).

■ 민원 처리에 관한 법률 시행규칙 [별지 제11호 서식]
■ 수수료: 없음

거부처분 이의신청서

제출서류: 없음

접수번호:	접수일:	처리기간: 10일

1. 신청인 정보

신청인	이름(법인명):	연락처:
	주소(소재지):	

2. 신청 내용

이의신청 대상 민원사항	
거부처분을 받은 날	
거부처분의 내용	
이의신청의 취지 및 이유	

3. 서명 및 날인

「민원 처리에 관한 법률」 제35조 제1항 및 같은 법 시행령 제40조 제1항에 따라 귀 기관의 거부처분에 대하여 위와 같이 이의를 신청합니다.

년   월   일

신청인   (서명 또는 인)

접수기관 귀하

처리절차

이의신청	→	접수	→	검토 확인	→	결과통지
신청인		접수기관		접수기관		접수기관

210mm×297mm[백상지(80g/㎡) 또는 중질지(80g/㎡)]

■ 민원 처리에 관한 법률 시행규칙 [별지 제12호 서식]

이의신청처리대장

접수번호	접수일	처리부서	민원사항	처리기한	신청인			처분		비고
					성명	전화번호	주소	내용	처분일	

297mm×210mm[백상지 80g/㎡]

✎ **Self study**　　　　　　　　　　　※ 출제가 예상되는 다음 문제의 답안을 스스로 작성해 보시오.

1. 민원신청 시 신청서 및 구비서류 제출의 원칙에 대하여 기술하시오.

2. 민원접수방법과 절차에 대하여 기술하시오.

3. 민원신청 시 증명서류 또는 구비서류를 전자적인 방법으로 제출할 수 있다. 이 경우 전자적 제출의 예외 사항과 진본성 확인에 대하여 약술하시오.

4. 민원의 접수·처리시 법령으로 전한 구비서류 외에 서류를 추가로 요구하여서는 아니 된다. 이와 관련하여 추가요구할 수 없는 경우(법 제10조 제3항 규정) 4가지에 대하여 기술하시오.

5. 민원의 접수·처리 시 「전자정부법」에 따른 행정정보의 공동이용을 통하여 그 민원의 처리에 필요한 내용을 확인할 수 있는 경우와, 행정기관이 증명서류나 구비서류를 다른 행정기관으로부터 전자문서로 직접 발급받아 그 민원의 처리에 필요한 내용을 확인할 수 있는 경우로서 민원인이 행정기관에 미리 해당 증명서류 또는 구비서류에 대하여 관계법령 등에서 정한 수수료 등을 납부한 경우에는 추가로 요구할 수 없다. 이와 관련된 법령 규정을 약술하시오.

6. 민원인의 요구에 의한 본인정보 공동이용과 관련된 내용을 기술하시오.

7. 민원인 요구에 의한 본인정보 공동이용과 관련하여 본인정보의 종류와 그 유형을 기술하시오.

8. 민원취약계층에 대한 편의제공과 관련하여 취약계층의 유형과 편의제공방안에 대하여 약술하시오.

9. 민원실의 설치와 운영에 대하여 약술하시오.

10. 전자민원창구 및 통합전자민원창구의 구축과 운영에 관하여 약술하시오.

11. 전자민원창구의 운영과 관련하여 전자민원창구를 통한 민원처리종류외 전자민원담당관, 전자민원창구의 이용제한에 대하여 약술하시오.

12. 행정기관의 장은 민원실에 민원 관련 법령·편람과 민원의 처리 기준과 절차 등 민원의 신청에 필요한 사항을 게시하고 이를 인터넷 홈페이지를 통하여 제공하는 등 민원인에게 민원 신청의 편의를 제공하여야 한다. 이와 관련된 사항을 약술하시오.

13. 다른 행정기관 등을 이용한 민원처리절차에 대하여 서술하시오.

14. 민원문서의 이송에 대하여 약술하시오.

15. 일반민원의 처리기간에 대하여 약술하시오.

16. 고충민원의 처리절차에 대하여 기술하시오.

17. 민원처리기간의 계산방법과 연장에 대하여 약술하시오.

18. 민원처리상황의 확인·점검에 대하여 약술하시오.

19. 민원문서의 보완에 대하여 약술하시오.

20. 반복민원, 중복민원, 다수인민원처리에 관하여 약술하시오.

21. 민원처리결과 통지절차에 대하여 약술하시오.

22. 사전심사청구 대상 민원과 처리절차에 대하여 약술하시오.

23. 복합민원의 처리방법과 유형에 대하여 약술하시오.

24. 민원 1회방문 처리제와 그 시행절차를 서술하시오.

25. 민원조정위원회에 대하여 약술하시오.

26. 민원실무심의회에 대하여 약술하시오.

27. 거부처분에 대한 이의신청 방법 및 처리절차에 대하여 약술하시오.

03 민원제도의 개선

제1절 민원처리기준표

01 민원처리기준표의 고시 등

1. 민원처리기준표 고시 및 게시

행정안전부장관은 민원인의 편의를 위하여 관계법령 등에 규정되어 있는 민원의 처리기관, 처리기간, 구비서류, 처리절차, 신청방법 등에 관한 사항을 종합한 민원처리기준표를 작성하여 관보에 고시하고 「전자정부법」 제9조 제3항에 따른 통합전자민원창구(이하 "통합전자민원창구"라 한다)에 게시하여야 한다(법 제36조 제1항).

2. 변경고시

행정기관의 장은 관계법령 등의 제정·개정 또는 폐지 등으로 제1항에 따라 고시된 민원처리기준표를 변경할 필요가 있으면 즉시 그 내용을 행정안전부장관에게 통보하여야 하며, 행정안전부장관은 그 내용을 관보에 고시하고 통합전자민원창구에 게시한 후 제1항에 따른 민원처리기준표에 반영하여야 한다(제2항).

3. 개정요청

행정안전부장관은 민원의 간소화를 위하여 필요하다고 인정하는 경우에는 관계 행정기관의 장에게 관계법령 등에 규정되어 있는 처리기간, 구비서류, 처리절차, 신청방법 등의 개정을 요청할 수 있다(제3항).

⑫ 민원처리기준표의 조정 등

1. 기준표 잠정 변경

행정안전부장관은 제36조에 따라 민원처리기준표를 작성·고시할 때에 민원의 간소화를 위하여 필요하다고 인정하는 경우에는 관계 행정기관의 장과 협의를 거쳐 관계법령 등이 개정될 때까지 잠정적으로 관계법령 등에 규정되어 있는 처리기간과 구비서류를 줄이거나 처리절차·신청방법을 변경할 수 있다(법 제37조 제1항).

2. 기준표 개정·정비

행정기관의 장은 제1항에 따라 민원처리기준표가 조정·고시된 경우에는 이에 따라 민원을 처리하여야 하며, 중앙행정기관의 장은 민원처리기준표의 조정 또는 변경된 내용에 따라 관계법령 등을 지체 없이 개정·정비하여야 한다(제2항).

제2절 민원행정 및 제도개선 계획 등

ⓞ 민원행정제도 개선 계획수립 · 시행

1. 기본지침 작성

행정안전부장관은 매년 민원행정 및 제도개선에 관한 기본지침을 작성하여 행정기관의 장에게 통보하여야 한다(법 제38조 제1항).

2. 개선계획 수립 및 시행

행정기관의 장은 제1항에 따른 기본지침에 따라 그 기관의 특성에 맞는 민원행정 및 제도개선 계획을 수립·시행하여야 한다(제2항).

ⓞ 민원제도의 개선

1. 개선안 발굴

행정기관의 장은 민원제도에 대한 개선안을 발굴·개선하도록 노력하여야 한다(법 제39조 제1항).

2. 개선내용 통보

(1) 행정기관의 장은 개선한 내용을 다음 각 호와 같은 사항을 포함하여 행정안전부장관에게 통보하여야 한다(제2항).

(2) 법 제39조 제2항에 따라 행정기관의 장이 행정안전부장관에게 통보하여야 하는 내용에는 다음 각 호의 사항을 포함하여야 한다(영 제41조 제1항).
① 개선 추진 계획 및 경과
② 개선 내용 및 실적
③ 개선에 대한 완료시점

3. 개선안 제출

행정기관의 장과 민원을 처리하는 담당자는 민원제도에 대한 개선안을 행정안전부장관 또는 그 민원의 소관 행정기관의 장에게 제출할 수 있다(법 제39조 제3항).

4. 검토 권고

행정안전부장관은 제3항에 따라 제출받은 개선안을 검토하여 필요한 경우에는 그 소관 행정기관의 장에게 통보하여 검토하도록 하여야 한다(법 제39조 제4항).

5. 개선 권고

제3항 및 제4항에 따라 개선안을 제출·통보받은 소관 행정기관의 장은 그 수용 여부를 결정하여야 하며, 행정안전부장관은 행정기관의 장이 수용하지 아니하기로 한 사항 중 개선할 필요성이 있다고 인정되는 사항에 대하여는 소관 행정기관의 장에게 개선을 권고할 수 있다(법 제39조 제5항).

6. 민원행정제도 개선 조정회의 부의

행정기관의 장이 제5항에 따라 행정안전부장관으로부터 권고받은 사항을 수용하지 아니하는 경우 행정안전부장관은 제40조에 따른 민원제도개선조정회의에 심의를 요청할 수 있다(제6항).

7. 행정기관장 수용여부 결정 통보

행정기관의 장은 다음 각 호에 해당하는 경우에는 그 수용 여부를 결정하여 행정안전부장관에게 통보하여야 한다(영 제41조 제2항).

(1) 법 제39조 제4항에 따라 행정안전부장관이 개선안을 통보한 경우

(2) 법 제39조 제5항에 따라 행정안전부장관이 개선을 권고한 경우

(3) 법 제39조 제6항에 따라 민원제도개선조정회의(이하 "조정회의"라 한다)에서 심의·조정한 경우

제3절 | 민원제도개선조정회의

01 민원제도개선조정회의 설치

여러 부처와 관련된 민원제도 개선사항을 심의·조정하기 위하여 국무총리 소속으로 민원제도개선조정회의(이하 "조정회의"라 한다)를 둔다(법 제40조 제1항).

02 민원제도개선조정회의의 기능

조정회의는 여러 부처와 관련된 민원제도 개선사항, 제39조 제6항에 따른 심의요청 사항 등 대통령령으로 정하는 사항을 심의·조정한다(법 제40조 제2항, 영 제42조 제1항).

(1) 여러 부처와 관련된 민원제도 개선사항의 심의 및 조정에 관한 사항

(2) 행정기관의 미이행 또는 미개선 과제에 대한 심의 및 이행 권고 등에 관한 사항

(3) 민원제도 개선업무의 효율적 추진에 관한 사항

(4) 법 제39조 제6항에 관한 사항
- ○ 행정기관의 장이 행정안전부장관으로부터 권고받은 사항을 수용하지 아니하여 행정안전부장관이 민원제도개선조정회의에 심의를 요청한 경우

(5) 그 밖에 위원장이 필요하다고 인정하는 사항

03 민원제도개선조정회의의 구성

1. 인적 구성

조정회의는 위원장 1인을 포함한 10인 이내의 위원으로 구성한다(영 제43조 제1항).

2. 위원장 및 위원

조정회의의 장은 국무조정실장으로 하고, 위원은 기획재정부·행정안전부·국무조정실·법제처 및 관련 과제의 소관 행정기관의 부기관장으로 한다. 다만, 민원제도 개선을 위하여 필요한 경우에는 외부전문가를 위원으로 위촉할 수 있다(제2항).

3. 간사

조정회의에 간사 2명을 두고, 간사는 행정안전부장관 및 국무조정실장이 소속 공무원 중에서 각각 지정한다(제3항).

⑭ 의견 청취 등

조정회의는 필요하다고 인정하는 경우 다음 각 호의 조치를 할 수 있다(영 제44조 제1항).

(1) 관계 행정기관의 장에 대한 설명 또는 자료·서류 등의 제출 요구

(2) 참고인 또는 관계 직원의 출석 및 의견진술의 요구

행정기관의 장은 제1항 각 호의 요구를 받은 경우 특별한 사유가 없으면 이에 따라야 한다.

⑮ 위원장의 직무 및 직무대행

1. 위원장의 직무

위원장은 조정 회의를 대표하며 회의를 소집하고 그 의장이 된다(영 제45조).

2. 직무대행

위원장이 조정회의에 참석할 수 없을 때에는 위원장이 미리 지정한 위원의 순서로 그 직무를 대행한다(영 제46조).

3. 조정회의 운영세칙

이 영에서 규정한 사항 외에 조정회의의 운영에 필요한 사항은 행정안전부장관이 정한다(영 제47조).

4. 의견 수렴

중앙행정기관의 장은 법 제41조 제2항에 따라 소관 민원에 대한 간소화 방안을 마련할 때에는 미리 이해관계인, 관련 단체 및 전문가 등의 의견을 수렴하여야 한다(영 제48조).

제4절 민원 실태조사 및 간소화, 확인 · 점검 · 평가 등

01 민원의 실태조사 및 간소화

1. 실태조사

중앙행정기관의 장은 매년 그 기관이 관장하는 민원의 처리 및 운영 실태를 조사하여야 한다(법 제41조 제1항).

2. 간소화

중앙행정기관의 장은 제1항에 따른 조사결과에 따라 소관 민원의 구비서류, 처리절차 등의 간소화 방안을 마련하여야 한다(제2항).

> **영 제48조의 2 【민원 간소화 방안의 제출 등】** ① 중앙행정기관의 장은 법 제41조 제2항에 따라 소관 민원의 구비서류, 처리절차 등의 간소화 방안을 마련한 경우 그 간소화 방안을 행정안전부장관에게 제출해야 한다.
> ② 행정안전부장관은 제1항에 따라 제출받은 간소화 방안을 점검하고 필요한 경우 개선을 권고할 수 있다.
> ③ 중앙행정기관의 장은 제2항에 따른 행정안전부장관의 권고에 따라 개선하도록 노력해야 한다.

3. 법정민원 신설 사전진단

(1) 중앙행정기관의 장은 소관 법정민원을 신설하려는 경우에는 그 민원의 처리기간 · 구비서류 · 수수료 등의 적정성에 대해 사전진단을 실시해야 한다(영 제48조의 3 제1항).

(2) **사전진단결과 통보**

중앙행정기관의 장은 제1항에 따라 실시한 사전진단의 결과를 행정안전부장관에게 통보해야 한다(영 제48조의 3 제2항).

(3) **개선사항 협의**

행정안전부장관은 제2항에 따라 통보받은 사전진단의 결과에 대해 소관 중앙행정기관의 장과 그 법정민원의 개선에 필요한 사항을 협의할 수 있다(영 제48조의 3 제3항).

(4) 제1항에 따른 사전진단 및 제3항에 따른 협의의 절차와 방법에 관하여 필요한 사항은 행정안전부령으로 정한다(영 제48조의 3 제4항).

⑫ 확인 · 점검 · 평가 등

1. 확인 · 점검 · 평가

행정안전부장관은 효과적인 민원행정 및 제도의 개선을 위하여 필요하다고 인정할 때에는 행정기관에 대하여 민원의 개선 상황과 운영 실태를 확인 · 점검 · 평가할 수 있으며, 이에 관하여는 「지방자치단체에 대한 행정감사규정」 제11조 및 제12조를 준용한다(법 제42조 제1항, 영 제49조 제1항).

2. 시정조치의 건의 및 요구

(1) 확인 · 점검 · 평가 결과 공개

행정기관의 장은 제1항에 따른 확인 · 점검 · 평가 결과를 통보받은 경우에는 이를 해당 행정기관의 인터넷 홈페이지에 공개하여야 한다(법 제42조 제2항).

(2) 시정조치건의

행정안전부장관은 제1항에 따른 확인 · 점검 · 평가 결과 민원의 개선에 소극적이거나 이행 상태가 불량하다고 판단되는 경우 국무총리에게 이를 시정하기 위하여 필요한 조치를 건의할 수 있다(법 제42조 제3항).

(3) 시정조치 요구

행정안전부장관은 법 제42조 제3항에 따라 시정조치가 필요하다고 판단되는 사항 중 처리기간의 경과, 구비서류의 추가 요구 및 부당한 접수 거부 등 경미한 사항은 법 제42조 제3항에도 불구하고 직접 관계 행정기관의 장에게 그 시정에 필요한 조치를 요구할 수 있다(영 제49조 제2항).

(4) 제1항부터 제3항까지에서 규정한 사항 외에 확인 · 점검 · 평가 결과의 공개 등에 필요한 사항은 대통령령으로 정한다(법 제42조 제4항).

3. 처리결과 통보

법 제42조 제3항에 따라 국무총리로부터 시정 요구를 받거나 이 조 제2항에 따라 행정안전부장관으로부터 시정 요구를 받은 관계 행정기관의 장은 행정안전부장관에게 그 처리 결과를 통보하여야 한다(영 제49조 제3항).

4. 평가

(1) 민원행정 및 민원제도 개선의 추진상황에 대한 평가

행정안전부장관은 민원행정 개선을 위하여 필요하다고 인정되는 경우에는 행정기관에 대한 민원행정 및 민원제도 개선의 추진상황에 대한 평가를 할 수 있다(영 제50조 제1항).

(2) 평가결과 인터넷 홈페이지 공개

행정기관의 장은 법 제42조 제2항에 따라 제1항에 따른 평가 결과를 공개하는 경우에는 행정안전부장관이 평가 결과를 통보한 날부터 14일 이내에 해당 행정기관의 인터넷 홈페이지에 1개월 이상 공개해야 한다(영 제50조 제2항)

(3) 종합평가 및 주요항목별 평가 결과 공개

행정기관의 장은 제2항에 따라 평가 결과를 공개하는 경우에는 그 행정기관의 종합평가 결과 및 주요 항목별 평가 결과를 공개해야 한다(영 제50조 제3항).

(4) 우수직원 포상

행정안전부장관은 제1항에 따른 평가 결과에 따라 우수 기관 및 직원에 대하여 포상할 수 있다(영 제50조 제4항).

03 행정기관과의 협조

행정기관의 장은 이 법에 따라 행정안전부장관이 실시하는 민원 관련 자료수집과 민원제도 개선사업에 적극 협조하여야 한다(법 제43조).

04 민원행정에 관한 여론수집

1. 여론수집

행정안전부장관은 행정기관의 민원처리에 관하여 필요한 경우 국민들의 여론을 수집하여 민원행정 제도 및 운영의 개선에 반영할 수 있다(법 제44조).

2. 민원행정에 관한 여론수집 절차

(1) 여론조사 의뢰

행정안전부장관은 법 제44조에 따라 행정기관의 민원처리에 관한 국민들의 여론을 수집하려는 경우 효율적인 여론 수집을 위하여 필요한 때에는 관련 기관 또는 단체 등에 여론조사를 의뢰할 수 있다(영 제51조 제1항).

(2) 시정조치 요구 및 처리결과 통보

행정안전부장관은 국민들의 여론을 수집한 결과 민원행정제도 및 운영의 개선이 필요한 경우 국무총리의 승인을 받아 관계 행정기관의 장에게 시정에 필요한 조치를 요구할 수 있다. 이 경우 관계 행정기관의 장은 적정한 조치를 하고, 그 처리결과를 행정안전부장관에게 통보하여야 한다(제2항).

05 고유식별 정보의 처리

(1) 행정기관의 장은 법 제12조의 2에 따라 전자민원창구 또는 통합전자민원창구를 통한 민원처리에 관한 사무를 수행하기 위하여 불가피한 경우 「개인정보 보호법 시행령」 제19조 제1호부터 제4호까지의 규정에 따른 주민등록번호, 여권번호, 운전면허의 면허번호 또는 외국인등록번호가 포함된 자료를 처리할 수 있다(영 제52조 제1항).

(2) 법 제14조 제1항에 따라 다른 행정기관 소관의 민원을 접수·교부하는 행정기관(농협 및 새마을금고를 포함한다)의 장은 민원을 접수·교부하기 위하여 불가피한 경우 「개인정보 보호법 시행령」 제19조 제1호부터 제4호까지의 규정에 따른 주민등록번호, 여권번호, 운전면허의 면허번호 또는 외국인등록번호가 포함된 자료를 처리할 수 있다.

06 권한의 위탁

이 법에 따른 행정안전부장관의 권한은 대통령령으로 정하는 바에 따라 그 일부를 국민권익위원회에 위탁할 수 있다(법 제46조).

07 국회 등의 특례

국회·법원·헌법재판소·중앙선거관리위원회는 해당 기관의 효율적인 민원 처리를 위하여 필요한 경우에는 제3조부터 제5조까지, 제7조, 제8조의 3, 제9조, 제10조, 제11조 제1항·제2항, 제22조, 제29조 제1항·제3항·제4항, 제30조부터 제32조까지, 제33조 제2항, 제34조, 제36조, 제37조 또는 제39조에서 정한 사항에 관하여 국회규칙·대법원규칙·헌법재판소규칙 또는 중앙선거관리위원회규칙으로 달리 정할 수 있다(영 제53조).

Self study

※ 출제가 예상되는 다음 문제의 답안을 스스로 작성해 보시오.

1. 민원행정제도 개선안 제출 절차에 대하여 약술하시오.

2. 민원행정제도 개선조정회의에 대하여 약술하시오.

3. 민원실태 간소화, 확인 · 점검 · 평가에 대하여 약술하시오.

행정사
사무관리론

부록

기출문제 모범답안
관련 법령

사무관리론 모범답안

논술형1 기안문의 검토와 결재에 관하여 서술하시오. (40점)

모·범·답·안

1. 기안의 개념

기안이라 함은 행정기관의 의사를 결정하기 위하여 문안을 작성하는 것을 말한다. 기안은 주로 상급자의 지시사항이나 접수한 문서를 처리하기 위하여 행하여지나 법령·훈령·예규 등을 근거로 하거나 또는 순수한 자기발안(自己發案)으로 이루어지기도 한다.

2. 검토

(1) 검토의 개념

검토는 보조기관 또는 보좌기관이 그 소속 공무원이 기안한 내용을 분석하고 점검하여 동의 여부를 결정하는 것을 말한다.

(2) 검토자의 검토사항

검토자는 기안내용을 검토함에 있어서 형식적인 측면과 내용적인 측면을 함께 살펴보아야 한다. 검토 사항의 예시는 아래와 같다.

① 형식적인 측면

　㉠ 소관 사항임에 틀림이 없는가?

　㉡ 업무 절차는 잘못이 없는가?

　㉢ 법령의 형식 요건을 구비하고 있는가?

　㉣ 결재권자의 표시는 적정한가?

　㉤ 협조부서의 합의는 거쳤는가?

　㉥ 수신자 및 발신자 등의 표시는 착오가 없는가?

② 내용적인 측면

　㉠ 법률적 검토

　　• 허가·인가·승인 등인 경우 그 법정요건을 충족하고 있는가?

　　• 의결기관의 의결사항은 아닌가 또는 의결을 거쳤는가?

　　• 법정 경유기관은 거쳤는가?

　　• 기한, 조건 등의 법정요건이 있다면 이에 충족하고 있는가?

　　• 시효와의 관계는 어떠한가?

　　• 법령·예규·지시 등에 위배되지 않는가?

　㉡ 행정적 검토

　　• 공공복지와의 관계는 어떤가?

　　• 재량의 범위는 적합한가?

　　• 여론에 대한 영향은 어떤가?

　　• 관례나 선례는 어떻게 되어 있는가?

　　• 처리는 지연되지 아니하였는가?

  • 경과조치가 필요한 사항은 아닌가?
  • 필요한 사항이 빠져 있지 않은가?
  ㉢ 경제적 검토
  • 예산상의 조치가 필요한 것이 아닌가?
  • 과다한 경비투입을 요하는 사항이 아닌가?
  • 경비를 보다 절약할 수 있는 다른 대안은 없는가?

3. 결재

(1) 결재의 의의
결재란 해당 사안에 대하여 행정기관의 의사를 결정할 권한이 있는 자가 그 의사를 결정하는 행위를 말한다. 따라서 기관의 장 또는 결재권을 위임받은 자가 행정기관의 의사를 결정하기 위한 과정에서 각급 보조기관 또는 보좌기관의 서명을 받는 검토와 협조는 결재의 개념에 해당하지 않는다.

(2) 결재의 종류
① 결재(決裁 · 좁은 의미)
행정기관의 의사를 결정할 권한을 가진 자(주로 행정기관의 장)가 직접 그 의사를 결정하는 행위를 말한다. 문서는 해당 행정기관의 장의 결재를 받되, 보조(보좌)기관의 명의로 발신하는 문서는 그 보조(보좌)기관의 결재를 받아야 한다.
② 전결(專決)
전결이란 행정기관의 장으로부터 업무의 내용에 따라 결재권을 위임받은 자(보조기관 · 보좌기관 · 업무담당 공무원)가 행하는 결재를 말한다.
③ 대결(代決)
대결이란 결재권자가 휴가, 출장, 그 밖의 사유로 결재할 수 없을 때에 그 직무를 대리하는 자가 행하는 결재를 말한다.

(3) 결재의 효과
문서는 결재권자가 해당 문서에 서명(전자서명 포함)방식으로 결재함으로써 성립한다. 따라서 결재는 문서가 성립하기 위한 최종적이며 절대적인 요건이다.

(4) 결재의 표시
① 결재(좁은 의미)의 표시
  ㉠ 행정기관의 장이 결재하는 경우에는 기관장의 직위를 직위란에 간략히 표시하고 결재란에 서명한다.
  ㉡ 결재권자의 서명란에는 서명날짜를 함께 표시한다.
② 전결의 표시
  ㉠ 전결하는 사람의 서명란에 '전결' 표시를 한 후 서명한다.
  ㉡ 서명하지 않는 사람의 결재란은 설치하지 않는다.
③ 대결의 표시
  ㉠ 위임전결 사항이 아닌 사항을 대결하는 경우('대결'만 표시): 대결하는 사람의 서명란에 '대결' 표시를 하고 서명하며, 서명하지 않는 사람의 결재란은 설치하지 않는다.
  ㉡ 위임전결 사항을 대결하는 경우('전결'과 '대결'을 함께 표시): 전결권자의 서명란에는 '전결' 표시를, 대결하는 사람의 서명란에는 '대결'이라고 표시하고 서명하며, '전결' 표시를 하지 않거나 서명을 하지 않는 사람의 결재란은 설치하지 않는다.

약술형 2 관인의 종류와 폐기에 관하여 약술하시오. (20점)

1. 관인의 의의
관인이란 일반적으로 정부기관에서 공식문서에 사용하는 인장을 말한다.

2. 관인의 종류
(1) **청인**

행정기관의 명의로 발송 또는 교부하는 문서에 사용하는 관인을 말한다.

(2) **직인**

행정기관의 장 또는 보조기관의 명의로 발송 또는 교부하는 문서에 사용하는 관인을 말한다.

(3) **공인**

지자체에서 사용하는 관인(청인, 직인)을 말한다.

3. 관인의 폐기
(1) **폐기절차**

① 관인을 폐기할 때에는 관인 등록기관이 관인대장에 관인 폐기일과 폐기사유 등의 내역을 기재한 후 그 관인의 인영을 등록하여 보존하고, 그 관인은 관인폐기 공고문과 함께 「공공기록물 관리에 관한 법률」에 따른 영구기록물 관리기관(국가기록원 또는 지방기록물 관리기관)에 이관하여야 한다. 바로 위 상급기관이 하급기관으로부터 관인폐기 신고를 받은 경우에도 또한 같다.

② 영구기록물 관리기관은 폐기된 관인이 사용되거나 유출되지 아니하도록 하여야 한다.

(2) **폐기사유**

① 행정기관이 폐지된 경우

② 행정기관 명칭이 변경된 경우

③ 관인이 분실 또는 마멸된 경우

④ 그 밖에 관인을 폐기할 필요가 있는 경우

약술형 3 현 정부의 국정추진 기반인 '정부3.0'에서 강조하고 있는 협업시스템과 통합전자민원창구(민원24)의 개념을 정의하고, 협업시스템의 서비스 내용과 통합전자민원창구의 부가서비스 내용에 관하여 약술하시오. (20점)

모·범·답·안

1. 정부3.0의 개념

정부3.0이란 공공정보를 적극 개방·공유하고, 부처 간 칸막이를 없애 소통·협력함으로써 국정과제에 대한 추진 동력을 확보하고 국민 맞춤형 서비스를 제공함과 동시에 일자리 창출과 창조경제를 지원하는 새로운 정부운영의 패러다임이다. '소통하는 투명한 정부, 일 잘하는 유능한 정부, 국민 중심의 서비스 정부'의 세 가지 가치를 바탕으로 희망의 새 시대를 열어가고자 시행되었다.

2. 협업시스템의 개념

'협업시스템'이란 기관 간 업무 협조를 원활하게 수행할 수 있도록 정보공유, 협의 등을 전자적으로 지원하는 행정정보시스템을 말한다. 즉, 출장 없이 언제 어디서나 업무 관계자들이 사이버 공간에서 모여 토론, 회의, 협의, 조정, 의사결정 등 업무를 공동으로 진행하고, 그 결과와 처리과정상의 정보를 저장, 공유 및 활용할 수 있도록 지원하는 시스템을 말한다.

3. 통합전자민원창구(민원24)의 개념

민원24란 국민 누구나 행정기관에 방문하지 않고도 집·사무실 등 어디서든 24시간 365일 인터넷으로 필요한 민원을 안내받고 신청하며, 발급·열람할 수 있는 서비스를 말한다.

4. 협업시스템 핵심 기능별 주요 서비스 내용

(1) **업무방(협조요청, 전자문서)**
   ① 과제 관련 전자문서 및 메모보고의 작성과 일괄 조회 가능
   ② 협조요청을 받은 자는 업무 협조 상세보기를 통해 내용을 확인하고 처리결과를 작성하여 등록함으로써 자료 제출 가능
   ③ 제출된 자료는 자동으로 자료실 내에 저장

(2) **소통방(영상회의, 메신저 등)**
   ① 영상회의를 통해 문서의 공유·수정 및 회의내용의 녹화 가능
   ② 회의 종료 후 결과 등록
   ③ 공유 자료 및 회의결과는 자료실에 일괄 저장
   ④ 그 밖의 의사소통 수단으로 메신저, 쪽지, SMS 등 활용

(3) **과제방(실적조회)**
   ① 나의 과제를 비롯하여 전체 과제의 상세정보 조회 가능
   ② 문서등록, 회의 실적 등 과제별 통합·관리로 인계·인수 등에 활용

(4) **게시방(공지, 토론, 자료실 등)**
   ① 공지사항, 토론 안건, 자료 등을 편리하게 공유
   ② 정보보안을 위해 작성·조회 등 사용자별 권한 설정

5. 통합전자민원창구 부가서비스

(1) **민원안내**
   민원안내란 법률에서 규정하고 있는 모든 민원에 대해 처리기관, 처리기한, 수수료, 구비서류, 연락처 등을 안내하는 서비스를 말한다(전입신고 등 5,000여 종).

(2) 인터넷 열람민원

인터넷 열람민원이란 필요한 민원을 신청하여 화면상으로 열람할 수 있는 서비스를 말한다(개별주택가격 확인원 등 22여 종).

(3) 인터넷 발급민원

인터넷 발급민원이란 필요한 민원을 화면으로 열람할 수 있으며, 프린터로 출력할 수 있는 서비스를 말한다(주민등록표등본 등 1,208여 종).

(4) 생활민원 일괄서비스

생활민원 일괄서비스란 일상생활 중에 발생하는 다수의 생활민원에 관하여 인터넷상에서 한 번에 처리할 수 있도록 묶음으로 제공하는 서비스를 말한다(이사민원 등 20여 종).

(5) 어디서나 민원

어디서나 민원이란 인터넷, 방문, 전화 접수 등 다양한 민원 접수방법을 이용하여 민원을 신청하고, 가까운 공공기관을 방문하여 편리하게 민원을 처리할 수 있는 서비스를 말한다(대학교 졸업증명 등 290여 종).

약술형 4 공장설립 승인과 같이 다수 기관과 연관된 민원사무에 대하여 개별처리의 번거로움을 덜고 효율적 업무처리를 위해 행정기관이 적용하는 민원처리 방식들에 관하여 약술하시오.

(20점)

모·범·답·안

1. 복합민원

(1) 복합민원의 의의

'복합민원'이라 함은 하나의 민원목적을 실현하기 위하여 법령·훈령·예규·고시 등에 의하여 다수의 관계기관(민원사항과 관련된 단체·협회 등을 포함) 또는 관계부서의 허가·인가·승인·추천·협의 또는 확인 등을 거쳐 처리되는 민원사무를 말한다.

(2) 복합민원의 처리방법

행정기관의 장은 복합민원에 대하여 처리주무부서를 지정하고 그 부서로 하여금 관계기관 또는 부서 간 협조를 통하여 민원사무를 일괄하여 처리하게 할 수 있다.

① 민원서류 일괄제출

행정기관의 장은 복합민원과 관련된 모든 민원서류를 지정된 처리주무부서에 일괄하여 제출하게 할 수 있다.

② 복합민원 종류 등 민원편람 수록

행정기관의 장은 관계기관의 장과 협의하여 일괄접수·처리되는 복합민원의 종류와 접수방법·구비서류·처리기간 및 처리절차 등을 미리 정하여 민원인이 이를 열람할 수 있도록 게시하고 민원사무편람에 이를 수록하여야 한다.

2. 복합민원처리유형

(1) 의제처리

어떠한 인허가를 받기 위하여 근거법령이 서로 다른 인허가를 함께 받아야 할 경우에 그 관련 인허가가 주된 인허가와 중복되거나 유사하다면 주된 인허가만 받으면 관련 인허가도 함께 받은 것으로 간주하여 처리하는 것

(2) 창구일원화

주된 인허가와 관련되어 있는 인허가의 접수를 모두 받도록 하되, 민원인이 일일이 담당부서별로 직접 찾아다니지 아니하고 주된 인허가 및 관련 인허가에 필요한 구비서류를 모두 갖추어 주된 인허가의 처리부서에 제출하면 주무부서에서 책임을 지고 관련부서와 협의를 거쳐 처리해 주는 제도

(3) 개별처리

주된 인허가와 관련되어 있는 인허가들을 민원인이 각각 신청·접수하여 처리하는 민원

3. 민원조정위원회 심의사항

창업·공장설립 등 대규모 경제적 비용이 수반되는 민원의 경우에는 신속한 민원처리를 위하여 민원실무심의회의 심의를 생략하고 민원조정위원회에 직접 상정하여 심의할 수 있다.

논술형 1 민원 거부처분에 대한 이의신청과 그 방법 및 처리절차 등에 관하여 논술하시오. (40점)

모·범·답·안

1. 거부처분에 대한 이의신청
   (1) 이의신청 기간 및 방법
   민원사항에 대한 행정기관 장의 거부처분에 대하여 불복이 있는 민원인은 그 거부처분을 받은 날부터 90일 이내에 그 행정기관의 장에게 문서로 이의신청을 할 수 있다.

   (2) 이의신청 결정통지
   ① 통지기한
   행정기관의 장은 이의신청을 받은 날부터 10일 이내에 그 이의신청에 대하여 결정하고 그 결과를 민원인에게 지체 없이 문서로 통지하여야 한다. 다만, 부득이한 사유로 정해진 기간 이내에 결정할 수 없는 때에는 그 기간의 만료일 다음 날부터 기산하여 10일 이내의 범위에서 연장할 수 있으며, 통지서에 연장사유 및 연장기간 등을 구체적으로 기재하여 민원인에게 통지하여야 한다.
   ② 통지내용
   행정기관의 장은 이의신청에 대한 결과를 통지하는 때에는 결정이유, 원래의 거부처분에 대한 불복 방법 및 불복절차를 구체적으로 명시하여야 한다.
   ③ 민원인은 이의신청 여부와 관계없이 「행정심판법」에 의한 행정심판 또는 「행정소송법」에 의한 행정소송을 제기할 수 있다.

   (3) 이의신청서 작성내용
   이의신청은 다음 각 호의 사항을 기재한 서면으로 하여야 한다.
   ① 신청인의 이름 및 주소(법인 또는 단체의 경우에는 그 명칭, 사무소 또는 사업소의 소재지와 대표자의 이름)와 연락처
   ② 이의신청의 대상이 되는 민원사항의 결정내용
   ③ 이의신청의 취지 및 이유
   ④ 민원거부처분의 결정통지를 받은 날

2. 민원조정위원회의 심의
   행정기관의 장은 거부처분에 따른 이의신청을 심의하기 위하여 민원조정위원회를 설치·운영하여야 한다.
   (1) 심의사항
   ① 소관이 명확하지 아니한 민원의 처리주무부서의 지정
   ② 장기 미해결 민원, 반복 민원 및 다수인관련민원에 대한 해소 또는 방지대책
   ③ 거부처분에 따른 이의신청
   ④ 처리주무부서 또는 민원실무심의회에서 결정된 민원에 대한 법규적용의 타당성, 법령 등의 적합성, 법령 또는 제도개선의 필요성 여부
   ⑤ 창업·공장설립 등 대규모 경제적 비용이 수반되는 민원의 경우 민원실무심의회 심의를 생략하고 민원조정위원회에 직접 상정한 민원의 심의
   ⑥ 그 밖에 민원의 종합적인 검토·조정을 위하여 그 기관의 장이 회부하는 사항

약술형 2 서식의 승인과 승인신청에 관하여 약술하시오. (20점)

모·범·답·안

1. 서식의 개념
서식이란 장기간에 걸쳐 반복되는 업무와 관련하여 행정상의 필요사항을 기재할 수 있도록 도안한 일정한 형식 또는 그 업무용지를 말한다.

2. 서식의 종류
(1) 법령서식
법률·대통령령·총리령·부령·조례·규칙 등 법령으로 정한 서식을 말한다.
(2) 일반서식
법령서식을 제외한 모든 서식을 말한다.

3. 서식의 승인
(1) 승인기관
① 행정안전부장관
중앙행정기관이 법령으로 제정 또는 개정하는 서식
② 중앙행정기관의 장
중앙행정기관 및 그 소속기관이 훈령·고시·예규 등으로 제정 또는 개정하는 서식
③ 지방자치단체 또는 지방교육행정기관의 장
지방자치단체의 조례·규칙, 훈령·고시·예규 등으로 제정 또는 개정하는 서식

(2) 승인의 신청 및 승인서식의 통보
① 승인신청서 제출
행정기관의 장은 입법예고와 동시에 서식목록과 서식초안을 첨부하여 문서로 승인을 신청하여야 한다. 이 경우 서식초안은 컴퓨터 등 정보처리능력을 가진 장치로 작성한다.
② 관계기관 간 사전협의
둘 이상 기관의 업무에 관계되는 서식은 관계기관 간의 사전협의를 거쳐 승인을 신청하여야 한다.
③ 승인서식의 통보
승인기관이 서식을 승인한 때에는 서식목록과 승인서식안을 첨부하여 문서로 승인신청기관에 통보하여야 한다.

약술형 3 문서의 성립요건과 성립시기 및 문서의 효력발생 시기에 관하여 약술하시오. (20점)

모·범·답·안

1. 문서와 공문서의 개념

(1) 문서의 개념

문서는 일반적으로 사람의 의사나 사물의 형태·관계 등을 문자·기호·숫자 등을 활용하여 종이 등의 매체에 기록·표기한 것을 말하는데, 행정기관의 의사도 문서의 형태로 표시된다.

(2) 행정상 공문서의 개념

행정상 공문서라 함은 행정기관 또는 공무원이 직무상 작성하고 처리한 문서 및 행정기관이 접수한 문서를 말한다.

2. 문서의 성립

(1) 성립요건

① 행정기관의 적법한 권한 범위 내에서 작성되어야 한다.

② 행정기관의 의사표시가 명확하게 표현되어야 한다.

③ 위법·부당하거나 시행 불가능한 내용이 아니어야 한다.

④ 법령에 규정된 절차 및 형식을 갖추어야 한다.

(2) 성립시기

문서는 결재권자가 해당 문서에 대하여 서명(전자이미지서명·전자문자서명·행정전자명 포함)의 방식으로 결재함으로써 성립한다.

3. 문서의 효력발생

(1) 효력발생에 대한 입법주의

① 표백주의

문서가 성립한 때, 즉 결재로써 문서의 작성이 끝난 때에 효력이 발생한다는 견해이다.

② 발신주의

성립한 문서가 상대방에게 발신된 때에 효력이 발생한다는 견해이다.

③ 요지주의

상대방이 문서의 내용을 안 때에 효력이 발생한다는 견해이다.

④ 도달주의

문서가 상대방에게 도달해야 효력이 생긴다는 견해이다. 여기서 도달이라 함은 문서가 상대방의 지배범위 내에 들어가 사회통념상 그 문서의 내용을 알 수 있는 상태가 되었다고 인정되는 것을 의미한다. 「민법」상의 의사표시와 「행정업무의 효율적 운영에 관한 규정」 제6조 제2항 규정에 의거 문서의 효력발생 시기는 도달주의를 원칙으로 하고 있다.

(2) 문서의 효력발생 시기

① 일반 원칙

「행정업무의 효율적 운영에 관한 규정」은 문서가 수신자에게 도달됨으로써 그 효력이 발생하되, 전자문서는 수신자가 관리하거나 지정한 전자적 시스템 등에 입력됨으로써 그 효력이 발생한다고 규정하고 있어 도달주의를 원칙으로 하고 있다.

② 공고문서의 효력발생

공고문서는 그 문서상에 효력발생 시기를 명시하고 있지 않으면 그 고시 또는 공고가 있은 날부터 5일이 경과한 때에 효력이 발생한다.

③ 「행정절차법」의 경우 다른 법령 등에 특별한 규정이 없으면 공고일부터 14일이 경과한 때에 그 효력이 발생한다고 규정하고 있다.

약술형 4 정책의 실명관리의 목적과 정책자료, 정책결정 회의, 보도자료의 실명관리에 관하여 약술하시오. (20점)

모·범·답·안

1. 정책실명제의 개념(목적)

'정책실명제'란 정책의 투명성과 책임성을 높이기 위하여 행정기관에서 소관 업무와 관련하여 수립·시행하는 주요 정책의 결정 및 집행 과정에 참여하는 관련자의 실명과 의견을 기록·관리하는 제도를 말한다.

2. 정책실명제 실현 방안

(1) **주요 정책 자료의 종합적 기록·보존**

행정기관의 장은 주요 정책의 결정·집행과 관련되는 다음의 사항을 종합적으로 기록·보존하여야 한다.

① 주요 정책의 결정과 집행 과정에 참여한 관련자의 소속, 직급 또는 직위, 성명과 그 의견

② 주요 정책의 결정이나 집행과 관련된 각종 계획서, 보고서, 회의·공청회·세미나 관련 자료 및 그 토의내용

(2) **기록·보존주체**

행정기관의 장은 주요 정책의 결정을 위하여 회의·공청회·세미나 등을 개최하는 경우에는 일시, 참석자, 발언내용, 결정사항, 표결내용 등을 처리과의 직원으로 하여금 관련사항을 기록하게 하여야 한다.

① 기록주체는 처리과(정책 또는 사업담당 주관부서)이다.

② 보존방법은 정책결정 관련 공문서와 함께 철하는 것을 원칙으로 하고, 양이 많을 때에는 별도로 편철하도록 한다.

3. 보도자료의 실명 제공

행정기관이 언론기관에 보도자료를 제공하는 경우에는 해당 자료에 담당부서·담당자·연락처 등을 함께 기재하여야 한다.

4. 정책실명제 평가

행정안전부장관은 정책실명제의 활성화를 위하여 필요한 경우 각 행정기관의 정책실명제 추진실적 등을 평가할 수 있다.

사무관리론 모범답안

논술형 1 국민의 권익을 실현해야 하는 민주행정에 있어서 민원행정은 중요한 사무이다. 우리나라에서 행정기관을 대상으로 하는 민원의 신청과 접수에 관하여 논하시오. (40점)

모·범·답·안

I 민원행정의 개념

민원행정은 국민이 행정기관에 특정한 행위를 요구하는 의사표시에 대응하는 활동을 의미한다.

II 민원의 신청

1. 신청방법

민원사항의 신청은 문서(전자문서 포함)로 하여야 한다. 다만, 문서로 증명할 필요가 없는 경우 구술 또는 전화로 신청할 수 있고, 직접 출석하여 의사표시를 할 필요가 없는 경우 우편·전신·모사전송 또는 인터넷 등으로 신청할 수 있다.

2. 구비서류

(1) 기재사항 및 서식

행정기관의 장은 신청서의 기재사항을 최소한의 것으로 한정하여야 하며, 신청자가 쉽게 작성할 수 있도록 신청서식을 명확하게 정하여야 한다.

(2) 신청서 및 구비서류

민원신청과 관련된 신청서 및 구비서류는 최소한의 범위 안에서 구체적으로 정하여야 하며 제출부수도 최소한으로 한정한다.

III 민원의 접수

1. 민원의 접수

행정기관의 장은 민원사항의 신청이 있는 때에는 다른 법령에 특별한 규정이 있는 경우를 제외하고는 그 접수를 보류하거나 거부할 수 없으며, 접수된 민원서류를 부당하게 되돌려 보내서는 아니 된다.

(1) 접수부서

민원사항은 민원실(전자민원창구 포함)에서 접수한다. 다만, 민원실이 설치되어 있지 아니한 경우에는 문서의 접수·발송을 주관하는 부서 또는 민원사항을 처리하는 주무부서에서 접수한다.

(2) 접수증 교부

민원사항을 접수한 때에는 그 순서에 따라 민원사무처리부에 기록하고 신청인에게 접수증을 교부하여야 한다. 다만, 「행정절차법 시행령」 제9조 각 호의 어느 하나에 해당하는 경우에는 접수증을 교부하지 아니할 수 있다.
① 구술·우편 또는 정보통신망에 의한 신청
② 처리기간이 '즉시'로 되어 있는 신청
③ 접수증에 갈음하는 문서를 주는 신청

(3) 대표자 접수증 교부

민원실, 문서과 · 처리과는 2인 이상의 민원인이 대표자를 정하여 민원서류를 제출한 경우에는 그 대표자에게 하나의 접수증을 교부한다.

2. 민원처리절차의 안내

민원사항을 접수한 때에는 구비서류의 완비 여부, 심사 · 처리의 기준과 절차, 예상처리 소요기간과 필요한 현장확인이나 조사예정시기 등을 신청인에게 안내하여야 한다.

3. 불필요한 서류 요구 금지

행정기관의 장은 민원사항을 접수 · 처리함에 있어서 민원인에게 소정의 구비서류 외의 서류를 추가로 요구하여서는 아니 된다.

(1) 사본 허용

행정기관의 장은 동일한 민원서류 또는 구비서류를 복수로 받는 경우에는 특별한 사유가 없는 한 원본과 함께 그 사본의 제출을 허용하여야 한다.

(2) 서류 추가 요구 금지

행정기관의 장은 민원을 접수 · 처리함에 있어서 다음 각 호의 어느 하나에 해당하는 경우에는 민원인에게 관련 증명서류 또는 구비서류의 제출을 요구할 수 없으며, 그 민원사무를 처리하는 공무원이 직접 이를 확인 · 처리하여야 한다.

① 민원인이 소지한 주민등록증 · 여권 · 자동차운전면허증 등 행정기관이 발급한 증명서로 그 민원사무의 처리에 필요한 내용의 확인이 가능한 경우

② 해당 행정기관의 공부(公簿) 또는 행정정보로 그 민원사무의 처리에 필요한 내용의 확인이 가능한 경우

③ 「전자정부법」 규정에 의한 행정정보의 공동이용을 통하여 그 민원사무의 처리에 필요한 내용의 확인이 가능한 경우

(3) 행정기관의 장은 당초의 민원사항의 내용 변경 또는 갱신을 신청 받는 경우에는 특별한 사유가 없는 한 이미 제출되어 있는 관련 증명서류 또는 구비서류를 다시 요구하여서는 아니 된다.

약술형 2 「행정업무의 효율적 운영에 관한 규정」에 의거하여 기관 간 업무 협조가 필요한 경우와 그것을 실행하는 방안 및 융합행정의 개념과 그것을 실행하는 방안에 관하여 각각 설명하시오. (20점)

모·범·답·안

Ⅰ 업무 협조

1. 협조대상 업무

행정기관이나 행정기관의 보조기관 또는 보좌기관은 다음 각 호의 어느 하나에 해당하는 업무를 수행하려면 해당 업무와 관련된 기관의 업무 협조를 받아야 한다. 이 경우 업무 협조를 요청받은 기관은 그 업무가 효율적으로 수행되도록 적극 협조하여야 한다.

(1) 기관 간 협업이 필요한 업무

(2) 다른 기관의 행정지원을 필요로 하는 업무

(3) 다른 기관 또는 상급기관의 인가·승인 등을 거쳐야 하는 업무

(4) 그 밖에 다른 기관의 협의·동의 및 의견조회 등이 필요한 업무

2. 실행방안

(1) 협조요청

업무 협조를 요청하는 경우에 그 취지와 추진계획 등 해당 업무 협조 사안에 대한 이해를 도울 수 있는 관계 자료를 함께 보내야 한다. 또한 업무 협조의 요청을 받은 기관은 업무가 효율적으로 수행되도록 적극 협조하여야 한다.

(2) 처리기간

업무 협조를 요청하는 기관은 업무 협조 내용과 그 처리 및 회신에 필요한 기간 등을 고려하여 적절한 처리기간을 정하여야 한다.

(3) 협조 촉구

업무 협조를 요청한 기관은 회신 문서가 처리기간 내에 도달하지 아니하면 업무 협조 요청을 받은 기관에 협조를 촉구할 수 있다.

Ⅱ 융합행정

1. 융합행정의 개념

업무의 효율성을 높이고 행정서비스에 대한 국민의 만족도를 높이기 위하여 다른 기관과 공동의 목표를 설정하고 해당 기관 상호 간의 기능을 연계하거나 시설·장비 및 정보 등을 공동으로 활용하는 방식으로 수행하는 행정을 말한다.

2. 실행방안

(1) 수요자 관점

공급자 관점의 편의 주의적 행정을 지양하고 고객의 요구를 적극 파악하여 실질적인 문제해결 방안을 모색한다.

(2) 공동의 목표

구체적인 목표를 설정하고 이를 기관 간에 공유한다.

(3) **기관 간 협력**

　목표의 달성을 위해 각 기관의 기능을 효율적으로 연계하거나 시설·장비·정보 등을 공유 및 공동 활용한다.

(4) **새로운 가치창출**

　비용은 낮추면서 더 빠른 속도로 더 좋은 공공서비스를 제공하여 시너지효과를 창출한다.

3. 추진기준

　교류·협력과 자원 공동 활용의 두 가지를 주된 내용으로 하며, 연계성과 효과성을 고려하여 추진할 대상을 설정한다.

약술형 3 「행정업무의 효율적 운영에 관한 규정」에 의거하여 업무관리시스템의 구성 및 운영방식에 대해 설명하고, 효율적인 업무수행을 위한 업무관리시스템과 다른 행정정보시스템과의 연계에 관하여 설명하시오. (20점)

모·범·답·안

Ⅰ 업무관리시스템의 구성과 운영방식

1. 업무관리시스템의 개념

업무관리시스템이란 행정기관이 업무처리의 전 과정을 과제관리카드 및 문서관리카드 등을 이용하여 전자적으로 관리하는 시스템으로서, 공직사회의 일하는 방식을 근본적으로 개선하기 위해 행정기관의 업무처리절차를 통합화·표준화하여 업무처리과정에서 생산된 각종 업무 관련 자료를 과제에 따라 일정, 메모보고, 문서관리카드, 지시사항, 회의관리 등으로 체계적인 처리를 할 수 있도록 구축한 온라인 시스템이다.

2. 업무관리시스템의 구성

(1) 과제관리카드

행정기관의 소관 업무를 기능 및 목적 등의 기준으로 구분하여 업무추진실적을 기록·관리하는 프로그램을 의미한다.

(2) 과제관리카드의 구성

과제별 과제 담당자, 내용, 추진실적 등으로 구성된다.

(3) 과제관리 카드에 포함될 내용

과제관리카드에는 표제, 실적관리, 접수관리, 계획관리, 품질관리, 홍보관리, 고객관리 부분과 그 밖에 필요한 사항이 포함되어야 한다.

3. 문서관리카드

(1) 문서관리카드의 개념

문서관리카드란 문서의 작성·검토·등록·결재·공개·공유 등 문서처리의 모든 과정을 기록 관리하는 카드를 말한다.

(2) 문서관리카드의 구성

문서관리카드는 문서정보, 보고경로, 시행정보, 관리정보 부분과 그 밖에 필요한 사항이 포함되어야 한다.

(3) 문서관리카드 포함사항

① 기안내용
② 의사결정과정에서 제기된 의견, 수정내용과 지시사항
③ 의사결정내용

4. 업무관리시스템의 구축·운영주체

행정기관의 장은 업무처리의 전 과정을 효율적으로 관리하기 위하여 업무관리시스템을 구축·운영하여야 한다. 단, 업무의 성격이나 그 밖의 특별한 사유로 시스템 도입이 어려운 경우에는 그러하지 아니하다.

Ⅱ 업무관리시스템의 연계

행정기관의 장은 효율적인 업무운영을 위하여 업무관리시스템 또는 전자문서시스템을 기능분류시스템 등 행정정보시스템과 연계·운영하여야 한다. 다만, 업무의 성격이 연계·운영에 적합하지 아니하거나 그 밖의 특별한 사유가 있는 경우에는 그러하지 아니하다.

약술형 4 관인의 등록 · 재등록에 대하여 설명하시오. (20점)

모·범·답·안

1. 관인의 개념

관인이란 일반적으로 정부기관에서 공식문서에 사용하는 인장을 말한다. 「행정업무의 효율적 운영에 관한 규정」에서는 행정기관의 명의로 발신하거나 교부하는 문서에 사용하는 청인과 행정기관의 장 또는 보조기관의 명의로 발신하거나 교부하는 문서에 사용하는 직인을 통틀어 관인이라고 말한다.

2. 관인의 등록(재등록)

각급 행정기관은 관인의 인영을 해당 행정기관의 관인대장에, 전자이미지관인의 인영을 해당 행정기관의 전자이미지관인대장에 각각 등록(재등록)하여야 한다. 다만, 부득이한 경우에는 바로 위 상급기관에 신청 및 등록(재등록)할 수 있다(영 제36조 제1항).

(1) 등록(재등록)사유

① 행정기관이 신설 또는 분리된 경우
② 기존 기관의 명칭이 변경된 경우
③ 관인이 분실되거나 마멸된 경우
④ 법령에 따라 권한을 위임받은 경우
⑤ 그 밖에 관인을 다시 새길 필요가 있는 경우 등

(2) 부정사용 금지

행정기관의 장은 등록하지 아니한 관인을 사용할 수 없으며, 위조 또는 변조하거나 부정하게 사용하지 못하도록 필요한 조치를 하여야 한다.

3. 등록(재등록)방법

(1) 행정기관이 직접 등록(재등록)하는 경우

해당 행정기관의 관인대장에 관인을 등록(재등록)하여 보존한다. 이 경우 내부결재를 받아 등록(재등록)한다.

(2) 바로 위 상급기관에 등록(재등록)하는 경우

바로 위 상급기관에 관인등록(재등록)을 신청하여 바로 위 상급기관에서 그 상급기관의 관인대장에 등록(재등록)한다.

(3) 상급기관의 심사 및 보존등록

바로 위 상급기관이 하급기관으로부터 등록(재등록) 신청서를 접수한 때에는 등록(재등록) 대상기관인지의 여부, 관인의 종류 및 규격 등을 심사한 후 등록(재등록)하되, 그 인영을 관인대장에 등록(재등록)하여 보존한다.

사무관리론 모범답안

논술형 1 「민원처리에 관한 법률」 및 같은 법 시행령상 법정민원 중 사전심사청구 대상 민원에 관한 다음 물음에 답하시오. (40점)

- '사전심사의 청구 등'을 설명하시오. (20점)
- 대상과 안내 및 처리기간을 설명하시오. (20점)

모·범·답·안

I 사전심사청구 등

1. 사전심사청구

민원인은 법정민원 중 신청에 경제적으로 많은 비용이 수반되는 민원 등 대통령령으로 정하는 민원에 대하여는 행정기관의 장에게 정식으로 민원을 신청하기 전에 미리 약식의 사전심사를 청구할 수 있다.

2. 사전심사청구 대상 민원

(1) 법정민원 중 정식으로 신청할 경우 토지매입 등 민원인에게 경제적으로 많은 비용이 수반되는 민원

(2) 행정기관의 장의 거부처분에 따라 민원인에게 상당한 경제적 손실이 발생되는 민원

3. 대상 민원 종류 게시 및 민원편람수록

행정기관의 장은 사전심사청구 대상 민원의 종류 및 민원별 처리기간·구비서류 등을 미리 정하여 민원인이 이를 열람할 수 있도록 게시하고 민원편람에 수록하여야 한다.

4. 관계기관 장 협의

행정기관의 장은 사전심사가 청구된 법정민원이 다른 행정기관의 장과의 협의를 거쳐야 하는 사항인 경우에는 미리 그 행정기관의 장과 협의하여야 한다.

5. 결과 통보

행정기관의 장은 사전심사 결과를 민원인에게 문서로 통지하여야 하며, 가능한 것으로 통지한 민원의 내용에 대하여는 민원인이 나중에 정식으로 민원을 신청한 경우에도 동일하게 결정을 내릴 수 있도록 노력하여야 한다. 다만, 민원인의 귀책사유 또는 불가항력이나 그 밖의 정당한 사유로 이를 이행할 수 없는 경우에는 그러하지 아니하다.

6. 법적·제도적 장치 마련

행정기관의 장은 사전심사 제도를 효율적으로 운영하기 위하여 필요한 법적·제도적 장치를 마련하여 시행하여야 한다.

II 사전심사청구의 처리절차

1. 일반적 민원처리 절차 준용

민원사항의 접수, 서류의 보완, 민원서류의 반려, 관계기관 및 부서 간 협조 등 사전심사 청구서의 접수 및 처리절차에 관하여 이를 준용한다.

2. 처리기간

사전심사청구 대상 민원의 처리기간은 다음 각 호의 범위에서 행정기관의 장이 정한다. 다만, 불가피한 사유로 처리기간 내에 처리가 곤란한 경우에는 처리기간을 연장할 수 있다.

(1) **처리기간이 30일 미만인 민원**: 처리기간

(2) **처리기간이 30일 이상인 민원**: 30일 이내

3. 구비서류

행정기관의 장은 사전심사청구 대상 민원의 구비서류를 최소화하여야 하며, 사전심사청구 후 정식으로 민원이 접수되었을 때에는 이미 제출한 구비서류를 추가로 요구하여서는 아니 된다.

4. 기간단축 처리

행정기관의 장은 사전심사를 거친 민원은 특별한 사유가 없으면 처리기간을 단축하여 신속히 처리하여야 한다.

약술형 2 행정기관 업무의 개념, 운영의 개념, 운영의 요소에 관하여 각각 설명하시오. (20점)

모·범·답·안

1. 업무의 개념

업무란 사무실작업과 행정목적을 달성하기 위한 정보의 수집·가공·저장·활용 등 정보처리과정 및 행정업무의 국민에 대한 성과를 강조함에 국민과의 접점에서 이루어지는 일련의 행정과정까지 포괄하는 개념이다.

2. 운영의 개념

조직의 자원을 활용하여 조직내부의 생산목표를 관리하는 고전적 개념과 국민의 만족도를 증가시키는 정책의 품질관리 및 성과관리를 포함하는 총체적인 관리활동을 의미한다.

3. 운영의 요소

(1) **다른 사람들을 통한 업무수행**

운영은 임무 성취를 위해 다른 사람 및 조직을 동원하고 이끌어간다.

(2) **조직목표의 설정과 성취**

운영의 주된 임무는 조직목표를 설정하고 이를 성취하는 것이다.

(3) **대상영역·활동국면**

운영의 대상영역은 조직 전반에 걸친다. 조직의 성립, 생존, 발전에 관련된 여러 국면들이 모두 운영의 대상이 된다.

(4) **복합적 과정**

운영은 여러 가지 과정들을 내포하는 복합적인 과정이다. 이는 의사전달, 의사결정, 통제, 계획, 조정 등 다양한 과정들을 통해서 이루어진다.

(5) **개방체제적 교호작용**

운영은 조직 내외의 제 관계와 역동적 교호작용을 한다. 즉 행정환경과 조직 내의 하위체제들이 엮어내는 상황에서 작동하는 과정이다.

약술형 3 「행정효율과 협업촉진에 관한 규정」상 행정협업의 촉진과 행정협업과제의 등록에 관하여 설명하시오. (20점)

모·범·답·안

Ⅰ 행정협업의 촉진 등

1. 행정협업의 촉진

행정기관의 장은 업무의 효율성을 높이고 행정서비스에 대한 국민의 만족도를 높이기 위하여 다른 행정기관과 공동의 목표를 설정하고 해당 행정기관 상호 간의 기능을 연계하거나 시설·장비 및 정보 등을 공동으로 활용하는 방식의 행정기관 간 협업을 촉진하고 이에 적합한 업무과제를 발굴하여야 한다.

2. 행정협업촉진 계획수립 및 지원요청

(1) 행정안전부장관은 행정협업을 촉진하기 위한 계획을 수립·시행할 수 있다.

(2) 행정안전부장관은 필요하다고 인정하는 경우 국무조정실장에게 행정협업의 촉진에 필요한 지원을 요청할 수 있다.

Ⅱ 행정협업과제의 등록

1. 과제등록

행정기관의 장은 발굴한 과제를 행정안전부장관이 정하는 바에 따라 행정협업시스템에 등록·관리하여야 한다. 이 경우 행정기관의 장은 등록하려는 행정협업과제를 공동으로 수행할 관련 행정기관의 장과 사전에 협의하여야 하며, 협의를 요청받은 행정기관의 장은 협조하여야 한다.

2. 등록사항

행정기관의 장은 행정협업과제를 행정협업시스템에 등록하려는 경우에는 다음 각 호의 사항을 포함하여 등록하여야 한다.

(1) 행정협업과제의 주관부서 및 과제담당자와 협업부서 및 담당자

(2) 행정협업과제와 관련된 다른 행정기관의 단위과제

(3) 행정협업과제의 이력, 내용 및 취지

(4) 그 밖에 행정안전부장관이 정하는 사항

약술형 4 「민원처리에 관한 법률」 및 같은 법 시행령상 민원처리의 원칙과 정보보호에 관하여 설명하시오. (20점)

모·범·답·안

1. 민원처리 담당자의 의무

민원을 처리하는 담당자는 담당 민원을 신속·공정·친절·적법하게 처리하여야 한다.

2. 민원처리의 원칙

(1) 민원의 지연처리 금지원칙

행정기관의 장은 관계법령 등에서 정한 처리기간이 남아 있다거나 그 민원과 관련 없는 공과금 등을 미납하였다는 이유로 민원처리를 지연시켜서는 아니 된다. 다만, 다른 법령에 특별한 규정이 있는 경우에는 그에 따른다.

(2) 민원처리 절차강화 금지원칙

행정기관의 장은 법령의 규정 또는 위임이 있는 경우를 제외하고는 민원처리의 절차 등을 강화하여서는 아니 된다.

3. 민원인 등의 정보보호

행정기관의 장은 민원처리와 관련하여 알게 된 민원의 내용과 민원인 및 민원의 내용에 포함되어 있는 특정인의 개인정보 등이 누설되지 아니하도록 필요한 조치를 강구하여야 하며, 수집된 정보가 민원처리의 목적 외의 용도로 사용되지 아니하도록 하여야 한다.

(1) 정보보호 실태 확인·점검 및 교육

행정기관의 장은 정보보호의 실태를 확인·점검하고, 민원을 처리하는 담당자에게 연 1회 이상 정보보호에 필요한 교육을 실시하여야 한다.

(2) 징계 등 조치

행정기관의 장은 확인·점검 결과 법령위반 사실을 발견하거나 이행상태가 불량하다고 판단되는 경우에는 징계 등 조치를 하여야 한다.

4. 담당자의 보호

행정기관의 장은 폭언이나 폭행 등으로부터 담당자의 신체적, 정신적 피해의 예방·치유 및 안전시설 확충 등의 방안을 마련하여야 한다.

사무관리론 모범답안

논술형 1 국민이 행정기관에 특정한 행위를 요구하는 의사표시에 대응하는 활동인 민원행정은 민주행정의 가장 중요한 사무로 볼 수 있다. 민원행정과 관련하여 다음 물음에 답하시오. (40점)

(1) 일반민원의 종류를 설명하고, 각각의 종류에 따른 처리기간에 관하여 기술하시오.
(20점)

(2) 민원과 관련하여 '처리기간의 계산'을 설명하고, 부득이한 경우 처리기간을 연장하는 절차를 기술하시오. (20점)

모·범·답·안

Ⅰ 민원의 의의

"민원"이란 민원인이 행정기관에 대하여 처분 등 특정한 행위를 요구하는 것을 말하며, 그 종류는 다음과 같다.

Ⅱ 일반민원의 종류 및 처리기간

1. 법정민원

(1) 법정민원의 개념

법령·훈령·예규·고시·자치법규 등(이하 "관계법령 등"이라 한다)에서 정한 일정 요건에 따라 인가·허가·승인·특허·면허 등을 신청하거나 장부·대장 등에 등록·등재를 신청 또는 신고하거나 특정한 사실 또는 법률관계에 관한 확인 또는 증명을 신청하는 민원

(2) 처리기간

① 법정민원처리기간 설정·공포 : 행정기관의 장은 법정민원을 신속히 처리하기 위하여 행정기관에 법정민원의 신청이 접수된 때부터 처리가 완료될 때까지 소요되는 처리기간을 법정민원의 종류별로 미리 정하여 공표하여야 한다.

② 기관별 처리기간 구분 : 행정기관의 장은 법정민원의 처리기간을 정할 때에는 접수기관·경유기관·협의기관(다른 기관과 사전협의가 필요한 경우만 해당한다) 및 처분기관 등 각 기관별로 처리기간을 구분하여 정하여야 한다.

③ 민원편람 수록 : 행정기관의 장은 법정민원의 처리기간을 민원편람에 수록하여야 한다.

2. 질의민원

(1) 질의 민원의 개념

법령·제도·절차 등 행정업무에 관하여 행정기관의 설명이나 해석을 요구하는 민원

(2) 처리기간

행정기관의 장은 질의민원을 접수하였을 때에는 특별한 사유가 없으면 다음 각 호의 기간 이내에 처리하여야 한다.

① 법령에 관하여 설명이나 해석을 요구하는 질의민원 : 14일 이내

② 제도·절차 등 법령 외의 사항에 관하여 설명·해석을 요구하는 질의민원 : 7일 이내

3. 건의민원

(1) **건의민원의 개념**

행정제도 및 운영의 개선을 요구하는 민원

(2) **처리기간**

행정기관의 장은 건의민원을 접수하였을 때에는 특별한 사유가 없으면 관계법령 등에 다른 규정이 있는 경우를 제외하고는 14일 이내에 처리하여야 한다.

4. 기타민원

(1) **기타민원의 개념**

법정민원, 질의민원, 건의민원 및 고충민원 외에 행정기관에 단순한 행정절차 또는 형식요건 등에 대한 상담·설명을 요구하거나 일상생활에서 발생하는 불편사항에 대하여 알리는 등 행정기관에 특정한 행위를 요구하는 민원

(2) **처리기간**

행정기관의 장은 기타민원을 접수하였을 때에는 특별한 사유가 없으면 즉시 처리하여야 한다.

Ⅲ 처리기간의 계산

1. 즉시

민원의 처리기간을 "즉시"로 정한 경우에는 정당한 사유가 있는 경우를 제외하고는 3근무시간 이내에 처리하여야 한다.

2. 5일 이하

민원의 처리기간을 5일 이하로 정한 경우에는 민원의 접수 시각부터 '시간' 단위로 계산하되, 공휴일과 토요일을 산입하지 아니한다. 이 경우 1일은 8시간의 근무시간을 기준으로 한다.

3. 6일 이상

민원의 처리기간을 6일 이상으로 정한 경우에는 '일' 단위로 계산하고 첫날을 산입하되, 공휴일과 토요일은 산입하지 아니한다.

4. 주·월·연

민원의 처리기간을 주·월·연으로 정한 경우에는 첫날을 산입하되, 「민법」 제159조부터 제161조까지의 규정을 준용한다.

5. 처리기간에 산입하지 아니하는 기간의 계산

민원의 처리기간에 산입하지 아니하는 기간에 관하여는 「행정절차법 시행령」 제11조의 규정을 준용한다.

6. 처리기간의 연장 등

(1) **연장 기간**

행정기관의 장은 부득이한 사유로 처리기간 내에 민원을 처리하기 어렵다고 인정되는 경우에는 그 민원의 처리기간의 범위에서 그 처리기간을 한 차례 연장할 수 있다. 다만, 연장된 처리기간 내에 처리하기 어려운 경우에는 민원인의 동의를 받아 그 민원의 처리기간의 범위에서 처리기간을 한 차례만 다시 연장할 수 있다.

(2) **연장 통지**

처리기간을 연장하였을 때에는 처리기간의 연장사유와 처리완료 예정일을 지체 없이 민원인에게 문서로 통지하여야 한다.

약술형 2 행정협업의 지원제도로서 협업책임관, 행정협업시스템, 행정협업 조직의 개념을 기술하고, 각각의 제도와 관련하여 행정기관장의 임무를 설명하시오. (20점)

모·범·답·안

Ⅰ 행정협업의 개념

행정기관의 장은 업무의 효율성을 높이고 행정서비스에 대한 국민의 만족도를 높이기 위하여 다른 행정기관과 공동의 목표를 설정하고 해당 행정기관 상호 간의 기능을 연계하거나 시설·장비 및 정보 등을 공동으로 활용하는 방식의 행정기관 간 협업을 말한다.

Ⅱ 행정협업책임관

1. 협업책임관 임명

행정기관의 장은 소속 기획조정실장 또는 이에 준하는 직위의 공무원을 해당 행정기관의 행정협업에 관한 업무를 총괄하는 책임관으로 임명하여야 한다.

2. 협업책임관의 업무

(1) 해당 행정기관의 행정협업 과제 발굴 및 수행의 총괄

(2) 해당 행정기관의 행정정보시스템을 다른 행정기관과 연계 및 효율적 운영에 관한 총괄 관리

(3) 해당 행정기관의 행정협업 촉진을 위한 행정업무 절차, 관련 제도 등의 정비·개선

(4) 해당 행정기관의 행정협업과제 수행과 관련된 다른 행정기관과의 협의·조정

(5) 그 밖에 행정협업의 촉진을 위하여 필요한 업무

3. 행정협업시스템 등록

행정기관의 장은 협업책임관을 임명한 경우에는 행정안전부장관이 정하는 바에 따라 그 사실을 행정협업시스템에 등록하여야 한다.

Ⅲ 행정협업시스템

1. 행정협업시스템 구축

행정안전부장관은 행정협업이 원활하게 수행되도록 실시간 의사소통이 가능하고 공동작업 및 실적관리가 필요한 업무를 등록·관리할 수 있는 전자적 협업지원시스템을 구축하여야 한다.

2. 행정협업시스템 공동이용

행정기관의 장은 행정협업시스템을 이용하여 행정협업을 수행하도록 노력하여야 하며, 행정협업시스템을 이용하여 행정협업을 요청하거나 요청받은 행정기관은 관련문서 등을 행정협업시스템을 통하여 공동으로 이용할 수 있도록 하여야 한다. 다만, 업무의 성질상 행정협업시스템을 통하여 공동으로 이용하는 것이 곤란하거나 그 밖의 특별한 사정이 있는 경우에는 그러하지 아니한다.

3. 행정협업시스템의 활용 촉진

(1) 행정협업시스템 활용실태 평가·분석

행정기관의 장은 소관 업무 중 행정협업시스템을 이용하여 업무를 수행한 실적 등 행정협업시스템 활용 실태를 평가·분석하고 그 활용을 촉진하여야 한다.

(2) 점검 · 평가

행정안전부장관은 각급 행정기관의 행정협업시스템 활용 실태를 점검 · 평가하고 필요한 지원을 할 수 있다.

Ⅳ 행정협업 조직

1. 행정협업조직의 정의

'행정협업조직(collaborative organization)'은 다수의 행정기관이 수행하는 사무의 목적, 대상 또는 관할구역 등이 유사하거나 연관성이 높은 경우에 관련 기능, 업무처리절차 및 정보시스템 등을 연계 · 통합하거나 시설 · 인력 등을 공동으로 활용하는 등 협력하여 업무를 수행하는 조직을 말한다.

2. 공동운영규정의 제정

행정협업조직 설치 · 운영에 참여하는 관계 행정기관의 장은 해당 행정협업조직의 설치 · 운영을 위하여 필요한 사항을 정하는 '공동운영규정(훈령)'을 제정할 수 있다.

약술형 3 국민제안의 개념을 설명하고, 제출 및 접수절차에 관하여 기술하시오. (20점)

모·범·답·안

Ⅰ 국민제안의 개념

"국민제안"이란 국민이 정부시책이나 행정제도 및 그 운영의 개선을 목적으로 중앙행정기관의 장, 지방자치단체의 장 및 교육감에게 제출하는 창의적인 의견이나 고안으로서 다음 각 목의 어느 하나에 해당하지 아니하는 것을 말한다.

1. 다른 사람이 취득한 특허권·실용신안권·디자인권 또는 저작권에 속하는 것 또는 「공무원 직무발명의 처분·관리 및 보상 등에 관한 규정」에 따라 보상이 확정된 것

2. 접수하려는 기관이 이미 채택했던 제안과 내용이 동일한 것

3. 접수하려는 기관이 이미 시행 중인 사항이거나 기본 구상이 이와 유사한 것

4. 일반 통념상 적용하기 어렵다고 판단되는 것

5. 단순한 주의환기·진정(陳情)·비판 또는 건의이거나 불만의 표시에 불과한 것

6. 특정 개인·단체·기업 등의 수익사업과 그 홍보에 관한 것

7. 국가나 지방자치단체의 사무에 관한 사항이 아닌 것

Ⅱ 국민제안의 제출 및 접수절차

1. 제안의 제출절차

(1) 대상
모든 국민은 제안 내용의 소관 행정기관의 장(공모제안의 경우 공모를 실시한 행정기관의 장을 말한다. 이하 같다)에게 국민제안을 제출할 수 있다.

(2) 국민제안서 제출
국민이 중앙행정기관의 장, 지방자치단체의 장 또는 교육감(이하 "행정기관의 장"이라 한다)에게 국민제안을 제출할 때에는 별지 제1호 서식의 국민제안서에 따라 한다.

2. 제안제출 방법 등

(1) 제안내용
① 정부시책이나 현행 제도 및 운영의 실태와 문제점
② 개선방안 및 기대 효과 등에 관한 사항

(2) 제출방법
방문·우편·팩스 또는 온라인 국민참여포털 등 인터넷을 통하여 행정기관의 장에게 제출하여야 한다.

(3) 증명자료, 실물 등 제출
국민제안의 내용이 발명이나 고안(考案)일 경우에는 설계도·도안·사진 등 국민제안의 내용을 실제로 증명할 수 있는 자료를 첨부하여야 하며, 실물로 제작된 발명이나 고안은 실물을 심사자료로 제출할 수 있다.

3. 공동제안

2명 이상이 공동으로 국민제안을 제출하는 경우에는 국민제안에 참여한 사람 개개인의 기여도에 관한 사항을 백분율로 표시하여야 한다. 이 경우 기여도가 가장 큰 사람을 "주제안자"로, 그 밖의 참여자를 "부제안자"로 표시하되, 공동제안자가 2명인 경우로서 기여도가 동등한 경우에는 제안자 간의 합의로 주제안자를 정하여야 한다.

4. 둘 이상 행정기관 소관업무관련 국민제안

둘 이상 행정기관의 소관 업무와 관련된 국민제안의 경우에는 국민제안의 주된 내용의 소관 행정 기관의 장에게 제출하여야 한다.

Ⅲ 국민제안의 접수절차

1. 국민제안의 접수

행정기관의 장은 제출된 국민제안을 신속히 접수하여야 하며, 국민제안을 접수하였을 때에는 국민 제안 접수증을 발급하여야 한다. 다만, 우편·팩스 또는 온라인 국민참여포털 등 인터넷을 통하여 국민제안을 접수하였을 때에는 국민제안 접수증을 발급하지 아니할 수 있다.

2. 보완요청

행정기관의 장은 접수한 국민제안에 보완할 수 있는 흠이 있는 경우에는 접수한 날부터 7일 이내에 적절한 기간을 정하여 제안자에게 보완을 요청할 수 있다. 이 경우 보완에 걸리는 기간은 처리기간에 산입(算入)하지 아니한다.

3. 선 접수 우선주의

행정기관의 장이 접수한 제안 중 내용이 같은 국민제안이 있는 경우에는 먼저 접수한 국민제안이 우선한다.

4. 제안의 반려

행정기관의 장은 제출된 제안이 영 제2조 제1호 각 목에 해당하는 경우에는 그 사유를 구체적으로 밝혀 이를 제안자에게 반려할 수 있다.

5. 제안의 민원처리

행정기관의 장은 제출된 제안이 「민원 처리에 관한 법률」 제2조 제1호에 따른 민원에 해당하는 경우에는 민원으로 접수하여 민원 처리 절차에 따라 처리할 수 있다.

6. 제안의 이송

행정기관의 장은 제출된 국민제안이 다른 행정기관의 소관인 경우에는 이송 사유를 구체적으로 밝혀 지체 없이 소관 행정기관으로 이송하고, 그 사실을 제안자에게 알려야 한다.

7. 접수 및 처리 상황의 공개 등

행정기관의 장은 국민제안을 접수하였을 때에는 온라인 국민참여포털 등 인터넷을 통하여 국민제안의 접수 및 처리 상황을 실시간으로 공개하여야 한다. 다만, 제안자가 요구하는 경우에는 국민제안의 제목과 채택 여부를 제외한 사항은 공개하지 아니할 수 있다.

약술형 4 서식의 제정 방법과 서식 설계의 일반원칙을 설명하시오. (20점)

1. 서식의 개념
서식이란 장기간에 걸쳐 반복되는 업무와 관련하여 행정상의 필요사항을 기재할 수 있도록 도안한 일정한 형식 또는 그 업무용지를 말한다.

2. 서식의 종류
(1) **법령서식**: 법률·대통령령·총리령·부령·조례·규칙 등 법령으로 정한 서식을 말한다.

(2) **일반서식**: 법령서식을 제외한 모든 서식을 말한다.

3. 서식의 제정
(1) **제정 원칙**

행정기관에서 장기간에 걸쳐 반복적으로 사용하는 문서로서 정형화할 수 있는 문서는 특별한 사유가 없으면 서식으로 정하여 사용한다.

(2) **제정 방법**

① 법령으로 정하는 서식
- ㉠ 국민의 권리·의무와 직접 관련되는 사항을 기재사항으로 정하는 서식
- ㉡ 인가, 허가, 승인 등 민원에 관계되는 서식
- ㉢ 행정기관에서 공통적으로 사용하는 서식 중 중요한 서식

② 법령에서 고시 등으로 정하도록 한 경우와 그 밖의 특별한 사유가 있는 경우에는 고시·훈령·예규 등으로 정할 수 있다.

4. 서식설계의 일반원칙
(1) **민원인의 개인정보를 보호할 수 있도록 설계**

주민등록번호란은 '생년월일'로 대체하고 등록기준지란은 설치하지 아니하되, 행정정보공동이용, 신원조회 등 꼭 필요한 경우에만 '주민등록번호' 또는 '등록기준지'란을 설치한다.

(2) **기입항목의 식별이 용이하도록 설계**

글씨의 크기, 항목 간의 간격, 적어 넣을 칸의 크기 등을 균형 있게 조절하여 서식에 적을 사항을 쉽게 알 수 있도록 설계한다.

(3) **쉬운 용어를 사용하고 필요한 항목만 설계**

서식에는 누구나 쉽게 이해할 수 있는 용어를 사용하여 설계하여야 하며, 불필요하거나 활용도가 낮은 항목을 넣지 않는다.

(4) **기안(시행)문 겸용 설계**

특별한 사유가 없으면 서식 자체를 기안문 및 시행문으로 갈음할 수 있도록 생산등록번호·접수등록번호·수신자·시행일 및 접수일 등의 항목을 넣어 설계한다.

(5) **서명 또는 날인의 선택적 설계**

법령에서 반드시 도장을 찍도록 정하고 있지 아니하면 서명이나 날인을 선택할 수 있도록 설계한다.

(6) **행정기관의 이미지 제고 노력**

서식에는 가능하면 행정기관의 로고·상징·마크·홍보문구 등을 표시하여 행정기관의 이미지를 높일 수 있도록 한다.

(7) **민원서식의 설계**

민원서식은 그 민원업무의 처리흐름도, 처리기간, 전자적 처리가 가능한지 등을 표시하여 민원인의 편의를 도모하여야 하고, 음성정보나 영상정보 등을 수록하거나 연계한 바코드 등을 표기할 수 있다.

사무관리론 모범답안

논술형 1 행정기관의 장은 반복 및 중복을 사유로 민원을 종결처리하거나 특정한 경우 접수된 민원을 처리하지 아니할 수 있다. 이와 관련하여 다음 물음에 답하시오. (40점)

(1) 반복 및 중복민원의 개념과 종결처리절차 그리고 반복 및 중복 민원인지 여부 판단 시 고려해야 할 사항들에 관하여 설명하시오. (30점)

(2) 민원처리에 관한 법률상 민원처리의 예외로서 접수된 민원을 처리하지 아니할 수 있는 민원사항 5가지만 기술하시오. (10점)

모·범·답·안

1. 반복민원의 개념
반복민원은 민원인이 동일한 내용의 민원(법정민원을 제외한다)을 정당한 사유 없이 3회 이상 반복하여 제출한 민원을 말한다.

2. 중복민원의 개념
중복민원은 민원인이 2개 이상의 행정기관에 제출한 동일한 내용의 민원을 다른 행정기관으로부터 이송받은 경우를 말한다.

3. 종결처리절차

(1) 종결처리
반복민원의 경우에는 2회 이상 그 처리결과를 통지하고, 그 후에 접수되는 민원에 대하여는 종결처리할 수 있으며 중복민원의 경우에도 반복민원 처리절차를 준용하여 처리할 수 있다(법 제23조 제1항, 제2항).

(2) 민원조정위원회 심의
행정기관의 장은 법 제23조 제1항(반복민원) 또는 제2항(중복민원)에 따라 종결처리하려는 경우에는 법 제34조에 따른 민원조정위원회의 심의를 거쳐야 한다(영 제26조).

4. 동일민원 여부 결정
행정기관의 장은 법 제23조 제1항 및 제2항에 따른 동일한 내용의 민원인지 여부에 대하여는 해당 민원의 성격, 종전 민원과의 내용적 유사성·관련성 및 종전 민원과 동일한 답변을 할 수밖에 없는 사정 등을 종합적으로 고려하여 결정하여야 한다(법 제23조 제3항).

5. 민원처리의 예외
행정기관의 장은 접수된 민원(법정민원을 제외한다. 이하 이 조에서 같다)이 다음 각 호의 어느 하나에 해당하는 경우에는 그 민원을 처리하지 아니할 수 있다. 이 경우 그 사유를 해당 민원인에게 통지하여야 한다(법 제21조 제1호 내지 제9호).

(1) 고도의 정치적 판단을 요하거나 국가기밀 또는 공무상 비밀에 관한 사항

(2) 수사, 재판 및 형 집행에 관한 사항 또는 감사원의 감사가 착수된 사항

(3) 행정심판, 행정소송, 헌법재판소의 심판, 감사원의 심사청구, 그 밖에 다른 법률에 따라 불복구제절차가 진행 중인 사항

(4) 법령에 따라 화해·알선·조정·중재 등 당사자 간의 이해 조정을 목적으로 행하는 절차가 진행 중인 사항

(5) 판결·결정·재결·화해·조정·중재 등에 따라 확정된 권리관계에 관한 사항

(6) 감사원이 감사위원회의의 결정을 거쳐 행하는 사항

(7) 선거관리위원회의 의결을 거쳐 행하는 사항

(8) 사인 간의 권리관계 또는 개인의 사생활에 관한 사항

(9) 행정기관의 소속 직원에 대한 인사행정상의 행위에 관한 사항

약술형 2 행정효율과 협업촉진에 관한 규정 및 같은 규정 시행규칙상 결재받은 문서의 수정에 관하여 기술하시오. (20점)

모·범·답·안

1. 결재의 개념

결재란 해당 사안에 대하여 행정기관의 의사를 결정할 권한이 있는 자가 그 의사를 결정하는 행위를 말한다. 따라서 문서는 해당 기관의 장이 결재를 함으로써 문서로서 성립이 된다.

그러나 기관의 장 또는 결재권을 위임받은 자의 의사를 결정하기 위한 과정에서 각급 보조기관 또는 보좌기관의 서명을 받는 것은 결재의 개념에 해당되지 않는다.

2. 결재받은 문서의 수정

(1) 원칙

결재받은 문서의 일부분을 삭제하거나 수정할 때에는 수정한 내용대로 재작성하여 결재를 받아 시행하여야 한다(영 제17조).

(2) 종이문서의 경우

삭제하거나 수정하려는 사항이 명백한 오류의 정정 등 경미한 사항인 경우에는 원안의 글자를 알 수 있도록 삭제 또는 수정하는 글자의 중앙에 가로로 두 선을 그어 삭제 또는 수정한다(규칙 제14조).

① 문서의 일부분을 삭제 또는 수정하는 경우, 삭제 또는 수정한 자가 그곳에 서명 또는 날인한다.

② 문서의 중요한 내용에 관한 부분을 삭제 또는 수정하는 경우, 그 줄의 오른쪽 여백에 삭제 또는 수정한 글자 수를 표시하고 서명 또는 날인한다.

③ 시행문을 삭제 또는 수정하는 경우, 그 줄의 오른쪽 여백에 삭제 또는 수정한 글자 수를 표시하고 관인으로 날인한다.

약술형 3 행정 효율과 협업 촉진에 관한 규정 및 같은 규정 시행규칙상 정책연구과제의 선정에 관하여 설명하시오. (20점)

모·범·답·안

1. 정책연구의 개념

'정책연구'란 중앙행정기관이 정책의 개발 또는 주요 정책현안에 대한 조사·연구 등을 목적으로 정책연구과제를 선정하고, 정책연구를 수행할 자와 연구수행에 대한 대가를 지급하는 내용의 계약을 체결하는 방식으로 추진하는 사업을 말한다(영 제49조 및 제56조).

다만, 다른 법률에 따라 체계적으로 관리되고 있는 다음 각 호의 연구는 정책연구에서 제외하고 있다(영 제56조).

(1) 「과학기술기본법」 제11조에 따른 국가연구개발사업의 연구

(2) 「학술진흥법」에 따른 학술연구

(3) 「국민건강증진법」 제19조에 따른 건강증진사업 관련 조사·연구

(4) 「예산 및 기금운영 집행지침」상의 기술·전산·임상연구와 고객만족도, 전화친절도 등 단순 반복적으로 실시되는 설문조사

(5) 대가로 지급하는 금액이 1천만 원 이하인 조사·연구

(6) 그 밖에 다른 법령에 따라 관리되고 있는 연구로서 행정안전부장관이 정하는 연구

2. 정책연구과제의 선정

(1) 정책연구 관리계획 수립

중앙행정기관의 정책연구 업무를 총괄하는 부서의 장은 정책연구를 체계적으로 수행하기 위해 매년 포괄 연구개발비와 사업별 연구개발비에 편성된 정책연구 대상사업을 파악한 후 다음과 같은 종합적인 정책연구 관리계획을 수립한다.

① 해당 연도 대상 사업별 과제

② 예산현황

③ 추진체계, 추진방법 및 절차, 추진일정

④ 성과점검 계획

⑤ 수행 시 고려사항

(2) 과제선정

중앙행정기관의 장은 공정하고 투명하게 정책연구가 추진되도록 위원회의 심의를 거쳐 연구과제를 선정하여야 하며, 연구과제별로 담당 부서의 과장급 공무원을 과제담당관으로 지정하여야 한다. 다만, 다음 각 호의 어느 하나에 해당하는 경우에는 위원회의 심의를 거치지 아니한다(영 제51조 제1항).

① 영 제51조 제2항 각 호에 따라 위원회의 심의를 거치지 아니하고 연구자를 선정하여 정책연구를 하는 경우 중 긴급하게 정책연구를 할 필요가 있어 연구과제를 선정하는 경우(제1호)

② 예산 편성에 따라 특정사업의 일부로 정책연구 사업이 정해진 경우로서 그 사업을 주관하는 부서의 장이 그 사업의 내용에 따라 연구과제를 선정하는 경우(제2호)

약술형 4 영상회의의 의의를 기술하고 행정 효율과 협업촉진에 관한 규정 및 같은 규정 시행규칙상 정부영상회의실에서 개최할 수 있는 회의와 그 사용신청에 관하여 설명하시오. (20점)

모·범·답·안

1. 영상회의 정의

정보통신(ICT)을 기반으로 원거리에 있는 사람들과 일대일 또는 다자간 등 다양한 방식으로 진행하는 실시간 회의로 참석자의 영상과 음성뿐 아니라 문서, 이미지, 동영상 등의 회의 자료 공유도 가능하다.

2. 영상회의실 설치·운영

행정기관의 장은 다음 각 호의 회의를 개최하기 위하여 영상회의실을 설치·운영할 수 있다(영 제57조 제1항 내지 제4항).

(1) 국무회의 및 차관회의

(2) 장관·차관이 참석하는 회의

(3) 둘 이상의 정부청사에 위치한 기관 간에 개최하는 회의

(4) 정부청사에 위치한 기관과 지방자치단체 간에 개최하는 회의

(5) 그 밖에 원격지(遠隔地)에 위치한 기관 간 회의

3. 사용신청

(1) 정부영상회의실을 사용하려는 기관은 회의 개최일 2일 전까지 정부청사관리본부장에게 사용신청을 하여야 하며, 정부청사관리본부장은 정부영상회의실의 사용가능 여부를 지체 없이 통보하여야 한다 (규칙 제44조 제1항).

(2) 정부영상회의실 사용신청은 별지 제11호 서식에 따른다. 이 경우 팩스 또는 정보통신망 등을 이용하여 신청할 수 있다(제2항).

(3) 중앙행정기관과 시·도 간 영상회의를 개최할 때는 회의 주관기관에서 시·도 영상회의실의 예약 상황 등을 고려하여 참석대상기관에 문서로 사용 신청 또는 협조·요청하여야 한다.

사무관리론 모범답안

논술형 1 행정기관의 신뢰 향상을 위해서는 민원행정 편의 및 신속성을 위한 적극적인 노력이 요구된다. 다음 물음에 답하시오. (40점)

(1) 민원인 편의를 위해 법령에 규정된 '신청서 및 구비서류'의 원칙과 행정기관의 불필요한 서류요구 금지사항을 기술하시오. (20점)

(2) 접수된 민원문서 중 해당 민원실의 주관 또는 소관이 아니거나 다른 행정기관 소관인 경우 민원문서의 이송 절차 및 방법에 관하여 설명하시오. (20점)

모·범·답·안

Ⅰ 민원의 개념 등

1. 민원의 개념
"민원"이란 민원인이 행정기관에 대하여 처분 등 특정한 행위를 요구하는 것을 말한다.

2. 민원 신청방법

(1) 문서신청
민원의 신청은 문서(전자문서 포함)로 하여야 한다. 다만, 기타민원은 구술 또는 전화로 할 수 있다.

(2) 문서 외 신청방법
민원인 또는 그 위임을 받은 사람이 직접 방문할 필요가 없는 민원은 팩스·인터넷 등 정보통신망 또는 우편 등으로 신청할 수 있다.

3. 신청서
행정기관의 장은 신청서의 기재사항을 그 민원의 처리에 필요한 최소한의 범위로 한정하여야 하며, 민원인이 신청서를 쉽게 작성할 수 있도록 신청서식을 명확하게 정하여야 한다.

4. 구비서류 및 제출부수

(1) 구비서류
행정기관의 장은 민원의 신청과 관련된 구비서류를 정하는 경우에는 신청서의 기재사항이 사실인지 확인하거나 그 민원의 처리에 필요한 최소한의 범위에서 구체적으로 정하여야 한다.

(2) 제출부수
신청서 및 구비서류의 제출부수는 민원의 처리에 필요한 최소한으로 한정하여야 한다.

Ⅱ 행정기관의 불필요한 서류 요구 금지

행정기관의 장은 민원을 접수·처리할 때에 민원인에게 관계법령 등에서 정한 구비서류 외의 서류를 추가로 요구하여서는 아니 된다(법 제10조 제1항).

1. 사본 허용
행정기관의 장은 동일한 민원서류 또는 구비서류를 복수로 받는 경우에는 특별한 사유가 없으면 원본과 함께 그 사본의 제출을 허용하여야 한다.

2. 서류추가 요구 금지

행정기관의 장은 민원을 접수·처리할 때에 다음의 어느 하나에 해당하는 경우에는 민원인에게 관련 증명서류 또는 구비서류의 제출을 요구할 수 없으며, 그 민원을 처리하는 담당자가 직접 이를 확인·처리하여야 한다.

(1) 민원인이 소지한 주민등록증·여권·자동차운전면허증 등 행정기관이 발급한 증명서로 그 민원의 처리에 필요한 내용을 확인할 수 있는 경우

(2) 해당 행정기관의 공부(公簿) 또는 행정정보로 그 민원의 처리에 필요한 내용을 확인할 수 있는 경우

(3) 「전자정부법」 제36조 제1항에 따른 행정정보의 공동이용을 통하여 그 민원의 처리에 필요한 내용을 확인할 수 있는 경우

3. 민원내용 변경·갱신 시 추가서류 요구 금지

행정기관의 장은 원래의 민원의 내용 변경 또는 갱신 신청을 받았을 때에는 특별한 사유가 없으면 이미 제출되어 있는 관련 증명서류 또는 구비서류를 다시 요구하여서는 아니 된다.

Ⅲ 민원문서의 이송

1. 민원문서의 이송

행정기관의 장은 접수한 민원이 다른 행정기관의 소관인 경우에는 접수된 민원문서를 지체 없이 소관 기관에 이송하여야 한다.

2. 이송절차 및 방법

(1) 1근무시간 내 이송

민원실에 접수된 민원문서 중 그 처리가 민원실의 주관에 속하지 아니하는 것에 대해서는 1근무시간 이내에 이를 처리주무부서에 이송하여야 한다. 다만, 처리주무부서가 상당히 떨어져 있는 등 특별한 사유가 있어 1근무시간 이내에 이송하기 어려운 경우에는 3근무시간 이내에 이송할 수 있다.

(2) 3근무시간 내 이송

같은 행정기관 내에서 소관이 아닌 민원문서를 접수한 경우에는 3근무시간 이내에 민원실을 거쳐 처리주무부서에 이송하여야 한다.

(3) 8근무시간 내 이송

① 다른 행정기관 소관의 민원문서를 접수한 경우에는 8근무시간 이내에 소관 행정기관에 이송하여야 하고, 그 사실을 민원인에게 통지하여야 한다. 이 경우 민원문서를 이송받은 행정기관은 민원문서를 이송한 행정기관의 요청이 있을 때에는 그 행정기관에 처리결과를 통보하여야 한다.

② 민원인에게 인터넷 등으로 민원문서의 이송상황을 공개하고 있음을 사전에 안내한 경우에는 통지를 생략할 수 있다.

(4) 전자문서의 이송

접수된 민원문서가 전자문서인 경우에는 지체 없이 소관 기관에 전자적 방법으로 이송하여야 한다.

약술형 2 행정효율과 협업촉진에 관한 규정에 명시되어 있는 '전자이미지관인', '행정정보시스템', '문서과', '서명'의 개념을 정의하시오. (20점)

모·범·답·안

1. 전자이미지관인

'전자이미지관인'이란 관인의 인영(印影)을 컴퓨터 등 정보처리능력을 가진 장치에 전자적인 이미지 형태로 입력하여 사용하는 관인을 말한다(영 제3조 제9호).

2. 행정정보시스템

'행정정보시스템'이란 행정기관이 행정정보를 생산·수집·가공·저장·검색·제공·송신·수신하고 활용할 수 있도록 하드웨어·소프트웨어·데이터베이스 등을 통합한 시스템을 말한다(제12호).

3. 문서과

'문서과'란 행정기관 내의 공문서를 분류·배부·보존하는 업무를 수행하거나 수신·발신하는 업무를 지원하는 등 문서에 관한 업무를 주관하는 과(課)·담당관 등을 말한다(제3호).

4. 서명

'서명'이란 기안자·검토자·협조자·결재권자(제10조에 따라 결재, 위임전결 또는 대결(代決)하는 자를 말한다. 이하 같다) 또는 발신명의인이 공문서(전자문서는 제외한다)에 자필로 자기의 성명을 다른 사람이 알아볼 수 있도록 한글로 표시하는 것을 말한다(제5호).

약술형 3 문서 작성 시 용어(글자, 숫자, 연호, 날짜, 시간 등)표기의 기준을 제시하고, 작성된 문서가 성립되고 효력을 발생하기 위한 요건을 기술하시오. (20점)

모·범·답·안

I 글자 등의 표기기준

1. 어문규범의 준수

문서는 「국어기본법」 제3조 제3호에 따른 어문규범에 맞게 한글로 작성하되, 뜻을 정확하게 전달하기 위하여 필요한 경우에는 괄호 안에 한자나 그 밖의 외국어를 함께 적을 수 있으며, 가로로 쓴다.

2. 국민이 이해하기 쉬운 용어 사용

문서의 내용은 간결하고 명확하게 표현하고 일반화되지 않은 약어와 전문용어 등의 사용을 피하여 이해하기 쉽게 작성하여야 한다(영 제7조 제2항). 특히 국립국어원 등에서 선정한 행정용어 순화어를 활용하여 쉬운 우리말을 사용할 수 있도록 노력하여야 한다.

3. 숫자

특별한 사유가 없으면 아라비아 숫자로 쓴다.

4. 날짜

숫자로 표기하되, 연·월·일의 글자는 생략하고 그 자리에 마침표를 찍어 표시한다.
⑩ 2020. 12. 12.

5. 시간

시·분은 24시각제에 따라 숫자로 표기하되, 시·분의 글자는 생략하고 그 사이에 쌍점(:)을 찍어 구분한다. ⑩ 오후 3시 20분(×) → 15:20(○)

6. 연호

(1) **1962. 1. 1.부터 서력기원(西曆紀元)을 사용**
"대한민국 공용(公用) 연호(年號)는 서력기원으로 한다."

(2) **연호에 관한 법률(법률 제12209호, 2014. 1. 7. 일부개정)**
현행 공용 연호(公用年號)

(3) **연호의 연혁**
① '48. 8. 15. ~ '48. 9. 24. : 대한민국(1919년을 원년으로 사용)
② '48. 9. 25. ~ '61. 12. 31. : 단군기원(1948년을 단기 4281년으로 사용)
③ '62. 1. 1. ~ 현재 : 서력기원(연호에 관한 법률 개정)

(4) **서력기원(참고사항)**
서력기원 연대와 단군기원 연대의 차이는 2333년이다. 현재의 서력기원은 공문서 등에 공용 연호로 사용하고 있으며, 종교계, 학계 등 민간에서 단군기원을 사용하는 것을 금지하고 있는 것은 아니다. 서력기원 연호의 사용은 세계적으로 보편화되어 있으며, 일부 국가의 경우 서력기원과 자국의 특수 연호를 사용하고 있다. 西紀 1998년의 경우, 平成 10년(일본), 佛紀 2561년(태국), HEGIRA 1418년(사우디아라비아)으로 사용함.

Ⅱ 문서의 성립요건 등

1. 문서의 성립요건

(1) 행정기관의 적법한 권한 범위 내에서 작성되어야 한다.

(2) 행정기관의 의사표기가 명확하게 표현되어야 한다.

(3) 위법·부당하거나 시행 불가능한 내용이 아니어야 한다.

(4) 법령에 규정된 절차 및 형식을 갖추어야 한다.

2. 문서의 성립시기

문서는 결재권자가 해당 문서에 대한 서명(전자문자서명, 전자이미지서명 및 행정전자서명을 포함한다.)의 방식으로 결재함으로써 성립한다. 이때 결재를 할 수 있는 결재권자라 함은 행정기관의 장, 행정기관의 장으로부터 결재권을 위임받은 자 및 대결하는 자를 말한다.

3. 문서의 효력발생시기

(1) **일반원칙**

「행정효율과 협업촉진에 관한 규정」은 문서가 수신자에게 도달(전자문서의 경우에는 수신자가 관리하거나 지정한 전자적시스템 등에 입력되는 것)됨으로써 그 효력이 발생된다고 하고 있어 도달주의를 원칙으로 하고 있다.

(2) **공고문서의 효력발생**

고시, 공고 등 공고문서는 그 문서에서 효력발생 시기를 구체적으로 밝히고 있지 않으면 그 고시 또는 공고 등이 있은 날부터 5일이 경과한 때에 효력이 발생한다.

약술형 4 정책실명제의 개념 및 중점관리 대상사업 선정을 위한 행정기관장의 역할을 설명하고, 주요 정책과 관련하여 기록·관리해야 할 종합적인 사항을 기술하시오. (20점)

모·범·답·안

1. 정책실명제 개념

'정책실명제'란 정책의 투명성과 책임성을 높이기 위하여 행정기관에서 소관 업무와 관련하여 수립·시행하는 주요 정책의 결정 및 집행 과정에 참여하는 관련자의 실명과 의견을 기록·관리하는 제도를 말한다(영 제3조 제14호).

2. 중점관리대상사업선정

행정기관의 장은 다음 사항 중에서 정책실명제 중점관리 대상사업을 선정하여 관리하여야 한다.

(1) **중점관리 대상사업 선정 대상**
   ① 주요 국정 현안에 관한 사항
   ② 대규모 예산이 투입되는 사업
   ③ 일정 규모 이상의 연구용역
   ④ 법령 또는 자치법규의 제정·개정 및 폐지
   ⑤ 제63조의 5 제1항에 따라 행정안전부장관이 정한 절차에 따라 국민이 신청한 사업
   ⑥ 그 밖에 중점관리가 필요한 사업

(2) **심의위원회 심의**
   행정기관의 장은 정책실명제 중점관리 대상사업 선정을 위하여 자체 세부 기준을 마련하고, 심의위원회를 구성하여 심의를 거친 후 대상사업을 선정하여야 한다.

(3) **중점관리대상 사업추진실적 공개**
   행정기관의 장은 정책실명제 중점관리 대상사업의 추진실적을 해당 기관의 인터넷 홈페이지 등을 통하여 공개하여야 한다. 다만, 「공공기관의 정보공개에 관한 법률」 제9조에 따른 비공개 대상 정보에 해당하는 경우에는 그러하지 아니하다.

3. 주요정책 자료의 종합적 기록·보존

행정기관의 장은 주요 정책의 결정이나 집행과 관련되는 다음의 사항을 종합적으로 기록·보존하여야 한다.

(1) 주요 정책의 결정, 과정에 참여한 관련자의 소속, 직급 또는 직위, 성명과 그 의견
(2) 주요 정책의 결정, 집행과 관련된 각종 계획서, 보고서, 회의·공청회·세미나 관련 자료 및 그 토의 내용
(3) 행정기관의 장은 주요 정책의 결정을 위하여 회의·공청회·세미나 등을 개최하는 경우에는 일시, 참석자, 발언내용, 결정사항, 표결내용 등을 처리과의 직원으로 하여금 기록하게 하여야 한다.

4. 기록·보존의 주체

각급 기관은 정책실명제 주관부서 및 담당자를 지정·운영하고, 기록·보존의 주체는 처리과(정책 또는 사업담당 주관부서)로 한다.

사무관리론 모범답안

논술형 1   행정업무를 수행하는 과정에서 문서의 효력발생 시기는 중요하다. 다음 물음에 답하시오. (40점)

   (1) 문서의 효력발생시기에 관한 입법주의에 관하여 설명하시오. (20점)

   (2) 「행정효율과 협업촉진에 관한 규정」상 문서(전자문서, 공고문서 포함)의 효력발생시기에
      관하여 설명하시오. (20점)

모·범·답·안

Ⅰ 문서의 개념 등

1. 문서의 개념

'문서'란 공공기관이나 기업체에서 정보를 수집·가공·저장·활용하는 데 필요한 매개체로서 일반적으로 사람의 의사나 사물의 형태·관계 등을 문자·기호·숫자 등을 활용하여 종이 등 매체에 기록·표기한 것을 말하며 법률적, 행정적인 의미이다.

2. 문서 효력발생에 대한 입법주의

(1) 표백주의(表白主義)

문서가 성립한 때, 즉 결재로써 문서의 작성이 끝난 때에 효력이 발생한다는 견해이다. 이는 내부결재문서와 같이 상대방 없는 문서의 경우에는 합당하나, 상대방이 있는 경우에는 해당 문서의 작성에 관해 전혀 알지도 못하는데도 효력이 생기게 되어 문서발송 지연 등 발신자의 귀책사유로 인한 불이익도 감수해야 하는 부당함이 발생한다.

(2) 발신주의(發信主義)

성립한 문서가 상대방에게 발신된 때 효력이 발생한다는 견해이다. 이는 신속한 거래에 적합하며, 특히 다수의 자에게 동일한 통지를 해야 할 경우에 획일적으로 효력을 발생하게 할 수 있다는 장점이 있지만, 문서의 효력발생 시기가 발신자의 의사에 좌우되고, 상대방이 아직 알지 못하는 상황에서 효력이 발생한다는 단점이 있다. 발신주의를 채택한 예로는 「민법」 제455조(승낙여부의 최고(催告)), 제531조(격지자 간의 계약성립 시기) 등을 들 수 있다.

(3) 도달주의(到達主義)

문서가 상대방에게 도달해야 효력이 생긴다는 견해이며 수신주의(受信主義)라고도 한다. 여기서 도달이라 함은 문서가 상대방의 지배범위 내에 들어가 사회통념상 그 문서의 내용을 알 수 있는 상태가 되었다고 인정되는 것을 의미한다. 이는 쌍방의 이익을 가장 잘 조화시키는 견해라고 볼 수 있다. 「민법」 상의 의사표시와 「행정효율과 협업촉진에 관한 규정」 상의 문서의 효력발생 시기는 도달주의를 원칙으로 하고 있다.

(4) 요지주의(了知主義)

상대방이 문서의 내용을 안 때에 효력이 발생한다는 견해이다. 이는 상대방의 부주의나 고의 등으로 인한 부지(不知)의 경우 발신자가 불이익을 감수해야 하는 폐단이 발생하고, 지나치게 상대방의 입장에 치우친 것으로 타당한 견해라고 보기 어렵다.

Ⅱ 공문서의 개념 등

1. 공문서의 개념

'공문서'란 행정기관에서 공무상 작성하거나 시행하는 문서(도면·사진·디스크·테이프·필름·슬라이드·전자문서 등의 특수매체기록을 포함)와 행정기관이 접수한 모든 문서라고 규정하고 있다(제1호).

2. 전자문서의 개념

'전자문서'란 컴퓨터 등 정보처리능력을 가진 장치에 의하여 전자적인 형태로 작성되거나 송신·수신 또는 저장된 문서를 말한다(제2호).

3. 「민원처리에 관한 법률 시행령」 제30조 제1항에 따른 공문서

(1) 위·변조방지조치

(2) 출력한 문서의 진위확인조치

(3) 그 밖에 출력한 문서의 위조·변조를 방지하기 위하여 행정안전부장관이 고시한 조치 등을 취하여 민원인에게 통지한 전자문서를 민원인이 출력한 경우 이를 「행정효율과 협업촉진에 관한 규정」 제3조 제1호에 따른 공문서로 인정하고 있다.

Ⅲ 문서의 효력발생시기

1. 일반 원칙

「행정효율과 협업촉진에 관한 규정」은 문서가 수신자에게 도달됨으로써 그 효력이 발생된다고 하고 있어 도달주의를 원칙으로 하고 있다.

2. 전자문서 효력발생시기

전자문서는 수신자가 관리하거나 지정한 전자적시스템 등에 입력된 때 효력이 발생한다.

3. 공고문서의 효력발생시기

(1) 고시, 공고 등 공고문서의 경우에는 그 문서에서 효력발생 시기를 구체적으로 밝히고 있지 않으면 그 고시 또는 공고 등이 있은 날부터 5일이 경과한 때에 효력이 발생한다.

(2) 「행정절차법」 제15조 제3항에서 '제14조 제4항의 경우 다른 법령 등에 특별한 규정이 없으면 공고일부터 14일이 경과한 때에 그 효력이 발생한다.'라고 규정하고 있는데, 여기서 14일의 경과 기간은 처분, 신고, 행정상 입법예고, 행정예고 및 행정지도의 절차에 관하여 송달받을 자에게 공고를 통하여 송달하는 경우에 한하여 우선적으로 적용된다.

약술형 2 지식행정의 의의 및 추진배경을 서술하고, 온-나라 지식시스템(Government Knowledge Management Center)의 개념과 주요기능에 관하여 설명하시오. (20점)

I 지식행정의 개념과 추진배경

1. 지식행정의 개념

행정기관의 행정정보, 행정업무 수행의 경험 및 업무에 관한 지식의 공동이용 등을 통하여 정책과 행정서비스의 질을 높이는 방식의 행정으로서, 정책의 품질 및 행정서비스의 향상을 추구하는 일련의 활동을 말한다. 지식의 창출·공유·활용 과정을 조직 차원에서 체계적으로 관리하는 것을 포괄한다.

2. 추진배경

(1) **지식정보화사회로의 패러다임 변화**

행정기관의 지식 창출과 관리 능력은 조직의 생존과 발전을 좌우할 전망이다.

(2) **행정의 생산성 및 창의성 향상의 기반**

① 행정의 생산성 및 전문성 제고 : 지식행정은 업무지식의 입수·활용 경로를 획기적으로 개선하고, 신속한 문제해결을 가능하게 하여 행정의 생산성 및 전문성을 높인다.

② 정책품질개선 및 서비스질 향상 : 지식행정을 통하여 창의적 업무수행이 가능해짐으로써 정책의 품질개선 등 행정서비스의 질 향상에 기여할 수 있다.

II 온-나라 지식시스템(Government Knowledge Management Center)

1. 온-나라 지식시스템(GKMC)의 개념

온-나라 지식시스템은 기관단위로 분산되어 있는 행정지식을 통합·연계하여 모든 공무원이 다양한 행정지식을 상호 공유·활용하고 정책의견을 교환할 수 있는 정부 내 '단일 지식창구'로서의 지식관리시스템을 의미한다.

2. 주요기능

(1) **지식**

지식은 정부 내 업무지식을 통합적으로 공유·활용할 수 있도록 온-나라 문서, 표준 KMS 등 172종의 시스템과 연계되어 있는 지식통합저장소이다.

(2) **일정**

일정은 구성원의 스케줄을 날짜와 시간 순서에 따라 업무·행사 등의 순서를 계획적으로 조정하는 맞춤형 사용자 서비스를 제공한다. 일정을 사용함으로 인해 중요한 업무를 잊어버리거나 약속 시간에 늦는 것을 방지할 수 있다.

(3) **커뮤니티**

각종 지식활동을 통하여 생산되는 지식을 공유·활용하는 공간이다. 구성원은 중앙 및 지자체 공무원 등이다.

(4) **게시판**

다양한 의사소통과 각 기관 간의 정책자료를 공유할 수 있는 공간이며 '공지사항', '통합 온-나라 사용법', '질의응답', '제안과 토론' 등으로 구성되어 있다. 이는 정부 부처 및 지자체 공무원 상호간의 정책정보 소통 공간으로 활용할 수 있다.

약술형 3 행정기관은 업무편람을 작성하여 활용하고 있다. 업무편람의 개념, 종류, 작성효과와 활용 효과에 관하여 설명하시오. (20점)

모·범·답·안

1. 업무편람의 개념

'업무편람'이란 업무수행에 합리적인 방향 및 기준을 제시하여 주는 것으로써 조직의 방침과 기능, 사무처리의 절차와 방법, 준수하여야 할 제원칙, 기타 사무와 관련된 자료 등을 단순화하고 표준화하여 이해하기 쉽고 업무처리에 편리하도록 작성한 업무지침서를 말한다.

2. 업무편람의 종류

업무편람은 그 내용, 적용범위 및 작성기관에 따라 여러 가지로 분류할 수 있으나, 행정기관에서 발간·배포하여 활용하는 행정편람과 부서별로 작성·활용하는 직무편람으로 크게 구분한다.

(1) 행정편람

행정편람은 업무처리의 기준과 절차, 장비 운용 방법, 그 밖의 일상적 근무규칙 등에 관하여 다수의 행정기관이나 업무 담당자에게 필요한 지침·기준·지식 등을 제공하여 공통적으로 활용하는 업무지도서나 업무참고서를 말하며, 행정기관 명의로 발간한다.

(2) 직무편람

직무편람은 부서별로 그 소관 단위업무에 관한 업무계획, 현황 및 그 밖의 참고자료 등을 체계적으로 정리하여 활용하는 업무 현황철이나 참고철을 말한다.

3. 업무편람 작성 및 활용효과

(1) 작성효과

① 현재의 업무 상태를 파악할 수 있다.

② 사무의 표준화·단순화·전문화를 촉진한다.

③ 기타 현재의 불합리한 점을 발견하여 개선할 수 있다.

(2) 활용효과

① 사무활동의 목표와 방침의 기준을 세워준다.

② 사무를 통제하는 데 필요한 적절한 지침을 준다.

③ 사무의 혼란, 불확실 및 중복을 줄일 수 있다.

④ 교육훈련을 위한 실효성이 있는 교재가 된다.

⑤ 관리층과 부하직원 상호 간 또는 각 조직 간의 협력을 증진한다.

⑥ 기타 사무능률 증진에 대한 관심을 높여 준다.

약술형 4 민원 처리에 관한 법령상 고충민원의 개념과 그 처리절차에 관하여 설명하시오. (20점)

모·범·답·안

1. 고충민원의 개념

행정기관 등의 위법·부당하거나 소극적인 처분(사실행위 및 부작위를 포함한다) 및 불합리한 행정제도로 인하여 국민의 권리를 침해하거나 국민에게 불편 또는 부담을 주는 사항에 관한 민원(현역장병 및 군 관련 의무복무자의 고충민원을 포함한다)을 말한다(「부패방지 및 국민권익위원회의 설치와 운영에 관한 법률」 제2조 제5호).

2. 고충민원의 처리기간 등

행정기관의 장은 고충민원을 접수하였을 때에는 특별한 사유가 없으면 7일 이내에 처리하여야 한다.

3. 동일 고충민원 반복제출

행정기관의 장은 민원인이 동일한 내용의 고충민원을 다시 제출한 경우에는 감사부서 등으로 하여금 이를 조사하도록 하여야 한다.

4. 정당한 사유

행정기관의 장은 고충민원의 내용이 정당한 사유가 있다고 인정될 때에는 지체 없이 원처분의 취소·변경 등 적절한 조치를 하고, 이를 민원인에게 통지하여야 한다.

5. 실지조사

(1) 조사기간

행정기관의 장은 고충민원의 처리를 위하여 필요한 경우 14일의 범위에서 실지조사 등을 할 수 있다. 다만, 부득이한 사유로 14일 내에 실지조사 등을 완료하기 어렵다고 인정되는 경우에는 7일의 범위에서 그 기간을 한 차례만 연장할 수 있다.

(2) 처리기간 불 산입

실지조사 등에 걸린 기간은 처리기간에 산입하지 아니한다.

6. 감독기관에 대한 고충민원 신청

(1) 대상 고충민원

민원인은 감사부서 등의 조사를 거친 경우에는 그 고충민원과 관련한 사무에 대한 지도·감독 등의 권한을 가진 감독기관의 장에게 고충민원을 신청할 수 있다.

(2) 처리결과 통보

감독기관의 장은 고충민원의 처리결과를 소관 행정기관의 장에게 통보하여야 한다. 이 경우 소관 행정기관의 장은 특별한 사유가 없으면 그 결과를 존중하여 적절한 조치를 하고, 이를 민원인에게 통지하여야 한다.

7. 국민권익위 또는 시민고충처리위원회 고충민원 신청

민원인은 고충민원을 신청하거나 영 제17조 제1항부터 제7항까지의 규정에 따라 처리결과를 통보받은 경우에도 국민권익위원회 또는 「부패방지 및 국민권익위원회의 설치와 운영에 관한 법률」 제2조 제9호에 따른 시민고충처리위원회에 고충민원을 신청할 수 있다.

| **사무관리론** 모범답안

논술형1 민원행정서비스 향상을 위하여 다양한 제도가 운영되고 있다. 다음 물음에 답하시오. (40점)

(1) 법정민원의 개념을 쓰고, 민원 1회방문 처리제의 의의 및 절차, 민원후견인의 지정 및 임무, 그리고 민원조정위원회의 심의사항에 관하여 설명하시오. (20점)

(2) 민원사무 처리 제도로서 민원심사관의 목적과 업무, 그리고 민원실무심의회의 목적과 운영방식을 설명하시오. (20점)

모·범·답·안

Ⅰ 법정민원의 개념

법정민원이란 법령·훈령·예규·고시·자치법규 등에서 정한 일정 요건에 따라 인가·허가·승인·특허·면허 등을 신청하거나 장부·대장 등에 등록·등재를 신청 또는 신고하거나 특정한 사실 또는 법률관계에 관한 확인 또는 증명을 신청하는 민원을 말한다.

Ⅱ 민원1회 처리제

1. 민원1회 처리제의 의의

행정기관의 장은 민원을 처리함에 있어서 그 행정기관의 내부에서 할 수 있는 자료의 확인, 관계기관·부서와의 협조 등에 따른 모든 절차는 담당 공무원이 직접 행하도록 하여 민원 1회 방문 처리제를 확립함으로써 불필요한 사유로 민원인이 행정기관을 다시 방문하지 아니하도록 하는 제도를 말한다.

2. 민원1회 처리제의 시행절차

(1) **민원 1회 방문 상담창구의 운영**

행정기관의 장은 민원 1회 방문 처리에 관한 안내와 상담의 편의를 제공하기 위하여 민원 1회 방문 상담창구를 설치하여야 한다.

(2) **민원후견인의 지정·운영**

① 민원후견인의 지정 : 행정기관의 장은 민원 1회 방문 처리제의 원활한 운영을 위하여 민원의 처리에 경험이 많은 소속 공무원을 민원후견인으로 지정하여 민원인 안내 및 민원인과의 상담에 응하도록 할 수 있다.

② 민원후견인의 직무 : 행정기관의 장은 소속 공무원을 복합민원에 대한 민원후견인으로 지정하여 다음 각 호의 직무를 수행하게 할 수 있다.

㉠ 민원처리방법에 관한 민원인과의 상담

㉡ 민원실무심의회 및 민원조정위원회에서의 민원인의 진술 등 지원

㉢ 민원서류 보완 등의 지원

㉣ 민원처리과정 및 결과의 안내

(3) 복합민원을 심의하기 위한 위원회의 운영

(4) 민원사항의 심의·조정 등을 위하여 설치된 위원회의 재심의

(5) 행정기관의 장의 최종결정

3. 민원조정위원회
   (1) 민원조정위원회의 설치
      행정기관의 장은 다음 사항을 심의·조정하기 위하여 민원조정위원회를 설치·운영하여야 한다.
   (2) 심의사항
      ① 장기 미해결 민원, 반복 민원 및 다수인 관련 민원에 대한 해소·방지 대책
      ② 거부처분에 대한 이의신청
      ③ 민원처리 부서의 법규 적용의 타당성 여부, 민원실무심의회 심의결과의 재심의
      ④ 소관이 명확하지 아니한 민원의 처리주무부서의 지정
      ⑤ 민원 관련 법령 또는 제도 개선의 필요성
      ⑥ 영 제36조 제8항에 따라 상정된 복합민원의 심의
      ⑦ 그 밖에 민원의 종합적인 검토·조정 또는 종결처리 등을 위하여 그 기관의 장이 민원조정위원회의 회의에 부치는 사항
   (3) 민원조정위원회의 심의 생략
      ① 해당 민원을 처리할 때 행정기관의 판단 여지가 없는 경우
      ② 법령에 따라 민원 처리요건이 구체적으로 규정되어 있어 해석의 여지가 없는 경우
      ③ 이미 민원조정위원회의 심의를 거쳐 거부된 민원이 같은 사유로 다시 접수된 경우
   (4) 민원조정위원회의 구성
      ① 위원장 : 행정기관의 장이 소속 국장급 공무원 또는 그에 상당하는 직원 중에서 지명
      ② 위원 : 처리주무부서의 장, 관계부서의 장, 감사부서의 장, 외부 법률 및 민원관련전문가로 구성하는 것을 원칙으로 한다.
   (5) 위원회 운영
      ① 이해관계인 등의 의견청취 : 위원장은 이해관계인·참고인 또는 감정인 등의 의견을 들을 수 있다.
      ② 민원인 및 이해관계인의 회의 참석에 대한 사전통지 : 민원조정위원회 위원장은 민원조정위원회를 개최할 때에는 민원인 및 이해관계인 등이 참석할 수 있도록 민원인 및 이해관계인 등에게 회의일정 등을 미리 통지하여야 한다. 이 경우 민원인 및 이해관계인 등이 희망하거나 출석할 수 없는 특별한 사정이 있는 경우에는 서면으로 의견을 진술하게 할 수 있다.

Ⅲ 민원심사관

1. 민원심사관의 지정
   행정기관의 장은 민원 처리상황의 확인·점검 등을 위하여 소속 직원 중에서 민원심사관을 지정하여야 한다.

2. 민원심사관의 업무
   (1) 독촉장 발부
      민원심사관은 민원의 처리상황을 수시로 확인·점검하여 처리기간이 지난 민원을 발견하였을 때에는 지체 없이 처리주무부서의 장에게 독촉장을 발부하여야 한다.
   (2) 다수인 관련 민원 처리상황 확인·점검
      민원심사관은 다수인 관련 민원의 처리상황을 확인·점검하고 그 결과를 소속 행정기관의 장에게 수시로 보고하여야 한다.

Ⅳ 민원실무심의회

1. 민원실무심의회 설치·운영

행정기관의 장은 복합민원을 심의하기 위하여 그 소속으로 민원실무심의회를 설치·운영하여야 한다. 이 경우 민원실무심의회의 명칭은 해당 기관의 특성을 고려하여 달리 정할 수 있다.

2. 위원장 및 위원

(1) 위원장

민원실무심의회 위원장은 처리주무부서의 장이 된다.

(2) 위원

위원은 관계기관 또는 부서의 실무책임자가 된다.

(3) 외부위원 위촉

행정기관의 장은 특히 필요하다고 인정하는 경우에는 민원 관련 외부전문가를 민원실무심의회의 위원으로 위촉할 수 있다.

3. 민원실무심의회 운영

(1) 실무자 회의 참석 요청

위원장은 관계기관 또는 부서의 실무책임자에게 회의 참석을 요청할 수 있으며, 그 요청을 받은 사람은 정당한 사유가 없으면 이에 따라야 한다.

(2) 현지 확인·조사 등의 합동조사 실시 요청

위원장은 심의를 위하여 필요하다고 인정되는 경우에는 관계기관 또는 부서에 현장확인이나 조사 등을 합동으로 실시할 것을 요청할 수 있으며, 그 요청을 받은 관계기관 또는 부서는 특별한 사유가 없으면 이에 따라야 한다.

(3) 이해관계인 등의 의견청취

위원장은 민원실무심의회의 효율적인 운영을 위하여 필요하다고 인정되는 경우에는 이해관계인·참고인 또는 감정인 등의 의견을 들을 수 있다.

(4) 민원인의 회의참석에 대한 사전통지

위원장은 민원실무심의회에 민원인을 참석하게 하는 경우에는 민원인에게 회의일정 등을 미리 통지하여야 한다. 이 경우 민원인이 희망하거나 출석할 수 없는 특별한 사정이 있는 경우에는 서면(전자적 방법에 의한 서면을 포함한다)으로 의견을 진술하게 할 수 있다.

4. 심의 생략

행정기관의 장은 창업·공장설립 등 대규모 경제적 비용이 수반되는 복합민원의 경우에는 신속한 처리를 위하여 민원실무심의회의 심의를 생략하고 민원조정위원회에 직접 상정하여 심의할 수 있다.

약술형 2 문서의 시행에 있어서 관인 또는 서명의 표시 및 생략방법에 관하여 약술하시오. (20점)

모·범·답·안

I 문서 시행의 개념

문서 시행이라 함은 내부적으로 성립한 행정기관의 의사를 외부로 표시하는 단계로서 문서의 효력을 발생하게 하는 절차를 말한다.

II 시행문의 작성

1. 일반사항

(1) 전자문서는 업무관리시스템 또는 전자문서시스템에서 전자이미지관인을 찍는다.

(2) 종이문서는 결재 받은 기안문을 복사하여 관인을 찍으면 시행문이 된다.

2. 시행문의 준용

행정기관의 장이 소속공무원 또는 소속기관에 발신하는 시행문이나 보조기관 및 보좌기관 상호간에 발신하는 시행문 중에서 다음의 경우는 업무관리시스템·전자문서시스템의 전자게시판이나 행정기관의 홈페이지 등에 게시된 때에 시행된 것으로 본다.

(1) 단순한 업무에 관한 지시

(2) 자료요구, 업무연락, 통보, 공지사항, 일일명령 등

III 관인 날인 또는 서명 등

1. 관인을 날인하거나 서명하는 문서

(1) 행정기관의 장 또는 합의제기관의 명의로 발신하는 문서에는 관인(전자이미지관인 포함)을 찍거나 행정기관의 장이 서명(전자이미지서명 포함)한다.

(2) **보조기관 또는 보좌기관의 명의로 발신하는 문서**
보조기관 또는 보좌기관이 서명(전자서명포함)하여 시행한다.

2. 관인 날인 또는 서명을 생략하는 문서

(1) **생략 표시를 하지 않는 문서**
관보나 신문 등에 실리는 문서

(2) **생략 표시를 해야 하는 문서**
① 일일명령 등 단순 업무처리에 관한 지시문서
② 행정기관·보조(보좌)기관 간의 단순한 자료요구, 업무연락, 통보 등을 위한 문서

(3) **생략 표시 위치**
발신명의 표시의 오른쪽
① 관인생략의 표시: 행정기관장 및 합의제기관 명의의 발신문서
② 서명생략의 표시: 보조(보좌)기관 상호 간 발신문서

약술형 3 행정효율과 협업촉진에 관한 규정상 영상회의실을 설치·운영할 수 있는 회의의 유형을 제시하고, 정부영상회의실 관리·운영을 위한 정부청사관리소장의 조치사항과 해당 시설의 사용신청에 관하여 약술하시오. (20점)

모·범·답·안

1. 영상회의의 의의
정보통신(ICT)을 기반으로 원거리에 있는 사람들과 일대일 또는 다자간 등 다양한 방식으로 진행하는 실시간 회의로 참석자의 영상과 음성뿐 아니라 문서, 이미지, 동영상 등의 회의자료 공유도 가능하다.

2. 영상회의실 설치·운영할 수 있는 회의의 유형
행정기관의 장은 다음의 회의를 개최하기 위하여 영상회의실을 설치·운영할 수 있다.

(1) 국무회의 및 차관회의

(2) 장관·차관이 참석하는 회의

(3) 둘 이상의 정부청사에 위치한 기관 간에 개최하는 회의

(4) 정부청사에 위치한 기관과 지방자치단체 간에 개최하는 회의

(5) 그 밖에 원격지(遠隔地)에 위치한 기관 간의 회의

3. 정부청사관리소장 조치사항
정부청사관리소장은 정부영상회의실의 관리·운영을 위하여 다음의 조치를 하여야 한다.

(1) 정부영상회의 시스템의 관리책임자 및 운영자 지정

(2) 정부영상회의실 및 정부영상회의시스템 보안대책의 수립

(3) 각종 회의용 기자재의 제공 및 정부영상회의 운영의 지원

(4) (1)에서 (3)까지에서 규정한 사항 외에 정부영상회의실 관리·운영에 필요한 사항

4. 영상회의실 사용 신청
(1) 정부영상회의실을 사용하려는 기관은 회의 개최일 2일 전까지 정부청사관리소장에게 사용 신청을 하여야 하며, 정부청사관리소장은 정부영상회의실의 사용가능 여부를 지체 없이 통보하여야 한다.

(2) 정부영상회의실 사용 신청은 별지 제11호 서식에 따른다. 이 경우 팩스 또는 정보통신망 등을 이용하여 신청할 수 있다.

(3) 중앙행정기관과 시·도 간 영상회의를 개최할 때는 회의 주관기관에서 시·도 영상회의실의 예약 상황 등을 고려하여 참석 대상기관에 문서로 사용 신청 또는 협조요청을 하여야 한다.

5. 정부영상회의실 이용 요청
행정안전부장관은 회의를 주관하는 관계 행정기관의 장에게 정부영상회의실을 이용하여 회의를 개최할 것을 요청할 수 있다. 이 경우 행정기관의 장은 특별한 사유가 없으면 요청에 따라야 한다.

약술형 4 행정업무 인계·인수의 절차 및 인계·인수서의 작성내용에 대하여 약술하시오. (20점)

Ⅰ 전자문서 또는 업무관리시스템에 의한 인계·인수

공무원이 조직개편, 인사발령 또는 업무분장 조정 등의 사유로 업무를 인계·인수할 때에는 행정안전부령으로 정하는 바에 따라 업무관리시스템이나 전자문서시스템을 이용하여 인계·인수하여야 한다.

Ⅱ 직무대리자의 인계·인수

후임자가 정해지지 아니한 경우와 그 밖의 특별한 사유로 후임자에게 업무를 인계할 수 없는 경우에는 그 직무를 대리하는 사람에게 인계하고, 그 직무를 대리하는 사람은 후임자가 업무를 인수할 수 있게 되었을 때에 즉시 인계하여야 한다.

Ⅲ 인계·인수서 작성

업무관리시스템이나 전자문서시스템을 이용하여 인계·인수서를 작성하여야 한다.

1. 작성내용

(1) **업무현황**
① 담당 업무
② 주요 업무계획 및 진행사항
③ 현안사항 및 문제점
④ 주요 미결사항

(2) 관련 문서 현황

(3) 주요 물품 및 예산 등 인계·인수가 필요한 사항

(4) 그 밖의 참고사항

2. 작성절차

(1) 인계자는 인계·인수서를 작성한다.

(2) 작성된 인계·인수서에 서명할 인수자와 입회자(직근 상급자)를 확인한다.

(3) 작성된 인계·인수서는 1차적으로 상급자인 입회자에게 먼저 검토를 받을 필요가 있으며, 입회자는 인계·인수 항목이 충실히 기록되었는지 확인하고 수정 및 보완을 위한 의견을 제시할 수 있다.

(4) 인계자는 입회자의 검토를 받은 인계·인수서에 서명한다.

사무관리론 모범답안

논술형 1 민원처리에 관한 법률 및 같은 법 시행령상 민원 처리결과의 통지 등에 관한 다음 물음에 답하시오. (40점)

⑴ 민원 처리결과의 통지 및 통지방법 등에 관하여 설명하시오. (20점)

⑵ 무인민원발급창구를 이용한 민원문서의 발급에 관하여 설명하시오. (10점)

⑶ 전자증명서의 발급과 전자문서 출력사용 등에 관하여 설명하시오. (10점)

모·범·답·안

I 민원 처리결과의 통지 및 통지방법

1. 민원의 의의

"민원"이란 민원인이 행정기관에 대하여 처분 등 특정한 행위를 요구하는 것을 말한다.

2. 처리결과의 통지

행정기관의 장은 접수된 민원에 대한 처리를 완료한 때에는 그 결과를 민원인에게 문서로 통지하여야 한다. 다만, 기타민원의 경우와 통지에 신속을 요하거나 민원인이 요청하는 등 대통령령으로 정하는 경우에는 구술, 전화, 문자메시지, 팩시밀리 또는 전자우편 등으로 통지할 수 있다(법 제27조 제1항).

법 제27조 제1항 단서에서 "기타민원의 경우와 통지에 신속을 요하거나 민원인이 요청하는 등 대통령령으로 정하는 경우"란 다음 각 호의 어느 하나에 해당하는 경우를 말한다(영 제29조 제2항).

① 기타민원의 경우

② 민원인에게 처리결과를 신속하게 통지하여야 하는 경우

③ 민원인이 구술 또는 전화로 통지하도록 요청하거나 구술 또는 전화로 통지하는 것에 동의하는 경우

3. 전자문서 통지 갈음

행정기관의 장은 다음 각 호의 어느 하나에 해당하는 경우에는 제1항 본문의 규정에 따른 통지를 전자문서로 통지하는 것으로 갈음할 수 있다. 다만, 제2호에 해당하는 경우에는 민원인이 요청하면 지체 없이 민원 처리 결과에 관한 문서를 교부하여야 한다(법 제27조 제2항).

① 민원인의 동의가 있는 경우

② 민원인이 전자민원창구나 통합전자민원창구를 통하여 전자문서로 민원을 신청하는 경우

4. 전자화문서 진본성 확인

행정기관의 장은 법 제27조 제2항에 따라 민원인에게 전자문서로 통지하는 경우에 첨부되는 전자화문서가 행정기관이 보관하고 있는 전자화문서와 일치하는지에 대하여 민원인 또는 이해관계자 등이 확인을 요청한 경우에는 그 진본성을 확인해 주어야 한다(영 제29조 제3항).

5. 거부통지

행정기관의 장은 제1항 또는 제2항에 따라 민원의 처리결과를 통지할 때에 민원의 내용을 거부하는 경우에는 거부 이유와 구제절차를 함께 통지하여야 한다(법 제27조 제3항).

6. 허가서 등 직접 교부

행정기관의 장은 제1항에 따른 민원의 처리결과를 허가서·신고필증·증명서 등의 문서(전자문서 및 전자화문서는 제외한다)로 민원인에게 직접 교부할 필요가 있는 때에는 그 민원인 또는 그 위임 을 받은 자임을 확인한 후에 이를 교부하여야 한다(법 제27조 제4항).

Ⅱ 무인민원발급창구를 이용한 민원문서의 발급

1. 무인민원발급창구를 이용한 민원문서의 발급

행정기관의 장은 무인민원발급창구를 통하여 민원문서(다른 행정기관 소관 민원문서 포함)를 발급 할 수 있다.

2. 관인날인

행정기관의 장은 무인민원발급창구를 이용하여 민원문서를 발급할 때에는 소관 행정기관의 관인 을 생략하고 해당 기관의 관인을 찍어 발급할 수 있다. 다만, 법령상 또는 그 민원의 성질상 소관 행정기관의 관인을 찍을 필요가 있는 민원문서에는 소관 행정기관의 관인을 찍어야 한다.

3. 본인확인 방법

행정기관의 장은 민원문서를 발급할 때 법령에 따라 본인임을 확인하여야 하는 경우에 법령에서 특별히 본인확인 방법을 정하고 있지 아니한 경우에는 행정안전부장관이 정한 전자적 매체를 이용 하여 확인할 수 있다.

4. 민원의 종류 등 고시

행정안전부장관은 무인민원발급창구를 이용하여 처리할 수 있는 민원의 종류 및 추가비용 및 전자적 매체를 이용하여 본인확인을 할 수 있는 민원의 종류 등을 정하여 관보에 고시하고, 인터넷 홈페이지 에 게시하여야 한다. 이 경우 소관 민원을 관장하는 중앙행정기관의 장과 미리 협의하여야 한다.

5. 수수료 감면

무인민원발급창구를 통하여 민원문서를 발급하는 경우에는 다른 법률에도 불구하고 수수료를 감 면할 수 있다.

Ⅲ 전자증명서의 발급과 전자문서 출력사용

1. 전자증명서의 발급

(1) 행정기관의 장은 전자민원창구 또는 통합전자민원창구를 통하여 전자증명서(행정기관의 장이 특정한 사실이나 관계 등을 증명하기 위하여 전자문서 및 전자화문서로 발급하는 민원문서를 말한다.)를 발급할 수 있다.

(2) 전자증명서를 발급하는 경우 관계법령 등에 특별한 규정이 있는 경우를 제외하고는 수수료를 감면할 수 있다.

(3) 발급할 수 있는 전자증명서의 종류는 행정안전부장관이 관계 행정기관의 장과의 협의를 거쳐 결정·고시한다.

2. **민원수수료 등의 납부방법**

행정기관의 장은 민원인의 편의를 위하여 민원인이 현금·수입인지·수입증지 외에 정보통신망을 이용한 전자화폐·전자결제 등 다양한 방법으로 민원 처리에 따른 수수료 등을 납부할 수 있도록 조치하여야 한다.

3. **전자문서의 출력 사용 등**

행정기관의 장이 다음 각 호의 모든 조치를 하여 민원인에게 전자문서로 통지하고 민원인이 그 전자문서를 출력한 경우에는 이를 「행정 효율과 협업 촉진에 관한 규정」 제3조 제1호에 따른 공문서로 본다.

① 위조·변조 방지조치

② 출력한 문서의 진위확인조치

③ 그 밖에 출력한 문서의 위조·변조를 방지하기 위하여 행정안전부장관이 고시한 조치

4. **공문서 갈음 전자문서 종류 고시 등**

행정기관의 장은 출력한 문서를 공문서로 보는 전자문서의 종류를 정하여 미리 관보에 고시하고, 해당 기관의 인터넷 홈페이지 등에 게시하여야 한다.

약술형 2 민원처리에 관한 법률 및 같은 법 시행령상 다수인관련민원의 개념을 정의하고 그 처리에 관하여 설명하시오. (20점)

모·범·답·안

1. **다수인관련민원의 정의**

   "다수인관련민원"이란 5세대(世帶) 이상의 공동이해와 관련되어 5명 이상이 연명으로 제출하는 민원을 말한다.

2. **연명부 제출**

   다수인 관련 민원을 신청하는 민원인은 연명부(連名簿)를 원본으로 제출하여야 한다.

3. **행정기관의장 조치**

   행정기관의 장은 다수인관련민원이 발생한 경우에는 신속·공정·적법하게 해결될 수 있도록 조치하여야 한다.

4. **다수인 관련 민원의 관리**

   (1) **사전 예방대책수립**

   행정기관의 장은 다수인관련민원이 발생하지 않도록 사전예방대책을 마련하여야 한다.

   (2) **처리상황 분석·확인**

   행정기관의 장은 다수인관련민원을 효율적으로 처리하고 관리하기 위하여 다수인관련민원의 처리상황을 분석·확인하여야 한다.

5. **민원조정위원회 심의**

   행정기관의 장은 반복 또는 중복되는 다수인관련민원에 대하여 종결처리하려는 경우에는 민원조정위원회의 심의를 거쳐야 한다.

6. **다수인 관련민원 처리상황 확인·점검**

   민원심사관은 다수인관련민원의 처리상황을 확인·점검하고 그 결과를 소속 행정기관의 장에게 수시로 보고하여야 한다.

약술형 3 행정효율과 협업촉진에 관한 규정상 업무의 분장, 업무개선 및 행정요율성진단에 관하여 설명하시오. (20점)

모·범·답·안

1. 업무의 분장

각 처리과의 장은 업무를 효율적으로 처리하고 책임소재를 명확하게 하기 위하여 소관 업무를 단위업무별로 분장하되, 소속 공무원 간의 업무량이 균형을 이룰 수 있도록 하여야 한다(영 제60조).

2. 업무의 개선

(1) 행정업무 개선의 지속 추진

행정기관의 장은 국민에 대한 서비스의 질을 향상시키고 행정의 효율성을 높이기 위하여 지속적으로 해당 기관의 행정업무의 수행절차 및 방법을 개선하여야 한다(영 제64조 제1항).

(2) 행정업무 개선 우수사례 경진대회 개최

행정안전부장관은 업무개선을 촉진하기 위하여 행정기관이 참여하는 행정업무 개선 우수사례 경진대회 등을 개최할 수 있으며, 우수사례에 대해서는 포상할 수 있다(영 제64조 제2항).

3. 행정효율성 진단

(1) 행정효율성 진단의 의의

행정능률의 향상을 기하고 양질의 행정서비스를 국민에게 제공하기 위하여 행정업무의 흐름을 가시화하여 분석·검토하고, 업무수행방식을 혁신하여 기존의 업무흐름을 재설계하기 위한 과정 내지는 활동이다.

(2) 행정효율성 진단의 실시

행정안전부장관은 행정기관의 업무 효율성 향상을 위하여 행정업무 수행의 절차와 방법, 수행체계 및 관련 제도 등을 분석하고 재설계하는 행정효율성 진단을 하고 이에 따라 업무개선을 권고할 수 있다(영 제64조 제3항).

(3) 행정진단 전문 인력의 활용

행정안전부장관은 행정효율성 진단을 하는 경우 해당 분야에 대한 경험이나 전문능력을 가진 각급 행정기관 소속 공무원이나 관계 전문가의 지원을 받을 수 있다(영 제64조 제5항).

약술형 4 행정효율과 협업촉진에 관한 규정에 명시되어 있는 '공문서', '전자문자서명', '전자문서시스템', '정책실명제'의 개념을 설명하시오. (20점)

모·범·답·안

1. 공문서
"공문서"란 행정기관에서 공무상 작성하거나 시행하는 문서(도면·사진·디스크·테이프·필름·슬라이드·전자문서 등의 특수매체기록을 포함한다. 이하 같다)와 행정기관이 접수한 모든 문서를 말한다.

2. 전자문자서명
"전자문자서명"이란 기안자·검토자·협조자·결재권자 또는 발신명의인이 전자문서상에 자동 생성된 자기의 성명을 전자적인 문자 형태로 표시하는 것을 말한다.

3. 전자문서시스템
"전자문서시스템"이란 문서의 기안·검토·협조·결재·등록·시행·분류·편철·보관·보존·이관·접수·배부·공람·검색·활용 등 모든 처리절차가 전자적으로 처리되는 시스템을 말한다.

4. 정책실명제
"정책실명제"란 정책의 투명성과 책임성을 높이기 위하여 행정기관에서 소관 업무와 관련하여 수립·시행하는 주요 정책의 결정 및 집행 과정에 참여하는 관련자의 실명과 의견을 기록·관리하는 제도를 말한다.

행정 효율과 협업 촉진에 관한 규정

[시행 2021. 1. 5.]

[대통령령 제31380호, 2021. 1. 5., 타법개정]

제1장 총칙

제1조【목적】 이 영은 행정기관의 행정업무 운영에 관한 사항을 규정함으로써 행정업무의 간소화 · 표준화 · 과학화 및 정보화를 도모하고 행정기관 간 협업을 촉진하여 행정의 효율을 높이는 것을 목적으로 한다. <개정 2016. 4. 26.>

제2조【적용범위】 중앙행정기관(대통령 직속기관과 국무총리 직속기관을 포함한다. 이하 같다)과 그 소속기관, 지방자치단체의 기관과 군(軍)의 기관(이하 "행정기관"이라 한다)의 행정업무 운영에 관하여 다른 법령에 특별한 규정이 있는 경우를 제외하고는 이 영에서 정하는 바에 따른다.

제3조【정의】 이 영에서 사용하는 용어의 뜻은 다음과 같다. <개정 2014. 2. 18., 2021. 1. 5.>

1. "공문서"란 행정기관에서 공무상 작성하거나 시행하는 문서(도면 · 사진 · 디스크 · 테이프 · 필름 · 슬라이드 · 전자문서 등의 특수매체기록을 포함한다. 이하 같다)와 행정기관이 접수한 모든 문서를 말한다.

2. "전자문서"란 컴퓨터 등 정보처리능력을 가진 장치에 의하여 전자적인 형태로 작성되거나 송신 · 수신 또는 저장된 문서를 말한다.

3. "문서과"란 행정기관 내의 공문서를 분류 · 배부 · 보존하는 업무를 수행하거나 수신 · 발신하는 업무를 지원하는 등 문서에 관한 업무를 주관하는 과(課) · 담당관 등을 말한다.

4. "처리과"란 업무 처리를 주관하는 과 · 담당관 등을 말한다.

5. "서명"이란 기안자 · 검토자 · 협조자 · 결재권자[제10조에 따라 결재, 위임전결 또는 대결(代決)하는 자를 말한다. 이하 같다] 또는 발신명의인이 공문서(전자문서는 제외한다)에 자필로 자기의 성명을 다른 사람이 알아볼 수 있도록 한글로 표시하는 것을 말한다.

6. "전자이미지서명"이란 기안자 · 검토자 · 협조자 · 결재권자 또는 발신명의인이 전자문서상에 전자적인 이미지 형태로 된 자기의 성명을 표시하는 것을 말한다.

7. "전자문자서명"이란 기안자 · 검토자 · 협조자 · 결재권자 또는 발신명의인이 전자문서상에 자동 생성된 자기의 성명을 전자적인 문자 형태로 표시하는 것을 말한다.

8. "행정전자서명"이란 기안자 · 검토자 · 협조자 · 결재권자 또는 발신명의인의 신원과 전자문서의 변경 여부를 확인할 수 있도록 그 전자문서에 첨부되거나 결합된 전자적 형태의 정보로서 「전자정부법 시행령」 제29조에 따른 인증기관으로부터 인증을 받은 것을 말한다.

9. "전자이미지관인"이란 관인의 인영(印影: 도장을 찍은 모양)을 컴퓨터 등 정보처리능력을 가진 장치에 전자적인 이미지 형태로 입력하여 사용하는 관인을 말한다.

10. "전자문서시스템"이란 문서의 기안 · 검토 · 협조 · 결재 · 등록 · 시행 · 분류 · 편철 · 보관 · 보존 · 이관 · 접수 · 배부 · 공람 · 검색 · 활용 등 모든 처리절차가 전자적으로 처리되는 시스템을 말한다.

11. "업무관리시스템"이란 행정기관이 업무처리의 모든 과정을 제22조 제1항에 따른 과제관리카드 및 문서관리카드 등을 이용하여 전자적으로 관리하는 시스템을 말한다.

12. "행정정보시스템"이란 행정기관이 행정정보를 생산 · 수집 · 가공 · 저장 · 검색 · 제공 · 송신 · 수신하고 활용할 수 있도록 하드웨어 · 소프트웨어 · 데이터베이스 등을 통합한 시스템을 말한다.

13. "정보통신망"이란 「전기통신사업법」 제2조 제2호에 따른 전기통신설비를 활용하거나 전기통신설비와 컴퓨터 및 컴퓨터의 이용기술을 활용하여 정보를 수집 · 가공 · 저장 · 검색 · 송신 또는 수신하는 정보통신체제를 말한다.

14. "정책실명제"란 정책의 투명성과 책임성을 높이기 위하여 행정기관에서 소관 업무와 관련

하여 수립·시행하는 주요 정책의 결정 및 집행 과정에 참여하는 관련자의 실명과 의견을 기록·관리하는 제도를 말한다.

제2장 공문서 관리 등 행정업무의 처리
제1절 공문서의 작성 및 처리

제4조【공문서의 종류】 공문서(이하 "문서"라 한다)의 종류는 다음 각 호의 구분에 따른다.

1. 법규문서: 헌법·법률·대통령령·총리령·부령·조례·규칙(이하 "법령"이라 한다) 등에 관한 문서
2. 지시문서: 훈령·지시·예규·일일명령 등 행정기관이 그 하급기관이나 소속 공무원에 대하여 일정한 사항을 지시하는 문서
3. 공고문서: 고시·공고 등 행정기관이 일정한 사항을 일반에게 알리는 문서
4. 비치문서: 행정기관이 일정한 사항을 기록하여 행정기관 내부에 비치하면서 업무에 활용하는 대장, 카드 등의 문서
5. 민원문서: 민원인이 행정기관에 허가, 인가, 그 밖의 처분 등 특정한 행위를 요구하는 문서와 그에 대한 처리문서
6. 일반문서: 제1호부터 제5호까지의 문서에 속하지 아니하는 모든 문서

제5조【문서의 전자적 처리】 행정기관의 장(법령에 따라 행정권한을 위임받거나 위탁받은 자를 포함한다. 이하 같다)은 문서의 기안·검토·협조·결재·등록·시행·분류·편철·보관·보존·이관·접수·배부·공람·검색·활용 등 처리절차를 전자문서시스템 또는 업무관리시스템 상에서 전자적으로 처리하도록 하여야 한다.

제6조【문서의 성립 및 효력 발생】 ① 문서는 결재권자가 해당 문서에 서명(전자이미지서명, 전자문자서명 및 행정전자서명을 포함한다. 이하 같다)의 방식으로 결재함으로써 성립한다.
② 문서는 수신자에게 도달(전자문서의 경우는 수신자가 관리하거나 지정한 전자적 시스템 등에 입력되는 것을 말한다)됨으로써 효력을 발생한다.

③ 제2항에도 불구하고 공고문서는 그 문서에서 효력발생 시기를 구체적으로 밝히고 있지 않으면 그 고시 또는 공고 등이 있은 날부터 5일이 경과한 때에 효력이 발생한다.

제7조【문서 작성의 일반원칙】 ① 문서는 「국어기본법」 제3조 제3호에 따른 어문규범에 맞게 한글로 작성하되, 뜻을 정확하게 전달하기 위하여 필요한 경우에는 괄호 안에 한자나 그 밖의 외국어를 함께 적을 수 있으며, 특별한 사유가 없으면 가로로 쓴다.
② 문서의 내용은 간결하고 명확하게 표현하고 일반화되지 않은 약어와 전문용어 등의 사용을 피하여 이해하기 쉽게 작성하여야 한다.
③ 문서에는 음성정보나 영상정보 등이 수록되거나 연계된 바코드 등을 표기할 수 있다.
④ 문서에 쓰는 숫자는 특별한 사유가 없으면 아라비아 숫자를 쓴다.
⑤ 문서에 쓰는 날짜는 숫자로 표기하되, 연·월·일의 글자는 생략하고 그 자리에 온점을 찍어 표시하며, 시·분은 24시각제에 따라 숫자로 표기하되, 시·분의 글자는 생략하고 그 사이에 쌍점을 찍어 구분한다. 다만, 특별한 사유가 있으면 다른 방법으로 표시할 수 있다.
⑥ 문서 작성에 사용하는 용지는 특별한 사유가 없으면 가로 210밀리미터, 세로 297밀리미터의 직사각형 용지로 한다.
⑦ 제1항부터 제6항까지에서 규정한 사항 외에 문서 작성에 필요한 사항은 행정안전부령으로 정한다. <개정 2013. 3. 23., 2014. 11. 19., 2017. 7. 26.>

제8조【문서의 기안】 ① 문서의 기안은 전자문서로 하는 것을 원칙으로 한다. 다만, 업무의 성질상 전자문서로 기안하기 곤란하거나 그 밖의 특별한 사정이 있으면 그러하지 아니하다.
② 문서의 기안은 행정안전부령으로 정하는 기안문으로 하여야 한다. 다만, 관계 서식이 따로 있는 경우에는 그 내용을 관계 서식에 기입하는 방법으로 할 수 있다. <개정 2013. 3. 23., 2014. 11. 19., 2017. 7. 26.>
③ 둘 이상의 행정기관의 장의 결재가 필요한 문서는 그 문서 처리를 주관하는 행정기관에서 기안하여야 한다.

④ 기안문에는 행정안전부령으로 정하는 바에 따라 발의자(기안하도록 지시하거나 스스로 기안한 사람을 말한다)와 보고자를 알 수 있도록 표시하여야 한다. 다만, 다음 각 호의 문서에는 발의자와 보고자의 표시를 생략할 수 있다. <개정 2013. 3. 23., 2014. 11. 19., 2017. 7. 26.>

1. 검토나 결정이 필요하지 아니한 문서
2. 각종 증명 발급, 회의록, 그 밖의 단순 사실을 기록한 문서
3. 일상적·반복적인 업무로서 경미한 사항에 관한 문서

제9조【문서의 검토 및 협조】 ① 기안문은 결재권자의 결재를 받기 전에 보조기관 또는 보좌기관의 검토를 받아야 한다. 다만, 보조기관 또는 보좌기관이 출장 등의 사유로 검토할 수 없는 등 부득이한 경우에는 검토를 생략할 수 있으며, 이 경우 검토자의 서명란에 출장 등의 사유를 적어야 한다.

② 기안문의 내용이 행정기관 내의 다른 보조기관 또는 보좌기관의 업무와 관련이 있을 때에는 그 보조기관 또는 보좌기관의 협조를 받아야 한다.

③ 보조기관 또는 보좌기관이 제1항에 따라 기안문을 검토하는 경우에 그 내용과 다른 의견이 있으면 기안문을 직접 수정하거나 기안문 또는 별지에 그 의견을 표시하여야 한다.

④ 보조기관 또는 보좌기관이 제2항에 따라 협조하는 경우에 그 내용과 다른 의견이 있으면 기안문 또는 별지에 그 의견을 표시하여야 한다.

제10조【문서의 결재】 ① 문서는 해당 행정기관의 장의 결재를 받아야 한다. 다만, 보조기관 또는 보좌기관의 명의로 발신하는 문서는 그 보조기관 또는 보좌기관의 결재를 받아야 한다.

② 행정기관의 장은 업무의 내용에 따라 보조기관 또는 보좌기관이나 해당 업무를 담당하는 공무원으로 하여금 위임전결하게 할 수 있으며, 그 위임전결 사항은 해당 기관의 장이 훈령이나 지방자치단체의 규칙으로 정한다.

③ 제1항이나 제2항에 따라 결재할 수 있는 사람이 휴가, 출장, 그 밖의 사유로 결재할 수 없을 때에는 그 직무를 대리하는 사람이 대결하고 내용이 중요한 문서는 사후에 보고하여야 한다.

제11조【문서의 등록 등】 ① 행정기관은 문서를 생산(제6조 제1항에 따라 문서가 성립된 경우를 말한다. 이하 같다)하였을 때에는 지체 없이 「공공기록물 관리에 관한 법률 시행령」 제20조에 따라 생산등록번호(이하 "생산등록번호"라 한다)를 부여하고 등록하여야 한다.

② 제4조 제1호부터 제3호까지의 규정에 따른 문서에는 생산등록번호 외에 행정안전부령으로 정하는 번호를 부여한다. <개정 2013. 3. 23., 2014. 11. 19., 2017. 7. 26.>

제12조【시행문의 작성】 ① 결재를 받은 문서 가운데 발신하여야 하는 문서는 행정안전부령으로 정하는 시행문으로 작성하여 발신한다. <개정 2013. 3. 23., 2014. 11. 19., 2017. 7. 26.>

② 시행문의 수신자가 여럿인 경우 그 수신자 전체를 함께 표시하여 시행문을 작성·시행할 수 있다. 다만, 수신자의 개인정보 보호 등을 위하여 필요할 때에는 수신자별로 작성·시행하여야 한다.

제13조【발신 명의】 ① 문서의 발신 명의는 행정기관의 장으로 한다. 다만, 합의제기관의 권한에 속하는 문서의 발신 명의는 그 합의제기관으로 한다.

② 제1항에도 불구하고 행정기관 내의 보조기관 또는 보좌기관 상호간에 발신하는 문서는 해당 보조기관 또는 보좌기관의 명의로 한다.

③ 발신할 필요가 없는 내부결재문서는 발신 명의를 표시하지 아니한다.

제14조【관인날인 또는 서명】 ① 제13조 제1항 본문 또는 단서에 따라 행정기관의 장 또는 합의제기관의 명의로 발신하는 문서의 발신 명의에는 관인(전자이미지관인을 포함한다. 이하 이 조에서 같다)을 찍는다. 이 경우 제13조 제1항 본문에 따라 행정기관의 장의 명의로 발신하는 문서의 발신 명의에는 행정기관의 장이 관인의 날인(捺印)을 갈음하여 서명(전자문자서명과 행정전자서명은 제외한다)을 할 수도 있다.

② 제13조 제2항에 따라 행정기관 내의 보조기관 또는 보좌기관 상호 간에 발신하는 문서의 발신 명의에는 보조기관 또는 보좌기관이 서명을 한다.

③ 관보나 신문 등에 실리는 문서에는 관인을 찍거나 서명하지 아니하며, 경미한 내용의 문서에는 행정안전부령으로 정하는 바에 따라 관인날인 또는

서명을 생략할 수 있다. <개정 2013. 3. 23., 2014. 11. 19., 2017. 7. 26.>

④ 관인을 찍어야 할 문서로서 다수의 수신자에게 동시에 발신 또는 교부하거나 알리는 문서에는 관인의 날인을 갈음하여 관인의 인영을 인쇄하여 사용할 수 있다. 이 경우 실제 규격대로 인쇄하기 어려운 경우에는 관인의 실제 규격보다 축소하여 인쇄할 수 있다.

제15조【문서의 발신】① 문서는 직접 처리하여야 할 행정기관에 발신한다. 다만, 필요한 경우에는 행정조직상의 계통에 따라 발신한다.

② 하급기관이 바로 위 상급기관 외의 상급기관(바로 위 상급기관에 대한 지휘·감독권을 가지는 상급기관을 말한다)에 발신하는 문서 중에서 필요하다고 인정되는 문서는 그 바로 위 상급기관을 거쳐 발신하여야 한다.

③ 상급기관이 바로 아래 하급기관 외의 하급기관(바로 아래 하급기관의 지휘·감독을 받는 하급기관을 말한다)에 발신하는 문서 중에서 필요하다고 인정되는 문서는 그 바로 아래 하급기관을 거쳐서 발신하여야 한다.

④ 다음 각 호의 어느 하나에 해당하는 경우에는 해당 문서를 생산한 처리과의 장의 승인을 받아 이미 발신한 문서의 수신자를 변경하거나 추가하여 다시 발신할 수 있다.

1. 결재권자나 해당 문서를 생산한 처리과의 장의 지시가 있는 경우
2. 수신자의 명칭이 변경된 경우
3. 착오로 인하여 수신자를 누락하였거나 잘못 지정한 경우
4. 해당 업무와 관련된 기관의 요청이 있는 경우

제16조【문서의 발신방법 등】① 문서는 정보통신망을 이용하여 발신하는 것을 원칙으로 한다.

② 제1항에도 불구하고 업무의 성질상 제1항에 따른 발신방법이 적절하지 아니하거나 그 밖의 특별한 사정이 있으면 우편·팩스 등의 방법으로 문서를 발신할 수 있으며, 내용이 중요한 문서는 등기우편이나 그 밖에 발신 사실을 증명할 수 있는 특수한 방법으로 발신하여야 한다.

③ 행정기관이 아닌 자에게는 행정기관의 홈페이지나 행정기관이 공무원에게 부여한 전자우편주소를 이용하여 문서를 발신할 수 있다.

④ 행정기관의 장은 문서를 수신·발신하는 경우에 문서의 보안 유지와 위조, 변조, 분실, 훼손 및 도난 방지를 위한 적절한 조치를 마련하여야 한다.

⑤ 결재권자는 비밀사항이거나 누설되면 국가안전보장, 질서유지, 경제안정, 그 밖의 국가이익을 해칠 우려가 있는 내용의 문서를 결재할 때에는 그 문서 내용의 암호화 등 보안 유지가 가능한 발신방법을 지정하여야 한다.

제17조【결재받은 문서의 수정】결재를 받은 문서의 일부분을 삭제하거나 수정할 때에는 재작성하여 결재를 받아야 한다. 다만, 종이문서의 경우로서 삭제하거나 수정하려는 사항이 명백한 오류의 정정 등 경미한 사항인 경우에는 행정안전부령으로 정하는 바에 따라 삭제하거나 수정할 수 있다. <개정 2013. 3. 23., 2014. 11. 19., 2017. 7. 26.>

제18조【문서의 접수·처리】① 문서는 처리과에서 접수하여야 하며, 접수한 문서에는 접수일시와 「공공기록물 관리에 관한 법률 시행령」 제20조에 따른 접수등록번호(이하 "접수등록번호"라 한다)를 전자적으로 표시하되, 종이문서인 경우에는 행정안전부령으로 정하는 접수인을 찍고 접수일시와 접수등록번호를 적는다. <개정 2013. 3. 23., 2014. 11. 19., 2017. 7. 26.>

② 제1항에도 불구하고 문서과에서 받은 문서는 문서과에서 접수일시를 전자적으로 표시하거나 적고 지체 없이 처리과에 배부하여야 한다. 이 경우 처리과는 배부받은 문서에 접수등록번호를 표시하거나 적는다.

③ 행정기관은 문서의 접수 및 배부 경로에 관한 정보를 「공공기록물 관리에 관한 법률 시행령」 제20조에 따른 등록정보로 관리하여야 한다.

④ 처리과에서 문서 수신·발신 업무를 담당하는 사람은 접수한 문서를 처리담당자에게 인계하여야 하고, 처리담당자는 행정안전부령으로 정하는 문서인 경우에는 공람할 자의 범위를 정하여 그 문서를 공람하게 할 수 있다. 이 경우 전자문서를 공람하였다는 기록이 업무관리시스템 또는 전자문서시스템 상에서 자동으로 표시되도록 하여야 한다. <개정 2013. 3. 23., 2014. 11. 19., 2017. 7. 26.>

⑤ 제4항에 따라 공람을 하는 결재권자는 문서의 처리기한과 처리방법을 지시할 수 있으며, 필요하면 조직 관계 법령 또는 제60조에 따라 업무분장된 담당자 외에 그 문서의 처리담당자를 따로 지정할 수 있다.

⑥ 행정기관의 홈페이지나 행정기관이 부여한 공무원의 전자우편주소 등 정보통신망을 이용하여 행정기관이 아닌 자로부터 받은 문서는 제1항부터 제5항까지의 규정에 따라 처리한다. 이 경우 해당 문서에 대한 위조·변조 방지 조치 등으로 인하여 접수일시와 접수등록번호를 표시할 수 없으면 그 문서에 표시하지 아니할 수 있고 발신자의 주소와 성명 등이 불분명할 때에는 접수하지 아니할 수 있다.

제19조【문서의 쪽 번호 등 표시】 2장 이상으로 이루어진 문서가 제1호 각 목의 어느 하나에 해당하는 경우에는 제2호 각 목의 구분에 따라 쪽 번호 또는 발급번호를 표시하거나 간인(間印) 등을 해야 한다. <개정 2013. 3. 23., 2014. 11. 19., 2017. 7. 26., 2021. 1. 5.>

1. 대상 문서
   가. 문서의 순서 또는 연결 관계를 명백히 할 필요가 있는 문서
   나. 사실관계나 법률관계의 증명에 관계되는 문서
   다. 허가, 인가 및 등록 등에 관계되는 문서
2. 표시 방법
   가. 전자문서인 경우 : 행정안전부령으로 정하는 바에 따라 전자적 방법으로 쪽 번호 또는 발급번호를 표시한다.
   나. 종이문서인 경우 : 관인 관리자가 관인을 이용하여 간인한다. 다만, 민원서류나 그 밖에 필요하다고 인정하는 종이문서에는 간인을 갈음하여 구멍뚫기(천공)방식으로 표시할 수 있다.

제20조【외국어로 된 문서 등에 대한 특례】 외국어로 된 문서에는 제7조, 제13조, 제14조, 제17조 및 제19조를 적용하지 아니할 수 있고, 법규문서 중에서 법률에 관한 문서는 이 영의 적용을 받지 아니하는 기관에서 다른 관행이 있는 경우에는 그 관행에 따를 수 있다.

제2절 업무관리시스템의 구축·운영

제21조【업무관리시스템】 ① 행정기관의 장은 업무처리의 모든 과정을 효율적으로 관리하기 위하여 업무관리시스템을 구축·운영하여야 한다. 다만, 업무의 성질상 업무관리시스템의 구축·운영이 곤란하거나 그 밖의 특별한 사유가 있는 경우에는 그러하지 아니하다.

② 중앙행정기관, 지방자치단체 또는 지방교육행정기관의 장은 제1항 본문에 따라 업무관리시스템을 구축·운영하는 경우에 그 소속기관 등을 포함하여 구축·운영할 수 있다.

③ 행정안전부장관은 제1항과 제2항에 따른 업무관리시스템의 구축·운영을 지원하기 위한 계획을 수립·시행할 수 있다. <개정 2013. 3. 23., 2014. 11. 19., 2017. 7. 26.>

제22조【업무관리시스템의 구성 및 운영】 ① 업무관리시스템에는 행정기관 업무의 기능별 단위 과제의 담당자·내용·추진실적 등을 기록·관리하기 위한 카드(이하 "과제관리카드"라 한다)와 문서의 작성·검토·결재·등록·공개·공유 등 문서처리의 모든 과정을 기록·관리하는 카드(이하 "문서관리카드"라 한다) 등이 포함되어야 한다. 이 경우 문서관리카드는 다음 각 호의 사항을 포함하여야 한다. <개정 2014. 2. 18.>

1. 기안 내용
2. 의사결정 과정에서 제기된 의견, 수정 내용과 지시 사항
3. 의사결정 내용

② 제1항과 제2항에서 규정한 사항 외에 업무관리시스템의 구성 및 운영 등에 필요한 세부사항은 행정안전부령으로 정한다. <개정 2013. 3. 23., 2014. 11. 19., 2017. 7. 26.>

제23조【업무관리시스템 등과 행정정보시스템 간의 연계·운영】 ① 행정기관의 장은 효율적인 업무수행을 위하여 업무관리시스템 또는 전자문서시스템을 기능분류시스템(행정기관의 업무를 기능별로 분류하고 관련 행정정보를 연계하여 전자적으로 관리하는 시스템을 말한다. 이하 같다) 등 행정정보시스템과 연계하여 운영하여야 한다. 다만, 업무의 성질상 연계하여 운영하는 것이 적합하지 아니하거나 그 밖의 특별한 사유가 있는 경우에는 그러하

지 아니하다.

② 행정기관의 장은 업무관리시스템으로 관리한 업무실적 등을 효과적으로 활용하도록 노력하여야 한다.

제24조 【업무관리시스템 등의 표준 고시】 ① 행정안전부장관은 다음 각 호의 표준을 정하여야 한다. 다만, 「산업표준화법」에 따른 한국산업표준이 제정되어 있는 사항은 그 표준을 따른다. <개정 2013. 3. 23., 2014. 11. 19., 2017. 7. 26.>

1. 업무관리시스템의 규격에 관한 표준과 업무관리시스템을 이용한 전자문서 등의 유통에 관한 표준
2. 전자문서시스템의 규격에 관한 표준과 전자문서시스템을 이용한 전자문서 등의 유통에 관한 표준
3. 업무관리시스템 또는 전자문서시스템과 행정정보시스템 간 연계를 위한 표준

② 행정안전부장관은 제1항에 따른 규격·유통 및 연계에 관한 표준을 정하였으면 그 내용을 관보에 고시하고 인터넷에 게시하여야 한다. 그 표준을 변경하는 경우에도 또한 같다. <개정 2013. 3. 23., 2014. 11. 19., 2017. 7. 26.>

③ 행정기관의 장은 특별한 사유가 없으면 제2항에 따라 고시된 표준과 「공공기록물 관리에 관한 법률」 제39조에 따른 표준에 적합한 업무관리시스템이나 전자문서시스템을 구축·운영하여야 한다.

제25조 【정부전자문서유통지원센터】 ① 행정안전부장관은 전자문서의 원활한 유통을 지원하기 위하여 행정안전부에 정부전자문서유통지원센터(이하 이 조에서 "센터"라 한다)를 둔다. <개정 2013. 3. 23., 2014. 11. 19., 2017. 7. 26.>

② 센터는 다음 각 호의 업무를 수행한다.

1. 전자문서의 원활한 유통을 위한 지원과 유통 및 연계에 관한 표준 등의 운영
2. 전자문서의 효율적인 유통을 위한 프로그램의 개발 및 보급
3. 전자문서의 유통 시 발생하는 장애를 복구하기 위한 지원
4. 유통되는 전자문서의 위조·변조·훼손 또는 유출을 방지하기 위한 보호대책 마련

③ 제1항 및 제2항에서 규정한 사항 외에 센터의 운영에 필요한 세부 사항은 행정안전부령으로 정한다. <개정 2013. 3. 23., 2014. 11. 19., 2017. 7. 26.>

제3절 서식의 제정 및 활용

제26조 【서식의 제정】 행정기관에서 장기간에 걸쳐 반복적으로 사용하는 문서로서 정형화할 수 있는 문서는 특별한 사유가 없으면 서식으로 정하여 사용한다.

제27조 【서식 제정 방법】 ① 다음 각 호의 서식은 법령으로 정하여야 한다. 다만, 법령에서 고시 등으로 정하도록 한 경우와 그 밖의 특별한 사유가 있는 경우에는 고시·훈령·예규 등으로 정할 수 있다.

1. 국민의 권리·의무와 직접 관련되는 사항을 기재사항으로 정하는 서식
2. 인가, 허가, 승인 등 민원에 관계되는 서식
3. 행정기관에서 공통적으로 사용하는 서식 중 중요한 서식

② 제1항에 따른 서식 외의 서식은 고시·훈령·예규 등으로 정할 수 있다.

제28조 【서식 설계의 일반 원칙】 ① 서식은 글씨의 크기, 항목 간의 간격, 적어 넣을 칸의 크기 등을 균형 있게 조절하여 서식에 적을 사항을 쉽게 알 수 있도록 하여야 한다.

② 서식에는 누구나 쉽게 이해할 수 있는 용어를 사용하고, 불필요하거나 활용도가 낮은 항목을 넣어서는 아니 된다.

③ 서식은 특별한 사유가 없으면 별도의 기안문과 시행문을 작성하지 아니하고 그 서식 자체를 기안문과 시행문으로 갈음할 수 있도록 생산등록번호·접수등록번호·수신자·시행일 및 접수일 등의 항목을 넣어야 한다.

④ 법령에서 서식에 날인하여야 한다고 정하고 있지 아니하면 서명이나 날인을 선택할 수 있도록 하여야 한다.

⑤ 서식에는 가능하면 행정기관의 로고·상징·마크·홍보문구 등을 표시하여 행정기관의 이미지를 높일 수 있도록 하여야 한다.

⑥ 민원서식에는 민원인의 편의를 도모하기 위하여 그 민원업무의 처리흐름도, 처리기간, 전자적 처리가 가능한지 등을 표시하여야 하며, 음성정보나 영상정보 등을 수록하거나 연계한 바코드 등을 표기할 수 있다.

⑦ 서식에는 용지의 규격과 지질을 표시하여야 한다.

⑧ 제1항부터 제7항까지에서 규정한 사항 외에 서식 설계에 관한 세부 기준은 행정안전부령으로 정한다. <개정 2013. 3. 23., 2014. 11. 19., 2017. 7. 26.>

제29조【서식의 승인 등】① 중앙행정기관이 제27조 제1항 각 호 외의 부분 본문에 따라 법령으로 서식을 제정하거나 변경하려는 경우에는 제28조에 따라 설계하여야 한다. 이 경우 서식을 제정하려는 경우에는 행정안전부장관의 승인을 받아야 하며, 서식을 변경하려는 경우에는 해당 중앙행정기관의 장은 제28조에 따른 원칙과 기준에 따라 자체심사를 하여야 한다. <개정 2013. 3. 23., 2014. 11. 19., 2015. 8. 3., 2017. 7. 26.>

② 중앙행정기관의 소속기관이 서식을 정하거나 변경하려는 경우에는 제28조에 따라 설계하여 소속 중앙행정기관의 장의 승인을 받아야 한다.

③ 제1항 및 제2항에 따라 승인된 서식을 업무관리시스템, 행정정보시스템 등에서 그대로 사용할 수 없는 경우에는 서식의 주요 내용을 변경하지 아니하는 범위에서 기재항목 또는 형식 등을 변경할 수 있고, 필요한 경우에는 단순히 자구, 활자크기, 용지의 지질 등을 변경하여 사용할 수 있다. 이 경우 제1항 및 제2항에도 불구하고 사후통보로 승인을 갈음할 수 있다.

④ 서식을 제정한 기관은 그 서식을 폐지하였을 때에는 지체 없이 그 서식을 승인한 기관에 그 사실을 통보하여야 한다.

⑤ 제27조 제1항 각 호 외의 부분 본문에 따른 서식 외에 지방자치단체의 장이나 지방교육행정기관의 장은 소관 업무의 수행을 위하여 필요한 서식을 제28조에 따라 정할 수 있다.

제30조【서식 승인의 신청】① 중앙행정기관은 해당 법령의 입법예고와 동시에 제29조 제1항에 따른 서식 승인의 신청을 하여야 한다.

② 둘 이상 기관의 업무에 관계되는 서식은 관계 기관 간의 사전 협의를 거쳐 승인을 신청하여야 한다.

제31조【서식의 제공】 행정기관의 장은 정보통신망을 이용하여 소관 업무와 관련된 서식을 제공하여 국민이 편리하게 그 서식을 사용할 수 있도록 노력하여야 한다.

제32조【서식에 해당 국가 언어의 병기 등】 재외공관의 장은 재외공관에서 사용하는 서식에 그 국가의 언어를 함께 적어 사용하게 하거나 그 국가의 언어로 번역한 서식을 사용하게 할 수 있다. <개정 2021. 1. 5.>

제4절 관인의 관리

제33조【관인의 종류 및 비치】① 관인은 행정기관의 명의로 발신하거나 교부하는 문서에 사용하는 청인(廳印)과 행정기관의 장이나 보조기관의 명의로 발신하거나 교부하는 문서에 사용하는 직인(職印)으로 구분한다.

② 각급 행정기관은 다음 각 호의 구분에 따라 관인을 가진다.

1. 합의제기관은 청인을 가진다. 다만, 행정기관의 소관 사무에 관한 자문에 응하기 위하여 설립된 합의제기관은 필요한 경우에만 청인을 가진다.
2. 제1호 외의 기관은 그 기관장의 직인을 가진다.
3. 「정부조직법」 제6조 제2항에 따라 보조기관이 위임받은 사무를 행정기관으로서 처리하는 경우에는 그 사무 처리를 위하여 직인을 가진다.
4. 합의제기관의 장이 법령에 따라 합의제기관의 장으로서 사무를 처리하는 경우에는 그 사무 처리를 위하여 직인을 가질 수 있다.

③ 각급 행정기관은 전자문서에 사용하기 위하여 전자이미지관인을 가진다.

제34조【특수 관인】① 행정기관의 장은 유가증권 등 특수한 증표 발행, 민원업무 또는 재무에 관한 업무 등 특수한 업무 처리에 사용하는 관인을 따로 가질 수 있다.

② 세입징수관, 지출관, 회계 등 재무에 관한 업무를 담당하는 공무원의 직인은 기획재정부장관이, 국립의 각급 학교에서 사용하는 관인은 교육부장관이, 외교부와 재외공관에서 외교문서에 사용하

는 관인은 외교부장관이, 검찰기관에서 사용하는 관인은 법무부장관이, 군 기관에서 사용하는 관인은 국방부장관이 각각 그 규격과 등록 등 관리에 필요한 사항을 정한다. <개정 2013. 3. 23.>

제35조【규격】 관인의 모양은 별표의 규격을 초과하지 아니하는 범위에서 행정기관의 장이 정한다.

제36조【등록】 ① 행정기관은 행정안전부령으로 정하는 바에 따라 관인의 인영을 그 행정기관의 관인대장에 등록하여야 하며, 전자이미지관인의 인영은 그 행정기관의 전자이미지관인대장에 등록하여야 한다. 다만, 부득이한 경우에는 그 행정기관의 바로 위 상급기관에 등록할 수 있다. <개정 2013. 3. 23., 2014. 11. 19., 2017. 7. 26.>

② 행정기관은 제1항에 따라 등록하지 아니한 관인을 사용할 수 없다.

③ 행정기관의 장은 관인을 위조·변조하거나 부정하게 사용하지 못하도록 필요한 조치를 하여야 한다.

제37조【재등록 및 폐기】 ① 행정기관이 관인을 분실하거나 닳아 없어지는 등의 사유로 관인을 갱신할 때에는 제36조에 따라 등록한 행정기관에 갱신한 관인을 등록(이하 "재등록"이라 한다)해야 한다. <개정 2021. 1. 5.>

② 행정기관이 관인을 폐기할 때에는 행정안전부령으로 정하는 바에 따라 관인대장에 관인 폐기일과 폐기 사유 등을 적고, 그 관인을 제39조에 따른 관인폐기 공고문과 함께 「공공기록물 관리에 관한 법률」에 따른 영구기록물관리기관에 이관하여야 한다. 이 경우 영구기록물관리기관은 폐기된 관인이 사용되거나 유출되지 아니하도록 하여야 한다. <개정 2013. 3. 23., 2014. 11. 19., 2017. 7. 26.>

③ 전자이미지관인을 사용하는 기관은 관인을 폐기하거나 재등록한 경우 즉시 사용 중인 전자이미지관인을 삭제하고, 재등록한 관인의 인영을 전자이미지관인으로 재등록하여 사용하여야 한다.

④ 전자이미지관인을 사용하는 기관은 사용 중인 전자이미지관인의 인영의 원형이 제대로 표시되지 아니하는 경우 전자이미지관인을 재등록하여 사용하여야 한다.

⑤ 제3항과 제4항에 따라 전자이미지관인을 폐기하거나 재등록하는 경우 전자이미지관인대장에 그

사유를 적어야 한다.

제38조【전자이미지관인의 제출 및 관리】 ① 둘 이상의 행정기관이 공동으로 사용하는 행정정보시스템을 구축·운영하는 행정기관의 장(이하 이 조에서 "행정정보시스템 운영기관장"이라 한다)은 그 행정정보시스템에 전자이미지관인을 전자입력하기 위하여 그 행정정보시스템을 사용하는 행정기관의 장에게 전자이미지관인을 제출하게 할 수 있다.

② 제1항에 따라 전자이미지관인을 제출한 행정기관의 장은 제37조에 따라 전자이미지관인을 재등록하거나 폐기하려는 경우에는 그 사실을 지체 없이 행정정보시스템 운영기관장에게 통보하여야 한다.

③ 제37조에 따라 전자이미지관인을 재등록하거나 폐기한 행정기관의 장은 공동으로 사용하는 행정정보시스템에 재등록한 전자이미지관인을 전자입력하거나 폐기한 전자이미지관인을 삭제하여야 한다. 다만, 직접 전자이미지관인을 전자입력하거나 삭제할 수 없는 경우에는 행정정보시스템 운영기관장이 제37조에 따라 재등록된 전자이미지관인을 제출받아 전자입력하거나 폐기된 전자이미지관인을 삭제할 수 있다.

제39조【공고】 제36조에 따른 등록기관은 관인을 등록 또는 재등록하거나 폐기하였을 때에는 행정안전부령으로 정하는 바에 따라 그 사실을 관보에 공고하여야 한다. <개정 2013. 3. 23., 2014. 11. 19., 2017. 7. 26.>

제40조【공인】 지방자치단체의 기관에서 사용하는 공인(公印)에 관하여는 이 절의 규정에도 불구하고 그 지방자치단체의 조례로 정하는 바에 따른다.

제3장 행정업무의 효율적 수행

제1절 행정협업의 촉진 <개정 2016. 4. 26.>

제41조【행정협업의 촉진】 ① 행정기관의 장은 업무의 효율성을 높이고 행정서비스에 대한 국민의 만족도를 높이기 위하여 다른 행정기관과 공동의 목표를 설정하고 해당 행정기관 상호간의 기능을 연계하거나 시설·장비 및 정보 등을 공동으로 활용하는 방식의 행정기관 간 협업(이하 "행정협업"이

라 한다)을 촉진하고 이에 적합한 업무과제(이하 "행정협업과제"라 한다)를 발굴하여야 한다. 이 경우 행정기관의 장은 발굴한 행정협업과제 수행을 위하여 노력하여야 한다. <개정 2016. 4. 26.>

② 행정협업과제는 다음 각 호의 어느 하나에 해당하는 업무를 대상으로 한다. <신설 2016. 4. 26.>

1. 다수의 행정기관이 공동으로 수행할 필요가 있는 업무
2. 다른 행정기관의 행정지원을 필요로 하는 업무
3. 법령에 따라 다른 행정기관의 인가·승인 등을 거쳐야 하는 업무
4. 행정기관 간 행정정보의 공유 또는 제46조의 4에 따른 행정정보시스템의 상호 연계나 통합이 필요한 업무
5. 그 밖에 다른 행정기관의 협의·동의 및 의견조회 등이 필요한 업무

③ 행정안전부장관은 행정협업을 촉진하기 위한 계획을 수립·시행할 수 있다. <개정 2013. 3. 23., 2014. 11. 19., 2016. 4. 26., 2017. 7. 26.>

④ 행정안전부장관은 필요하다고 인정하는 경우 국무조정실장에게 행정협업의 촉진에 필요한 지원을 요청할 수 있다. <신설 2016. 4. 26., 2017. 7. 26.>

[제목개정 2016. 4. 26.]

[제44조에서 이동, 종전 제41조는 삭제]

제42조【행정협업과제의 등록】 ① 행정기관의 장은 제41조 제1항 전단에 따라 발굴한 과제를 행정안전부장관이 정하는 바에 따라 제46조의 2에 따른 행정협업시스템에 등록·관리하여야 한다. 이 경우 행정기관의 장은 등록하려는 행정협업과제를 공동으로 수행할 관련 행정기관의 장과 사전에 협의하여야 하며, 협의를 요청받은 행정기관의 장은 협조하여야 한다. <개정 2017. 7. 26.>

② 행정기관의 장은 제1항에 따라 행정협업과제를 행정협업시스템에 등록하려는 경우에는 다음 각 호의 사항을 포함하여 등록하여야 한다. <개정 2017. 7. 26.>

1. 행정협업과제의 주관부서 및 과제담당자와 협업부서 및 담당자
2. 행정협업과제와 관련된 다른 행정기관의 단위과제

3. 행정협업과제의 이력, 내용 및 취지
4. 그 밖에 행정안전부장관이 정하는 사항

[본조신설 2016. 4. 26.]

[종전 제42조는 제46조의 2로 이동 <2016. 4. 26.>]

제43조【행정협업과제의 추가 발굴 등】 ① 행정안전부장관은 행정협업을 촉진하기 위하여 제41조 제1항 전단에 따라 행정기관의 장이 발굴한 행정협업과제 외의 행정협업과제를 추가로 발굴할 수 있다. <개정 2017. 7. 26.>

② 행정안전부장관은 제1항에 따라 행정협업과제를 추가로 발굴하기 위하여 필요한 경우에는 행정기관, 국민, 공공기관, 민간 기업 또는 단체 등을 대상으로 다음 각 호의 사항과 관련된 행정협업의 수요, 현황 및 애로사항 등을 조사할 수 있다. <개정 2017. 7. 26.>

1. 목표달성을 위하여 다수의 행정기관이 함께 협력할 필요가 있고 구심적 역할을 수행하는 행정기관이 필요한 정책 또는 사업
2. 행정기관 간 협력을 통하여 비용 또는 예산을 절감할 수 있는 정책 또는 사업
3. 행정기관 간 이해상충 가능성이 높아 이견에 대한 협의·조정이 필요한 정책 또는 사업
4. 그 밖에 관련 행정기관과의 협의 결과 행정협업과제 발굴을 위하여 필요하다고 인정하는 사항

③ 행정안전부장관은 제2항에 따른 조사의 전문성 및 효율성을 높이기 위하여 필요한 경우에는 행정안전부장관이 정하는 바에 따라 관련 학회 등 연구단체, 전문기관 또는 민간 기업에 제1항 각 호의 사항의 전부 또는 일부에 관한 조사를 의뢰할 수 있다. <개정 2017. 7. 26.>

④ 행정안전부장관은 제2항에 따른 조사 결과로 발굴된 행정협업과제를 관련 행정기관과의 협의를 통하여 확정한다. <개정 2017. 7. 26.>

⑤ 행정안전부장관은 제4항에 따라 확정된 행정협업과제를 제46조의 2에 따른 행정협업시스템에 등록·관리하여야 한다. <개정 2017. 7. 26.>

⑥ 제5항에 따른 행정협업과제의 등록 사항에 관하여는 제42조 제2항을 준용한다.

[본조신설 2016. 4. 26.]

[종전 제43조는 제46조의 3으로 이동 <2016. 4. 26.>]

제44조【행정협업과제의 점검·관리 및 지원】 ① 행정협업과제를 수행하는 행정기관은 관련 행정기관과 협조하여 그 진행 상황을 지속적으로 점검하여야 한다. <개정 2016. 4. 26.>

② 행정기관의 장은 그 행정기관의 행정협업과제의 수행 성과를 평가·분석하고 체계적으로 관리하여야 한다. <개정 2016. 4. 26.>

③ 행정안전부장관은 필요하다고 인정하거나 관련 행정기관이 요청한 경우에는 행정협업과제의 수행에 필요한 지원을 할 수 있다. <개정 2016. 4. 26., 2017. 7. 26.>

④ 행정안전부장관은 행정협업과제의 발굴 및 수행 과정에서 관련 행정기관 간 이견이 발생하는 경우 제46조 제1항에 따라 임명된 관련 행정기관의 협업책임관 간의 회의 등을 통하여 원활한 협의가 이루어질 수 있도록 필요한 지원을 할 수 있다. <신설 2016. 4. 26., 2017. 7. 26.>

[제목개정 2016. 4. 26.]

[제46조에서 이동, 종전 제44조는 제41조로 이동 <2016. 4. 26.>]

제44조의 2 [제44조의 2는 제46조의 4로 이동 <2016. 4. 26.>]

제44조의 3 [제44조의 3은 제46조의 5로 이동 <2016. 4. 26.>]

제45조【협의체 구성 및 업무협약 체결】 행정기관은 행정협업과제의 효율적인 수행을 위하여 필요한 경우 관련 행정기관과 협의체를 구성하거나 행정협업과제의 목적, 협력 범위 및 기능 분담 등에 관한 업무협약을 체결할 수 있다. <개정 2016. 4. 26.>

제46조【협업책임관】 ① 행정기관의 장은 소속 기획조정실장 또는 이에 준하는 직위의 공무원을 해당 행정기관의 행정협업에 관한 업무를 총괄하는 책임관(이하 "협업책임관"이라 한다)으로 임명하여야 한다.

② 협업책임관의 업무는 다음 각 호와 같다. <개정 2017. 10. 17.>

1. 해당 행정기관의 행정협업 과제 발굴 및 수행의 총괄

2. 해당 행정기관의 행정정보시스템의 다른 행정기관과의 연계 및 효율적 운영에 관한 총괄 관리

3. 해당 행정기관의 행정협업 촉진을 위한 행정업무 절차, 관련 제도 등의 정비·개선

4. 해당 행정기관의 행정협업과제 수행과 관련된 다른 행정기관과의 협의·조정

5. 해당 행정기관의 공공기관, 기업, 단체 등과의 협업 추진에 관한 업무를 총괄하는 부서의 지정·운영

6. 그 밖에 행정협업의 촉진을 위하여 필요한 업무

③ 행정기관의 장은 제1항에 따라 협업책임관을 임명한 경우에는 행정안전부장관이 정하는 바에 따라 그 사실을 제46조의 2에 따른 행정협업시스템에 등록하여야 한다. <개정 2017. 7. 26.>

[본조신설 2016. 4. 26.]

[종전 제46조는 제44조로 이동 <2016. 4. 26.>]

제46조의 2【행정협업시스템의 구축·운영】 ① 행정안전부장관은 행정협업이 원활하게 수행되도록 실시간 의사소통이 가능하고 공동작업 및 실적관리가 필요한 업무를 등록·관리할 수 있는 전자적 협업지원시스템(이하 "행정협업시스템"이라 한다)을 구축하여야 한다. <개정 2014. 2. 18., 2014. 11. 19., 2016. 4. 26., 2017. 7. 26.>

② 행정기관의 장은 행정협업시스템을 이용하여 행정협업을 수행하도록 노력하여야 하며, 행정협업시스템을 이용하여 행정협업을 요청하거나 요청받은 행정기관은 관련문서 등을 행정협업시스템을 통하여 공동으로 이용할 수 있도록 하여야 한다. 다만, 업무의 성질상 행정협업시스템을 통하여 공동으로 이용하는 것이 곤란하거나 그 밖의 특별한 사정이 있는 경우에는 그러하지 아니하다. <개정 2016. 4. 26.>

③ 제1항 및 제2항에서 규정한 사항 외에 행정협업시스템의 구축·운영 등에 필요한 세부 사항은 행정안전부장관이 정한다. <개정 2013. 3. 23., 2014. 11. 19., 2016. 4. 26., 2017. 7. 26.>

[제목개정 2016. 4. 26.]

[제42조에서 이동 <2016. 4. 26.>]

제46조의 3【행정협업시스템의 활용 촉진】 ① 행정기관의 장은 소관 업무 중 행정협업시스템을 이용하여 업무를 수행한 실적 등 행정협업시스템 활용 실태를 평가·분석하고 그 활용을 촉진하여야 한다. <개정 2016. 4. 26.>

② 행정안전부장관은 각급 행정기관의 행정협업시스템 활용 실태를 점검·평가하고 필요한 지원을 할 수 있다. <개정 2013. 3. 23., 2014. 11. 19., 2016. 4. 26., 2017. 7. 26.>

[제목개정 2016. 4. 26.]

[제43조에서 이동 <2016. 4. 26.>]

제46조의 4【행정정보시스템의 상호 연계 및 통합】 ① 행정협업과제를 수행하는 행정기관의 장은 행정협업과제의 원활한 추진을 위하여 행정기관 간 행정정보시스템의 상호 연계나 통합을 적극적으로 추진하여야 한다. <개정 2016. 4. 26.>

② 행정안전부장관은 행정협업과제의 수행을 위하여 필요하다고 인정되거나 관련 행정기관의 지원 요청이 있는 경우 행정정보시스템의 연계·통합에 필요한 지원을 할 수 있다. <개정 2014. 11. 19., 2016. 4. 26., 2017. 7. 26.>

[본조신설 2014. 2. 18.]

[제44조의 2에서 이동 <2016. 4. 26.>]

제46조의 5【행정협업조직의 설치】 ① 행정기관의 장은 다수의 행정기관이 수행하는 사무의 목적, 대상 또는 관할구역 등이 유사하거나 연관성이 높은 경우에는 관련 기능, 업무처리절차 및 정보시스템 등을 연계·통합하거나 시설·인력 등을 공동으로 활용하는 등 협력하여 업무를 수행하는 조직(이하 "행정협업조직"이라 한다)을 설치·운영할 수 있다. <개정 2016. 4. 26.>

② 제1항에 따라 행정협업조직 설치·운영에 참여하는 관계 행정기관의 장은 해당 행정협업조직의 운영을 위하여 필요한 공동운영규정을 제정할 수 있다. <개정 2016. 4. 26.>

[본조신설 2015. 8. 3.]

[제목개정 2016. 4. 26.]

[제44조의 3에서 이동 <2016. 4. 26.>]

제46조의 6【행정협업 관련 시설 등의 확보】 ① 행정기관의 장은 행정협업의 효율적 수행을 위하여 필요한 경우 공동시설·공간·설비 등을 마련하여 다른 행정기관에 제공할 수 있다.

② 행정안전부장관은 「전자정부법」 제32조에 따라 전자적 행정업무 수행을 위하여 정부가 설치한 시설이 행정협업 관련 시설로 활용되거나 연계되도록 노력하여야 한다. <개정 2017. 7. 26.>

[본조신설 2016. 4. 26.]

제46조의 7【행정협업문화의 조성 및 국제협력 등】 ① 행정안전부장관은 행정협업에 대한 인식을 높이고, 행정협업문화를 조성하기 위하여 다음 각 호의 사업을 추진할 수 있다. <개정 2017. 7. 26., 2017. 10. 17.>

1. 행정협업 우수사례의 발굴·포상 및 홍보
2. 행정협업 활성화를 위한 자문 등 전문인력 및 기술지원
3. 행정협업 활성화를 위한 포럼 및 세미나 개최
4. 행정협업 활성화를 위한 교육콘텐츠의 개발·보급
5. 행정협업 활성화를 위한 정책연구 및 제도개선 사업
6. 행정협업 활성화를 위한 사무공간 혁신 등 조직문화 조성
7. 그 밖에 행정협업의 활성화에 필요한 사업

② 행정안전부장관은 행정협업의 참고사례 발굴 및 우수사례의 전파, 전문인력의 양성 및 교류, 관련 전문기술의 확보 등을 위하여 국제협력을 적극적으로 추진하여야 한다. <개정 2017. 7. 26.>

③ 행정기관의 장은 행정협업이 원활하게 수행될 수 있도록 조직 내 활발한 소통을 유도하는 사무공간을 마련하는 데 노력하여야 한다. <신설 2017. 10. 17.>

[본조신설 2016. 4. 26.]

제46조의 8【행정협업우수기관 포상 및 홍보 등】 ① 행정안전부장관은 행정협업성과가 우수한 행정기관을 선정하여 포상 또는 홍보할 수 있다. <개정 2017. 7. 26.>

② 행정기관의 장은 행정협업에 이바지한 공로가 뚜렷한 공무원 등을 포상하고 인사상 우대조치 등을 할 수 있다.

[본조신설 2016. 4. 26.]

제3절 지식행정의 활성화

제47조【행정기관의 지식행정 활성화】 ① 행정기관의 장은 해당 기관의 행정정보(「전자정부법」 제2조 제6호에 따른 행정정보를 말한다), 행정업무 수행의 경험 및 업무에 관한 지식(이하 "행정지식"이라

한다)의 공동이용 등을 통하여 정책과 행정서비스의 질을 높이는 방식의 행정(이하 "지식행정"이라 한다)을 활성화하도록 노력하여야 한다. <개정 2014. 2. 18.>

② 중앙행정기관, 지방자치단체 및 지방교육행정기관의 장은 다음 각 호의 사항을 포함하는 지식행정활성화계획을 매년 수립·시행하여야 한다. 다만, 「전자정부법 시행령」 제35조 제1항에 따른 행정지식관리시스템(이하 "행정지식관리시스템"이라 한다)을 구축·운영하지 아니하는 경우에는 제4호의 사항은 제외할 수 있다. <개정 2016. 4. 26., 2017. 10. 17.>

1. 지식행정의 목표 및 활용 전략
2. 지식행정 담당자의 지정
2의 2. 연구모임에 관한 사항
2의 3. 지식정보의 수집·관리·활용 방안
3. 지식행정 활성화를 위한 평가·보상 방안
4. 행정지식관리시스템의 관리자의 지정 및 운영에 관한 사항
5. 그 밖에 지식행정 활성화를 위하여 필요한 사항

③ 행정기관의 장은 특별한 사유가 없으면 전자문서시스템, 업무관리시스템, 행정지식관리시스템 등 각종 행정정보시스템과 「전자정부법 시행령」 제35조 제3항에 따라 행정안전부장관이 구축·운영하는 행정지식의 공동 활용을 위한 시스템(이하 "정부통합지식행정시스템"이라 한다)을 연계하여 행정지식이 범정부적으로 활용·관리되도록 하여야 한다. <개정 2013. 3. 23., 2014. 2. 18., 2014. 11. 19., 2017. 7. 26.>

제48조【정부지식행정활성화계획】 행정안전부장관은 행정기관의 지식행정 활성화를 위하여 다음 각 호의 사항을 포함하는 정부지식행정활성화계획을 매년 수립·시행하여야 한다. <개정 2013. 3. 23., 2014. 11. 19., 2017. 7. 26., 2017. 10. 17.>

1. 정부 지식행정 활성화 추진 전략
2. 행정지식관리시스템과 정부통합지식행정시스템의 운영 및 활용 실태의 점검·평가에 관한 사항
3. 지식행정 우수사례 발굴·포상에 관한 사항
4. 분야별 전문가가 질의에 답변하는 운영방식 등 전문지식 활용 촉진에 관한 사항

5. 그 밖에 정부 지식행정 활성화를 위하여 필요한 지원 등에 관한 사항

제4절 정책연구의 관리

제49조【정책연구】 중앙행정기관(그 소속기관을 포함한다. 이하 이 절에서 같다)의 장은 정책의 개발 또는 주요 정책현안에 대한 조사·연구 등을 목적으로 정책연구를 수행할 자(이하 "연구자"라 한다)와의 계약을 통하여 정책연구를 하게 할 수 있다.

제50조【정책연구심의위원회 설치】 ① 중앙행정기관의 장은 제49조에 따른 계약을 통한 정책연구(이하 "정책연구"라 한다)에 관한 다음 각 호의 사항을 심의하기 위하여 정책연구심의위원회(이하 이 절에서 "위원회"라 한다)를 둔다.

1. 연구과제와 연구자의 선정에 관한 사항
2. 연구결과의 평가에 관한 사항
3. 연구결과의 활용상황 점검 및 공개 등에 관한 사항
4. 그 밖에 정책연구의 체계적인 관리를 위하여 필요한 사항

② 위원회는 위원회의 업무를 효율적으로 수행하기 위하여 필요하면 소위원회를 둘 수 있으며, 제1항 각 호의 사항 중에서 연구과제의 선정을 제외한 사항에 대한 심의를 소위원회에 위임할 수 있다. 이 경우 위원회는 소위원회의 심의 내용을 확인·점검할 수 있다.

③ 위원회나 소위원회의 위원은 본인 또는 본인의 배우자, 4촌 이내의 혈족, 2촌 이내의 인척 또는 그 사람이 속한 기관·단체와의 정책연구 계약에 관한 사항의 심의·의결에 관여하지 못한다.

④ 제1항부터 제3항까지에서 규정한 사항 외에 위원회와 소위원회의 구성·운영 등에 필요한 사항은 행정안전부령으로 정한다. <개정 2013. 3. 23., 2014. 11. 19., 2017. 7. 26.>

제51조【연구과제와 연구자의 선정】 ① 중앙행정기관의 장은 공정하고 투명하게 정책연구가 이루어지도록 위원회의 심의를 거쳐 연구과제를 선정하여야 하며 연구과제별로 담당부서의 과장급 공무원을 과제담당관으로 지정하여야 한다. 다만, 다음 각 호의 어느 하나에 해당하는 경우에는 위원회의 심의를 거치지 아니한다.

1. 제2항 각 호에 따라 위원회의 심의를 거치지 아니하고 연구자를 선정하여 정책연구를 하는 경우 중 긴급하게 정책연구를 할 필요가 있어 연구과제를 선정하는 경우

2. 예산의 편성에 따라 특정 사업 수행의 일부로 정책연구 사업이 정해진 경우로서 그 사업을 주관하는 부서의 장이 그 사업의 내용에 따라 연구과제를 선정하는 경우

② 중앙행정기관의 장은 「국가를 당사자로 하는 계약에 관한 법률」에 따른 계약의 방법으로 연구자를 선정하되, 같은 법에 따라 계약상대자를 결정하기 전에 연구자 선정에 관하여 위원회의 심의를 거쳐야 한다. 다만, 다음 각 호의 어느 하나에 해당하는 경우에는 위원회의 심의를 거치지 아니한다.

1. 「국가를 당사자로 하는 계약에 관한 법률」 제7조 본문에 따른 일반경쟁 방식으로 연구자를 선정하는 경우

2. 「국가를 당사자로 하는 계약에 관한 법률 시행령」 제13조에 따른 입찰참가자격 사전심사를 하는 경우

3. 「국가를 당사자로 하는 계약에 관한 법률 시행령」 제43조 제1항에 따라 제안서를 제출받아 평가하는 경우

제52조【연구결과의 평가 및 활용】 중앙행정기관의 장은 정책연구가 종료된 후 그 정책연구결과를 평가하여야 하며, 정책연구 종료일부터 6개월 이내에 정책연구결과 활용상황을 점검하여야 한다. 이 경우 정책연구결과 평가 및 활용상황 점검에 관한 사항은 위원회의 심의를 거쳐야 한다.

제53조【정책연구관리시스템의 구축·운영】 행정안전부장관은 중앙행정기관이 전자적으로 정책연구과정을 관리하고 정책연구결과를 공동으로 이용할 수 있도록 정책연구관리시스템을 구축·운영하여야 한다. <개정 2013. 3. 23., 2014. 11. 19., 2017. 7. 26.>

제54조【정책연구의 공개】 ①중앙행정기관의 장은 다음 각 호의 사항을 그 공개가 가능한 때에 지체 없이 정책연구관리시스템을 통하여 공개하여야 한다. <개정 2014. 2. 18.>

1. 정책연구의 계약 체결 내용

2. 정책연구결과 및 그 평가 결과

3. 정책연구결과 활용상황

4. 그 밖에 중앙행정기관의 장이 필요하다고 인정하는 정책연구에 관한 사항

② 지방자치단체의 장은 정책연구가 종료된 후 제1항 제2호에 따른 정책연구결과를 해당 지방자치단체의 조례로 정하는 바에 따라 정책연구관리시스템을 통하여 공개하여야 한다. <신설 2014. 2. 18., 2017. 10. 17.>

③ 「공공기관의 정보공개에 관한 법률」 제9조에 따른 비공개 대상 정보에 대해서는 제1항 및 제2항을 적용하지 아니한다. <신설 2014. 2. 18.>

제55조【기관별 성과점검 등 관리】 ① 중앙행정기관의 장은 매년 기관의 정책연구 추진과정, 연구결과의 공개 및 활용상황 등을 점검하여야 한다.

② 행정안전부장관은 제1항에 따른 기관별 점검사항을 종합하여 정책연구의 성과를 점검할 수 있다. <개정 2013. 3. 23., 2014. 11. 19., 2017. 7. 26.>

③ 행정안전부장관은 제2항에 따른 종합점검 결과를 해당 중앙행정기관의 장, 기획재정부장관 및 감사원장에게 통보할 수 있다. <개정 2013. 3. 23., 2014. 11. 19., 2017. 7. 26.>

④ 기획재정부장관은 제3항에 따라 행정안전부장관으로부터 통보받은 점검결과를 다음 해 예산을 편성할 때에 반영할 수 있다. <개정 2013. 3. 23., 2014. 11. 19., 2017. 7. 26.>

제56조【다른 법령에 따라 관리되는 정책연구 등】 중앙행정기관이 다음 각 호의 어느 하나에 해당하는 연구 또는 조사를 하는 경우에는 이 절의 규정을 적용하지 아니한다. <개정 2012. 1. 20., 2013. 3. 23., 2014. 11. 19., 2017. 7. 26.>

1. 「과학기술기본법」 제11조에 따른 국가연구개발사업의 연구

2. 「학술진흥법」에 따른 학술연구

3. 「국민건강증진법」 제19조에 따른 건강증진사업 관련 조사·연구

4. 기술·전산·임상 연구, 그 밖의 단순 반복적인 설문조사

5. 대가로 지급하는 금액이 1천만 원 이하인 조사·연구

6. 그 밖에 다른 법령에 따라 관리되고 있는 연구로서 행정안전부장관이 정하는 연구

제5절 영상회의의 운영

제57조【영상회의실의 설치·운영 및 지정】 ① 행정기관의 장은 다음 각 호의 회의를 개최하기 위하여 영상회의실을 설치·운영할 수 있다. <개정 2013. 3. 23., 2014. 2. 18.>

1. 국무회의 및 차관회의
2. 장관·차관이 참석하는 회의
3. 둘 이상의 정부청사에 위치한 기관 간에 개최하는 회의
4. 정부청사에 위치한 기관과 지방자치단체 간에 개최하는 회의
5. 그 밖에 원격지(遠隔地)에 위치한 기관 간 회의

② 행정안전부장관은 제1항 각 호의 회의를 개최하기 위하여 정부영상회의실을 설치·운영하거나 행정기관이 공동으로 사용할 수 있는 영상회의실을 지정할 수 있다. 이 경우 행정안전부장관은 원활한 공동사용을 위하여 필요한 지원을 할 수 있다. <개정 2014. 2. 18., 2014. 11. 19., 2017. 7. 26.>

③ 행정안전부장관이 제2항에 따라 지정한 영상회의실을 운영하는 행정기관의 장은 다른 기관이 영상회의실 사용을 요청하면 적극 협조하여야 한다. <개정 2014. 2. 18., 2014. 11. 19., 2017. 7. 26.>

④ 제1항부터 제3항까지에서 규정한 사항 외에 영상회의실 및 정부영상회의실의 설치·운영, 지정 등에 필요한 사항은 행정안전부령으로 정한다. <개정 2014. 2. 18., 2014. 11. 19., 2017. 7. 26.>

⑤ 삭제 <2014. 2. 18.>

[제목개정 2014. 2. 18.]

제58조【영상회의시스템의 구축 및 연계·운영】 ①행정기관의 장은 영상회의시스템을 구축하는 경우에 특별한 사유가 없으면 행정안전부장관이 정하는 기술규격에 적합하도록 하여 다른 행정기관 등의 영상회의시스템과 연계하여 운영할 수 있도록 하여야 한다. <개정 2013. 3. 23., 2014. 2. 18., 2014. 11. 19., 2017. 7. 26.>

② 행정안전부장관은 영상회의실의 연계를 원활히 하고, 이용 편의를 높이기 위하여 공통기반 및 통합 이용 시스템을 구축·운영할 수 있다. <신설 2014. 2. 18., 2014. 11. 19., 2017. 7. 26.>

제59조【영상회의시스템 이용 활성화】 ① 행정기관의 장은 원격지에 위치한 기관 간에 회의를 개최하는 경우 영상회의를 우선적으로 활용하여야 한다.

② 행정안전부장관은 영상회의를 활용하여야 하는 주요 회의와 이용 목표를 정하여 행정기관의 장에게 영상회의를 적극 활용할 것을 요청할 수 있다. 이 경우 행정기관의 장은 특별한 사유가 없으면 요청에 따라야 한다. <개정 2014. 11. 19., 2017. 7. 26.>

③ 행정안전부장관은 행정기관의 영상회의 활용실적을 정기적으로 점검·평가할 수 있다. <개정 2014. 11. 19., 2017. 7. 26.>

④ 행정기관의 장은 해당 기관의 영상회의를 총괄적으로 관리하기 위하여 영상회의 책임관과 영상회의 전담부서를 지정하여야 한다.

⑤ 영상회의 책임관은 해당 기관의 영상회의 현황 및 영상회의 실적관리, 영상회의 활성화 계획의 수립·이행 등의 임무를 수행한다.

⑥ 행정안전부장관은 행정기관의 영상회의 활성화를 위하여 영상회의 이용 홍보 및 교육, 영상회의 책임관 회의 개최, 행정기관별 영상회의 활용 우수사례 발굴·공유 및 우수기관 포상 등을 할 수 있다. <개정 2014. 11. 19., 2017. 7. 26.>

[전문개정 2014. 2. 18.]

제4장 행정업무의 관리

제60조【업무의 분장】 각 처리과의 장은 업무를 효율적으로 처리하고 책임소재를 명확하게 하기 위하여 소관 업무를 단위업무별로 분장하되, 소속 공무원 간의 업무량이 균형을 이룰 수 있도록 하여야 한다.

제61조【업무의 인계·인수】 ① 공무원이 조직개편, 인사발령 또는 업무분장 조정 등의 사유로 업무를 인계·인수할 때에는 해당 업무에 관한 모든 사항이 구체적으로 나타나도록 행정안전부령으로 정하는 바에 따라 업무관리시스템이나 전자문서시스템을 이용하여 인계·인수하여야 한다. <개정 2013. 3. 23., 2014. 11. 19., 2017. 7. 26.>

② 행정기관의 장은 제1항에 따른 인계·인수가 원활하게 이루어질 수 있도록 기능분류시스템의 자료를 최신의 정보로 유지하여야 한다.

제62조【업무편람의 작성·활용】 ① 행정기관이 상당 기간에 걸쳐 반복적으로 하는 업무는 그 업무의 처리가 표준화·전문화될 수 있도록 업무편람을 작성하여 활용하는 것을 원칙으로 한다.

② 업무편람은 다음 각 호의 구분에 따라 행정편람과 직무편람으로 구분한다.

1. 행정편람: 업무처리 절차와 기준, 장비운용 방법, 그 밖의 일상적 근무규칙 등에 관하여 각 업무담당자에게 필요한 지침·기준 또는 지식을 제공하는 업무지도서 또는 업무참고서 등

2. 직무편람: 제60조에 따라 분장하는 단위업무에 대한 업무계획, 업무현황 및 그 밖의 참고자료 등을 체계적으로 정리한 업무 자료철 등

③ 행정기관의 장은 행정편람을 발간할 때 필요하면 그 기관의 공무원이나 관계 전문가에게 자문할 수 있다.

제63조【정책의 실명 관리】 ① 행정기관의 장은 주요 정책의 결정이나 집행과 관련되는 다음 각 호의 사항을 종합적으로 기록·관리하여야 한다.

1. 주요 정책의 결정과 집행 과정에 참여한 관련자의 소속, 직급 또는 직위, 성명과 그 의견

2. 주요 정책의 결정이나 집행과 관련된 각종 계획서, 보고서, 회의·공청회·세미나 관련 자료 및 그 토의내용

② 행정기관의 장은 주요 정책의 결정을 위하여 회의·공청회·세미나 등을 개최하는 경우에는 일시, 참석자, 발언내용, 결정사항, 표결내용 등을 처리과의 직원으로 하여금 기록하게 하여야 한다.

③ 행정기관이 언론기관에 보도자료를 제공하는 경우에는 그 보도자료에 담당부서·담당자·연락처 등을 함께 적어야 한다.

제63조의 2【정책실명제 책임관 지정】 ① 행정기관의 장은 해당 기관의 정책실명제를 효율적으로 운영하기 위하여 기획조정실장 등 해당 기관의 기획 업무를 총괄하는 직위에 있는 공무원을 정책실명제 책임관으로 지정하여야 한다.

② 정책실명제 책임관은 다음 각 호의 임무를 수행한다.

1. 해당 기관의 정책실명제 활성화 계획 수립 및 시행

2. 해당 기관의 정책실명제 대상사업 선정 및 추진

실적 공개

3. 자체 평가 및 교육

4. 그 밖에 해당 기관의 정책실명제 운영을 위하여 필요한 업무

[본조신설 2014. 2. 18.]

제63조의 3【정책실명제 중점관리 대상 선정】 ① 행정기관의 장은 다음 각 호의 사항 중에서 정책실명제 중점관리 대상사업을 선정하여 관리하여야 한다. <개정 2018. 11. 27.>

1. 주요 국정 현안에 관한 사항

2. 대규모 예산이 투입되는 사업

3. 일정 규모 이상의 연구용역

4. 법령 또는 자치법규의 제정·개정 및 폐지

5. 제63조의 5 제1항에 따라 행정안전부장관이 정한 절차에 따라 국민이 신청한 사업

6. 그 밖에 중점관리가 필요한 사업

② 행정기관의 장은 제1항에 따른 정책실명제 중점관리 대상사업 선정을 위하여 자체 세부 기준을 마련하고, 심의위원회를 구성하여 심의를 거친 후 대상사업을 선정하여야 한다.

③ 행정기관의 장은 정책실명제 중점관리 대상사업의 추진실적을 해당 기관의 인터넷 홈페이지 등을 통하여 공개하여야 한다. 다만, 「공공기관의 정보공개에 관한 법률」 제9조에 따른 비공개 대상 정보에 해당하는 경우에는 그러하지 아니하다.

[본조신설 2014. 2. 18.]

제63조의 4【정책실명제 평가】 행정안전부장관은 정책실명제의 활성화를 위하여 필요한 경우 각 행정기관의 정책실명제 추진실적 등을 평가할 수 있다. <개정 2014. 11. 19., 2017. 7. 26.>

[본조신설 2014. 2. 18.]

제63조의 5【정책실명제 세부 규정】 ① 정책실명제 중점관리 대상사업 선정, 심의위원회의 구성, 정책실명제 추진실적 평가기준 및 그 밖에 정책실명제 운영을 위하여 필요한 세부 사항은 행정안전부장관이 정한다. <개정 2014. 11. 19., 2017. 7. 26.>

② 이 영에서 규정한 사항 외에 지방자치단체에서 운영하는 정책실명제의 대상 및 범위 등에 관하여 필요한 세부 사항은 해당 지방자치단체의 조례로 정할 수 있다. <개정 2017. 12. 29.>

[본조신설 2014. 2. 18.]

제64조【업무개선 및 행정효율성진단】① 행정기관의 장은 국민에 대한 서비스의 질을 향상시키고 행정의 효율성을 높이기 위하여 지속적으로 해당 기관의 행정업무의 수행절차 및 방법을 개선하여야 한다.

② 행정안전부장관은 업무개선을 촉진하기 위하여 행정기관이 참여하는 행정업무 개선 우수사례 경진대회 등을 개최할 수 있으며, 우수사례에 대해서는 포상할 수 있다. <개정 2013. 3. 23., 2014. 11. 19., 2017. 7. 26.>

③ 행정안전부장관은 행정기관의 업무 효율성 향상을 위하여 행정업무 수행의 절차와 방법, 수행체계 및 관련 제도 등을 분석하고 재설계하는 행정효율성진단을 하고 이에 따라 업무개선을 권고할 수 있다. <개정 2013. 3. 23., 2014. 11. 19., 2017. 7. 26.>

④ 행정안전부장관은 다음 각 호의 어느 하나에 해당하는 진단 등을 할 때에 제3항에 따른 행정효율성진단 결과를 활용하게 할 수 있다. <개정 2013. 3. 23., 2014. 11. 19., 2017. 7. 26., 2018. 3. 30.>

1. 「전자정부법」 제48조에 따른 행정기관의 업무 재설계

2. 「행정기관의 조직과 정원에 관한 통칙」 제32조에 따른 조직진단

⑤ 행정안전부장관은 행정효율성진단을 하는 경우 해당 분야에 대한 경험이나 전문능력을 가진 각급 행정기관 소속 공무원이나 관계 전문가의 지원을 받을 수 있다. <개정 2013. 3. 23., 2014. 11. 19., 2017. 7. 26.>

제5장 보칙

제65조【행정업무 운영에 관한 교육】행정기관의 장은 소속 공무원에 대하여 매년 1회 이상 행정업무의 효율성 증진을 위한 교육을 하여야 한다.

제66조【행정업무 운영에 관한 감사】행정안전부장관이 필요하다고 인정하면 국무총리의 명을 받아 각급 행정기관에 대하여 이 영에서 규정하는 업무운영에 관한 감사를 할 수 있다. <개정 2013. 3. 23., 2014. 11. 19., 2017. 7. 26.>

제67조【문서 미등록자 등에 대한 조치】행정기관의 장은 다음 각 호의 어느 하나에 해당하는 공무원에게 징계나 그 밖에 필요한 조치를 하여야 한다.

1. 결재받은 문서를 등록하지 아니한 사람

2. 제10조 제2항에 따라 훈령이나 규칙으로 정한 결재권자를 상향 또는 하향 조정하여 기안하거나 검토·결재를 한 사람

3. 관인을 부당하게 사용한 사람

4. 업무협조 지연의 책임이 있는 사람

5. 공무가 아닌 목적으로 업무관리시스템이나 전자문서시스템을 이용한 사람

제68조【대통령 또는 국무총리 명의로 시행하는 문서에 관한 특례】법령에 따라 대통령 또는 국무총리 명의로 시행하여야 하는 문서의 형식 및 처리 방법에 관한 사항은 법령에 특별한 규정이 있는 경우를 제외하고는 대통령훈령으로 정한다.

제69조【국가정보원의 업무운영에 대한 특례】① 제8조 제3항에 따라 국가정보원이 아닌 행정기관에서 문서를 기안할 경우 국가정보원 소관 사항은 국가정보원에서 따로 기안할 수 있다.

② 국가정보원에서 작성하는 시행문에는 기안자, 검토자, 협조자, 결재권자의 직위 또는 직급과 서명 및 연락처 등을 표시하지 아니할 수 있다.

③ 국가정보원장은 제39조에도 불구하고 관인공고 절차를 생략하거나 제63조 제3항에 따른 보도자료를 비실명으로 제공할 수 있다.

제70조【권한의 위임】행정안전부장관은 정부영상회의실의 관리·운영에 관한 권한을 정부청사관리본부장에게 위임한다. <개정 2013. 3. 23., 2014. 11. 19., 2016. 12. 27., 2017. 7. 26.>

부칙 〈제31380호, 2021. 1. 5.〉

(어려운 법령용어 정비를 위한 473개 법령의 일부개정에 관한 대통령령)

이 영은 공포한 날부터 시행한다. <단서 생략>

행정 효율과 협업 촉진에 관한 규정 시행규칙

[시행 2021. 9. 7.]
[행정안전부령 제274호, 2021. 9. 7., 타법개정]

제1장 총칙

제1조【목적】 이 규칙은 「행정 효율과 협업 촉진에 관한 규정」에서 위임된 사항과 그 시행에 필요한 사항을 규정함을 목적으로 한다. <개정 2016. 7. 11.>

제2장 공문서 관리 등 행정업무의 처리

제1절 공문서의 작성 및 처리

제2조【공문서 작성의 일반원칙】 ① 공문서(이하 "문서"라 한다)의 내용을 둘 이상의 항목으로 구분할 필요가 있으면 그 항목을 순서(항목 구분이 숫자인 경우에는 오름차순, 한글인 경우에는 가나다순을 말한다)대로 표시하되, 상위 항목부터 하위 항목까지 1., 가., 1), 가), (1), (가), ①, ㉮의 형태로 표시한다. 다만, 필요한 경우에는 □, ○, -, · 등과 같은 특수한 기호로 표시할 수 있다.
② 문서에 금액을 표시할 때에는 「행정 효율과 협업 촉진에 관한 규정」(이하 "영"이라 한다) 제7조 제4항에 따라 아라비아 숫자로 쓰되, 숫자 다음에 괄호를 하고 다음과 같이 한글로 적어야 한다. <개정 2016. 7. 11.>
(예시) 금113,560원(금일십일만삼천오백육십원)

제3조【문서의 기안】 ① 영 제8조 제2항에 따른 기안문은 별지 제1호서식이나 별지 제2호서식에 따라 작성한다.
② 제1항에도 불구하고, 대통령 또는 국무총리의 결재를 받아야 하는 문서의 기안은 별지 제3호서식이나 별지 제4호서식에 따른 기안문으로 하되, 특별한 결재 절차에 사용하는 기안문은 따로 정하여 사용할 수 있다.

③ 제1항과 제2항에 따른 별지 제2호서식과 별지 제4호서식은 보고서, 계획서, 검토서 등 발신할 필요가 없는 내부결재문서에만 사용한다.

제4조【기안문의 구성】 ① 제3조 제1항에 따라 기안문을 별지 제1호서식으로 작성하는 경우 기안문은 두문, 본문 및 결문으로 구성한다.
② 제1항에 따른 두문(이하 "두문"이라 한다)은 행정기관명과 수신란으로 구성하되, 다음 각 호의 구분에 따라 표시한다. 이 경우 두문의 여백에는 행정기관의 로고·상징·마크·홍보문구 또는 바코드 등을 표시할 수 있다.
1. 행정기관명에는 그 문서를 기안한 부서가 속하는 행정기관명을 표시하되, 다른 행정기관명과 동일한 경우에는 바로 위 상급기관명을 함께 표시할 수 있다.
2. 수신란에는 다음 각 목과 같이 표시한다.
  가. 수신자가 없는 내부결재문서인 경우에는 "내부결재"로 표시한다.
  나. 수신자가 있는 경우에는 수신자명을 표시하고, 그 다음에 이어서 괄호 안에 업무를 처리할 보조기관이나 보좌기관을 표시하되, 보조기관이나 보좌기관이 분명하지 아니한 경우에는 ○○업무담당과장 등으로 쓸 수 있다. 다만, 수신자가 여럿인 경우에는 두문의 수신란에 "수신자참조"라고 표시하고 제1항에 따른 결문(이하 "결문"이라 한다)의 발신 명의 다음 줄에 수신자란을 따로 설치하여 수신자명을 표시할 수 있다.
③ 제1항에 따른 본문(이하 "본문"이라 한다)은 제목, 내용 및 붙임(문서에 다른 서식 등이 첨부되는 경우에만 해당한다)으로 구성한다.
④ 문서에 다른 서식 등이 첨부되는 경우에는 본문의 내용이 끝난 줄 다음에 "붙임" 표시를 하고 첨부물의 명칭과 수량을 적되, 첨부물이 두 가지 이상인 경우에는 제2조 제1항에 따라 항목을 구분하여 표시하여야 한다.
⑤ 본문의 마지막에는 다음과 같이 "끝" 표시 등을 한다. <개정 2021. 1. 21.>
1. 본문의 내용(본문에 붙임이 있는 경우에는 붙임을 말한다)의 마지막 글자에서 한 글자 띄우고 "끝" 표시를 한다. 다만, 본문의 내용이나 붙임

에 적은 사항이 오른쪽 한계선에 닿은 경우에는 다음 줄의 왼쪽 기본선에서 한 글자 띄우고 "끝" 표시를 한다.

2. 제1호에도 불구하고, 본문의 내용이 표 형식으로 끝나는 경우에는 표의 마지막 칸까지 작성되면 표 아래 왼쪽 기본선에서 한 글자를 띄운 후 "끝" 표시를 하고, 표의 중간까지만 작성된 경우에는 "끝" 표시를 하지 않고 마지막으로 작성된 칸의 다음 칸에 "이하 빈칸"으로 표시한다.

⑥ 결문은 다음 각 호의 사항으로 구성한다.

1. 발신 명의

2. 기안자·검토자·협조자·결재권자의 직위나 직급(각급 행정기관이 6급 이하 공무원의 직급을 대신하여 대외적으로 사용할 수 있도록 정한 대외직명을 포함한다. 이하 제6조에서 같다) 및 서명(전자이미지서명과 전자문자서명을 포함한다. 이하 같다)

3. 「공공기록물 관리에 관한 법률 시행령」 제20조에 따른 생산등록번호(이하 "생산등록번호"라 한다) 및 접수등록번호(이하 "접수등록번호"라 한다), 시행일 및 접수일

4. 행정기관의 우편번호·주소·홈페이지주소·전화번호·팩스번호, 공무원의 전자우편주소와 공개 구분

제5조【일괄기안 등】 ① 기안하려는 여러 문서의 내용이 서로 관련성이 있는 경우에는 각 문서의 내용을 하나의 기안문으로 일괄하여 기안할 수 있다. 이 경우 특별한 사유가 없으면 각각 다른 생산등록번호를 사용하여 같은 날짜로 시행하여야 한다.

② 둘 이상의 행정기관의 장의 결재가 필요한 문서는 영 제8조 제3항에 따라 그 문서 처리를 주관하는 행정기관의 장의 결재를 받은 후 관계 행정기관의 장의 결재를 받아 공동명의로 시행하여야 한다. 이 경우 발신 명의에는 문서 처리를 주관하는 행정기관의 장의 명의를 맨 위에 표시하며, 관계 행정기관의 장의 명의는 바로 밑에 표시하고, 관계 행정기관의 장이 둘 이상인 경우로서 동일 직급인 경우에는 「정부조직법」에 따른 부·처·청의 순위대로 표시하고, 동일 직급이 아닌 경우에는 상위 직급의 행정기관의 장의 명의부터 표시한다.

③ 수신한 종이문서를 수정하여 기안하는 경우에는 수신한 문서와 색깔이 다른 글자로 수정하는 방법으로 할 수 있다.

제6조【기안자 등의 표시】 ① 기안문에는 영 제8조 제4항에 따라 발의자와 보고자의 직위나 직급의 앞 또는 위에 발의자는 ★표시를, 보고자는 ⊙표시를 한다.

② 기안문에 첨부되는 계산서·통계표·도표 등 작성상의 책임을 밝힐 필요가 있다고 인정되는 첨부물에는 작성자를 표시하여야 한다.

③ 기안자, 검토자 또는 협조자는 기안문의 해당란에 직위나 직급을 표시하고 서명하되, 검토자나 협조자가 영 제9조 제3항 또는 제4항에 따라 다른 의견을 표시하는 경우에는 직위나 직급 다음에 "(의견 있음)"이라고 표시하여야 한다.

④ 총괄책임자(영 제60조에 따른 처리과의 업무분장상 여러 개의 단위업무를 총괄하는 책임자를 말한다. 이하 같다)는 총괄책임자가 총괄하는 단위업무를 분담하는 사람이 기안한 경우 그 기안문을 검토하고 검토자란에 서명을 하되, 다른 의견이 있으면 직위나 직급 다음에 "(의견 있음)"이라고 표시하고 기안문 또는 별지에 그 의견을 표시할 수 있다. 다만, 총괄책임자가 출장 등의 사유로 검토할 수 없는 등 부득이한 경우에는 검토를 생략할 수 있으며 서명란에 출장 등 검토할 수 없는 사유를 적어야 한다.

제7조【문서의 결재】 ① 결재권자의 서명란에는 서명 날짜를 함께 표시한다.

② 영 제10조 제2항에 따라 위임전결하는 경우에는 전결하는 사람의 서명란에 "전결" 표시를 한 후 서명하여야 한다.

③ 영 제10조 제3항에 따라 대결(代決)하는 경우에는 대결하는 사람의 서명란에 "대결" 표시를 하고 서명하되, 위임전결사항을 대결하는 경우에는 전결하는 사람의 서명란에 "전결" 표시를 한 후 대결하는 사람의 서명란에 "대결" 표시를 하고 서명하여야 한다.

④ 제2항과 제3항의 경우에는 서명 또는 "전결" 표시를 하지 아니하는 사람의 서명란은 만들지 아니한다.

제8조 【법규문서 등의 번호】 영 제11조 제2항에 따라 문서의 종류별로 다음 각 호의 구분에 따른 번호를 부여한다.

1. 영 제4조 제1호에 따른 법규문서에는 연도구분과 관계없이 누적되어 연속되는 일련번호(이하 "누년 일련번호"라 한다)를 부여한다.

2. 영 제4조 제2호에 따른 지시문서 중 훈령 및 예규에는 누년 일련번호를 부여하고, 일일명령에는 연도별로 구분하여 매년 새로 시작되는 일련번호로서 연도표시가 없는 번호(이하 "연도별 일련번호"라 한다)를 부여하며, 지시에는 연도표시와 연도별 일련번호를 붙임표(-)로 이은 번호(이하 "연도표시 일련번호"라 한다)를 부여한다.

3. 영 제4조 제3호에 따른 공고문서에는 연도표시 일련번호를 부여한다.

제9조 【시행문의 작성】 ① 영 제12조에 따른 시행문은 별지 제1호서식에 따라 작성하되, 그 구성에 관하여는 제4조에 따른다.

② 행정기관의 장이 소속공무원 또는 소속기관에 발신하는 시행문이나 보조기관 및 보좌기관 상호간에 발신하는 시행문 중에서 다음 각 호의 어느 하나에 해당하는 시행문은 업무관리시스템 또는 전자문서시스템의 전자게시판이나 행정기관의 홈페이지 등에 게시된 때에 시행된 것으로 본다.

1. 단순한 업무에 관한 지시

2. 자료요구, 업무연락, 통보, 공지사항, 일일명령 등

제10조 【발신 명의】 행정기관의 장의 권한을 대행하거나 직무를 대리하는 사람이 발신 명의와 함께 본인의 성명을 적는 경우에는 다음 예시와 같이 "권한대행" 또는 "직무대리"의 표시를 하고 그 직위를 적어야 한다.

(예시)　　○○군수　권한대행　　　○○○
　　　　　　　　　　（또는 직무대리）
　　　　　　　부　　　군　　　수

제11조 【관인날인 또는 서명】 ① 영 제14조 제1항 전단에 따라 관인을 찍는 경우에는 발신 명의 표시의 마지막 글자가 인영(印影: 도장을 찍은 모양)의 가운데에 오도록 한다. 다만, 등본·초본 등 민원서류를 발급할 때 사용하는 직인은 발신 명의 표시의 오른쪽에 찍을 수 있다. <개정 2021. 9. 7.>

② 보조기관이나 보좌기관은 영 제14조 제2항에 따라 서명하는 경우에는 발신 명의 표시의 마지막 글자 위에 서명하여야 한다.

③ 보조기관이나 보좌기관의 직무를 대리하는 사람이 영 제14조 제2항에 따라 보조기관이나 보좌기관의 발신 명의에 서명을 하는 경우에는 서명 앞에 "직무대리"의 표시를 하여야 한다.

④ 영 제14조 제3항에 따라 일일명령 등 단순 업무 처리에 관한 지시문서와 행정기관 간의 단순한 자료요구, 업무연락, 통보 등을 위한 문서에는 발신 명의 표시의 오른쪽에 별표 1에 따른 관인생략이나 서명생략(보조기관 또는 보좌기관 상호간에 발신하는 문서만 해당한다) 표시를 하고 관인날인 또는 서명을 생략할 수 있다.

⑤ 처리과의 장은 영 제14조 제4항에 따라 관인의 인영을 인쇄하여 사용하려면 미리 관인을 관리하는 부서의 장과 협의하고 해당 행정기관의 장의 승인을 받아야 한다.

⑥ 처리과의 장은 영 제14조 제4항에 따라 관인의 인영을 인쇄하여 사용하는 경우에는 다른 법령에 특별한 규정이 없으면 별지 제5호서식의 관인인쇄용지 관리대장을 갖추어 두고 관인의 인영을 인쇄하여 사용한 내용을 기록하고 유지하여야 한다.

제12조 【문서의 발신】 ① 문서는 처리과에서 발신하되, 영 제14조에 따라 관인을 찍는 문서인 경우로서 전자문서인 경우에는 처리과의 기안자나 문서의 수신·발신업무를 담당하는 사람이 전자이미지관인을 찍고, 종이문서인 경우에는 관인을 관리하는 사람이 관인을 찍는다.

② 영 제15조 제4항에 따라 수신자의 변경이나 추가를 승인한 처리과의 장은 승인날짜를 업무관리시스템 또는 전자문서시스템으로 관리하여야 한다. 다만, 종이문서인 경우에는 기안문의 결재권자 서명란 오른쪽 여백에 서명을 하고 승인날짜를 적는 방법으로 표시하여야 한다.

제13조 【문서의 발신방법 등】 ① 영 제16조 제1항에 따라 업무관리시스템 또는 전자문서시스템 등을 이용하여 정보통신망으로 문서를 발신하거나 수신하였을 때에는 그 발신 또는 수신 기록을 전자적으로 관리하여야 한다.

② 영 제16조 제2항에 따라 우편·팩스 등의 방법으로 문서를 발신한 때에는 그 발신기록을 증명할 수 있는 관계 서류 등을 기안문과 함께 보존하여야 한다.

③ 결재권자가 영 제16조 제5항에 따라 암호화 등의 발신방법을 지정한 경우에는 문서 본문의 마지막에 "암호" 등으로 발신할 방법을 표시하여야 한다.

④ 영 제16조 제5항에 따른 문서 중 비밀로 분류된 문서는 수신자의 응답이 있는 경우에만 발신하여야 하며, 문서의 제목 다음이나 본문의 "끝" 표시 또는 "이하 빈칸" 표시 다음에 따옴표("")를 하고 그 안에 비밀등급을 표시하여 발신하여야 한다.

제14조【결재받은 문서의 수정 등】 영 제17조 단서에 따라 종이문서의 일부분을 삭제하거나 수정하는 경우에는 원안의 글자를 알 수 있도록 해당 글자의 중앙에 가로로 두 선을 그어 삭제하거나 수정하고, 삭제하거나 수정한 사람이 그 곳에 서명이나 날인을 하여야 한다.

제15조【문서의 접수·처리】 ① 영 제18조 제1항에서 "행정안전부령으로 정하는 접수인"이란 별표 2에 따른 접수인을 말하며, 같은 항에 따라 접수인을 찍는 경우에는 특별한 사유가 없으면 접수한 문서의 오른 쪽 위 여백에 찍어야 한다. <개정 2013. 3. 23., 2014. 11. 19., 2017. 7. 26.>

② 둘 이상의 보조기관 또는 보좌기관과 관련 있는 문서의 경우에는 관련성이 가장 높은 보조기관 또는 보좌기관이 영 제18조 제1항에 따른 처리과로서 문서를 접수한다.

③ 제2항에 따라 문서를 접수한 처리과는 문서와 관련이 있는 다른 보조기관 또는 보좌기관에 접수한 문서의 내용을 통보하여야 한다.

④ 경유문서를 접수한 기관은 해당 기관장의 명의로 다른 경유기관의 장이나 최종 수신자에게 경유문서를 첨부하여 발신하여야 한다. 이 경우 해당 기관의 의견이 있으면 그 의견을 시행문 본문에 표시하거나 첨부하여 보내야 한다.

⑤ 당직근무자가 문서를 받았으면 다음 근무시간 시작 후 지체 없이 문서과에 인계하여야 한다.

⑥ 감열(感熱)기록방식의 팩스로 보존기간이 3년 이상인 문서를 수신하였을 때에는 그 문서를 복사하여 접수하여야 한다. 이 경우 수신한 문서는 폐기한다.

제16조【문서의 반송 및 재배부 등】 ① 행정기관의 장은 접수한 문서에 형식상의 흠이 있으면 그 문서의 생산등록번호, 시행일, 제목 및 반송사유를 구체적으로 밝혀 발신한 행정기관의 장에게 반송할 수 있다.

② 행정기관의 장은 접수한 문서가 다른 행정기관의 소관사항인 경우에는 그 문서를 지체 없이 소관 행정기관의 장에게 이송하여야 한다.

③ 처리과에서 그 소관에 속하지 아니하는 문서를 접수한 경우에는 지체 없이 문서과로 보내야 하며, 문서과로부터 배부받은 문서의 경우에는 재배부 요청을 하여야 한다. 이 경우 문서과는 그 문서를 즉시 소관 처리과로 재배부하여야 한다.

제17조【공람할 문서】 영 제18조 제4항에서 "행정안전부령으로 정하는 문서"란 다음 각 호의 문서를 말한다. 다만, 통계·설문조사 등을 위하여 각 기관으로부터 취합하는 문서는 제외한다. <개정 2013. 3. 23., 2014. 11. 19., 2017. 7. 26.>

1. 결재권자로부터 처리지침을 받아야 할 필요가 있는 문서
2. 민원문서
3. 행정기관이나 보조기관 또는 보좌기관 간의 업무협조에 관한 문서
4. 접수된 문서를 처리하기 위하여 미리 검토할 필요가 있는 문서
5. 그 밖에 공무원의 신상(身上), 교육·훈련 등과 관련하여 공무원이 알아야 할 필요가 있는 문서

제18조【문서의 쪽 번호 등 표시】 영 제19조 제2호가목에 따라 전자문서에는 다음 각 호의 구분에 따라 쪽 번호 또는 발급번호를 표시한다.

1. 각종 증명발급에 관한 문서를 제외한 문서에는 문서의 중앙 하단에 쪽 번호를 표시하되, 문서의 순서 또는 연결관계를 명백히 할 필요가 있는 중요한 문서에는 해당 문건의 전체 쪽수와 그 쪽의 일련번호를 붙임표(-)로 이어 표시한다.
2. 각종 증명발급에 관한 문서에는 해당 문서의 왼쪽 하단에 발급번호를 표시하되, 다음 예시와 같이 표시한다.
   (예시) 단말번호 − 출력연월일/
   　　　시·분·초 − 발급일련번호 − 쪽번호

제2절 업무관리시스템의 구축·운영

제19조【업무관리시스템 구축·운영 지원】 행정안전부장관은 영 제21조 제3항에 따라 업무관리시스템의 구축·운영을 지원하기 위한 계획을 수립·시행하기 위하여 관계 행정기관의 장에게 관련 자료 및 필요한 의견의 제출을 요청할 수 있다. <개정 2013. 3. 23., 2014. 11. 19., 2017. 7. 26.>

제20조【업무관리시스템의 구성】 ① 과제관리카드에는 표제, 실적관리, 접수관리, 계획관리, 품질관리, 홍보관리, 고객관리 부분과 그 밖에 필요한 사항이 포함되어야 한다.

② 문서관리카드는 문서정보, 보고경로, 시행정보, 관리정보 부분과 그 밖에 필요한 사항이 포함되어야 한다.

③ 행정기관의 장이 특별한 사유가 있다고 인정하면 제1항과 제2항에 따른 과제관리카드와 문서관리카드의 일부 사항을 제외할 수 있다.

제21조【업무관리시스템에 의한 기안 및 시행】 ① 문서의 기안은 제3조에도 불구하고 별지 제6호서식의 문서관리카드로 할 수 있다.

② 문서관리카드로 기안을 하는 경우에 검토자·협조자 및 결재권자는 제4조 제5항에도 불구하고 "끝" 표시 등을 생략할 수 있고, 제6조 제3항 및 제4항에도 불구하고 보고경로 부분의 의견·지시란에 의견을 표시할 수 있으며, 제7조에도 불구하고 "전결", "대결"의 표시를 생략할 수 있다.

제22조【정부전자문서유통지원센터의 운영 등】 ① 행정안전부장관은 전자문서유통상의 장애가 발생하거나 업무관리시스템 또는 전자문서 시스템간의 문제가 발생한 경우에는 영 제25조 제1항에 따른 정부전자문서유통지원센터(이하 "센터"라 한다) 이용자에게 업무관리시스템 또는 전자문서시스템 등의 관련 정보를 요청할 수 있다. <개정 2013. 3. 23., 2014. 11. 19., 2017. 7. 26.>

② 제1항에서 정한 사항 외에 센터 운영에 필요한 세부 사항은 행정안전부장관이 따로 정한다. <개정 2013. 3. 23., 2014. 11. 19., 2017. 7. 26.>

제3절 서식의 제정 및 활용

제23조【서식의 지질 등】 ① 서식을 포함한 용지의 용도별 지질 기준은 별표 3과 같다. 다만, 부득이한 경우에는 별표 3에 따른 기준과 다른 지질의 용지를 사용할 수 있다.

② 서식에는 용지의 규격과 지질을 다음의 예시와 같이 해당 서식의 우측 하단에 표시한다.

(예시) 210mm×297mm(백상지 80g/m²)

제24조【서식 설계 기준】 ① 영 제28조 제8항에 따른 서식 설계에 관한 세부 기준은 별표 4와 같다.

② 제1항 및 별표 4에도 불구하고 다음 각 호의 어느 하나에 해당하는 서식의 경우에는 별표 5에 따른 큰글자 서식 설계 기준을 적용할 수 있다.

1. 노년층 등 디지털 약자의 이용 빈도가 높은 서식
2. 오프라인 방문 이용 건수가 많은 서식
3. 다수의 국민이 큰글자 서식으로의 개편을 요구하는 서식
4. 그 밖에 소관 행정기관의 장이 큰글자 서식으로 개편할 필요가 있다고 인정하는 서식

[전문개정 2021. 1. 21.]

제25조【서식승인의 신청 등】 ① 중앙행정기관의 장 및 그 소속기관의 장은 영 제29조에 따라 서식을 정하거나 변경하기 위하여 승인을 신청할 때에는 서식 목록과 서식 초안을 첨부하여야 한다.

② 영 제29조 제1항 또는 제2항에 따라 서식을 승인한 기관은 서식 목록과 승인서식안을 그 서식의 승인을 신청한 기관에 통보하여야 한다.

제4절 관인의 관리

제26조【관인의 재료 등】 ① 관인의 재료는 쉽게 닳거나 부식되지 아니하는 재질을 사용하여야 한다.

② 관인의 인영 색깔은 빨간색으로 한다. 다만, 문서를 출력 또는 복사하여 시행하거나 팩스를 통하여 문서를 접수하는 경우에는 검정색으로 할 수 있다.

제27조【직인의 사용】 영 제33조 제1항에 따른 직인은 그 직무대리도 사용할 수 있다. <개정 2021. 9. 7.>

제28조【관인의 내용】 관인의 글자는 한글로 하여 가로로 새기되, 국민이 쉽고 간명하게 알아볼 수 있도록 하여야 하며, 그 기관 또는 직위의 명칭에

"인" 또는 "의인" 글자를 붙인다. 다만, 영 제34조에 따라 특수한 업무 처리에 사용하는 관인은 그 업무의 집행 목적에만 사용되는 것임을 그 관인의 인면(관인 중 글자가 새겨져 있는 부분을 말한다)에 표시하여야 한다.

제29조【등록】 ① 행정기관(제3항에 따라 바로 위 상급기관으로서 그 하급기관으로부터 등록신청을 받은 행정기관을 포함한다. 이하 제2항에서 같다)은 영 제36조 제1항에 따라 관인의 인영을 별지 제7호서식의 관인대장에 등록하여 관리하여야 한다.

② 행정기관은 영 제36조 제1항에 따라 전자이미지관인의 인영을 별지 제8호서식의 전자이미지관인대장에 등록하여 관리하여야 한다. 이 경우 전자이미지관인의 컴퓨터파일은 정보화 담당 부서에서 관리하여야 한다.

③ 행정기관이 영 제36조 제1항 단서에 따라 바로 위 상급기관에 등록하는 경우에는 별지 제9호서식에 따라 등록신청을 하여야 한다.

제30조【재등록 및 폐기】 ① 행정기관(제3항에 따라 바로 위 상급기관으로서 그 하급기관으로부터 재등록신청 또는 폐기신고를 받은 행정기관을 포함한다. 이하 제2항에서 같다)은 영 제37조 제1항 또는 제2항에 따라 관인을 재등록하거나 폐기할 때에는 별지 제7호서식의 관인대장에 갱신한 관인의 인영 또는 폐기하려는 관인의 인영을 등록하여 관리하여야 한다.

② 행정기관은 영 제37조 제3항 및 제4항에 따라 전자이미지관인을 폐기하거나 재등록할 때에는 별지 제8호서식의 전자이미지관인대장에 폐기하려는 전자이미지관인 또는 재등록하려는 전자이미지관인을 등록하여 관리하여야 한다.

③ 행정기관이 영 제36조 제1항 단서에 따라 바로 위 상급기관에 등록한 관인을 재등록하거나 폐기하려는 경우에는 별지 제9호서식에 따라 그 상급기관에 재등록신청을 하거나 폐기신고를 하여야 한다.

제31조【전자이미지관인의 관리】 영 제38조 제1항에 따라 다른 행정기관의 전자이미지관인을 제출받은 행정기관의 장은 별지 제10호서식의 전자이미지관인 관리대장에 해당 관인의 인영을 등재하여 관리하여야 한다.

제32조【공고의 내용】 관인 등록기관이 영 제39조에 따라 관인을 공고할 때에는 다음 사항을 포함하여야 한다.

1. 관인의 등록·재등록 또는 폐기 사유
2. 등록·재등록 관인의 최초 사용 연월일 또는 폐기 관인의 폐기 연월일
3. 등록·재등록 또는 폐기 관인의 이름 및 인영
4. 공고 기관의 장

제3장 행정업무의 효율적 수행

제1절 삭제 〈2016. 7. 11.〉

제33조 삭제 〈2016. 7. 11.〉

제34조 삭제 〈2016. 7. 11.〉

제2절 정책연구의 관리

제35조【정책연구심의위원회의 구성 및 운영】 ① 영 제50조 제1항에 따른 정책연구심의위원회(이하 "위원회"라 한다)는 위원장 1명을 포함하여 10명 이상 30명 이하의 위원으로 성별을 고려하여 구성하되, 제2항에 따라 위촉하는 위원의 수가 전체 위원 수의 과반수가 되도록 구성하여야 한다. 〈개정 2014. 2. 18.〉

② 위원회의 위원장은 영 제49조에 따른 정책연구(이하 "정책연구"라 한다)에 관한 업무를 총괄하는 실 또는 국(실 또는 국에 상당하는 부서를 포함한다. 이하 같다)의 장이 되고, 위원은 해당 중앙행정기관의 장이 지명하는 과장급 이상 공무원과 그 중앙행정기관 소관 업무에 관한 전문적인 지식과 경험이 풍부한 외부 전문가 중에서 해당 중앙행정기관의 장이 위촉하는 사람이 된다.

③ 위원회의 위원 중 제2항에 따라 위촉하는 위원(이하 "위촉위원"이라 한다)의 임기는 2년으로 하되 연임할 수 있다.

④ 위원장은 다음 각 호의 사항을 처리하기 위하여 위원장이 속하는 실 또는 국의 과장급 공무원을 간사로 지정할 수 있다.

1. 위원회의 구성 및 운영에 관한 사무 처리

2. 영 제51조에 따른 연구과제 및 연구자 선정에 관한 회의 안건의 준비

3. 영 제52조에 따른 정책연구결과 평가 및 활용상황 점검에 관한 회의 안건의 준비

⑤ 위원회의 회의는 재적위원 과반수의 출석으로 개의(開議)하고, 출석위원 과반수의 찬성으로 의결한다. 이 경우 위촉위원의 과반수가 출석한 경우에만 개의할 수 있다.

⑥ 위원회는 다음 각 호의 어느 하나에 해당하는 사항을 심의하는 경우 위촉위원의 참여를 배제할 수 있다. 이 경우 제5항 후단을 적용하지 아니한다.

1. 「군사기밀보호법」 제2조에 따른 군사기밀 관련 사항

2. 「국가정보원법」 제13조 제4항에 따른 국가 기밀 관련 사항

3. 그 밖에 보안 관련 법령에 따라 비밀로 관리되는 사항

⑦ 영 및 이 규칙에서 규정한 사항 외에 위원회 운영에 필요한 사항은 위원회의 의결을 거쳐 위원장이 정한다.

제36조【소위원회의 구성】① 영 제50조 제2항에 따른 소위원회(이하 "소위원회"라 한다)는 위원장 1명을 포함하여 4명 이상 10명 이하의 위원으로 성별을 고려하여 구성하되, 제2항에 따라 위촉하는 위원의 수가 전체 소위원회 위원 수의 과반수가 되도록 구성하여야 한다. <개정 2014. 2. 18.>

② 소위원회의 위원장은 연구과제를 담당하는 실 또는 국의 장이 되고, 위원은 해당 중앙행정기관의 장이 지명하는 과장급 공무원(위원회의 위원인 과장급 공무원을 포함한다)과 그 연구과제에 대한 전문적인 지식과 경험이 풍부한 외부 전문가 중에서 중앙행정기관의 장이 위촉하는 사람이 된다.

제37조【연구과제 심의 신청 등】① 정책연구를 하려는 부서의 장은 영 제51조 제1항 각 호 외의 부분 본문에 따라 연구과제 선정에 관하여 위원회의 심의를 거치려면 별지 제10호의 2 서식의 정책연구과제 심의 신청서와 별지 제10호의3서식의 정책연구과제 차별성 검토보고서를 위원회에 제출하여야 한다. 다만, 선정하려는 연구과제와 유사하거나 중복되는 연구과제에 관한 다른 정책연구가 없는 경우에는 별지 제10호의3서식은 제출하지 아니할 수

있다. <개정 2017. 10. 17.>

1. 삭제 <2017. 10. 17.>

2. 삭제 <2017. 10. 17.>

3. 삭제 <2017. 10. 17.>

4. 삭제 <2017. 10. 17.>

5. 삭제 <2017. 10. 17.>

② 정책연구를 하려는 부서의 장은 영 제51조 제1항 각 호 외의 부분 단서에 따라 연구과제를 선정한 경우에는 별지 제10호의3서식의 정책연구과제 차별성 검토보고서 및 별지 제10호의4서식의 정책연구과제 선정 결과보고서를 위원회에 보고하여야 한다. 다만, 선정하려는 연구과제와 유사하거나 중복되는 연구과제에 관한 다른 정책연구가 없는 경우에는 별지 제10호의3서식은 보고하지 아니할 수 있다. <개정 2017. 10. 17.>

제38조【연구과제의 중복 선정 금지】중앙행정기관의 장은 다른 행정기관이나 정부의 출연·보조 또는 지원을 받은 연구기관(이하 "행정기관등"이라 한다)에서 이미 연구가 완료되었거나 연구를 하고 있는 연구과제와 중복되는 연구과제를 선정하여서는 아니 된다. 다만, 다음 각 호의 어느 하나에 해당하는 경우에는 그러하지 아니하다.

1. 행정기관등에서 유사한 연구를 이미 수행된 경우로서 해당 분야의 이론 및 기술의 발전 등에 따라 새로운 연구가 필요한 경우

2. 관련 정책의 수행을 위하여 이미 수행된 연구과제 결과와 구분되는 학문적·이론적 체계의 구축이 필요한 경우

3. 행정기관등에서 연구를 진행하고 있는 경우로서 관련 사항에 대한 연구가 필요하여 행정기관등과 공동으로 정책연구를 하려는 경우

제39조【연구과제의 변경】중앙행정기관의 장은 영 제51조 제1항 각 호 외의 부분 본문에 따라 선정된 연구과제를 변경하여야 할 부득이한 사유가 있으면 위원회의 심의를 거쳐 변경할 수 있다.

제40조【과제담당관 등】① 영 제51조 제1항 각 호 외의 부분 본문에 따른 과제담당관은 정책연구에 관한 다음 각 호의 업무를 수행한다.

1. 해당 정책연구에 관한 추진계획의 수립 및 시행

2. 영 제52조에 따른 연구결과의 평가

3. 영 제54조에 따른 정책연구의 공개

4. 그 밖에 정책연구 수행에 필요한 업무

② 정책연구에 관한 업무를 총괄하는 실 또는 국의 장은 제1항에 따른 과제담당관의 업무를 총괄·조정한다.

제41조【연구결과의 평가】① 영 제52조에 따른 정책연구결과 평가는 과제담당관과 과제담당관이 지정한 외부 전문가 1명이 공동으로 평가하는 방법이나 외부 전문가가 참석하는 정책연구완료 보고회를 개최하여 평가하는 방법으로 하여야 한다.

② 과제담당관은 영 제52조 후단에 따라 정책연구결과 평가에 대하여 위원회의 심의를 거치려는 경우 평가결과보고서를 작성하여 위원회에 제출하여야 한다.

제42조【연구결과의 공개 등】① 행정기관의 장은 정책연구에 관한 사항이 영 제54조 제3항에 따른 비공개대상정보에 해당하면 다른 법령에 특별한 규정이 있는 경우를 제외하고는 2년의 범위에서 비공개 기간을 정하되, 기간의 경과 등으로 비공개의 필요성이 없어지거나 「공공기록물 관리에 관한 법률」 제35조에 따라 공개하는 것으로 재분류된 경우에는 영 제54조 제1항 및 제2항에 따라 공개하여야 한다. <개정 2014. 2. 18.>

② 행정기관은 정책연구결과를 「공공기록물 관리에 관한 법률」 제18조에 따라 기록물로 등록하여 관리하여야 하고, 간행물로 발간하려는 경우에는 같은 법 제22조에 따라 관리하여야 한다. <개정 2014. 2. 18.>

제3절 영상회의의 운영

제43조【정부영상회의실 등의 관리·운영】① 정부청사관리소장은 정부영상회의실의 관리·운영을 위하여 다음 각 호의 조치를 하여야 한다.

1. 정부영상회의시스템의 관리책임자 및 운영자 지정
2. 정부영상회의실 및 정부영상회의시스템 보안대책의 수립
3. 각종 회의용 기자재의 제공 및 정부영상회의 운영의 지원
4. 제1호부터 제3호까지에서 규정한 사항 외에 정부영상회의실 관리·운영에 필요한 사항

② 행정안전부장관은 영 제57조 제1항 각 호에 해당하는 회의를 주관하는 관계 행정기관의 장에게 정부영상회의실을 이용하여 회의를 개최할 것을 요청할 수 있다. 이 경우 행정기관의 장은 특별한 사유가 없으면 요청에 따라야 한다. <개정 2014. 11. 19., 2017. 7. 26.>

③ 영 제57조 제2항에 따른 영상회의실의 지정, 행정기관의 영상회의실 설치·운영 및 상호 연계에 필요한 세부 사항은 행정안전부장관이 정한다. <개정 2014. 11. 19., 2017. 7. 26.>
[전문개정 2014. 2. 18.]

제43조의 2【정부영상회의실 운영요원】정부청사관리소장은 다음 각 호의 업무를 담당하는 정부영상회의실 운영요원을 정부서울청사, 정부과천청사, 정부대전청사 및 정부세종청사 등에 배치하여야 한다.

1. 정부영상회의시스템 및 관련 장비의 운영·관리
2. 각종 전용회선의 관리
3. 정부영상회의실의 보안관리
4. 제1호부터 제3호까지에서 규정한 사항 외에 정부영상회의 운영을 위하여 필요한 업무
[본조신설 2014. 2. 18.]

제44조【사용신청】① 정부영상회의실을 사용하려는 기관은 회의 개최일 2일 전까지 정부청사관리소장에게 사용신청을 하여야 하며, 정부청사관리소장은 정부영상회의실의 사용가능 여부를 지체 없이 통보하여야 한다.

② 제1항에 따른 정부영상회의실 사용신청은 별지 제11호서식에 따른다. 이 경우 팩스 또는 정보통신망 등을 이용하여 신청할 수 있다.

제4장 행정업무의 관리

제45조【업무의 인계·인수】① 영 제61조 제1항에 따라 업무관리시스템이나 전자문서시스템을 이용하여 업무를 인계·인수하는 사람은 별지 제12호서식의 업무인계·인수서를 작성하여야 한다.

② 후임자가 정해지지 아니한 경우와 그 밖의 특별한 사유로 후임자에게 업무를 인계할 수 없는 경우에는 그 직무를 대리하는 사람에게 인계하고, 그 직무를 대리하는 사람은 후임자가 업무를 인수할 수 있게 되었을 때에 즉시 인계하여야 한다.

제46조【직무편람의 작성·관리 등】① 영 제62조 제2항 제2호에 따른 직무편람(이하 "직무편람"이라 한다)은 특별한 사유가 없으면 행정기관의 직제에 규정된 최하 단위 부서별로 작성하여야 하며, 처리과의 장은 정기적으로 또는 수시로 그 내용을 수정하거나 보완하여야 한다.

② 직무편람은 다음 각 호의 사항을 포함하여 작성되어야 하며, 업무를 인계·인수할 때에는 직무편람을 함께 인계·인수하여야 한다.

1. 업무 연혁, 관련 업무 현황 및 주요업무계획
2. 업무의 처리절차 및 흐름도
3. 소관 보존문서 현황
4. 그 밖의 업무처리에 필요한 참고사항

제5장 보칙

제47조【이 규칙에 따른 서식의 전자적 관리】행정기관의 장은 별지 제1호서식부터 별지 제12호서식까지에 따라 작성한 문서를 특별한 사유가 없으면 업무관리시스템 또는 전자문서시스템 등을 이용하여 전자적으로 관리하여야 한다.

제48조【세부 사항】행정안전부장관은 영 및 이 규칙의 시행에 필요한 세부 사항을 따로 정할 수 있다. <개정 2013. 3. 23., 2014. 11. 19., 2017. 7. 26.>

부칙 〈제274호, 2021. 9. 7.〉

(어려운 법령용어 정비를 위한 29개 법령의 일부개정에 관한 행정안전부령)

이 규칙은 공포한 날부터 시행한다.

민원 처리에 관한 법률 (약칭 : 민원처리법)

[시행 2022. 7. 12.]
[법률 제18748호, 2022. 1. 11., 타법개정]

제1장 총칙

제1조【목적】이 법은 민원 처리에 관한 기본적인 사항을 규정하여 민원의 공정하고 적법한 처리와 민원행정제도의 합리적 개선을 도모함으로써 국민의 권익을 보호함을 목적으로 한다.

제2조【정의】이 법에서 사용하는 용어의 뜻은 다음과 같다.

1. "민원"이란 민원인이 행정기관에 대하여 처분 등 특정한 행위를 요구하는 것을 말하며, 그 종류는 다음 각 목과 같다.

   가. 일반민원
      1) 법정민원 : 법령·훈령·예규·고시·자치법규 등(이하 "관계법령등"이라 한다)에서 정한 일정 요건에 따라 인가·허가·승인·특허·면허 등을 신청하거나 장부·대장 등에 등록·등재를 신청 또는 신고하거나 특정한 사실 또는 법률관계에 관한 확인 또는 증명을 신청하는 민원
      2) 질의민원 : 법령·제도·절차 등 행정업무에 관하여 행정기관의 설명이나 해석을 요구하는 민원
      3) 건의민원 : 행정제도 및 운영의 개선을 요구하는 민원
      4) 기타민원 : 법정민원, 질의민원, 건의민원 및 고충민원 외에 행정기관에 단순한 행정절차 또는 형식요건 등에 대한 상담·설명을 요구하거나 일상생활에서 발생하는 불편사항에 대하여 알리는 등 행정기관에 특정한 행위를 요구하는 민원

나. 고충민원 : 「부패방지 및 국민권익위원회의 설치와 운영에 관한 법률」 제2조 제5호에 따른 고충민원

2. "민원인"이란 행정기관에 민원을 제기하는 개인·법인 또는 단체를 말한다. 다만, 행정기관(사경제의 주체로서 제기하는 경우는 제외한다), 행정기관과 사법(私法)상 계약관계(민원과 직접 관련된 계약관계만 해당한다)에 있는 자, 성명·주소 등이 불명확한 자 등 대통령령으로 정하는 자는 제외한다.

3. "행정기관"이란 다음 각 목의 자를 말한다.
가. 국회·법원·헌법재판소·중앙선거관리위원회의 행정사무를 처리하는 기관, 중앙행정기관(대통령 소속 기관과 국무총리 소속 기관을 포함한다. 이하 같다)과 그 소속 기관, 지방자치단체와 그 소속 기관
나. 공공기관
1) 「공공기관의 운영에 관한 법률」 제4조에 따른 법인·단체 또는 기관
2) 「지방공기업법」에 따른 지방공사 및 지방공단
3) 특별법에 따라 설립된 특수법인
4) 「초·중등교육법」·「고등교육법」 및 그 밖의 다른 법률에 따라 설치된 각급 학교
5) 그 밖에 대통령령으로 정하는 법인·단체 또는 기관
다. 법령 또는 자치법규에 따라 행정권한이 있거나 행정권한을 위임 또는 위탁받은 법인·단체 또는 그 기관이나 개인

4. "처분"이란 「행정절차법」 제2조 제2호의 처분을 말한다.

5. "복합민원"이란 하나의 민원 목적을 실현하기 위하여 관계법령등에 따라 여러 관계 기관(민원과 관련된 단체·협회 등을 포함한다. 이하 같다) 또는 관계 부서의 인가·허가·승인·추천·협의 또는 확인 등을 거쳐 처리되는 법정민원을 말한다.

6. "다수인관련민원"이란 5세대(世帶) 이상의 공동이해와 관련되어 5명 이상이 연명으로 제출하는 민원을 말한다.

7. 삭제 <2022. 1. 11.>

8. "무인민원발급창구"란 행정기관의 장이 행정기관 또는 공공장소 등에 설치하여 민원인이 직접 민원문서를 발급받을 수 있도록 하는 전자장비를 말한다.

제3조【적용 범위】 ① 민원에 관하여 다른 법률에 특별한 규정이 있는 경우를 제외하고는 이 법에서 정하는 바에 따른다.
② 제2조 제3호 가목의 국회·법원·헌법재판소·중앙선거관리위원회의 행정사무를 처리하는 기관에 대해서는 제36조 제3항, 제37조, 제38조, 제39조 제2항부터 제6항까지 및 제42조를 적용하지 아니한다.

제4조【민원 처리 담당자의 의무와 보호】 ① 민원을 처리하는 담당자는 담당 민원을 신속·공정·친절·적법하게 처리하여야 한다. <개정 2022. 1. 11.>
② 행정기관의 장은 민원인 등의 폭언·폭행, 목적이 정당하지 아니한 반복 민원 등으로부터 민원 처리 담당자를 보호하기 위하여 민원 처리 담당자의 신체적·정신적 피해의 예방 및 치료 등 대통령령으로 정하는 필요한 조치를 하여야 한다. <신설 2022. 1. 11.>
③ 민원 처리 담당자는 행정기관의 장에게 제2항에 따른 조치를 요구할 수 있다. <신설 2022. 1. 11.>
④ 행정기관의 장은 제3항에 따른 민원 처리 담당자의 요구를 이유로 해당 민원 처리 담당자에게 불이익을 주어서는 아니 된다. <신설 2022. 1. 11.>
[제목개정 2022. 1. 11.]

제5조【민원인의 권리와 의무】 ① 민원인은 행정기관에 민원을 신청하고 신속·공정·친절·적법한 응답을 받을 권리가 있다.
② 민원인은 민원을 처리하는 담당자의 적법한 민원처리를 위한 요청에 협조하여야 하고, 행정기관에 부당한 요구를 하거나 다른 민원인에 대한 민원처리를 지연시키는 등 공무를 방해하는 행위를 하여서는 아니 된다.

제6조【민원 처리의 원칙】 ① 행정기관의 장은 관계법령등에서 정한 처리기간이 남아 있다거나 그 민원과 관련 없는 공과금 등을 미납하였다는 이유로 민원 처리를 지연시켜서는 아니 된다. 다만, 다른 법령에 특별한 규정이 있는 경우에는 그에 따른다.

② 행정기관의 장은 법령의 규정 또는 위임이 있는 경우를 제외하고는 민원 처리의 절차 등을 강화하여서는 아니 된다.

제7조【정보 보호】행정기관의 장은 민원 처리와 관련하여 알게 된 민원의 내용과 민원인 및 민원의 내용에 포함되어 있는 특정인의 개인정보 등이 누설되지 아니하도록 필요한 조치를 강구하여야 하며, 수집된 정보가 민원 처리의 목적 외의 용도로 사용되지 아니하도록 하여야 한다.

제7조의 2【민원의 날】① 민원에 대한 이해와 인식 및 민원 처리 담당자의 자긍심을 높이기 위하여 매년 11월 24일을 민원의 날로 정한다.
② 국가와 지방자치단체는 민원의 날의 취지에 적합한 기념행사를 할 수 있다.
[본조신설 2022. 1. 11.]

제2장 민원의 처리

제1절 민원의 신청 및 접수 등

제8조【민원의 신청】민원의 신청은 문서(「전자정부법」제2조 제7호에 따른 전자문서를 포함한다. 이하 같다)로 하여야 한다. 다만, 기타민원은 구술(口述) 또는 전화로 할 수 있다.

제8조의 2【증명서류 또는 구비서류의 전자적 제출】
① 민원인은 민원의 처리에 필요한 증명서류나 구비서류를 「전자정부법」제2조 제7호에 따른 전자문서(이하 "전자문서"라 한다)나 같은 조 제8호에 따른 전자화문서(이하 "전자화문서"라 한다)로 제출할 수 있다. 다만, 행정기관이 전자문서나 전자화문서로 증명서류나 구비서류를 받을 수 있는 정보시스템을 구축하지 아니한 경우 등 대통령령으로 정하는 사유가 있는 경우에는 그러하지 아니하다.
② 제1항에 따라 전자문서 또는 전자화문서로 제출된 증명서류나 구비서류의 진본성(眞本性) 확인 등을 위하여 필요한 사항은 국회규칙, 대법원규칙, 헌법재판소규칙, 중앙선거관리위원회규칙 및 대통령령으로 정한다.
[본조신설 2022. 1. 11.]

제9조【민원의 접수】① 행정기관의 장은 민원의 신청을 받았을 때에는 다른 법령에 특별한 규정이 있는 경우를 제외하고는 그 접수를 보류하거나 거부할 수 없으며, 접수된 민원문서를 부당하게 되돌려 보내서는 아니 된다.
② 행정기관의 장은 민원을 접수하였을 때에는 해당 민원인에게 접수증을 내주어야 한다. 다만, 기타민원과 민원인이 직접 방문하지 아니하고 신청한 민원 및 처리기간이 '즉시'인 민원 등 대통령령으로 정하는 경우에는 접수증 교부를 생략할 수 있다.
③ 제1항 및 제2항에 따른 민원의 접수 등에 필요한 사항은 대통령령으로 정한다.

제10조【불필요한 서류 요구의 금지】① 행정기관의 장은 민원을 접수・처리할 때에 민원인에게 관계법령등에서 정한 구비서류 외의 서류를 추가로 요구하여서는 아니 된다.
② 행정기관의 장은 동일한 민원서류 또는 구비서류를 복수로 받는 경우에는 특별한 사유가 없으면 원본과 함께 그 사본의 제출을 허용하여야 한다.
③ 행정기관의 장은 민원을 접수・처리할 때에 다음 각 호의 어느 하나에 해당하는 경우에는 민원인에게 관련 증명서류 또는 구비서류의 제출을 요구할 수 없으며, 그 민원을 처리하는 담당자가 직접 이를 확인・처리하여야 한다. <개정 2022. 1. 11.>
1. 민원인이 소지한 주민등록증・여권・자동차운전면허증 등 행정기관이 발급한 증명서로 그 민원의 처리에 필요한 내용을 확인할 수 있는 경우
2. 해당 행정기관의 공부(公簿) 또는 행정정보로 그 민원의 처리에 필요한 내용을 확인할 수 있는 경우
3. 「전자정부법」제36조 제1항에 따른 행정정보의 공동이용을 통하여 그 민원의 처리에 필요한 내용을 확인할 수 있는 경우
4. 행정기관이 증명서류나 구비서류를 다른 행정기관으로부터 전자문서로 직접 발급받아 그 민원의 처리에 필요한 내용을 확인할 수 있는 경우로서 민원인이 행정기관에 미리 해당 증명서류 또는 구비서류에 대하여 관계법령등에서 정한 수수료 등을 납부한 경우
④ 행정기관의 장이 제3항에 따라 증명서류나 구비서류를 확인・처리한 경우에는 관계법령등에서

정한 절차에 따라 증명서류나 구비서류를 확인·처리한 것으로 본다. <신설 2022. 1. 11.>

⑤ 행정기관의 장은 제3항 제3호에 따라 행정정보의 공동이용을 통하여 민원인의 증명서류 또는 구비서류 제출을 갈음하는 경우에는 증명서류나 구비서류의 발급기관의 장과 협의하여 해당 증명서류나 구비서류에 대한 수수료를 감면할 수 있다. <신설 2022. 1. 11.>

⑥ 행정기관의 장은 제3항 제3호에 따라 행정정보의 공동이용을 통하여 그 내용을 확인할 수 있는 민원의 종류·범위와 그 밖에 필요한 사항을 인터넷 홈페이지 등을 통하여 공표하여야 한다. <신설 2022. 1. 11.>

⑦ 행정기관의 장은 원래의 민원의 내용 변경 또는 갱신 신청을 받았을 때에는 특별한 사유가 없으면 이미 제출되어 있는 관련 증명서류 또는 구비서류를 다시 요구하여서는 아니 된다. <개정 2022. 1. 11.>

⑧ 제3항부터 제6항까지의 규정에 따른 민원 처리에 필요한 내용의 확인 절차와 그 밖에 필요한 사항은 국회규칙, 대법원규칙, 헌법재판소규칙, 중앙선거관리위원회규칙 및 대통령령으로 정한다. <신설 2022. 1. 11.>

제10조의 2【민원인의 요구에 의한 본인정보 공동이용】 ① 민원인은 행정기관이 컴퓨터 등 정보처리능력을 지닌 장치에 의하여 처리가 가능한 형태로 본인에 관한 행정정보를 보유하고 있는 경우 민원을 접수·처리하는 기관을 통하여 행정정보 보유기관의 장에게 본인에 관한 증명서류 또는 구비서류 등의 행정정보(법원의 재판사무·조정사무 및 그 밖에 이와 관련된 사무에 관한 정보는 제외한다)를 본인의 민원 처리에 이용되도록 제공할 것을 요구할 수 있다. 이 경우 민원을 접수·처리하는 기관의 장은 민원인에게 관련 증명서류 또는 구비서류의 제출을 요구할 수 없으며, 행정정보 보유기관의 장으로부터 해당 정보를 제공받아 민원을 처리하여야 한다.

② 제1항에 따른 요구를 받은 행정정보 보유기관의 장은 다음 각 호의 어느 하나에 해당하는 법률의 규정에도 불구하고 해당 정보를 컴퓨터 등 정보처리능력을 지닌 장치에 의하여 처리가 가능한 형태로 본인 또는 본인이 지정한 민원처리기관에 지

체 없이 제공하여야 한다. 다만, 「개인정보 보호법」 제35조 제4항에 따른 제한 또는 거절의 사유에 해당하는 경우에는 그러하지 아니하다.

1. 「전자정부법」 제39조
2. 「국세기본법」 제81조의 13
3. 「관세법」 제116조
4. 「지방세기본법」 제86조
5. 「가족관계의 등록 등에 관한 법률」 제13조
6. 「부동산등기법」 제109조의 2
7. 「주민등록법」 제30조
8. 「공간정보의 구축 및 관리 등에 관한 법률」 제76조
9. 「자동차관리법」 제69조
10. 「건축법」 제32조
11. 「상업등기법」 제21조
12. 그 밖에 제1호부터 제11호까지의 규정과 유사한 규정으로서 대통령령으로 정하는 법률의 관련 규정

③ 행정안전부장관은 제1항 및 제2항에 따라 민원인이 행정정보 보유기관의 장에게 요구할 수 있는 본인에 관한 행정정보의 종류를 보유기관의 장과 협의하여 정하고, 이를 국민에게 공표하여야 한다.

④ 행정안전부장관은 「전자정부법」 제37조에 따른 행정정보 공동이용센터를 통하여 안전하고 신뢰할 수 있는 방법으로 같은 법 제2조 제13호에 따른 정보시스템을 연계하는 등 해당 행정정보의 위조·변조·훼손·유출 또는 오용·남용을 방지하여야 한다.

⑤ 행정기관의 장은 제1항부터 제3항까지의 규정에 따라 컴퓨터 등 정보처리능력을 지닌 장치에 의하여 처리가 가능한 형태로 행정정보를 제공하는 경우에는 다른 법률에도 불구하고 수수료를 감면할 수 있다.

⑥ 민원인은 제1항에 따라 본인에 관한 행정정보의 공동이용을 요구하는 경우 다음 각 호의 어느 하나에 해당하는 방법으로 해당 행정정보가 본인에 관한 것임을 증명하여야 한다.

1. 「전자정부법」 제10조에 따른 민원인의 본인 확인 방법
2. 행정기관이 보유하고 있는 지문 등의 생체정보를 이용하는 방법

3. 「주민등록법」 제35조 제2호, 「도로교통법」 제
137조 제5항, 「여권법」 제23조의 2 제2항에 따
라 신분증명서의 진위를 확인하는 방법

⑦ 제1항에 따라 다른 기관으로부터 행정정보를
제공받아 이용하는 행정기관의 장은 해당 행정정
보가 위조·변조·훼손·유출 또는 오용·남용되
지 아니하도록 적절한 보안대책을 마련하여야 하
며, 행정안전부장관은 이에 대한 실태를 점검할 수
있다.

⑧ 제1항부터 제5항까지 및 제7항의 규정에 따른
본인에 관한 행정정보의 요구방법, 해당 행정정보
의 제공방법·제공기준, 종류 및 그 세부유형, 수
수료, 보안대책 및 실태점검 등에 필요한 사항은
국회규칙, 대법원규칙, 헌법재판소규칙, 중앙선거
관리위원회규칙 및 대통령령으로 정한다.
[본조신설 2020. 10. 20.]

제11조【민원취약계층에 대한 편의제공】 ① 행정기관
의 장은 민원의 신청 및 접수·처리 과정에서 민원
취약계층(장애인, 임산부, 노약자 및 「지능정보화
기본법」 제2조 제13호에 따른 정보격차로 인하여
민원의 신청 등에 제약을 받는 사람을 말한다. 이
하 같다)에 대한 편의를 제공하기 위하여 노력하여
야 한다. <개정 2022. 1. 11.>

② 행정기관의 장은 민원취약계층에 대하여 민원
처리에 따른 수수료를 감면할 수 있다. <신설
2022. 1. 11.>

③ 제1항 및 제2항에서 규정한 사항 외에 민원취약
계층에 대한 편의제공 및 수수료 감면 등에 필요한
사항은 국회규칙, 대법원규칙, 헌법재판소규칙, 중
앙선거관리위원회규칙, 대통령령 및 조례로 정한
다. <신설 2022. 1. 11.>
[제목개정 2022. 1. 11.]

제12조【민원실의 설치】 행정기관의 장은 민원을 신
속히 처리하고 민원인에 대한 안내와 상담의 편의
를 제공하기 위하여 민원실을 설치할 수 있다.

**제12조의 2【전자민원창구 및 통합전자민원창구의 운
영 등】** ① 행정기관의 장은 민원인이 해당 기관을
직접 방문하지 아니하고도 민원을 처리할 수 있도
록 관계법령등을 개선하고 민원의 전자적 처리를
위한 시설과 정보시스템을 구축하는 등 필요한 조
치를 하여야 한다.

② 행정기관의 장은 제1항에 따른 조치로서 인터넷
을 통하여 민원을 신청·접수받아 처리할 수 있는
정보시스템(이하 "전자민원창구"라 한다)을 구축·
운영할 수 있다. 다만, 전자민원창구를 구축하지 아
니한 경우에는 제3항에 따른 통합전자민원창구를
통하여 민원을 신청·접수받아 처리할 수 있다.

③ 행정안전부장관은 전자민원창구의 구축·운영
을 지원하고 각 행정기관의 전자민원창구를 연계
하기 위하여 통합전자민원창구를 구축·운영할 수
있다.

④ 민원인이 전자민원창구나 통합전자민원창구를
통하여 민원을 신청한 경우에는 관계법령등에 따
라 해당 민원을 소관하는 행정기관에 민원을 신청
한 것으로 본다.

⑤ 행정기관의 장은 전자민원창구나 통합전자민원
창구를 통하여 민원을 처리하는 경우에는 다른 법
률에도 불구하고 수수료를 감면할 수 있다.

⑥ 행정기관의 장은 전자민원창구나 통합전자민원
창구를 통하여 민원을 신청한 민원인이 정보통신
망을 이용한 전자화폐·전자결제 등의 방법으로
수수료를 납부하는 경우에는 해당 수수료 외에 별
도의 업무처리비용을 함께 청구할 수 있다.

⑦ 전자민원창구 및 통합전자민원창구의 구축·운
영, 제5항에 따라 수수료를 감면할 수 있는 민원의
범위 및 감면 비율과 제6항에 따른 업무처리비용
의 청구 기준 등에 관하여 필요한 사항은 국회규
칙, 대법원규칙, 헌법재판소규칙, 중앙선거관리위
원회규칙 및 대통령령으로 정한다.
[본조신설 2022. 1. 11.]

제13조【민원 신청의 편의 제공】 행정기관의 장은 민
원실(민원실이 설치되지 아니한 기관의 경우에는
문서의 접수·발송을 주관하는 부서를 말한다)에
민원 관련 법령·편람과 민원의 처리 기준과 절차
등 민원의 신청에 필요한 사항을 게시하고 이를 인
터넷 홈페이지를 통하여 제공하는 등 민원인에게
민원 신청의 편의를 제공하여야 한다. <개정 2022.
1. 11.>
[제목개정 2022. 1. 11.]

제14조【다른 행정기관 등을 이용한 민원의 접수·교부】 ① 행정기관의 장은 민원인의 편의를 위하여 그 행정기관이 접수하고 처리결과를 교부하여야 할 민원을 다른 행정기관이나 특별법에 따라 설립되고 전국적 조직을 가진 법인 중 대통령령으로 정하는 법인으로 하여금 접수·교부하게 할 수 있다.

② 제1항에 따른 접수·교부의 절차 및 접수·처리·교부 기관 간 송부방법 등에 필요한 사항은 대통령령으로 정한다.

③ 제1항에 따라 민원을 접수·교부하는 법인의 임직원은 「형법」이나 그 밖의 법률에 따른 벌칙을 적용할 때에는 공무원으로 본다.

제15조【정보통신망을 이용한 다른 행정기관 소관 민원의 접수·교부】 ① 행정기관의 장은 정보통신망을 이용하여 다른 행정기관 소관의 민원을 접수·교부할 수 있는 경우에는 이를 직접 접수·교부할 수 있다.

② 제1항에 따라 접수·교부할 수 있는 민원의 종류는 행정안전부장관이 관계 중앙행정기관의 장과 협의를 거쳐 결정·고시한다. <개정 2017. 7. 26.>

제16조【민원문서의 이송】 ① 행정기관의 장은 접수한 민원이 다른 행정기관의 소관인 경우에는 접수된 민원문서를 지체 없이 소관 기관에 이송하여야 한다.

② 제1항에 따른 민원문서의 이송 절차 및 방법 등에 필요한 사항은 대통령령으로 정한다.

제2절 민원의 처리기간·처리방법 등

제17조【법정민원의 처리기간 설정·공표】 ① 행정기관의 장은 법정민원을 신속히 처리하기 위하여 행정기관에 법정민원의 신청이 접수된 때부터 처리가 완료될 때까지 소요되는 처리기간을 법정민원의 종류별로 미리 정하여 공표하여야 한다.

② 행정기관의 장은 제1항에 따른 처리기간을 정할 때에는 접수기관·경유기관·협의기관(다른 기관과 사전협의가 필요한 경우만 해당한다) 및 처분기관 등 각 기관별로 처리기간을 구분하여 정하여야 한다.

③ 행정기관의 장은 제1항 및 제2항에 따른 처리기간을 민원편람에 수록하여야 한다.

제18조【질의민원 등의 처리기간 등】 질의민원·건의민원·기타민원 및 고충민원의 처리기간 및 처리절차 등에 관하여는 대통령령으로 정한다.

제19조【처리기간의 계산】 ① 민원의 처리기간을 5일 이하로 정한 경우에는 민원의 접수시각부터 "시간" 단위로 계산하되, 공휴일과 토요일은 산입(算入)하지 아니한다. 이 경우 1일은 8시간의 근무시간을 기준으로 한다.

② 민원의 처리기간을 6일 이상으로 정한 경우에는 "일" 단위로 계산하고 첫날을 산입하되, 공휴일과 토요일은 산입하지 아니한다.

③ 민원의 처리기간을 주·월·연으로 정한 경우에는 첫날을 산입하되, 「민법」 제159조부터 제161조까지의 규정을 준용한다.

제20조【관계 기관·부서 간의 협조】 ① 민원을 처리하는 주무부서는 민원을 처리할 때 관계 기관·부서의 협조가 필요한 경우에는 민원을 접수한 후 지체 없이 그 민원의 처리기간 내에서 회신기간을 정하여 협조를 요청하여야 하며, 요청받은 기관·부서는 그 회신기간 내에 이를 처리하여야 한다.

② 협조를 요청받은 기관·부서는 제1항에 따른 회신기간 내에 그 민원을 처리할 수 없는 특별한 사정이 있는 경우에는 그 회신기간의 범위에서 한 차례만 기간을 연장할 수 있다.

③ 협조를 요청받은 기관·부서가 제2항에 따라 기간을 연장하려는 경우에는 제1항에 따른 회신기간이 끝나기 전에 그 연장사유·처리진행상황 및 회신예정일 등을 협조를 요청한 민원 처리 주무부서에 통보하여야 한다.

제21조【민원 처리의 예외】 행정기관의 장은 접수된 민원(법정민원을 제외한다. 이하 이 조에서 같다)이 다음 각 호의 어느 하나에 해당하는 경우에는 그 민원을 처리하지 아니할 수 있다. 이 경우 그 사유를 해당 민원인에게 통지하여야 한다.

1. 고도의 정치적 판단을 요하거나 국가기밀 또는 공무상 비밀에 관한 사항
2. 수사, 재판 및 형집행에 관한 사항 또는 감사원의 감사가 착수된 사항
3. 행정심판, 행정소송, 헌법재판소의 심판, 감사원의 심사청구, 그 밖에 다른 법률에 따라 불복구제절차가 진행 중인 사항

4. 법령에 따라 화해·알선·조정·중재 등 당사자 간의 이해 조정을 목적으로 행하는 절차가 진행 중인 사항

5. 판결·결정·재결·화해·조정·중재 등에 따라 확정된 권리관계에 관한 사항

6. 감사원이 감사위원회의의 결정을 거쳐 행하는 사항

7. 각급 선거관리위원회의 의결을 거쳐 행하는 사항

8. 사인 간의 권리관계 또는 개인의 사생활에 관한 사항

9. 행정기관의 소속 직원에 대한 인사행정상의 행위에 관한 사항

제22조【민원문서의 보완·취하 등】① 행정기관의 장은 접수한 민원문서에 보완이 필요한 경우에는 상당한 기간을 정하여 지체 없이 민원인에게 보완을 요구하여야 한다.

② 민원인은 해당 민원의 처리가 종결되기 전에는 그 신청의 내용을 보완하거나 변경 또는 취하할 수 있다. 다만, 다른 법률에 특별한 규정이 있거나 그 민원의 성질상 보완·변경 또는 취하할 수 없는 경우에는 그러하지 아니하다.

③ 제1항에 따른 민원문서의 보완 절차 및 방법 등에 필요한 사항은 대통령령으로 정한다.

제23조【반복 및 중복 민원의 처리】① 행정기관의 장은 민원인이 동일한 내용의 민원(법정민원을 제외한다. 이하 이 조에서 같다)을 정당한 사유 없이 3회 이상 반복하여 제출한 경우에는 2회 이상 그 처리결과를 통지하고, 그 후에 접수되는 민원에 대하여는 종결처리할 수 있다.

② 행정기관의 장은 민원인이 2개 이상의 행정기관에 제출한 동일한 내용의 민원을 다른 행정기관으로부터 이송받은 경우에도 제1항을 준용하여 처리할 수 있다.

③ 행정기관의 장은 제1항 및 제2항에 따른 동일한 내용의 민원인지 여부에 대하여는 해당 민원의 성격, 종전 민원과의 내용적 유사성·관련성 및 종전 민원과 동일한 답변을 할 수 밖에 없는 사정 등을 종합적으로 고려하여 결정하여야 한다.

제24조【다수인관련민원의 처리】① 다수인관련민원을 신청하는 민원인은 연명부(連名簿)를 원본으로 제출하여야 한다.

② 행정기관의 장은 다수인관련민원이 발생한 경우에는 신속·공정·적법하게 해결될 수 있도록 조치하여야 한다.

③ 다수인관련민원의 효율적인 처리와 관리에 필요한 사항은 대통령령으로 정한다.

제25조【민원심사관의 지정】① 행정기관의 장은 민원 처리상황의 확인·점검 등을 위하여 소속 직원 중에서 민원심사관을 지정하여야 한다.

② 제1항에 따른 민원심사관의 업무 등에 필요한 사항은 대통령령으로 정한다.

제26조【처리민원의 사후관리】행정기관의 장은 처리한 민원에 대하여 민원인의 만족 여부 및 개선사항 등을 조사하여 업무에 반영할 수 있다.

제3절 민원 처리결과의 통지 등

제27조【처리결과의 통지】① 행정기관의 장은 접수된 민원에 대한 처리를 완료한 때에는 그 결과를 민원인에게 문서로 통지하여야 한다. 다만, 기타민원의 경우와 통지에 신속을 요하거나 민원인이 요청하는 등 대통령령으로 정하는 경우에는 구술, 전화, 문자메시지, 팩시밀리 또는 전자우편 등으로 통지할 수 있다. <개정 2022. 1. 11.>

② 행정기관의 장은 다음 각 호의 어느 하나에 해당하는 경우에는 제1항 본문의 규정에 따른 통지를 전자문서로 통지하는 것으로 갈음할 수 있다. 다만, 제2호에 해당하는 경우에는 민원인이 요청하면 지체 없이 민원 처리 결과에 관한 문서를 교부하여야 한다. <신설 2022. 1. 11.>

1. 민원인의 동의가 있는 경우

2. 민원인이 전자민원창구나 통합전자민원창구를 통하여 전자문서로 민원을 신청하는 경우

③ 행정기관의 장은 제1항 또는 제2항에 따라 민원의 처리결과를 통지할 때에 민원의 내용을 거부하는 경우에는 거부 이유와 구제절차를 함께 통지하여야 한다. <개정 2022. 1. 11.>

④ 행정기관의 장은 제1항에 따른 민원의 처리결과를 허가서·신고필증·증명서 등의 문서(전자문서 및 전자화문서는 제외한다)로 민원인에게 직접 교부할 필요가 있는 때에는 그 민원인 또는 그 위임을 받은 자임을 확인한 후에 이를 교부하여야 한다. <개정 2022. 1. 11.>

제28조【무인민원발급창구를 이용한 민원문서의 발급】① 행정기관의 장은 무인민원발급창구를 통하여 민원문서(다른 행정기관 소관의 민원문서를 포함한다)를 발급할 수 있다.

② 제1항에 따라 민원문서를 발급하는 경우에는 다른 법률에도 불구하고 수수료를 감면할 수 있다.

③ 제1항에 따라 발급할 수 있는 민원문서의 종류는 행정안전부장관이 관계 행정기관의 장과의 협의를 거쳐 결정·고시한다. <개정 2017. 7. 26.>

제28조의 2【전자증명서의 발급】① 행정기관의 장은 전자민원창구 또는 통합전자민원창구를 통하여 전자증명서(행정기관의 장이 특정한 사실이나 관계 등을 증명하기 위하여 전자문서 및 전자화문서로 발급하는 민원문서를 말한다. 이하 같다)를 발급할 수 있다.

② 제1항에 따라 전자증명서를 발급하는 경우 관계법령등에 특별한 규정이 있는 경우를 제외하고는 수수료를 감면할 수 있다.

③ 제1항에 따라 발급할 수 있는 전자증명서의 종류는 행정안전부장관이 관계 행정기관의 장과의 협의를 거쳐 결정·고시한다.

[본조신설 2022. 1. 11.]

제29조【민원수수료 등의 납부방법】행정기관의 장은 민원인의 편의를 위하여 민원인이 현금·수입인지·수입증지 외에 정보통신망을 이용한 전자화폐·전자결제 등 다양한 방법으로 민원 처리에 따른 수수료 등을 납부할 수 있도록 조치하여야 한다. <개정 2022. 1. 11.>

제4절 법정민원

제30조【사전심사의 청구 등】① 민원인은 법정민원 중 신청에 경제적으로 많은 비용이 수반되는 민원 등 대통령령으로 정하는 민원에 대하여는 행정기관의 장에게 정식으로 민원을 신청하기 전에 미리 약식의 사전심사를 청구할 수 있다.

② 행정기관의 장은 제1항에 따라 사전심사가 청구된 법정민원이 다른 행정기관의 장과의 협의를 거쳐야 하는 사항인 경우에는 미리 그 행정기관의 장과 협의하여야 한다.

③ 행정기관의 장은 사전심사 결과를 민원인에게 문서로 통지하여야 하며, 가능한 것으로 통지한 민원의 내용에 대하여는 민원인이 나중에 정식으로 민원을 신청한 경우에도 동일하게 결정을 내릴 수 있도록 노력하여야 한다. 다만, 민원인의 귀책사유 또는 불가항력이나 그 밖의 정당한 사유로 이를 이행할 수 없는 경우에는 그러하지 아니하다.

④ 행정기관의 장은 제1항에 따른 사전심사 제도를 효율적으로 운영하기 위하여 필요한 법적·제도적 장치를 마련하여 시행하여야 한다.

제31조【복합민원의 처리】① 행정기관의 장은 복합민원을 처리할 주무부서를 지정하고 그 부서로 하여금 관계 기관·부서 간의 협조를 통하여 민원을 한꺼번에 처리하게 할 수 있다.

② 제1항에 따른 복합민원의 처리 방법 및 절차 등에 필요한 사항은 대통령령으로 정한다.

제32조【민원 1회방문 처리제의 시행】① 행정기관의 장은 복합민원을 처리할 때에 그 행정기관의 내부에서 할 수 있는 자료의 확인, 관계 기관·부서와의 협조 등에 따른 모든 절차를 담당 직원이 직접 진행하도록 하는 민원 1회방문 처리제를 확립함으로써 불필요한 사유로 민원인이 행정기관을 다시 방문하지 아니하도록 하여야 한다.

② 행정기관의 장은 제1항에 따른 민원 1회방문 처리에 관한 안내와 상담의 편의를 제공하기 위하여 민원 1회방문 상담창구를 설치하여야 한다.

③ 제1항에 따른 민원 1회방문 처리제는 다음 각 호의 절차에 따라 시행한다.

1. 제2항에 따른 민원 1회방문 상담창구의 설치·운영
2. 제33조에 따른 민원후견인의 지정·운영
3. 복합민원을 심의하기 위한 실무기구의 운영
4. 제3호의 실무기구의 심의결과에 대한 제34조에 따른 민원조정위원회의 재심의(再審議)
5. 행정기관의 장의 최종 결정

제33조【민원후견인의 지정·운영】행정기관의 장은 민원 1회방문 처리제의 원활한 운영을 위하여 민원 처리에 경험이 많은 소속 직원을 민원후견인으로 지정하여 민원인을 안내하거나 민원인과 상담하게 할 수 있다.

제34조【민원조정위원회의 설치·운영】① 행정기관의 장은 다음 각 호의 사항을 심의하기 위하여 민원조정위원회를 설치·운영하여야 한다.

1. 장기 미해결 민원, 반복 민원 및 다수인관련민원에 대한 해소·방지 대책
2. 거부처분에 대한 이의신청
3. 민원처리 주무부서의 법규적용의 타당성 여부와 제32조 제3항 제4호에 따른 재심의
4. 그 밖에 대통령령으로 정하는 사항

② 제1항의 민원조정위원회의 구성 및 운영 등에 필요한 사항은 대통령령으로 정한다.

제35조【거부처분에 대한 이의신청】① 법정민원에 대한 행정기관의 장의 거부처분에 불복하는 민원인은 그 거부처분을 받은 날부터 60일 이내에 그 행정기관의 장에게 문서로 이의신청을 할 수 있다.

② 행정기관의 장은 이의신청을 받은 날부터 10일 이내에 그 이의신청에 대하여 인용 여부를 결정하고 그 결과를 민원인에게 지체 없이 문서로 통지하여야 한다. 다만, 부득이한 사유로 정하여진 기간 이내에 인용 여부를 결정할 수 없을 때에는 그 기간의 만료일 다음 날부터 기산(起算)하여 10일 이내의 범위에서 연장할 수 있으며, 연장 사유를 민원인에게 통지하여야 한다.

③ 민원인은 제1항에 따른 이의신청 여부와 관계없이 「행정심판법」에 따른 행정심판 또는 「행정소송법」에 따른 행정소송을 제기할 수 있다.

④ 제1항에 따른 이의신청의 절차 및 방법 등에 필요한 사항은 대통령령으로 정한다.

제3장 민원제도의 개선 등

제36조【민원처리기준표의 고시 등】① 행정안전부장관은 민원인의 편의를 위하여 관계법령등에 규정되어 있는 민원의 처리기관, 처리기간, 구비서류, 처리절차, 신청방법 등에 관한 사항을 종합한 민원처리기준표를 작성하여 관보에 고시하고 통합전자민원창구에 게시하여야 한다. <개정 2017. 7. 26., 2022. 1. 11.>

② 행정기관의 장은 관계법령등의 제정·개정 또는 폐지 등으로 제1항에 따라 고시된 민원처리기준표를 변경할 필요가 있으면 즉시 그 내용을 행정안전부장관에게 통보하여야 하며, 행정안전부장관은 그 내용을 관보에 고시하고 통합전자민원창구에 게시한 후 제1항에 따른 민원처리기준표에 반영하여야 한다. <개정 2017. 7. 26.>

③ 행정안전부장관은 민원의 간소화를 위하여 필요하다고 인정하는 경우에는 관계 행정기관의 장에게 관계법령등에 규정되어 있는 처리기간, 구비서류, 처리절차, 신청방법 등의 개정을 요청할 수 있다. <개정 2017. 7. 26.>

제37조【민원처리기준표의 조정 등】① 행정안전부장관은 제36조에 따라 민원처리기준표를 작성·고시할 때에 민원의 간소화를 위하여 필요하다고 인정하는 경우에는 관계 행정기관의 장과 협의를 거쳐 관계법령등이 개정될 때까지 잠정적으로 관계법령등에 규정되어 있는 처리기간과 구비서류를 줄이거나 처리절차·신청방법을 변경할 수 있다. <개정 2017. 7. 26.>

② 행정기관의 장은 제1항에 따라 민원처리기준표가 조정·고시된 경우에는 이에 따라 민원을 처리하여야 하며, 중앙행정기관의 장은 민원처리기준표의 조정 또는 변경된 내용에 따라 관계법령등을 지체 없이 개정·정비하여야 한다.

제38조【민원행정 및 제도개선 계획 등】① 행정안전부장관은 매년 민원행정 및 제도개선에 관한 기본지침을 작성하여 행정기관의 장에게 통보하여야 한다. <개정 2017. 7. 26.>

② 행정기관의 장은 제1항에 따른 기본지침에 따라 그 기관의 특성에 맞는 민원행정 및 제도개선 계획을 수립·시행하여야 한다.

제39조【민원제도의 개선】① 행정기관의 장은 민원제도에 대한 개선안을 발굴·개선하도록 노력하여야 한다.

② 행정기관의 장은 제1항에 따라 개선한 내용을 대통령령으로 정하는 바에 따라 행정안전부장관에게 통보하여야 한다. <개정 2017. 7. 26.>

③ 행정기관의 장과 민원을 처리하는 담당자는 민원제도에 대한 개선안을 행정안전부장관 또는 그 민원의 소관 행정기관의 장에게 제출할 수 있다. <개정 2017. 7. 26.>

④ 행정안전부장관은 제3항에 따라 제출받은 개선안을 검토하여 필요한 경우에는 그 소관 행정기관의 장에게 통보하여 검토하도록 하여야 한다. <개정 2017. 7. 26.>

⑤ 제3항 및 제4항에 따라 개선안을 제출·통보받은 소관 행정기관의 장은 그 수용 여부를 결정하여야 하며, 행정안전부장관은 행정기관의 장이 수용하지 아니하기로 한 사항 중 개선할 필요성이 있다고 인정되는 사항에 대하여는 소관 행정기관의 장에게 개선을 권고할 수 있다. <개정 2017. 7. 26.>

⑥ 행정기관의 장이 제5항에 따라 행정안전부장관으로부터 권고 받은 사항을 수용하지 아니하는 경우 행정안전부장관은 제40조에 따른 민원제도개선조정회의에 심의를 요청할 수 있다. <개정 2017. 7. 26.>

제40조【민원제도개선조정회의】 ① 여러 부처와 관련된 민원제도 개선사항을 심의·조정하기 위하여 국무총리 소속으로 민원제도개선조정회의(이하 "조정회의"라 한다)를 둔다.

② 조정회의는 여러 부처와 관련된 민원제도 개선사항, 제39조 제6항에 따른 심의요청 사항 등 대통령령으로 정하는 사항을 심의·조정한다.

③ 조정회의의 구성·운영과 그 밖에 필요한 사항은 대통령령으로 정한다.

제41조【민원의 실태조사 및 간소화】 ① 중앙행정기관의 장은 매년 그 기관이 관장하는 민원의 처리 및 운영 실태를 조사하여야 한다.

② 중앙행정기관의 장은 제1항에 따른 조사 결과에 따라 소관 민원의 구비서류, 처리절차 등의 간소화 방안을 마련하여야 한다.

제42조【확인·점검·평가 등】 ① 행정안전부장관은 효과적인 민원행정 및 제도의 개선을 위하여 필요하다고 인정할 때에는 행정기관에 대하여 민원의 개선 상황과 운영 실태를 확인·점검·평가하고 그 결과를 해당 행정기관의 장에게 통보할 수 있다. <개정 2017. 7. 26., 2022. 1. 11.>

② 행정기관의 장은 제1항에 따른 확인·점검·평가 결과를 통보받은 경우에는 이를 해당 행정기관의 인터넷 홈페이지에 공개하여야 한다. <신설 2022. 1. 11.>

③ 행정안전부장관은 제1항에 따른 확인·점검·평가 결과 민원의 개선에 소극적이거나 이행 상태가 불량하다고 판단되는 경우 국무총리에게 이를 시정하기 위하여 필요한 조치를 건의할 수 있다. <개정 2017. 7. 26., 2022. 1. 11.>

④ 제1항부터 제3항까지에서 규정한 사항 외에 확인·점검·평가 결과의 공개 등에 필요한 사항은 대통령령으로 정한다. <신설 2022. 1. 11.>

제43조【행정기관의 협조】 행정기관의 장은 이 법에 따라 행정안전부장관이 실시하는 민원 관련 자료 수집과 민원제도 개선사업에 적극 협조하여야 한다. <개정 2017. 7. 26.>

제44조【민원행정에 관한 여론 수집】 ① 행정안전부장관은 행정기관의 민원 처리에 관하여 필요한 경우 국민들의 여론을 수집하여 민원행정제도 및 그 운영의 개선에 반영할 수 있다. <개정 2017. 7. 26.>

② 제1항에 따른 여론 수집에 필요한 사항은 대통령령으로 정한다.

제45조 삭제 <2022. 1. 11.>

제4장 보칙 <신설 2022. 1. 11.>

제46조【권한의 위탁】 이 법에 따른 행정안전부장관의 권한은 대통령령으로 정하는 바에 따라 그 일부를 국민권익위원회에 위탁할 수 있다.
[본조신설 2022. 1. 11.]

부칙 <제18748호, 2022. 1. 11.> (행정절차법)

제1조【시행일】 이 법은 공포 후 6개월이 경과한 날부터 시행한다. <단서 생략>

제2조 부터 제6조까지 생략

제7조【다른 법률의 개정】 민원 처리에 관한 법률 일부를 다음과 같이 개정한다.
제45조를 삭제한다.

민원 처리에 관한 법률 시행령 (약칭 : 민원처리법 시행령)

[시행 2023. 4. 1.]
[대통령령 제32789호, 2022. 7. 11., 일부개정]

제1장 총칙

제1조【목적】 이 영은 「민원 처리에 관한 법률」에서 위임된 사항과 그 시행에 필요한 사항을 규정함을 목적으로 한다.

제2조【민원인 및 공공기관의 범위】 ① 「민원 처리에 관한 법률」(이하 "법"이라 한다) 제2조 제2호 단서에서 "행정기관(사경제의 주체로서 제기하는 경우는 제외한다), 행정기관과 사법(私法)상 계약관계(민원과 직접 관련된 계약관계만 해당한다)에 있는 자, 성명·주소 등이 불명확한 자 등 대통령령으로 정하는 자"란 다음 각 호의 어느 하나에 해당하는 자를 말한다.
1. 행정기관에 처분 등 특정한 행위를 요구하는 행정기관[행정기관이 사경제(私經濟)의 주체로서 요구하는 경우는 제외한다]
2. 행정기관과 사법(私法)상의 계약관계가 있는 자로서 계약관계와 직접 관련하여 행정기관에 처분 등 특정한 행위를 요구하는 자
3. 행정기관에 처분 등 특정한 행위를 요구하는 자로서 성명·주소(법인 또는 단체의 경우에는 그 명칭, 사무소 또는 사업소의 소재지와 대표자의 성명) 등이 불명확한 자
② 법 제2조 제3호 나목 5)에서 "대통령령으로 정하는 법인·단체 또는 기관"이란 다음 각 호의 어느 하나에 해당하는 법인·단체 또는 기관을 말한다.
1. 「정부출연연구기관 등의 설립·운영 및 육성에 관한 법률」 제8조 제1항에 따른 연구기관
2. 「과학기술분야 정부출연연구기관 등의 설립·운영 및 육성에 관한 법률」 제8조 제1항에 따른 연구기관

제3조【민원인 등의 정보 보호】 ① 행정기관의 장은 법 제7조에 따른 정보 보호의 실태를 확인·점검하고, 민원을 처리하는 담당자(이하 "담당자"라 한다)에게 연 1회 이상 정보 보호에 필요한 교육을 실시하여야 한다.
② 행정기관의 장은 제1항에 따른 확인·점검 결과 법령위반 사실을 발견하거나 정보 보호 조치가 미흡하다고 판단되는 경우에는 지체 없이 이를 시정하고, 담당자에 대하여 징계 또는 그 밖에 필요한 조치를 하여야 한다.

제4조【민원 처리 담당자의 보호】 ① 법 제4조 제2항에서 "민원 처리 담당자의 신체적·정신적 피해의 예방 및 치료 등 대통령령으로 정하는 필요한 조치"란 다음 각 호의 조치를 말한다. <개정 2022. 7. 11.>
1. 민원 처리 담당자의 안전을 보장하기 위한 영상정보처리기기·호출장치·보호조치음성안내 등 안전장비의 설치 및 안전요원 등의 배치
2. 민원인의 폭언·폭행 등이 발생하였거나 발생하려는 때에 증거 수집 등을 위하여 불가피한 조치로서 휴대용 영상음성기록장비, 녹음전화 등의 운영
3. 폭언·폭행 등으로 민원 처리를 지연시키거나 방해하는 민원인에 대한 퇴거 조치
4. 민원인의 폭언·폭행 등이 발생한 경우 민원인으로부터 민원 처리 담당자를 보호하기 위한 조치로서 민원 처리 담당자의 분리 또는 업무의 일시적 중단
5. 민원인의 폭언·폭행 등으로 인한 신체적·정신적 피해의 치료 및 상담 지원
6. 민원인의 폭언·폭행 등으로 고소·고발 또는 손해배상 청구 등이 발생한 경우 민원 처리 담당자를 지원하기 위한 조치로서 관할 수사기관 또는 법원에 증거물·증거서류 제출 등 필요한 지원
② 행정기관의 장은 민원인과 민원 처리 담당자 간에 고소·고발 또는 손해배상 청구 등이 발생한 경우 이에 대응하는 업무를 총괄하는 전담부서를 지정해야 한다. <신설 2022. 7. 11.>
③ 행정기관의 장은 민원 처리 담당자의 민원 처리 과정에서의 행위와 관련하여 인사상 불이익 조치

등을 하려는 경우에는 그 발생 경위 등을 충분히 고려해야 한다. <신설 2022. 7. 11.>

④ 국가, 지방자치단체 및 법 제2조 제3호 나목·다목에 따른 행정기관의 장은 제1항의 조치를 위하여 필요한 사항을 관계 법령이나 자치법규 등으로 정할 수 있다. <신설 2022. 7. 11.>

[제목개정 2022. 7. 11.]

제2장 민원의 처리
제1절 민원의 신청 및 접수 등

제5조【민원의 신청 방법】 민원인 또는 그 위임을 받은 사람이 직접 방문할 필요가 없는 민원은 팩스·인터넷 등 정보통신망(「전자정부법」 제2조 제10호에 따른 정보통신망을 말한다. 이하 같다) 또는 우편 등으로 신청할 수 있다.

제5조의 2【증명서류 또는 구비서류의 전자적 제출의 예외】 ① 법 제8조의 2 제1항 단서에서 "정보시스템을 구축하지 아니한 경우 등 대통령령으로 정하는 사유"란 다음 각 호의 어느 하나에 해당하는 경우를 말한다.

1. 행정기관이 전자문서나 전자화문서로 증명서류나 구비서류를 받을 수 있는 정보시스템을 구축하지 않은 경우
2. 정보시스템의 장애로 전자문서나 전자화문서로 증명서류나 구비서류를 받기 어려운 경우
3. 민원인이 발송한 전자문서나 전자화문서가 정보시스템을 통해 판독할 수 없는 상태로 수신된 경우
4. 제1호부터 제3호까지의 경우 외에 전자문서나 전자화문서의 제출이나 수신 등에 관하여 다른 법령에 별도의 규정이 있는 경우

② 행정기관의 장은 제1항 각 호의 사유로 민원의 처리에 필요한 증명서류나 구비서류를 전자문서나 전자화문서로 받을 수 없는 경우 그 사실을 민원인에게 지체 없이 알리고, 방문·우편·팩스 등 다른 방법을 활용하여 제출할 수 있도록 안내해야 한다.

[본조신설 2022. 7. 11.]

제5조의 3【제출된 전자화문서의 진본성 확인】 ① 행정기관의 장은 민원인이 법 제8조의 2 제1항에 따라 제출한 전자화문서가 다른 행정기관이 발급한 문서와 일치하는지에 대해 다른 행정기관에 그 확인을 요청할 수 있다.

② 제1항에 따라 확인을 요청받은 행정기관의 장은 그 진본성(眞本性)을 확인해 주어야 한다.

③ 제1항 및 제2항에 따른 전자화문서의 진본성 확인을 위한 기술적인 대책 마련, 전자화문서의 형태 및 관리시스템의 구축 등에 관하여는 「전자정부법 시행령」 제6조 제2항부터 제4항까지의 규정을 준용한다.

[본조신설 2022. 7. 11.]

제6조【민원의 접수】 ① 민원은 민원실[법 제12조의 2 제2항에 따른 전자민원창구(이하 "전자민원창구"라 한다)를 포함한다. 이하 같다]에서 접수한다. 다만, 민원실이 설치되어 있지 아니한 경우에는 문서의 접수·발송을 주관하는 부서(이하 "문서담당부서"라 한다) 또는 민원을 처리하는 주무부서(이하 "처리주무부서"라 한다)에서 민원을 접수한다. <개정 2022. 7. 11.>

② 행정기관의 장은 제1항에 따라 민원을 접수하였을 때에는 그 순서에 따라 민원 처리부에 기록하고 해당 민원인에게 접수증을 발급하여야 한다.

③ 법 제9조 제2항 단서에서 "기타민원과 민원인이 직접 방문하지 아니하고 신청한 민원 및 처리기간이 '즉시'인 민원 등 대통령령으로 정하는 경우"란 다음 각 호의 어느 하나에 해당하는 민원인 경우를 말한다.

1. 기타민원
2. 제5조에 따라 민원인이 직접 방문하지 아니하고 신청한 민원
3. 처리기간이 '즉시'인 민원
4. 접수증을 갈음하는 문서를 주는 민원

④ 행정기관의 장은 제1항에 따라 민원을 접수하였을 때에는 구비서류의 완비 여부, 처리 기준과 절차, 예상 처리소요기간, 필요한 현장확인 또는 조사 예정시기 등을 해당 민원인에게 안내하여야 한다.

⑤ 행정기관의 장은 민원을 접수할 때 필요하다고 인정되는 경우에는 해당 민원인 본인 또는 그 위임

을 받은 사람이 맞는지 확인할 수 있다.

⑥ 행정기관의 장은 5명 이상의 민원인으로부터 동일한 취지의 민원을 접수할 때에는 이를 병합하여 접수할 수 있다. <신설 2022. 7. 11.>

⑦ 행정기관의 장은 전자민원창구를 통하여 민원이 신청된 경우에는 그 민원이 소관 행정기관의 전자민원창구에 도달한 때부터 8근무시간 이내에 접수해야 한다. <신설 2022. 7. 11.>

제7조【신청서 및 구비서류】 ① 행정기관의 장은 신청서의 기재사항을 그 민원의 처리에 필요한 최소한의 범위로 한정하여야 하며, 민원인이 신청서를 쉽게 작성할 수 있도록 신청 서식을 명확하게 정하여야 한다.

② 행정기관의 장은 민원의 신청과 관련된 구비서류를 정하는 경우에는 신청서의 기재사항이 사실인지 확인하거나 그 민원의 처리에 필요한 최소한의 범위에서 구체적으로 정하여야 한다.

③ 신청서 및 구비서류의 제출부수는 민원의 처리에 필요한 최소한으로 한정하여야 한다.

제7조의 2【증명서류 또는 구비서류의 전자적 확인 등】 ① 법 제10조 제3항 제3호 및 제4호에 따른 민원처리를 원하는 민원인은 민원을 신청할 때 다음 각 호의 사항을 구체적으로 적은 문서(전자문서를 포함한다)를 제출해야 한다.

1. 증명서류 또는 구비서류 발급기관의 명칭
2. 증명서류 또는 구비서류의 명칭
3. 증명서류 또는 구비서류의 발급을 필요로 하는 민원사무의 명칭
4. 그 밖에 증명서류 또는 구비서류의 발급에 필요한 사항

② 행정기관과 증명서류발급기관(법 제10조 제3항 제4호에 따른 증명서류 또는 구비서류 발급기관을 말한다. 이하 같다)은 정보시스템 장애로 증명서류 또는 구비서류를 전자문서로 보내거나 받을 수 없는 경우에는 우편 등으로 증명서류 또는 구비서류를 보내거나 받을 수 있다.

③ 행정기관의 장이 법 제10조 제3항 제3호 및 제4호에 따른 민원을 처리하는 경우에는 그 처리기간에 증명서류 또는 구비서류의 발급 및 확인에 걸리는 기간은 산입하지 않는다.

④ 행정기관의 장이 법 제10조 제3항 제4호에 따른 증명서류 또는 구비서류의 발급을 요청하는 경우에는 증명서류발급기관에 민원인이 납부한 수수료를 송금해야 한다. 다만, 증명서류 또는 구비서류의 발급을 요청하는 행정기관과 증명서류발급기관의 수수료가 귀속되는 회계가 같은 경우에는 수수료를 송금하지 않고 그 행정기관의 세입으로 한다. [본조신설 2022. 7. 11.]

[종전 제7조의 2는 제7조의 3으로 이동 <2022. 7. 11.>]

제7조의 3【민원인의 요구에 의한 본인정보 공동이용】 ① 민원인은 법 제10조의 2 제1항에 따라 본인에 관한 행정정보(이하 "본인정보"라 한다)의 제공을 요구하는 경우에는 본인정보의 종류, 접수하려는 민원 및 민원처리기관을 명시하여 민원접수기관의 장에게 신청해야 한다.

② 제1항에 따른 신청을 받은 민원접수기관의 장은 그 내용을 지체 없이 행정정보 보유기관의 장에게 전달해야 한다.

③ 제2항에 따라 본인정보 제공 요구를 전달받은 행정정보 보유기관의 장은 법 제10조의 2 제2항에 따라 해당 민원처리기관에 본인정보를 제공해야 한다.

④ 행정정보 보유기관의 장은 「개인정보 보호법」 제35조 제4항에 따른 제한 또는 거절의 사유 등으로 제3항에 따른 본인정보 제공을 거절한 경우에는 지체 없이 해당 사실 및 그 사유를 민원접수기관을 통하여 민원인에게 알려야 한다.

⑤ 행정정보 보유기관의 장은 전산시스템 장애 등으로 제3항에 따른 본인정보 제공이 지연되거나 어려운 경우에는 지체 없이 해당 사실 및 그 사유를 민원접수기관을 통하여 민원인에게 알리고, 그 사유가 해소된 즉시 본인정보를 제공해야 한다.

⑥ 법 제10조의 2 제2항 제12호에서 "대통령령으로 정하는 법률의 관련 규정"이란 「과세자료의 제출 및 관리에 관한 법률」 제11조 제1항 본문을 말한다.

⑦ 법 제10조의 2 제3항 및 제8항에 따라 행정안전부장관이 행정정보 보유기관의 장과 협의하여 정할 수 있는 본인정보의 종류 및 세부유형은 다음 각 호와 같다.

1. 개인의 신원에 관한 다음 각 목의 본인정보
   가. 주민등록표 등 개인의 신원에 관한 사실을 확인하기 위하여 필요한 본인정보
   나. 병적증명서 등 개인의 경력에 관한 사항 등을 확인하기 위하여 필요한 본인정보
2. 등기사항증명서 등 법인 또는 그 밖의 단체의 지위 및 성격을 파악하기 위하여 필요한 본인정보
3. 개인 또는 법인, 그 밖의 단체(이하 "개인등"이라 한다)의 자격의 증명에 관한 다음 각 목의 본인정보
   가. 국가기술자격 증명 등 개인등의 자격을 확인하기 위하여 필요한 본인정보
   나. 인가·허가 등 행정청의 처분의 존재 여부를 확인하기 위하여 필요한 본인정보
4. 물건 또는 법률상의 권리에 관한 다음 각 목의 본인정보
   가. 부동산등기부 또는 자동차등록증 등 부동산 또는 동산의 권리를 확인하기 위하여 필요한 본인정보
   나. 특허등록원부 등 법률상 등록 또는 등기된 권리의 내용에 관한 본인정보
5. 토지 등 특정한 물건이나 그 밖의 권리의 소재(所在)·형상 및 그에 대한 평가를 확인하기 위하여 필요한 다음 각 목의 본인정보
   가. 지적도, 임야도 등 특정한 부동산의 소재, 그 현황 등에 대하여행정기관이 작성한 본인정보
   나. 개별공시지가 확인서 등 특정한 물건에 대한 객관적인 평가 또는 가치 등에 대하여 행정기관이 작성한 정보로서 다른 개인등의 업무수행에 필요한 본인정보
6. 개인등의 행위에 대한 사실을 증명하기 위하여 필요한 다음 각 목의 본인정보
   가. 출입국증명, 국내거소사실증명 등 개인의 소재 및 지위 등의 확인을 위하여 필요한 본인정보
   나. 납세증명, 각종 등록확인증 등 개인등의 법령에 따른 행위의 존재 여부 및 법령상의 의무 준수 여부를 확인하기 위하여 필요한 본인정보
7. 그 밖에 행정기관이 민원처리 등 소관 업무를 수행하는 데에 반드시 필요한 본인정보

⑧ 본인정보를 제공받으려는 민원처리기관의 장은 법 제10조의 2 제7항에 따라 암호화, 전산시스템 접근통제 및 접속기록관리 등의 보안대책을 마련해야 한다.
⑨ 행정안전부장관은 제8항에 따른 보안대책 수립에 필요한 세부 기준을 정할 수 있다.
⑩ 행정안전부장관은 법 제10조의 2 제7항에 따라 실태점검을 하는 경우 민원처리기관의 장에게 점검항목·절차 및 시기 등을 미리 알려야 하고, 필요한 자료의 제출을 요구할 수 있다.
⑪ 민원처리기관은 법 제10조의 2에 따라 본인정보의 공동이용에 관한 사무를 수행하기 위하여 불가피한 경우 「개인정보 보호법」 제23조에 따른 건강에 관한 정보나 같은 법 시행령 제19조 제1호부터 제4호까지의 규정에 따른 주민등록번호, 여권번호, 운전면허의 면허번호 또는 외국인등록번호가 포함된 자료를 처리할 수 있다.
⑫ 제1항부터 제11항까지에서 규정한 사항 외에 민원인의 요구에 의한 본인정보 공동이용에 필요한 사항은 행정안전부장관이 정하여 고시한다.
[본조신설 2021. 10. 5.]
[제7조의 2에서 이동, 종전 제7조의 3은 제7조의 4로 이동 <2022. 7. 11.>]

제7조의 4【민원인의 요구에 의한 본인정보 정기적 공동이용】 ① 민원인이 제7조의 3 제1항에 따라 본인정보 제공을 요구할 때에는 행정정보 보유기관의 장에게 본인정보의 정확성 및 최신성이 유지될 수 있도록 정기적으로 같은 내역의 본인정보를 민원처리기관에 제공할 것을 요구할 수 있다. <개정 2022. 7. 11.>
② 제1항에 따라 정기적인 본인정보 제공을 요구한 민원인은 그 요구를 철회할 수 있다.
③ 제1항 및 제2항에서 규정한 사항 외에 정기적 공동이용 및 철회의의 방법·절차에 필요한 사항은 행정안전부장관이 정하여 고시한다.
[본조신설 2021. 10. 5.]
[제7조의 3에서 이동 <2022. 7. 11.>]

제8조【다수 민원인 중 대표자의 선정】 ① 행정기관의 장은 3명 이상의 민원인이 대표자를 정하지 아니하고 같은 민원문서를 연명(連名)으로 제출한 경우에는 일정한 기간을 정하여 민원인 중에서 3명 이내

의 대표자를 선정하여 통보할 것을 요청할 수 있다. 이 경우 행정기관의 장은 해당 민원의 성격, 처리절차 및 방법 등을 고려하여 3명 이내의 범위에서 적절한 대표자 수를 민원인에게 제시할 수 있다.

② 행정기관의 장은 제1항에 따라 대표자로 선정하여 통보할 것을 요청 받은 3명 이상의 민원인이 정해진 기간 내에 대표자를 선정하여 통보하지 아니한 경우에는 3명 이상의 민원인 중 3명 이내를 대표자로 직접 선정할 수 있다.

③ 제1항의 요청에 따라 선정된 대표자와 제2항에 따라 선정된 대표자는 해당 민원의 민원인으로 본다.

제8조의 2 【민원취약계층의 범위 및 편의제공 등】 ①
법 제11조 제1항에 따라 행정기관(지방자치단체와 그 소속기관은 제외한다. 이하 이 조에서 같다)의 장이 편의를 제공하기 위해 노력해야 하는 민원취약계층은 다음 각 호의 사람으로 한다.

1. 「장애인복지법」 제32조에 따라 등록된 장애인
2. 65세 이상인 사람
3. 「국민기초생활 보장법」에 따른 수급자
4. 「재한외국인 처우 기본법」에 따른 결혼이민자
5. 「북한이탈주민의 보호 및 정착지원에 관한 법률」에 따른 보호대상자
6. 「모자보건법」 제8조 제1항에 따라 임신 또는 분만 사실을 신고한 임산부
7. 제1호부터 제6호까지의 사람 외에 신체적·정신적·언어적 능력 등에서 어려움이 있어 민원 편의의 제공이 필요하다고 행정기관의 장이 인정하는 사람

② 행정기관의 장은 법 제11조 제1항에 따라 민원취약계층에 대해 다음 각 호의 편의를 제공할 수 있다.

1. 휠체어, 점자 안내책자, 보청기기, 돋보기 등 편의용품 비치
2. 민원취약계층 전용 민원창구의 설치 및 운영
3. 정보시스템을 이용한 민원 처리 방법 등에 대한 안내 및 교육
4. 제1호부터 제3호까지의 사항 외에 행정기관의 장이 민원 편의를 위하여 필요하다고 인정하는 사항

③ 법 제11조 제2항에 따른 민원취약계층에 대한 행정기관의 장의 민원 처리 수수료의 감면 비율이나 감면 금액은 법 제12조의 2 제5항에 따른 감면 비율이나 감면 금액 이상으로 한다. 다만, 다른 법령에 특별한 규정이 있는 경우에는 해당 규정에서 정하는 바에 따른다.

④ 행정기관의 장은 제3항에 따라 민원취약계층에 대한 민원 처리 수수료의 감면 비율이나 감면 금액을 정한 경우 이를 행정기관의 인터넷 홈페이지 등을 통해 공개해야 한다.

[본조신설 2022. 7. 11.]

제8조의 3 【민원실의 운영】 ① 법 제12조에 따른 민원실의 1일 운영시간은 오전 9시부터 오후 6시까지로 한다.

② 행정기관의 장은 민원인 접근의 편의를 위하여 행정기관 외의 공공장소 등에 다양한 형태의 민원실을 설치하여 운영할 수 있다.

③ 제1항 및 제2항에 따른 민원실의 운영시간이나 운영방법은 각 행정기관의 특성에 따라 행정안전부령 또는 해당 지방자치단체의 조례로 달리 정할 수 있다.

[본조신설 2022. 7. 11.]

제9조 【민원실】 ① 민원실의 장은 민원이 신속히 처리될 수 있도록 그 처리에 관한 모든 진행과정을 확인·관리하여야 한다.

② 행정기관의 장은 소속 직원 중에서 행정실무경험이 풍부하고 근무태도가 성실한 사람을 민원실에 배치하여야 하며, 필요하다고 인정하는 경우에는 관계 기관의 장에게 소속 직원의 파견을 요청할 수 있다.

③ 행정기관의 장은 민원실에 2년 이상 근무한 사람을 전보 시 우대할 수 있다.

④ 행정기관의 장은 민원인에 대한 안내와 상담을 위하여 필요하다고 인정되는 경우에는 행정실무에 관한 지식과 경험이 있는 사람을 민원상담인으로 위촉할 수 있다. 이 경우 민원상담인은 명예직으로 하는 것을 원칙으로 하되, 관계 법령 또는 조례로 정하는 바에 따라 수당 또는 실비를 지급할 수 있다. <개정 2019. 12. 31.>

⑤ 행정기관의 장은 민원인에게 편의를 제공하기 위하여 민원실에 민원을 신청하는 데 필요한 용지·필기구 등을 갖추어 두어야 한다.

⑥ 행정기관의 장은 민원인에게 편의를 제공하고 담당자의 안정적인 근무환경 조성을 위하여 민원실 시설·환경 등의 개선에 노력하여야 한다.

제10조【민원편람의 비치 등 신청편의의 제공】 ① 행정기관의 장은 민원인이 법 제13조에 따른 민원편람(이하 "민원편람"이라 한다)을 열람(인터넷 등을 통한 열람을 포함한다)할 수 있도록 민원실(민원실이 설치되지 아니한 기관의 경우에는 문서담당부서를 말한다. 이하 같다)에 민원편람을 비치하거나 컴퓨터를 설치하는 등 필요한 조치를 하여야 한다.
② 행정기관의 장은 민원편람에 민원의 종류별로 신청서식, 구비서류, 처리주무부서, 경유기관·협의기관, 처리절차, 처리기간, 심사기준, 수수료, 그 밖에 민원에 관한 안내에 필요한 사항(법 제10조 제3항 제2호 및 제3호에 따라 행정기관에서 확인할 수 있는 사항을 포함한다)을 분명히 적어야 한다.
③ 행정기관의 장은 다음 각 호의 어느 하나에 해당하는 민원에 대해서는 그 종류를 정하여 민원실에 게시하거나 민원편람에 게재하여야 한다.
1. 법 제28조에 따라 무인민원발급창구를 통하여 발급할 수 있는 민원
2. 제5조에 따라 팩스·인터넷 등 정보통신망 또는 우편 등으로 신청할 수 있는 민원
3. 제4항에 따라 민원인이 구술(口述)하고 담당자가 그 사항을 문서로 작성하여 신청할 수 있는 민원
④ 행정기관의 장은 문서로 접수하는 민원의 경우 민원인의 편의를 위하여 민원인이 민원 신청에 필요한 사항을 담당자에게 구술하고, 담당자가 이를 문서로 작성하여 민원인이 서명한 때에는 이를 민원문서로 접수할 수 있다.

제10조의 2【전자민원창구의 설치】 ① 행정기관의 장은 법 제12조의 2 제2항 본문에 따라 전자민원창구를 설치하려는 경우에는 특별한 사유가 없으면 하나의 창구로 설치해야 하며, 법 제12조의 2 제3항에 따른 통합전자민원창구(이하 "통합전자민원창구"라 한다)와 효율적으로 연계될 수 있도록 해야 한다.
② 행정안전부장관은 각 행정기관의 전자민원창구를 효율적으로 연계하기 위하여 필요한 경우에는 국제표준의 범위에서 전자민원창구의 인터넷주소에 관한 세부 기준을 정할 수 있다.
[본조신설 2022. 7. 11.]

제11조【전자민원창구의 운영 등】 ① 행정기관의 장은 전자민원창구를 통하여 다음 각 호의 사항을 처리할 수 있다.
1. 민원의 신청·접수, 민원문서의 이송 및 처리결과의 통지
2. 처리기간 연장의 통지, 처리진행상황과 처리완료예정일 등 민원의 처리상황 안내
3. 법령, 민원편람 및 법 제36조 제1항에 따른 민원처리기준표 등 민원 처리와 관련된 정보의 제공
② 행정기관의 장은 제1항에 따라 민원을 처리할 때에는 개인정보 보호 등을 위하여 보안 강화 및 그 밖에 필요한 조치를 하여야 한다.
③ 행정기관의 장은 전자민원창구를 효율적으로 운영하기 위하여 소속 공무원 중에서 전자민원담당관을 임명해야 한다. 이 경우 업무가 지나치게 많다고 판단되는 경우에는 그 업무의 일부를 분장하게 하기 위하여 분임전자민원담당관을 둘 수 있다. <신설 2022. 7. 11.>
④ 행정기관의 장은 민원창구의 단일화와 업무의 효율적 처리를 위하여 법 제25조 제1항에 따른 민원심사관 또는 제28조 제1항에 따른 분임 민원심사관으로 하여금 제3항에 따른 전자민원담당관 또는 분임전자민원담당관을 겸임하게 할 수 있다. <신설 2022. 7. 11.>
⑤ 행정안전부장관은 통합전자민원창구를 통하여 둘 이상의 민원을 일괄적으로 신청 받아 소관 행정기관에 이송하여 처리하게 할 수 있다. <신설 2022. 7. 11.>
⑥ 행정기관의 장은 법 제12조의 2 제5항에 따라 전자민원창구나 통합전자민원창구를 통하여 처리하는 민원에 대한 수수료의 감면 비율이나 감면 금액을 정한 경우에는 행정안전부장관에게 통보해야 한다. <신설 2022. 7. 11.>
⑦ 행정안전부장관은 제6항에 따라 통보받은 감면 비율이나 감면 금액을 법 제36조 제1항에 따른 민원처리기준표에 반영해야 한다. <신설 2022. 7. 11.>
⑧ 법 제12조의 2 제6항에 따른 별도의 업무처리비용은 법 제29조에 따른 전자적 납부에 드는 최소한의 비용으로 해야 한다. <신설 2022. 7. 11.>

제11조의 2【전자민원창구 등의 이용 제한】 행정기관의 장은 민원인 또는 그 위임을 받은 자가 전자민원창구 또는 통합전자민원창구를 통하여 정당하지 않은 목적으로 비정상적인 전자적 수단 등을 이용하여 동일한 민원을 반복하여 신청함으로써 다른 민원인에 대한 민원 처리를 지연시키는 등 심각하게 공무를 방해하는 경우에는 해당 민원인 또는 그 위임을 받은 자의 전자민원창구 또는 통합전자민원창구의 이용을 제한할 수 있다.
[본조신설 2022. 7. 11.]

제12조【다른 행정기관 등을 이용한 민원의 접수·교부】 ① 법 제14조 제1항에서 "대통령령으로 정하는 법인"이란 다음 각 호의 법인을 말한다.
　1. 「농업협동조합법」에 따라 설립된 조합과 농업협동조합중앙회(이하 "농협"이라 한다)
　2. 「새마을금고법」에 따라 설립된 새마을금고 및 새마을금고중앙회(이하 "새마을금고"라 한다)
② 법 제14조 제1항에 따른 민원을 접수한 다른 행정기관이나 농협 또는 새마을금고(이하 이 조에서 "접수기관"이라 한다)는 그 민원을 지체 없이 소관 행정기관에 보내야 한다.
③ 제2항에 따라 민원을 받은 소관 행정기관은 그 민원을 신속히 처리하고 그 처리 결과를 민원인이 교부받으려는 다른 행정기관이나 농협 또는 새마을금고(이하 이 조에서 "교부기관"이라 한다)에 보내야 한다. 이 경우 접수기관이 소관 행정기관으로부터 해당 민원과 관련한 신청서·구비서류 등의 송부를 요청받은 경우에는 지체 없이 이를 송부하여야 한다.
④ 법 제14조 제1항에 따라 민원문서를 교부하는 다른 행정기관의 장은 소관 행정기관의 관인(전자이미지 관인을 포함한다. 이하 같다)을 생략하고 해당 기관의 관인을 찍어 민원문서를 교부할 수 있다. 다만, 법령상 또는 그 민원의 성질상 소관 행정기관의 관인을 찍을 필요가 있는 민원문서에는 소관 행정기관의 관인을 찍어야 한다.
⑤ 제3항에도 불구하고 민원을 받은 소관 행정기관의 장은 동일한 민원인이 동시(같은 근무일에 여러 번 신청하는 경우를 포함한다)에 많은 양의 동일한 증명서 등 문서(「전자정부법」 제2조 제7호에 따른 전자문서는 제외한다)의 교부를 신청하여 처

리기간 내에 처리하기 어려운 경우에는 20통마다 처리기간을 1일씩 연장하여 교부할 수 있다.
⑥ 민원인이 법 제14조 제1항에 따른 민원을 신청하는 경우에는 법령·훈령·예규·고시·자치법규 등(이하 "관계법령등"이라 한다)에서 정한 수수료 외에 업무처리비 등 추가비용을 교부기관에 내야 한다.
⑦ 행정안전부장관은 다른 행정기관이나 농협 또는 새마을금고를 통하여 접수·처리할 수 있는 민원의 종류, 접수·교부 기관 및 추가비용 등을 관계 행정기관의 장과 협의하여 정한 후 고시하여야 한다. 이 경우 농협이 접수·교부할 수 있는 민원은 농업협동조합중앙회장과 협의하고, 새마을금고가 접수·교부할 수 있는 민원은 새마을금고중앙회장과 협의하여야 한다. <개정 2017. 7. 26.>
⑧ 법 제14조 제1항에 따른 다른 행정기관이나 농협 또는 새마을금고는 민원인이 소관 행정기관이 다른 둘 이상의 민원을 통합하여 신청했을 때에는 이를 통합하여 접수·교부할 수 있다. <개정 2019. 6. 4.>
⑨ 제8항에 따라 통합하여 접수된 민원은 그 민원의 소관 법령에 따라 각 소관 행정기관에 접수된 것으로 본다. 이 경우 통합하여 접수한 민원 중 다른 민원의 처리를 위하여 선행적으로 완결되어야 하는 민원이 있는 경우에는 그 선행 민원이 완결되는 데 걸린 기간은 다른 민원의 처리기간에 산입하지 아니한다.
⑩ 법 제14조 제1항에 따른 다른 행정기관이나 농협 또는 새마을금고가 제8항에 따라 통합하여 접수·교부할 수 있는 민원의 종류, 접수·교부기관 등 필요한 사항은 행정안전부장관이 정하여 고시한다. <개정 2017. 7. 26., 2019. 6. 4.>

제13조【민원문서의 이송 절차 및 방법 등】 ① 민원실에 접수된 민원문서 중 그 처리가 민원실의 주관에 속하지 아니하는 것에 대해서는 1근무시간 이내에 이를 처리주무부서에 이송하여야 한다. 다만, 처리주무부서가 상당히 떨어져 있는 등 특별한 사유가 있어 1근무시간 이내에 이송하기 어려운 경우에는 3근무시간 이내에 이송할 수 있다.
② 같은 행정기관 내에서 소관이 아닌 민원문서를 접수한 경우에는 3근무시간 이내에 민원실을 거쳐

처리주무부서에 이송하여야 한다.

③ 다른 행정기관 소관의 민원문서를 접수한 경우에는 8근무시간 이내에 소관 행정기관에 이송하고, 그 사실을 민원인에게 통지하여야 한다. 이 경우 민원문서를 이송받은 행정기관은 민원문서를 이송한 행정기관의 요청이 있을 때에는 그 행정기관에 처리 결과를 통보하여야 한다.

④ 제1항부터 제3항까지의 규정에도 불구하고 접수된 민원문서가 전자문서인 경우에는 지체 없이 소관 기관에 전자적 방법으로 이송하여야 한다.

⑤ 제3항 전단에도 불구하고 민원인에게 인터넷 홈페이지 등에 민원문서의 이송 상황이 공개될 것임을 사전에 안내한 경우에는 통지를 생략할 수 있다.

제2절 민원의 처리기간·처리방법 등

제14조【질의민원의 처리기간 등】행정기관의 장은 질의민원을 접수한 경우에는 특별한 사유가 없으면 다음 각 호의 기간 이내에 처리하여야 한다.

1. 법령에 관하여 설명이나 해석을 요구하는 질의민원 : 14일 이내
2. 제도·절차 등 법령 외의 사항에 관하여 설명이나 해석을 요구하는 질의민원 : 7일 이내

제15조【건의민원의 처리기간 등】행정기관의 장은 건의민원을 접수한 경우에는 특별한 사유가 없으면 14일 이내에 처리하여야 한다.

제16조【기타민원의 처리기간 등】① 행정기관의 장은 기타민원을 접수한 경우에는 특별한 사유가 없으면 즉시 처리하여야 한다.

② 행정기관의 장은 법 제8조 단서에 따라 구술 또는 전화로 신청한 기타민원을 처리하는 경우에는 민원 처리부에 기록하는 절차를 생략할 수 있다.

③ 제1항 및 제2항에도 불구하고 행정기관의 장은 해당 기관의 특성을 고려하여 기타민원의 처리기간 및 처리절차 등을 달리 정하여 운영할 수 있다.

제17조【고충민원의 처리 등】① 행정기관의 장은 고충민원을 접수한 때에는 특별한 사유가 없으면 7일 이내에 처리하여야 한다.

② 행정기관의 장은 민원인이 동일한 내용의 고충민원을 다시 제출한 경우에는 감사부서 등으로 하여금 이를 조사하도록 하여야 한다.

③ 행정기관의 장은 제1항에 따라 처리하는 고충민원의 내용이 정당한 사유가 있다고 인정될 때에는 지체 없이 원처분(原處分)의 취소·변경 등 적절한 조치를 하고, 이를 민원인에게 통지하여야 한다.

④ 행정기관의 장은 고충민원의 처리를 위하여 필요한 경우 14일의 범위에서 현장조사 등을 할 수 있다. 다만, 부득이한 사유로 14일 내에 현장조사 등을 완료하기 어렵다고 인정되는 경우에는 7일의 범위에서 그 기간을 한 차례만 연장할 수 있다. <개정 2021. 1. 5.>

⑤ 제4항에 따른 현장조사 등에 걸린 기간은 제1항에 따른 처리기간에 산입하지 않는다. <개정 2021. 1. 5.>

⑥ 민원인은 제2항에 따른 감사부서 등의 조사를 거친 경우에는 그 고충민원과 관련한 사무에 대한 지도·감독 등의 권한을 가진 감독기관의 장에게 고충민원을 신청할 수 있다. 이 경우 감독기관의 고충민원 처리기간 및 처리방법 등에 관하여는 제1항, 제2항, 제4항 및 제5항을 준용한다.

⑦ 감독기관의 장은 제6항에 따른 고충민원의 처리결과를 소관 행정기관의 장에게 통보하여야 한다. 이 경우 소관 행정기관의 장은 특별한 사유가 없으면 그 결과를 존중하여 적절한 조치를 하고, 이를 민원인에게 통지하여야 한다.

⑧ 민원인은 고충민원을 신청하거나 제1항부터 제7항까지의 규정에 따라 처리결과를 통보받은 경우에도 국민권익위원회 또는 「부패방지 및 국민권익위원회의 설치와 운영에 관한 법률」 제2조 제9호에 따른 시민고충처리위원회에 고충민원을 신청할 수 있다. <신설 2019. 6. 4.>
[제목개정 2019. 6. 4.]

제18조【민원처리 과정에 대한 시정 요구】① 민원인은 민원처리 과정에서 다음 각 호의 어느 하나에 해당하는 경우에는 그 행정기관의 장 또는 감독기관의 장에게 이를 시정할 것을 요구할 수 있다.

1. 행정기관의 장이 법 제9조 제1항을 위반하여 민원의 접수를 보류·거부하거나 접수된 민원문서를 부당하게 되돌려보낸 경우
2. 행정기관의 장이 법 제10조 제1항을 위반하여 관계법령등에서 정한 구비서류 외의 서류를 추가로 요구하는 경우

3. 법 제17조 또는 제18조에 따른 민원의 처리기간을 경과한 경우

② 제1항에 따른 시정 요구를 받은 행정기관의 장 또는 감독기관의 장은 지체 없이 이를 조사하여 필요한 조치를 하고 그 처리 결과를 민원인에게 통지하여야 한다.

제19조【처리기간의 계산】 민원의 처리기간을 '즉시'로 정한 경우에는 정당한 사유가 있는 경우를 제외하고는 3근무시간 이내에 처리하여야 한다.

제20조【처리기간에 산입하지 아니하는 기간】 민원의 처리기간에 산입하지 아니하는 기간에 관하여는 「행정절차법 시행령」 제11조를 준용한다.

제21조【처리기간의 연장 등】 ① 행정기관의 장은 부득이한 사유로 처리기간 내에 민원을 처리하기 어렵다고 인정되는 경우에는 그 민원의 처리기간의 범위에서 그 처리기간을 한 차례 연장할 수 있다. 다만, 연장된 처리기간 내에 처리하기 어려운 경우에는 민원인의 동의를 받아 그 민원의 처리기간의 범위에서 처리기간을 한 차례만 다시 연장할 수 있다.

② 제1항에 따라 처리기간을 연장하였을 때에는 처리기간의 연장 사유와 처리완료 예정일을 지체 없이 민원인에게 문서로 통지하여야 한다.

③ 제2항에 따른 처리기간 연장의 통지에 관하여는 제23조를 준용한다.

제22조【처리상황의 확인·점검】 ① 행정기관의 장은 민원의 처리상황과 운영실태를 매월 1회 이상 확인·점검하여야 한다.

② 행정기관의 장은 제1항에 따른 확인·점검 결과 법령 위반 사실을 발견하거나 민원 처리가 미흡하다고 판단되는 경우에는 지체 없이 이를 시정하고, 그 민원 처리와 관련 있는 직원 등에 대하여 징계 또는 그 밖에 필요한 조치를 하여야 한다.

③ 행정기관의 장은 제1항에 따른 확인·점검 결과 민원 처리가 우수하다고 판단되는 직원이나 부서에 대하여 포상할 수 있다. <신설 2019. 6. 4.>

제23조【처리진행상황 등의 통지】 ① 행정기관의 장은 민원이 접수된 날부터 30일이 지났으나 처리가 완료되지 아니한 경우 또는 민원인의 명시적인 요청이 있는 경우에는 그 처리진행상황과 처리완료 예정일 등을 적은 문서를 민원인에게 교부하거나 정보통신망 또는 우편 등의 방법으로 통지하여야

한다.

② 제1항에 따른 통지는 민원이 접수된 날부터 30일이 지날 때마다 통지하는 것을 원칙으로 한다.

③ 제1항에도 불구하고 민원인에게 인터넷 홈페이지 등에 민원의 처리진행상황 등이 공개될 것임을 사전에 안내한 경우에는 통지를 생략할 수 있다.

제24조【민원문서의 보완 절차 및 방법 등】 ① 행정기관의 장은 법 제22조 제1항에 따라 민원인에게 민원문서의 보완을 요구하는 경우에는 문서 또는 구술 등으로 하되, 민원인이 특별히 요청한 경우에는 문서로 하여야 한다.

② 행정기관의 장은 제1항에 따라 보완 요구를 받은 민원인이 보완 요구를 받은 기간 내에 보완을 할 수 없음을 이유로 보완에 필요한 기간을 분명하게 밝혀 기간 연장을 요청하는 경우에는 이를 고려하여 다시 보완기간을 정하여야 한다. 이 경우 민원인의 기간 연장 요청은 2회로 한정한다.

③ 행정기관의 장은 민원인이 법 제22조 제1항에 따라 정한 보완기간또는 이 조 제2항 전단에 따라 다시 정한 보완기간 내에 민원문서를 보완하지 아니한 경우에는 10일 이내의 기간을 정하여 다시 보완을 요구할 수 있다.

④ 제2항 및 제3항에 따른 민원문서의 보완에 필요한 기간의 계산방법에 관하여는 「민법」 제156조, 제157조 및 제159조부터 제161조까지의 규정을 준용한다.

제25조【민원문서의 반려 등】 ① 행정기관의 장은 민원인이 제24조에 따른 기간 내에 민원문서를 보완하지 아니한 경우에는 그 이유를 분명히 밝혀 접수된 민원문서를 되돌려 보낼 수 있다.

② 행정기관의 장은 민원인의 소재지가 분명하지 아니하여 제24조 제1항에 따른 보완요구가 2회에 걸쳐 반송된 경우에는 민원인이 민원을 취하(取下)한 것으로 보아 이를 종결처리할 수 있다.

③ 행정기관의 장은 민원인이 민원을 취하하여 민원문서의 반환을 요청한 경우에는 다른 법령에 특별한 규정이 있는 경우를 제외하고는 그 민원문서를 민원인에게 돌려주어야 한다.

④ 행정기관의 장은 법 제27조 제4항에 따라 민원인에게 직접 교부할 필요가 있는 허가서·신고필증·증명서 등의 문서(「전자정부법」 제2조 제7호

에 따른 전자문서 및 같은 조 제8호에 따른 전자화문서는 제외한다)를 정당한 사유 없이 처리완료 예정일(제21조 제1항에 따라 처리기간을 연장한 경우에는 같은 조 제2항에 따라 민원인에게 문서로 통지된 처리완료 예정일을 말한다)부터 15일이 지날 때까지 민원인 또는 그 위임을 받은 자가 수령하지 아니한 경우에는 이를 폐기하고 해당 민원을 종결처리할 수 있다. <개정 2022. 7. 11.>

제26조【반복 또는 중복되는 다수인관련민원의 처리】 행정기관의 장은 다수인관련민원을 법 제23조 제1항 또는 제2항에 따라 종결처리하려는 경우에는 법 제34조에 따른 민원조정위원회의 심의를 거쳐야 한다.

제27조【다수인관련민원의 관리】 ① 행정기관의 장은 다수인관련민원이 발생하지 아니하도록 사전예방대책을 마련하여야 한다.

② 행정기관의 장은 다수인관련민원을 효율적으로 처리하고 관리하기 위하여 다수인관련민원의 처리상황을 확인·분석하여야 한다.

제28조【민원심사관의 업무 등】 ① 행정기관의 장은 법 제25조 제1항에 따른 민원심사관의 업무가 지나치게 많거나 특별히 전문성이 필요하다고 판단되는 경우에는 분임 민원심사관을 지정하여 민원심사관의 업무를 나눠 맡도록 할 수 있다.

② 민원심사관(분임 민원심사관을 포함한다. 이하 이 조에서 같다)은 민원의 처리상황을 수시로 확인·점검하여 처리기간이 지난 민원을 발견한 경우에는 지체 없이 처리주무부서의 장(민원심사관이 처리주무부서의 장인 경우에는 관계 직원을 말한다)에게 독촉장을 발급하여야 한다.

③ 민원심사관은 다수인관련민원의 처리상황을 확인·점검하고 그 결과를 소속 행정기관의 장에게 수시로 보고하여야 한다.

제3절 민원 처리결과의 통지 등

제29조【처리결과의 통지방법 등】 ① 행정기관의 장은 접수한 민원의 처리를 완료하였을 때에는 그 결과를 지체 없이 민원인에게 교부하거나 정보통신망 또는 우편 등의 방법으로 통지하여야 한다.

② 법 제27조 제1항 단서에서 "기타민원의 경우와 통지에 신속을 요하거나 민원인이 요청하는 등 대통령령으로 정하는 경우"란 다음 각 호의 어느 하나에 해당하는 경우를 말한다.

1. 기타민원의 경우
2. 민원인에게 처리결과를 신속하게 통지하여야 하는 경우
3. 민원인이 구술 또는 전화로 통지하도록 요청하거나 구술 또는 전화로 통지하는 것에 동의하는 경우

③ 행정기관의 장은 법 제27조 제2항에 따라 민원인에게 전자문서로 통지하는 경우에 첨부되는 전자화문서가 행정기관이 보관하고 있는 전자화문서와 일치하는지에 대하여 민원인 또는 이해관계자 등이 확인을 요청한 경우에는 그 진본성을 확인해 주어야 한다. <신설 2022. 7. 11.>

④ 제3항에 따른 전자화문서의 진본성 확인을 위한 기술적인 대책 마련, 전자화문서의 형태 및 관리시스템의 구축 등에 관하여는 「전자정부법 시행령」 제6조 제2항부터 제4항까지의 규정을 준용한다. <신설 2022. 7. 11.>

제30조【전자문서의 출력 사용 등】 ① 행정기관의 장이 다음 각 호의 모든 조치를 하여 법 제27조 제1항에 따라 민원인에게 전자문서로 통지하고 민원인이 그 전자문서를 출력한 경우에는 이를 「행정효율과 협업 촉진에 관한 규정」 제3조 제1호에 따른 공문서로 본다. <개정 2016. 4. 26., 2017. 7. 26.>

1. 삭제 <2019. 6. 4.>
2. 위조·변조 방지조치
3. 출력한 문서의 진위확인조치
4. 그 밖에 출력한 문서의 위조·변조를 방지하기 위하여 행정안전부장관이 고시한 조치

② 행정기관의 장은 제1항에 따라 출력한 문서를 공문서로 보는 전자문서의 종류를 정하여 미리 관보에 고시하고, 해당 기관의 인터넷 홈페이지 등에 게시하여야 한다.

제31조【담당자의 명시】 행정기관의 장이 민원인에게 처리기간 연장의 통지, 민원문서의 보완 요구, 처리진행상황의 통지, 처리결과의 통지 등을 할 때에는 그 담당자의 소속·성명 및 연락처를 안내하여야 한다.

제32조【무인민원발급창구를 이용한 민원문서 발급】
① 행정기관의 장은 법 제28조 제1항에 따라 무인민원발급창구를 이용하여 민원문서를 발급할 때에는 소관 행정기관의 관인(전자이미지 관인을 포함한다. 이하 같다)을 생략하고 해당 기관의 관인을 찍어 발급할 수 있다. 다만, 법령상 또는 그 민원의 성질상 소관 행정기관의 관인을 찍을 필요가 있는 민원문서에는 소관 행정기관의 관인을 찍어야 한다.
② 행정기관의 장은 민원문서를 발급할 때 법령에 따라 본인임을 확인하여야 하는 경우에 법령에서 특별히 본인 확인 방법을 정하고 있지 아니한 경우에는 행정안전부장관이 정한 전자적 매체를 이용하여 확인할 수 있다. <개정 2017. 7. 26.>
③ 행정안전부장관은 무인민원발급창구를 이용하여 처리할 수 있는 민원의 종류 및 추가비용과 제2항에 따른 전자적 매체를 이용하여 본인 확인을 할 수 있는 민원의 종류 등을 정하여 관보에 고시하고, 인터넷 홈페이지에 게시하여야 한다. 이 경우 소관 민원을 관장하는 중앙행정기관의 장과 미리 협의하여야 한다. <개정 2017. 7. 26.>
④ 제1항부터 제3항까지에서 규정한 사항 외에 무인민원발급창구의 설치·운영 등에 필요한 사항은 행정안전부장관이 정한다. <개정 2017. 7. 26.>

제4절 법정민원

제33조【사전심사청구 대상 민원의 안내】 ① 법 제30조 제1항에서 "법정민원 중 신청에 경제적으로 많은 비용이 수반되는 민원 등 대통령령으로 정하는 민원"이란 다음 각 호의 어느 하나에 해당하는 민원(이하 "사전심사청구 대상 민원"이라 한다)을 말한다.
1. 법정민원 중 정식으로 신청할 경우 토지매입 등이 필요하여 민원인에게 경제적으로 많은 비용이 수반되는 민원
2. 행정기관의 장이 거부처분을 할 경우 민원인에게 상당한 경제적 손실이 발생하는 민원
② 행정기관의 장은 사전심사청구 대상 민원의 종류 및 민원별 처리기간·구비서류 등을 미리 정하여 민원인이 이를 열람할 수 있도록 게시하고 민원편람에 수록하여야 한다.

제34조【사전심사청구 대상 민원의 처리절차】 ① 사전심사청구 대상 민원의 접수 및 처리절차에 관하여는 법 제20조, 이 영 제6조, 제24조 및 제25조를 준용한다.
② 사전심사청구 대상 민원의 처리기간은 다음 각 호의 범위에서 행정기관의 장이 정한다. 다만, 불가피한 사유로 처리기간 내에 처리하기 어려운 경우에는 제21조에 따라 처리기간을 연장할 수 있다.
1. 처리기간이 30일 미만인 민원 : 처리기간
2. 처리기간이 30일 이상인 민원 : 30일 이내
③ 행정기관의 장은 사전심사청구 대상 민원의 구비서류를 최소화하여야 하며, 사전심사의 청구 후 정식으로 민원이 접수되었을 때에는 이미 제출된 구비서류를 추가로 요구해서는 아니 된다.
④ 행정기관의 장은 사전심사를 거친 민원의 경우 특별한 사유가 없으면 처리기간을 단축하여 신속히 처리하여야 한다.

제35조【복합민원의 처리 방법 및 절차 등】 ① 행정기관의 장은 복합민원과 관련된 모든 민원문서를 법 제31조에 따라 지정된 주무부서에 한꺼번에 제출하게 할 수 있다.
② 행정기관의 장은 관계 기관의 장과 협의하여 법 제31조 제1항에 따른 복합민원의 종류와 접수방법·구비서류·처리기간 및 처리절차 등을 미리 정하여 민원인이 이를 열람할 수 있도록 게시하고, 민원편람에 수록하여야 한다.

제36조【민원실무심의회의 설치·운영 등】 ① 행정기관의 장은 법 제32조 제3항 제3호에 따라 복합민원을 심의하기 위하여 그 소속으로 민원실무심의회를 설치·운영하여야 한다. 이 경우 민원실무심의회의 명칭은 해당 기관의 특성을 고려하여 달리 정할 수 있다.
② 제1항에 따른 민원실무심의회(이하 "민원실무심의회"라 한다)의 위원장(이하 이 조에서 "위원장"이라 한다)은 처리주무부서의 장이 되고, 위원은 관계 기관 또는 부서의 실무책임자가 된다.
③ 제2항에도 불구하고 행정기관의 장은 특히 필요하다고 인정하는 경우에는 민원 관련 외부전문가를 민원실무심의회의 위원으로 위촉할 수 있다.
④ 위원장은 관계 기관 또는 부서의 실무책임자에게 회의 참석을 요청할 수 있으며, 그 요청을 받은

사람은 정당한 사유가 없으면 이에 따라야 한다.

⑤ 위원장은 심의를 위하여 필요하다고 인정되는 경우에는 관계 기관 또는 부서에 현장확인이나 조사 등을 합동으로 실시할 것을 요청할 수 있으며, 그 요청을 받은 관계 기관 또는 부서는 특별한 사유가 없으면 이에 따라야 한다.

⑥ 위원장은 민원실무심의회의 효율적인 운영을 위하여 필요하다고 인정되는 경우에는 이해관계인·참고인 또는 감정인 등의 의견을 들을 수 있다.

⑦ 위원장은 민원실무심의회에 민원인을 참석하게 하는 경우에는 민원인에게 회의일정 등을 미리 통지하여야 한다. 이 경우 민원인이 희망하거나 출석할 수 없는 특별한 사정이 있는 경우에는 서면(전자적 방법에 의한 서면을 포함한다. 이하 같다)으로 의견을 진술하게 할 수 있다.

⑧ 행정기관의 장은 창업·공장설립 등 경제적으로 많은 비용이 수반되는 복합민원의 경우에는 신속한 처리를 위하여 민원실무심의회의 심의를 생략하고 법 제34조 제1항에 따른 민원조정위원회에 직접 상정하여 심의할 수 있다.

제37조【민원후견인의 지정·운영】 행정기관의 장은 법 제33조에 따라 소속 직원을 복합민원에 대한 민원후견인으로 지정하여 다음 각 호의 직무를 수행하게 할 수 있다.

1. 민원처리방법에 관한 민원인과의 상담
2. 민원실무심의회 및 법 제34조 제1항에 따른 민원조정위원회에서의 민원인의 진술 등 지원
3. 민원문서 보완 등의 지원
4. 민원처리 과정 및 결과의 안내

제38조【민원조정위원회의 설치·운영】 ① 법 제34조 제1항 제4호에서 "대통령령으로 정하는 사항"이란 다음 각 호의 어느 하나에 해당하는 사항을 말한다.

1. 소관이 명확하지 아니한 민원의 처리주무부서의 지정
2. 민원 관련 법령 또는 제도 개선 사항
3. 제36조 제8항에 따라 상정된 복합민원
4. 그 밖에 민원의 종합적인 검토·조정 또는 종결처리 등을 위하여 그 기관의 장이 법 제34조 제1항에 따른 민원조정위원회(이하 "민원조정위원회"라 한다)의 회의에 부치는 사항

② 행정기관의 장은 법 제34조 제1항 제3호에도 불구하고 다음 각 호의 어느 하나에 해당하는 경우에는 민원조정위원회의 심의를 생략할 수 있다.

1. 해당 민원을 처리할 때 행정기관의 판단 여지가 없는 경우
2. 법령에 따라 민원 처리요건이 구체적으로 규정되어 있어 해석의 여지가 없는 경우
3. 이미 민원조정위원회의 심의를 거쳐 거부된 민원이 같은 사유로 다시 접수된 경우

③ 민원조정위원회의 위원장(이하 이 조에서 "위원장"이라 한다)은 그 행정기관의 장이 소속 국장급 공무원 또는 그에 상당하는 직원 중에서 지명하고, 위원은 처리주무부서의 장, 관계부서의 장, 감사부서의 장, 외부 법률전문가 및 민원과 관련된 외부전문가로 구성하는 것을 원칙으로 한다. 다만, 민원실무심의회에서 관계 기관과의 협의를 거쳐 거부하는 것으로 결정된 복합민원을 심의·조정하는 경우에는 그 관계 기관의 처리주무부서의 장을 위원으로 할 수 있다.

④ 위원장은 민원조정위원회의 효율적인 운영을 위하여 필요하다고 인정되는 경우에는 이해관계인·참고인 또는 감정인 등의 의견을 들을 수 있다.

⑤ 위원장은 민원조정위원회를 개최할 때에는 민원인 및 이해관계인 등이 참석할 수 있도록 민원인 및 이해관계인 등에게 회의일정 등을 미리 통지하여야 한다. 이 경우 민원인 및 이해관계인 등이 희망하거나 출석할 수 없는 특별한 사정이 있는 경우에는 서면으로 의견을 진술하게 할 수 있다.

제38조의 2【다수인관련민원 등에 관한 민원조정위원회의 심의】 ① 민원조정위원회는 다수인관련민원과 법 제23조 제1항에 따라 종결처리된 후 다시 접수된 민원(이하 이 조에서 "다수인관련민원등"이라 한다)에 관한 사항을 매년 1회 이상 심의해야 한다.

② 행정기관의 장은 민원조정위원회의 심의를 거쳐 거부된 다수인관련민원등이 같은 사유로 다시 접수된 경우에는 행정기관의 장을 지도·감독하는 행정기관의 장에게 의견 제시를 요청할 수 있다. 다만, 중앙행정기관의 장, 특별시장·광역시장·특별자치시장·도지사·특별자치도지사 또는 특별시·광역시·특별자치시·도·특별자치도의 교

육감은 본문에 따라 의견 제시를 요청하지 않고, 제38조 제3항 본문에 따라 지명하는 민원조정위원회 위원장의 직급보다 상위 직급의 공무원을 위원장으로 하여 심의하도록 할 수 있다.

③ 제2항 본문에 따라 의견 제시를 요청받은 행정기관의 장이 의견을 제시하려는 경우에는 민원조정위원회의 심의를 거쳐야 한다.

④ 행정기관의 장은 제2항 본문 및 제3항에 따른 의견 제시 및 심의를 거치거나 제2항 단서에 따른 심의를 거쳐 거부된 다수인관련민원등이 같은 사유로 다시 접수된 경우로서 법 제23조 제1항에 해당하는 경우에는 민원조정위원회의 심의를 생략하고 종결처리할 수 있다.
[본조신설 2022. 7. 11.]

제39조【행정기관의 장의 최종결정】 행정기관의 장은 접수된 민원을 처리하려는 경우에는 민원실무심의회 및 민원조정위원회의 심의 결과를 존중하여야 한다.

제40조【이의신청의 방법 및 처리절차 등】 ① 법 제35조에 따른 이의신청은 다음 각 호의 사항을 적은 문서로 하여야 한다.

1. 신청인의 성명 및 주소(법인 또는 단체의 경우에는 그 명칭, 사무소 또는 사업소의 소재지와 대표자의 성명)와 연락처
2. 이의신청의 대상이 되는 민원
3. 이의신청의 취지 및 이유
4. 거부처분을 받은 날 및 거부처분의 내용

② 행정기관의 장은 법 제35조 제2항 본문에 따라 이의신청에 대한 결과를 통지할 때에는 결정 이유, 원래의 거부처분에 대한 불복방법 및 불복절차를 구체적으로 분명하게 밝혀야 한다.

③ 행정기관의 장은 법 제35조 제2항 단서에 따라 이의신청 결정기간의 연장을 통지할 때에는 통지서에 연장 사유 및 기간 등을 구체적으로 적어야 한다.

④ 행정기관의 장은 이의신청에 대한 처리상황을 이의신청처리대장에 기록·유지하여야 한다.

제3장 민원제도의 개선 등

제41조【민원제도의 개선】 ① 법 제39조 제2항에 따라 행정기관의 장이 행정안전부장관에게 통보하여야 하는 내용에는 다음 각 호의 사항이 포함되어야 한다. <개정 2017. 7. 26.>
1. 민원제도 개선 추진 계획 및 경과
2. 개선 내용 및 실적
3. 개선에 대한 완료시점

② 행정기관의 장은 다음 각 호의 어느 하나에 해당하는 경우에는 그 수용 여부를 결정하여 행정안전부장관에게 통보하여야 한다. <개정 2017. 7. 26.>
1. 법 제39조 제4항에 따라 행정안전부장관이 개선안을 통보한 경우
2. 법 제39조 제5항에 따라 행정안전부장관이 개선을 권고한 경우
3. 법 제39조 제6항에 따라 법 제40조에 따른 민원제도개선조정회의(이하 "조정회의"라 한다)에서 심의·조정한 경우

제42조【조정회의의 기능】 법 제40조 제2항에서 "여러 부처와 관련된 민원제도 개선사항, 제39조 제6항에 따른 심의요청 사항 등 대통령령으로 정하는 사항"이란 다음 각 호의 사항을 말한다.
1. 여러 부처와 관련된 민원제도 개선사항
2. 행정기관의 미이행 또는 미개선 과제에 대한 심의 및 이행 권고 등에 관한 사항
3. 민원제도 개선업무의 효율적 추진에 관한 사항
4. 법 제39조 제6항에 따라 심의를 요청받은 사항
5. 그 밖에 조정회의의 위원장이 필요하다고 인정하는 사항

제43조【조정회의의 구성 등】 ① 조정회의는 위원장 1명을 포함하여 10명 이내의 위원으로 구성한다.

② 조정회의의 위원장은 국무조정실장으로 하고, 위원은 기획재정부·행정안전부·국무조정실·법제처 및 관련 과제의 소관 행정기관의 부기관장으로 한다. 다만, 민원제도 개선을 위하여 필요한 경우에는 외부전문가를 위원으로 위촉할 수 있다. <개정 2017. 7. 26.>

③ 조정회의에 간사 2명을 두며, 간사는 행정안전부장관 및 국무조정실장이 소속 공무원 중에서 각각 지명하는 사람이 된다. <개정 2017. 7. 26.>

제44조【조정회의의 의견 청취 등】① 조정회의의 위원장은 필요하다고 인정하는 경우 다음 각 호의 조치를 할 수 있다.

1. 관계 행정기관의 장에 대한 설명 또는 자료·서류 등의 제출 요구
2. 참고인 또는 관계 직원의 출석 및 의견 진술의 요구

② 행정기관의 장은 제1항 각 호의 요구를 받은 경우 특별한 사유가 없으면 이에 따라야 한다.

제45조【조정회의 위원장의 직무】조정회의의 위원장은 조정회의를 대표하며 회의를 소집하고 그 의장이 된다.

제46조【조정회의 위원장의 직무대행】조정회의의 위원장이 조정회의에 참석할 수 없을 때에는 위원장이 미리 지정한 위원의 순서로 그 직무를 대행한다.

제47조【조정회의 운영세칙】이 영에서 규정한 사항 외에 조정회의의 운영에 필요한 사항은 조정회의의 의결을 거쳐 위원장이 정한다.

제48조【의견 수렴】중앙행정기관의 장은 법 제41조 제2항에 따라 소관 민원의 구비서류, 처리절차 등의 간소화 방안을 마련할 때에는 미리 이해관계인, 관련 단체 및 전문가 등의 의견을 수렴하여야 한다.

제48조의 2【민원 간소화 방안의 제출 등】① 중앙행정기관의 장은 법 제41조 제2항에 따라 소관 민원의 구비서류, 처리절차 등의 간소화 방안을 마련한 경우 그 간소화 방안을 행정안전부장관에게 제출해야 한다.

② 행정안전부장관은 제1항에 따라 제출받은 간소화 방안을 점검하고 필요한 경우 개선을 권고할 수 있다.

③ 중앙행정기관의 장은 제2항에 따른 행정안전부장관의 권고에 따라 개선하도록 노력해야 한다.

[본조신설 2022. 7. 11.]

제48조의 3【법정민원 신설 사전진단】① 중앙행정기관의 장은 소관 법정민원을 신설하려는 경우에는 그 민원의 처리기간·구비서류·수수료 등의 적정성에 대해 사전진단을 실시해야 한다.

② 중앙행정기관의 장은 제1항에 따라 실시한 사전진단의 결과를 행정안전부장관에게 통보해야 한다.

③ 행정안전부장관은 제2항에 따라 통보받은 사전진단의 결과에 대해 소관 중앙행정기관의 장과 그 법정민원의 개선에 필요한 사항을 협의할 수 있다.

④ 제1항에 따른 사전진단 및 제3항에 따른 협의의 절차와 방법에 관하여 필요한 사항은 행정안전부령으로 정한다.

[본조신설 2022. 7. 11.]

제49조【확인·점검 등】① 법 제42조 제1항에 따른 확인·점검에 관하여는 「지방자치단체에 대한 행정감사규정」 제11조 및 제12조를 준용한다.

② 행정안전부장관은 법 제42조 제3항에 따라 시정조치가 필요하다고 판단되는 사항 중 처리기간의 경과, 구비서류의 추가 요구 및 부당한 접수 거부 등 경미한 사항은 법 제42조 제3항에도 불구하고 직접 관계 행정기관의 장에게 그 시정에 필요한 조치를 요구할 수 있다. <개정 2017. 7. 26., 2022. 7. 11.>

③ 법 제42조 제3항에 따라 국무총리로부터 시정 요구를 받거나 이 조 제2항에 따라 행정안전부장관으로부터 시정 요구를 받은 관계 행정기관의 장은 행정안전부장관에게 그 처리 결과를 통보하여야 한다. <개정 2017. 7. 26., 2022. 7. 11.>

제50조【평가】① 행정안전부장관은 법 제42조 제1항에 따라 민원행정 개선을 위하여 필요하다고 인정되는 경우에는 행정기관에 대한 민원행정 및 민원제도 개선의 추진상황에 대한 평가를 할 수 있다. <개정 2017. 7. 26.>

② 행정기관의 장은 법 제42조 제2항에 따라 제1항에 따른 평가 결과를 공개하는 경우에는 행정안전부장관이 평가 결과를 통보한 날부터 14일 이내에 해당 행정기관의 인터넷 홈페이지에 1개월 이상 공개해야 한다. <신설 2022. 7. 11.>

③ 행정기관의 장은 제2항에 따라 평가 결과를 공개하는 경우에는 그 행정기관의 종합 평가 결과 및 주요 항목별 평가 결과를 공개해야 한다. <신설 2022. 7. 11.>

④ 행정안전부장관은 제1항에 따른 평가 결과에 따라 우수 기관 및 직원에 대하여 포상할 수 있다. <개정 2017. 7. 26., 2022. 7. 11.>

제51조【민원행정에 관한 여론 수집】① 행정안전부장관은 법 제44조에 따라 행정기관의 민원 처리에 관한 국민들의 여론을 수집하려는 경우 효율적인 여론 수집을 위하여 필요한 경우에는 관련 기관 또는 단체 등에 여론조사를 의뢰할 수 있다. <개정 2017. 7. 26.>

② 행정안전부장관은 국민들의 여론을 수집한 결과 민원행정제도 및 운영의 개선이 필요한 경우 국무총리의 승인을 받아 관계 행정기관의 장에게 시정에 필요한 조치를 요구할 수 있다. 이 경우 관계 행정기관의 장은 적절한 조치를 하고, 그 처리 결과를 행정안전부장관에게 통보하여야 한다. <개정 2017. 7. 26.>

제52조【고유식별정보의 처리】① 행정기관의 장은 법 제12조의 2에 따라 전자민원창구 또는 통합전자민원창구를 통한 민원처리에 관한 사무를 수행하기 위하여 불가피한 경우 「개인정보 보호법 시행령」 제19조 제1호부터 제4호까지의 규정에 따른 주민등록번호, 여권번호, 운전면허의 면허번호 또는 외국인등록번호가 포함된 자료를 처리할 수 있다. <신설 2022. 7. 11.>

② 법 제14조 제1항에 따라 다른 행정기관 소관의 민원을 접수·교부하는 행정기관(농협 및 새마을금고를 포함한다)의 장은 민원을 접수·교부하기 위하여 불가피한 경우 「개인정보 보호법 시행령」 제19조 제1호부터 제4호까지의 규정에 따른 주민등록번호, 여권번호, 운전면허의 면허번호 또는 외국인등록번호가 포함된 자료를 처리할 수 있다. <개정 2022. 7. 11.>

제53조【국회 등의 특례】국회·법원·헌법재판소·중앙선거관리위원회는 해당 기관의 효율적인 민원 처리를 위하여 필요한 경우에는 제3조부터 제5조까지, 제7조, 제8조의 3, 제9조, 제10조, 제11조 제1항·제2항, 제22조, 제29조 제1항·제3항·제4항, 제30조부터 제32조까지, 제33조 제2항, 제34조, 제36조, 제37조 또는 제39조에서 정한 사항에 관하여 국회규칙·대법원규칙·헌법재판소규칙 또는 중앙선거관리위원회규칙으로 달리 정할 수 있다. <개정 2022. 7. 11.>

부칙 〈제32789호, 2022. 7. 11.〉

제1조【시행일】이 영은 2022년 7월 12일부터 시행한다. 다만, 제6조 제6항·제7항, 제11조의 2 및 제38조의 2의 개정규정은 2023년 1월 1일부터 시행하고, 제4조 제1항 제1호·제2호 및 제8조의 3의 개정규정은 2023년 4월 1일부터 시행한다.

제2조【민원조정위원회의 심의에 관한 적용례】제38조의 2 제2항부터 제4항까지의 개정규정은 이 영 시행 전에 민원조정위원회의 심의를 거쳐 이 영 시행 이후 거부되는 다수인관련민원등의 경우에도 적용한다.

제3조【민원 간소화 방안의 제출에 관한 적용례】제48조의 2의 개정규정은 이 영 시행 이후 민원의 구비서류, 처리절차 등의 간소화 방안을 마련하는 경우부터 적용한다.

제4조【민원의 접수에 관한 경과조치】부칙 제1조 단서에 따른 제6조 제6항 및 제7항의 개정규정의 시행일 전에 신청되어 소관 행정기관에 도달한 민원으로서 같은 개정규정의 시행일 당시 소관 행정기관에 접수되지 않은 민원의 접수 방법과 접수 시한에 관하여는 제6조 제6항 및 제7항의 개정규정에도 불구하고 종전의 제6조에 따른다.

민원 처리에 관한 법률 시행규칙 (약칭 : 민원처리법 시행규칙)

[시행 2019. 6. 3.]
[행정안전부령 제121호, 2019. 6. 3., 일부개정]

제1장 총칙

제1조【목적】 이 규칙은 「민원 처리에 관한 법률」 및 같은 법 시행령에서 위임된 사항과 그 시행에 필요한 사항을 규정함을 목적으로 한다.

제2조【민원문서의 표시】 행정기관의 장은 「민원 처리에 관한 법률 시행령」(이하 "영"이라 한다) 제6조 제1항에 따라 민원문서를 접수할 때에는 그 민원문서의 왼쪽 윗부분에 별표 1의 민원문서 표시인을 찍어야 한다. 다만, 전자문서로 접수하는 경우에는 민원문서 표시인을 전자적 형태로 나타낼 수 있다.

제3조【민원의 접수】 ① 영 제6조 제2항에 따른 민원 처리부는 별지 제1호서식과 같다. 다만, 가족관계등록·주민등록·병무(兵務)·인감·세무관계 등 취급건수가 많은 민원의 접수는 해당 행정기관의 장이 정하는 서식에 따를 수 있다.

② 영 제6조 제2항에 따른 접수증은 별지 제2호서식과 같다.

③ 민원실, 문서의 접수·발송을 주관하는 부서 및 민원을 처리하는 주무부서는 2명 이상의 민원인이 대표자를 정하여 신청한 민원을 접수하였을 때에는 그 대표자에게 하나의 접수증을 발급한다.

④ 행정기관의 장은 제1항에도 불구하고 민원의 접수 편의와 효율적인 자료관리 등을 위하여 필요하다고 인정할 때에는 제1항의 서식을 전자적 시스템으로 작성·관리할 수 있다.

제4조【위임장】 행정기관의 장은 영 제6조 제5항에 따라 민원인의 위임을 받은 사람이 맞는지 확인할 때에는 그 신원을 확인할 수 있는 신분증명서와 위임장 등으로 확인하여야 한다. 이 경우 위임장은 별지 제3호서식과 같다.

제5조【다른 행정기관 등을 이용한 민원의 접수·교부】 ① 「민원 처리에 관한 법률」(이하 "법"이라 한다) 제14조 제1항에 따라 다른 행정기관 등을 이용하여 접수·교부하는 민원 중 영 제12조 제7항 전단에 따라 고시하여야 하는 민원의 신청은 별지 제4호서식에 따른다.

② 영 제12조 제2항에 따라 민원을 받은 소관 행정기관은 그 민원을 처리하면 별표 2의 처리인과 직인을 찍은 후 그 처리 결과를 팩스·인터넷 또는 전자적 시스템을 이용하여 민원인이 교부받으려는 다른 행정기관이나 농협 또는 새마을금고(이하 이 조에서 "교부기관"이라 한다)에 보내야 한다. 다만, 인터넷 또는 전자적 시스템을 이용하는 경우에는 별표 2의 처리인과 직인을 갈음하여 「행정업무의 효율적 운영에 관한 규정」 제3조 제9호에 따른 전자이미지관인을 찍은 후 처리주무부서의 전화번호, 담당자의 이름 등을 표시하여 교부기관에 보낼 수 있다.

③ 제2항에 따라 처리 결과를 받은 교부기관은 별표 3의 처리인과 직인을 찍어 민원인에게 교부하여야 한다.

제6조【처리기간 관련 서식】 ① 영 제21조 제2항에 따른 처리기간의 연장 통지 및 영 제40조 제3항에 따른 거부처분에 대한 이의신청 결정기간의 연장 통지는 별지 제5호서식에 따른다.

② 영 제23조 제1항에 따른 처리진행상황 등의 통지는 별지 제6호서식에 따른다.

제7조【처리상황의 확인·점검】 영 제22조에 따른 확인·점검은 매달 5일까지 지난 달의 민원처리상황에 대하여 실시한다.

제8조【관계 기관·부서 간의 협조】 ① 법 제20조 제1항에 따라 관계 기관(민원사항과 관련된 단체·협회 등을 포함한다)·부서에 협조를 요청할 때에는 민원문서의 오른쪽 윗부분에 별표 4의 민원문서 표시인을 찍어야 한다.

② 제1항에 따른 관계 기관·부서에 대한 협조 요청은 팩스·인터넷 또는 전자적 시스템으로도 할 수 있다. 이 경우 제1항에 따른 민원문서 표시인을 전자적 형태로 나타낼 수 있다.

제9조【민원문서의 보완요구】① 영 제24조에 따른 보완요구는 민원문서를 접수한 때부터 8근무시간 이내에 하여야 한다. 다만, 현지조사 등 정당한 사유로 8근무시간이 지난 후 보완하여야 할 사항이 발견된 경우에는 즉시 보완을 요구하여야 한다.
② 행정기관의 장은 다른 기관을 거쳐 접수된 민원문서 중 보완이 필요한 경우에는 해당 기관을 거치지 아니하고 민원인에게 직접 보완을 요구할 수 있다.

제10조【독촉장】영 제28조 제2항에 따른 독촉장은 별지 제7호서식과 같다.

제11조【사전심사청구 관련 서식】① 법 제30조 제1항에 따른 사전심사의 청구는 별지 제8호서식에 따른다.
② 법 제30조 제3항 본문에 따른 사전심사 결과 통지는 별지 제9호서식에 따른다.
③ 영 제34조 제1항에 따른 사전심사청구 접수 처리부는 별지 제10호서식과 같다.

제12조【이의신청 관련 서식】① 법 제35조 제1항 및 영 제40조 제1항에 따른 이의신청은 별지 제11호서식에 따른다.
② 영 제40조 제4항에 따른 이의신청처리대장은 별지 제12호서식과 같다.

부칙 〈제121호, 2019. 6. 3.〉

이 규칙은 공포한 날부터 시행한다.

2023 2차

행정사
사무관리론

초 판 인 쇄 : 2022년 11월 11일
초 판 발 행 : 2022년 11월 15일
편 저 자 : 이상기
발 행 인 : 박 용
등 록 : 2015. 4. 29. 제2015-000104호
발 행 처 : (주)박문각출판
주 소 : 06654 서울특별시 서초구 효령로 283 서경빌딩
전 화 : 교재 문의 (02)6466-7202
팩 스 : (02)584-2927

판 권
본 사
소 유

정가 25,000원
ISBN 979-11-6704-954-4
979-11-6704-951-3(세트)